Berater und Ratnehmer
Band 23

Michael Mohe (Hrsg.)

Innovative Beratungskonzepte

Ansätze, Fallbeispiele, Reflexionen

Rosenberger Fachverlag Leonberg

Bibliografische Information der Deutschen Bibliothek

Die Deutsche Bibliothek verzeichnet diese Publikation in der Deutschen Nationalbibliografie; detaillierte bibliografische Daten sind im Internet unter http://dnb.ddb.de abrufbar.

www.rosenberger-fachverlag.de

Umschlaggestaltung und Grafik: Eva Martinez, Stuttgart
Lektorat: Manuela Olsson, M.A., Göppingen
Druckvorstufe: UM-Satz- & Werbestudio Ulrike Messer, Weissach
Druck: AALEXX Druck, Großburgwedel
Printed in Germany
ISBN 3-931085-51-1

Inhalt

Teil 1
Konzeptionelle Vorüberlegungen

Michael Mohe

In the Neighborhood of Management Consulting – Neue Konzepte im Beratungsmarkt

Die Branche der Unternehmens- oder Managementberatung verzeichnete lange Zeit bemerkenswerte Wachstumsraten. Wenngleich das Wachstum momentan auf hohem Niveau stagniert, darf dies nicht darüber hinwegtäuschen, dass sich das Branchenwachstum in den letzten zehn Jahren doch nahezu verdoppelt hat: Noch im Jahr 1994 setzte die Branche auf dem deutschen Beratungsmarkt „nur" sieben Milliarden Euro um; 2004 waren es bereits 12,3 Milliarden Euro (BDU 2005, S. 4). Diese erstaunliche Entwicklung – ERNST/KIESER (1999) sprechen gar von einer „consulting explosion" – hat auch das Interesse der Wissenschaft geweckt. Nachdem sie das Beratungsthema lange Zeit eher nachlässig behandelte, ist insbesondere in der Boomphase der Beratung die Anzahl wissenschaftlicher Beiträge deutlich angestiegen.

Dies zeigt exemplarisch Abbildung 1. Hierzu wurde eine Längsschnittuntersuchung angefertigt, die für den Zeitraum von zehn Jahren den Umsatz der Beratungsbranche mit der Anzahl der Veröffentlichungen in der Datenbank Wiso I zum Thema „Unternehmensberatung" spiegelt (für eine bessere Vergleichbarkeit sind die jeweiligen Beratungsumsätze mit dem Faktor 30 multipliziert worden). Demnach erreichte die Beratungsbranche im Jahr 2001 ihren Kulminationspunkt, während die Anzahl der Beiträge zum Thema Unternehmensberatung im Jahr 2002 am größten war. Die Langzeitbetrachtung zeigt auch, dass die Beratungsbranche bis 2001 kontinuierlich lineare Wachstumsraten verzeichnete, während sich das Interesse der Wissenschaft – wiederum ausgedrückt durch die Anzahl der Beiträge – eher zyklisch verhielt. Sobald man aber für beide Datenreihen eine lineare Trendanalyse durchführt, zeigt sich, dass sich der Umsatz der Beratungsbranche und die Anzahl der Beiträge nahezu parallel zueinander entwickelt haben.

Die steigende Aufmerksamkeit der Wissenschaft für das Phänomen der Beratung ist jedoch kein zuverlässiger Indikator dafür, dass hier längst alles schon erforscht wurde (siehe dazu die Sammelrezension von ARMBRÜSTER/KIESER 2001 und für eine Bestandaufnahme zur empirischen Beratungsforschung MOHE 2004). Noch immer stehen grundlegende

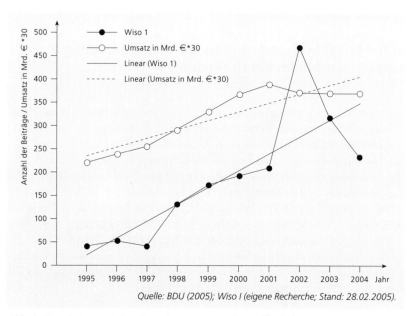

Quelle: BDU (2005); Wiso I (eigene Recherche; Stand: 28.02.2005).

Abb. 1: Korrelation zwischen Branchenumsatz und Veröffentlichungen

Fragen im Raum, auf die es bislang kaum befriedigende Antworten gibt. Die Frage nach der Evaluation bzw. Evaluierbarkeit von Beratungsleistungen liefert hierfür nur ein Beispiel.

Dennoch ist die Beratungsforschung insbesondere in den letzten Jahren durch Arbeiten wirtschaftsnaher Disziplinen, aber auch durch Beiträge anderer Disziplinen wie der Psychologie, der Sozialpädagogik und der Soziologie (z. B. ALEMANN/VOGEL 1996), um ein gutes Stück vorangebracht worden. Auch Ansätze aus Richtung der Dienstleistungstheorie (z. B. ELFGEN/KLAILE 1987; JESCHKE 2004), der neuen Institutionenökonomie (z. B. WEIERSHÄUSER 1996; SCHADE 1997; DÄFLER 1998; SAAM 2001) sowie systemtheoretischer (z. B. KOLBECK 2001; WIMMER 2004) und systemisch-evolutionärer Provenienz (z. B. SCHRÄDLER 1996) haben Perspektiven entfaltet, die unterschiedliche Schattierungen des komplexen Phänomens „Beratung" freilegen.

Bei aller Unterschiedlichkeit des wissenschaftlichen Zugangs fokussiert sich das Interesse der Forschung in erster Linie jedoch auf den Typus der

Unternehmensberatung, und damit auf den klassischen Kernanbieter der Branche. Alternative Beratungskonzepte sind bislang nur wenig beachtet worden.

Schaut man jedoch aus der Helikopterperspektive auf den Beratungsmarkt, lässt sich eine bemerkenswerte Entwicklung beobachten: Fast unbemerkt haben sich in den vergangenen Jahren um die klassische Unternehmensberatung neue Beratungskonzepte im Markt gruppiert. In dieser „Neighborhood of Management Consulting" – so lautete der ursprüngliche Arbeitstitel dieses Buchs – finden sich Beratungskonzepte wie Supervision, Coaching, Mediation, Organisationsaufstellung, Unternehmenstheater, Meta-Beratung etc.

Bei einigen davon handelt es sich um vergleichsweise junge Nachbarn der Managementberatung. Als Methode für individuelles Managementtraining wurde etwa Coaching erst Anfang der siebziger Jahre in den USA populär, und erst seit Mitte achtziger Jahre findet es mehr und mehr Eingang in europäische Managementetagen. Vielleicht am jüngsten ist das Konzept der Meta-Beratung, das sich als Form der „Beratungs-Beratung" für Klienten versteht und insofern ohne den starken Nachbarn der Unternehmensberatung überhaupt nicht existieren könnte.

Interessanterweise aber können auch einige dieser Beratungskonzepte auf eine längere Historie zurückblicken als das Wesen der Unternehmensberatung. Die „Geburtsstunde" der Unternehmensberatung lässt sich auf die vorletzte Jahrhundertwende datieren: 1886 gründete der damalige MIT-Professor Artur D. Little das weltweit erste Beratungsunternehmen, die erste freiberufliche Unternehmensberatung in Deutschland wurde von Koch und Kienzle 1918 in Berlin gegründet. Heute noch bekannte Beratungsfirmen folgen erst einige Zeit später. 1945 gründete der damals erst 26-jährige Gerhard Kienbaum sein Beratungsunternehmen, und erst seit 1967 existiert das Beratungshaus von Roland Berger. Dahingegen soll etwa der Westfälische Frieden von 1648 auf den Einsatz päpstlich entsandter Mittelsmänner zurückgehen, die damals schon als Mediatoren bezeichnet wurden. Auch das Beratungsmodell des Unternehmenstheaters lässt sich historisch weit zurückverfolgen, wenn man an die Funktion des Hofnarrens im europäischen Mittelalter des 14. und 15. Jahrhunderts denkt (FUCHS 2002).

Aus diesen historischen Perspektiven wäre der Titel dieses Buchs, das ja innovative, also neue Beratungskonzepte beleuchten will, vielleicht nicht passend gewählt; doch was bedeutet eigentlich „innovativ" oder „neu"? Schon Umberto Eco hat in seinem Roman über das Foucaultsche Pendel geschrieben, dass das wirklich Neue in der neuartigen Kombination von Elementen besteht, die eigentlich schon da sind. Ähnlich hat dies der Kunsthistoriker BORIS GROYS (1999) formuliert: „Die Innovation besteht nicht darin, dass etwas zum Vorschein kommt, das verborgen war, sondern darin, dass der Wert dessen, was man immer schon gesehen und gekannt hat, umgekehrt wird." In diesem Sinne versucht auch das vorliegende Buch, das Phänomen der Beratung in vielleicht schon immer vorhandenen, aber neu entfalteten Perspektiven darzustellen.

Auch wenn man eine ökonomische Perspektive zugrunde legt, wird „das Neue" des Buchs deutlich. Gemessen am Umsatz müssten alle neuen Beratungskonzepte neidisch auf ihren „reichen" Nachbarn der Unternehmensberatung schauen. Dennoch drängt sich Beobachtern des Beratungsmarktes der Eindruck auf, dass daneben andere Beratungskonzepte zukünftig ökonomisch relevanter werden.[1] So gingen noch vor kurzem sämtliche Prognosen „übereinstimmend von einem anhaltenden Boom der Unternehmensberatung aus" (SPERLING/ITTERMANN 1998, S. 57). Nun aber sorgt man sich über ihre Zukunft. Beiträge wie „Managementberatung – quo vadis" (WOHLGEMUTH 2003) oder „Unternehmensberatung – quo vadis" (WIMMER et al. 2003) transportieren die Sorge darüber, dass sich die bisherige Erfolgsgeschichte der Managementberatung nicht unbedingt linear fortschreiben wird (MOHE/HÖNER 2005). Die Managementberatung blickt in eine „uncertain future" (RINGLAND/SHAUKAT 2004). Tatsächlich befindet sie sich seit Mitte 2001 in einer Strukturkrise (KIPPING 2002) und gerät zunehmend in die Kritik. Insbesondere die Medien entfachen mit ihrer kritischen Berichterstattung einen massiven Druck. Abbildung 2 liefert hierfür einige Beispiele.

Durch die zunehmende Kritik an einzelnen Beratungsfirmen wird gerade das beschädigt, was bei der Managementberatung eine herausragende Bedeutung spielt: ihre firmengebundene Reputation. So arbeiten insbesondere die großen Beratungshäuser nach der Devise, dass die Qualität der Beratungsleistung unabhängig von der Person des eingesetzten Beraters sei (Berger im Interview mit GAITANIDES/ACKERMANN 2002, S. 302). Ziel ist etwa „eine einheitliche McKinsey-Qualität, ob in Frankfurt oder

Quelle: Eigene Zusammenstellung

Abb. 2: Beratungsfirmen geraten in die Kritik

San Francisco" (BALZER/STUDENT 2002, S. 58). Natürlich gibt es auch bei ihnen einige „Aushängeschilder" – so ist der Erfolg von Roland Berger Strategy Consultants zweifelsohne eng mit der Person des Namensgebers der Firma verbunden – trotzdem wird es vermieden, einzelne Personen zu stark in den Vordergrund zu rücken. „Das letzte, was wir wollen, ist eine Person nach vorne zu stellen, die Zukunft liegt bei den Teams, nicht bei Einzelpersonen und schon gar nicht bei Stars", heißt es beispielsweise auch bei der Boston Consulting Group (zitiert nach BIERACH 1996, S. 162).

Aktuelle Beobachtungen zeigen jedoch, dass an die Stelle firmengebundener Reputation mehr und mehr die personengebundene Reputation tritt (z. B. GILLER/KROEPFLI 2002; KOLBECK 2001; MOHE 2003). In Interviews mit Unternehmensvertretern, die die Oldenburger Forschergruppe CORE (Consulting Research) im Rahmen von Projekten zur Klientenprofessionalisierung geführt hat, wurde deutlich, dass die personengebundene Reputation auch bei der klassischen Managementberatung zunehmend wichtiger wird. Die Vergabe von Beratungsaufträgen orientiert sich immer mehr an individuellen Beratern, mit denen in vorangegangenen Projekten erfolgreich zusammengearbeitet wurde. Mittlerweile wird bereits in Verträgen namentlich fixiert, welcher Berater für das Projekt eingesetzt werden soll. Von dieser Entwicklung könnten die

neuen Beratungskonzepte profitieren, da sie im Gegensatz zur Managementberatung eher auf personengebundener Reputation aufgebaut sind
(siehe auch HEINECKE 2002, S. 238f.). Tatsächlich findet man hier so gut
wie keine großen Beratungsunternehmen, sondern häufig „Einzelkämp-
fer" oder „Köpfe aus der Beratungsszene", die allein oder allenfalls in einem Netzwerkverbund mit anderen operieren. Ebenso selten findet man
bei ihnen das, was man bei den großen Beratungshäusern „Juniors"
nennt, da ihre Geschäftsmodelle überwiegend nach dem Senioritätsprin-
zip funktionieren: Die individuelle Erfahrung und „Reife" zählt. Daneben wird sehr viel Wert auf eine spezielle Aus- und Weiterbildung gelegt
– allerdings nicht auf „irgendeine", sondern auf eine, die von den (noch
bekannteren) „Stars" der Szene angeboten und durchgeführt werden.

In dem Maße, in dem die personengebundene Reputation für die Klienten wichtiger wird, ergeben sich weit reichende Implikationen für das
Modell der Managementberatung: Je mehr ihre firmengebundene Reputation in den Hintergrund tritt, desto geringer sind ihre Chancen, an Se-
lektionsprozessen auf der Klientenseite partizipieren zu können. Dies
könnte ein „Einfallstor" für die neuen, eher auf personengebundener Reputation basierenden Beratungskonzepte sein.

Dieses Einfallstor könnte sich zukünftig durch Entwicklungen in den Klientenunternehmen zunehmend weiter öffnen. Auf der Klientenseite
scheint sich insbesondere in der jüngeren Zeit ein professionellerer Umgang mit Beratung zu etablieren (MOHE 2003; MOHE/KOLBECK 2003;
MOHE 2005), der Ersatzorientierungen und damit neue Beratungsoptionen ins Spiel bringt (MOHE 2005a). In dem Maße, in dem die Klienten
ihr gewohntes Einkaufsverhalten bei der Beschaffung von Beratungsleistungen hinterfragen, werden Reflexionsprozesse eingeleitet, die zu veränderten Sichtweisen führen können. Gegenstand dieser Veränderung
sind dann die eigenen kognitiven Skripte (oder: die „inneren Landkar-
ten", KOLBECK 2001, S. 101f.). So lässt sich beispielsweise der Aspekt,
dass Klienten vor allem die Form der Managementberatung ins Visier
nehmen, wenn sie den Beratungsmarkt beobachten, auf ihre kognitiven
Skripte zurückführen. Die Reflexion des eigenen kognitiven Skripts kann
dazu führen, dass neben der Managementberatung nun auch alternative
Beratungsanbieter ins Blickfeld geraten und dadurch die Marktchancen
für neue Beratungskonzepte vergrößern.

Vor diesem Hintergrund ergeben sich mit Blick auf die Zukunft wichtige Fragen: Wird es im Beratungsmarkt zukünftig zu Verschiebungen zugunsten der neuen Beratungskonzepte kommen? Können sich diese überhaupt als ernsthafte Konkurrenten für die Managementberatung positionieren? Oder gewinnen zukünftig kooperative Arrangements mit der Managementberatung an Bedeutung? Und wie könnten solche Arrangements dann aussehen? Auf diese Fragen gibt es bislang noch recht wenige Antworten.

Vielleicht liegt dies auch daran, dass sich im Vergleich zur Unternehmensberatung der Fundus wissenschaftlicher Beschäftigung mit den neuen Beratungskonzepten eher spärlich darstellt. Auch dies lässt sich mit einer Recherche in der Datenbank Wiso I über die Jahre von 2000 bis 2004 illustrieren (siehe Abb. 3). Hier zeigt sich, dass – gemessen an der Anzahl der Beiträge – das Thema der Unternehmensberatung in den Veröffentlichungen dominiert. Mit deutlichem Abstand zum Thema der Unternehmensberatung sind es von den neuen Beratungskonzepten vor allem noch die Themen Mediation, Coaching und Supervision, die Eingang in Veröffentlichungen finden.[2] Die „Sonstigen" (Meta-Beratung, Organisationsaufstellung, Unternehmenstheater) bewegen sich dermaßen dicht an oder sogar auf der „Null-Linie", dass sie kaum auffallen.

Interessant erweist sich eine kumulierte Betrachtung. Addiert man alle Beiträge zu den neuen Beratungskonzepten, lässt sich eine gegenläufige Entwicklung zur Anzahl der Beiträge zum Thema Unternehmensberatung feststellen: Der Abstand zur Unternehmensberatung hat sich nicht nur über die Jahre kontinuierlich verringert; im Jahr 2004 ergibt sich sogar ein „Gleichstand". Vielleicht ist diese Entwicklung ein Indikator dafür, dass Artikel, die Themen der neuen Beratungskonzepte aufgreifen, zukünftig auch in betriebswirtschaftlichen Zeitschriften mehr an Bedeutung gewinnen werden. Die Chancen dafür stehen nicht schlecht: Schließlich hat sich von 2000 bis 2004 die Anzahl der Beiträge zum Thema Coaching bereits verdreifacht, beim Thema Mediation sogar mehr als verzehnfacht.

Dennoch sind die neuen Beratungskonzepte insbesondere in den betriebswirtschaftlichen Kernjournalen bislang noch stark unterrepräsentiert. Exemplarisch zeigt dies eine Auswertung diverser Jahresinhaltsverzeichnisse: Während zum Beispiel von 1998 bis 2004 nicht ein einzi-

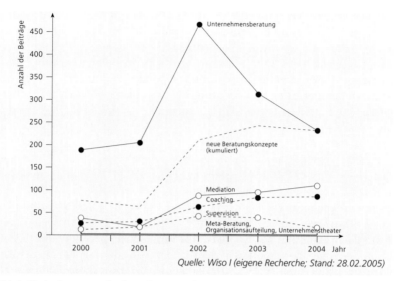

Quelle: Wiso I (eigene Recherche; Stand: 28.02.2005)

Abb.3: Verbreitung verschiedener Beratungskonzepte
in der betriebswirtschaftlichen Literatur

ger Beitrag in der Zeitschrift „Die Betriebswirtschaft" (DBW) existiert, der sich mit den in diesem Buch vorgestellten Konzepten befasst, finden sich für diesen Zeitraum in der Zeitschrift für Führung und Organisation (ZFO) immerhin zwei Beiträge zum Thema „Coaching" (STAHL/ MARLINGHAUS 2000; STOCK 2002),[3] zwei Beiträge zum Thema „Unternehmenstheater" (KRAUS/PISKE 2001; SCHREYÖGG 2001) und sogar ein Beitrag zum Thema „Kunst" (BOERNER et al. 2001). Dahingegen ist das Thema der Unternehmensberatung für den gleichen Zeitraum in der DBW mit vier Beiträgen und in der ZFO gar mit zehn Beiträgen vertreten (MOHE 2004, S. 704).

Was könnten die Gründe für dieses bisherige Desinteresse an den „anderen" Beratungskonzepten sein? Zum einen ist die Relevanz eines Themas immer eng an dessen ökonomische Bedeutung gekoppelt. Solange Coaching, Mediation & Co. sich (noch) eher an der Peripherie des Beratungsmarktes bewegen, ist zu erwarten, dass sich an der bisherigen Situation auch nicht viel ändern wird. Ein zweiter Grund könnte darin gesehen werden, dass die Managementberatung mit Selbstansprüchen (und Deutungsmonopolen) operiert, die einigen der neuen Beratungskonzepte fern liegen. Tatsächlich reklamiert die Managementberatung nichts Geringeres für sich als etwa „der größte Reformmotor eines Landes" (GAITANIDES/ACKERMANN 2002, S. 303) sein zu wollen; und sie hat die erstaunliche Fähigkeit entwickelt, immer wieder neue Konzepte – oder: Managementmoden? (z. B. ABRAHAMSON 1991) – zu lancieren und damit die Aufmerksamkeit ganzer Industrien und der Wissenschaft auf sich zu ziehen. Schließlich könnte es ein dritter Grund für das Desinteresse der klassischen Betriebswirtschaft sein, dass die neuen Beratungskonzepte eher „weichere" (reflexive?) Ansätze verfolgen als die Managementberatung. Während die Klienten der klassischen Managementberatung in der Regel wissen, wohin die Beratungsreise geht und auch, ob sie sich lohnt (KIESER 2001, S. 110), operieren die neuen Beratungskonzepte mit dem Zulassen größerer Unsicherheit und dem Ausbau von Reflexionsfähigkeiten auf der Klientenseite. Letzteres setzt indes voraus, dass Klienten überhaupt an dem Ausbau der eigenen Reflexionsfähigkeit interessiert sind – eine Voraussetzung, die man nicht ohne weiteres unterstellen kann. So sind in der Managementpraxis Zeitkontingente nach dem Effizienzkriterium organisiert, das heißt, dass die für die Reflexion benötigten Zeitkorridore oftmals gar nicht zur Verfügung stehen, oder – weil die Kosten-/Nutzen-Rechnung negativ ausfällt – Reflexion per se als unproduktiv eingeschätzt wird. Zurückführen lässt sich dies einerseits auf externe Effizienzerwartungen (z. B. der Shareholder), anderseits auf Ausbildungs- und Sozialisationsprozesse der Manager und Berater.

STAEHLE (1991) spricht auch deshalb von einem „Konservatismus" in der Beratung, weil Berater und Klienten häufig ähnliche akademische und berufliche Sozialisationsprozesse durchlaufen haben, die den Glauben an die Berechenbarkeit des Unternehmenserfolgs geschürt haben. Nicht ohne Grund führen deshalb wohl „weichere" und auf Reflexion basierende Beratungskonzepte noch eher ein Nischendasein. Demonstrieren lässt sich dies beispielsweise an der systemischen Beratung, die in der Praxis nur eine marginale Rolle spielt. In Deutschland geht man von ein paar wenigen Prozenten Marktanteil aus (WALGER/SCHELLER 1998); in den USA ist sie weder in der Praxis noch in der Wissenschaft bekannt (ARMBRÜSTER/KIESER 2001, S. 690). Hoffnung auf Änderung ist allerdings zu erwarten, wenn zukünftige Manager (und Berater) schon im Rahmen der universitären Ausbildung mehr mit den Grenzen traditioneller Rationalitätsprämissen konfrontiert und auf Reflexionswissen „umgelenkt" werden.

Um Missverständnissen vorzubeugen: Mit den obigen Ausführungen soll keinesfalls die Überlegenheit neuer Beratungskonzepte über andere proklamiert werden. Für diese Behauptung gebe es keinen Beobachtungsstandpunkt. Allerdings kann es in einer „Multioptionsgesellschaft" (GROSS 2002) ein lohnendes Unterfangen sein, wenn neben der klassischen Managementberatung auch andere Beratungsoptionen und -konzepte stärker ins Visier der Praxis und Wissenschaft gelängen. Das vorliegende Buch möchte hierfür einen Beitrag leisten.

In den Beiträgen werden neue Konzepte im Beratungsmarkt vorgestellt. Dabei soll auch versucht werden, die folgenden Fragen zu adressieren:

● Wie(so) hat sich das Beratungskonzept entwickelt?
● Welche wirtschaftliche Bedeutung hat das Beratungskonzept heute?
● Welcher Leitidee/welchem Beratungsansatz folgt das Konzept?
● Wo liegen die Grenzen des Beratungskonzeps?
● Wie wird sich das Beratungskonzept weiterentwickeln?

Die Akzentuierungen der Beiträge sind fast so facettenreich wie die schillernde Beratungsbranche selbst: Angefangen von eher wissenschaftlich ausgerichteten bis hin zu eher praxisnahen Beiträgen mit konkreten Fallbeispielen. Die einzelnen Beiträge behandeln die folgenden Themen:

REINHARD PFRIEM zeigt in seinem Beitrag, inwiefern gesellschaftliche Entwicklungen als Herausforderungen zukunftsfähiger Unternehmenspolitik einen bislang unterbelichteten Gegenstand auch fortgeschrittener Beratungskonzepte darstellen. Der Autor vertritt die Auffassung, dass beratende Unterstützung des Unternehmens angesichts des weit reichenden strukturellen und kulturellen Wandels von Wirtschaft und Gesellschaft zu erkennen hat, dass Unternehmen Strategien mehr denn je in prinzipiell offene Zukünfte hinein entwickeln. Gerade in ihrer Rolle als gesellschaftliche Akteure können sie beratende Unterstützung deshalb dringend gebrauchen.

MANFRED MOLDASCHL vertritt die These, dass sich jenseits der beiden dominierenden Beratungsparadigmen, dem der Experten- oder Strategieberatung und dem der systemischen oder Prozessberatung, mit der reflexiven Beratung ein Drittes abzeichnet. Der Beitrag plädiert dafür, dieses nicht als eine „Mischung" der beiden genannten anzusehen, sondern es gezielt als einen Ansatz „jenseits" davon zu entwickeln. Dieser dritte Ansatz der reflexiven Beratung setzt an deren Schwachstellen und Ausblendungen an und stützt sich dabei auf aktuelle Organisationstheorien. Der Beitrag skizziert zehn Prinzipien reflexiver Beratung und diskutiert die Frage, ob sie sich als „Geschäftsmodell" kommerzieller Organisationsberatung eignet.

Roswita Königswieser, Ebrû Sonuç und Jürgen Gebhardt beleuchten die Frage der Vereinbarkeit von Fach- und Prozessberatung. Vor dem Hintergrund ihrer Erfahrungen aus Beratungsprojekten stellen sie drei konkrete Projekte vor, und untersuchen Voraussetzungen, Bedingungen, aber auch Schwierigkeiten einer Integration beider Beratungsansätze. Trotz prinzipieller Unvereinbarkeit beider Ansätze stellen sie die Notwendigkeit einer Integration beider Herangehensweisen zum Nutzen des Kunden dar. Ein von ihnen entwickeltes Modell bildet die Integration von Fach- und Prozessberatung ab.

Sonja Radatz hat in ihrer langjährigen Erfahrung mit Veränderungsprojekten vorrangig in großen Unternehmen immer wieder festgestellt, dass die herkömmlichen Beratungsansätze ganz einfach nicht (mehr) funktionieren – denn sie erzeugen Widerstand, verzichten auf unverzichtbares Wissen im Unternehmen und führen einerseits zu unendlichen Veränderungsbaustellen, andererseits aber auch zu frustrierten Mitarbeitern. In zehn Thesen beschreibt Radatz pointiert ihren Ansatz und stellt das von ihr entwickelte evolutionäre Beratungsmodell als zukunftsweisende Alternative zur traditionellen, oft auch „systemisch" genannten Organisationsentwicklung vor.

Susanne Mingers und Philipp Wildburg skizzieren die Umrisse eines neuen Beratungstrends, der für manche zunächst befremdlich erscheinen mag: die Verbindung von systemischer Organisationsberatung und Spiritualität. Die Autorin und der Autor zeigen auf, in welchem Umfang Spiritualität bereits Einzug in die Wirtschaft gehalten hat. Bereits etliche Wirtschaftsunternehmen weltweit sind bemüht, Spiritualität am Arbeitsplatz lebbar zu machen. Zwischen systemischer Beratung und Spiritualität sind frappierende Parallelen zu verzeichnen. Anhand konkreter Beratungsanliegen und Beispiele wird aufgezeigt, dass Spiritualität als lebendige Quelle des Wissens und der Inspiration dienen kann, um Organisationen und Personen in tief greifenden Transformationsprozessen beraterisch zu begleiten und zu fördern.

Torsten Groth wirft einen kritischen Blick auf die Organisationsaufstellung. Diese Methode findet in der Beratung von Unternehmen immer größere Anwendung. Neben der Vorstellung des Verfahrens zeigt Groth auf, worin der Erfolg der Methoden begründet liegen könnte. Er entwirft hierzu ein systemtheoretisch-konstruktivistisches Alternativkonzept zu mythisch verklärenden Erklärungsversuchen, die davon ausgehen, mit Hilfe von Aufstellungen könnten auf bisher unerforschten Wegen Geheimnisse aufgedeckt werden. Der Beitrag endet mit einer Auflistung der Bereiche, in denen noch Professionalisierungsbedarf herrscht.

Astrid Schreyögg entfaltet nach einer Begriffsklärung Coaching als Maßnahme der Personalentwicklung und als „Dialogform über Freud und Leid im Beruf." Als Zielgruppe nennt sie Führungskräfte und Freiberufler. Die Themen richten sich primär nach den Bedürfnissen der Klienten, als Anlässe dominieren Krisen und Konflikte. Ziele sind die Förderung der Effektivität, aber auch der Humanität der Gecoachten. Diese Beratungsform wird heute organisationsintern und -extern praktiziert, dabei mit Einzelnen, mit Gruppen- und Teams. In der Literatur werden häufig Anforderungen an den Coach, seltener an sein Konzept formuliert. Im Gegensatz dazu schlägt die Autorin auch für das Coaching eine in sich geschlossene Modellkonstruktion vor.

Kurt Buchinger gibt in seinem Beitrag einen Aufriss der Supervision. Dazu skizziert er die Entstehung, die Besonderheiten und die gesellschaftliche Aktualität dieser Beratungsform. Gleichwohl geht er auch auf die Komplexität und die Grenzen der Supervision ein und gibt methodische Hinweise für ein brauchbares Vorgehen. Vermutungen über die künftige Entwicklung, die sie mit anderen Beratungsformen teilen und in der es um die Organisation von multiprofessioneller Kooperation gehen wird, runden den Beitrag ab.

Harald Pühl erläutert ein bisher noch relativ unbekanntes Verfahren zur Konfliktbearbeitung in Organisationen. Das Besondere an der von ihm so bezeichneten Organisationsmediation ist die schnelle und effiziente Wiederherstellung der Arbeitsfähigkeit der Konfliktbeteiligten.

Auf Grundlage wiederhergestellter Kommunikation können andere organisationsbezogene Verfahren wie Team-Supervision oder Organisationsberatung zum Einsatz kommen bzw. innerhalb dieser Verfahren kann Mediation sinnvoll helfen, festgefahrene Konflikte zu lösen. Anhand eines Praxisfalls veranschaulicht und reflektiert der Verfasser das Verfahren.

Johannes Cernota und Hans Jürgen Heinecke beschreiben unter anderem mit zwei konkreten Fallbeispielen das Geschäftsmodell einer künstlerischen Perspektive für den Beratungsprozess. In dem Beitrag wird gezeigt, dass künstlerische Interventionen besonders geeignet sind, eingespielte Zuschreibungen und Erklärungsmuster in Organisationen zu irritieren. Dazu wird das Prinzip der Mehransichtigkeit (Polyfokalität) eingeführt, das diesen Irritationsprozess anregen und unterstützen kann. Für die beiden Autoren stellt gerade dies im Kern der Zusatznutzen dar, den eine künstlerische Perspektive in den Beratungsprozess einbringt.

Markus Berg untersucht das Phänomen „Unternehmenstheater" als potenzielles Interventionsdesign in Beratungsprozessen. Der Beitrag gibt zunächst eine Übersicht über die aktuelle Verbreitung und die Historie des Unternehmenstheaters und definiert seine Hauptziele und seinen Kernnutzen. Anschließend werden besondere Charakteristika, Stärken, Schwächen und Anwendungsgebiete der sieben wichtigsten Unternehmenstheatertypen untersucht. Schließlich wird auch die Anbieterseite unter die Lupe genommen, indem spezifische Qualitätsanforderungen herausgearbeitet werden. Ein Ausflug in ein zweitägiges Interventionsdesign liefert einen konkreten Blick in die Praxis, bevor das Kapitel mit möglichen Zukunftsaussichten für das Unternehmenstheater endet.

Mein eigener zweiter Beitrag in diesem Buch beleuchtet mit der Meta-Beratung ein bislang noch recht unbekanntes Konzept auf dem Beratungsmarkt. Der Beitrag zeigt, dass Meta-Beratung – definiert als Form der Beratungs-Beratung, die Klienten in Sachen Beratung berät – eine Experten- und/oder Reflexionsrolle einnehmen kann. Vor diesem Hintergrund werden konkrete Einsatzfelder entlang des Beratungsprozesses skizziert und durch Fallbeispiele illustriert. Der Beitrag schließt mit Überlegungen zur Zukunftsfähigkeit der Meta-Beratung.

Anmerkungen

[1] Für diese Einschätzung ist jedoch kein konkretes Zahlenmaterial verfügbar, da im Gegensatz zur Unternehmensberatung (siehe etwa die BDU-Studie) keine jährlichen Erhebungen zu den Anbietern neuer Beratungskonzepte existieren. Zudem gestaltet sich eine exakte empirische Ermittlung auch deshalb schwierig, weil die Grenzen einiger der neuen Beratungskonzepte – insbesondere zwischen Coaching und Supervision – fließend verlaufen.

[2] Angesichts des momentanen „Coaching-Hypes" ist es interessant, dass das Konzept der Mediation bei der Anzahl der Veröffentlichungen noch vor Coaching rangiert.

[3] Interessanterweise beschäftigt sich die Ausgabe 2/2005 der ZfO nun ausführlich dem Schwerpunktthema „Coaching".

Literatur

ABRAHAMSON, E. (1991): Managerial Fads and Fashions: The Diffusion and Rejection of Innovations. In: The Academy of Management Review, Vol. 16, No. 3, S. 586-612.

ALEMANN, H. VON/VOGEL. A. (1996, Hrsg.): Soziologische Beratung. Praxisfelder und Perspektiven. Leske + Budrich, Opladen.

ARMBRÜSTER, T./KIESER, A. (2001): Unternehmensberatung – Analysen einer Wachstumsbranche. In: Die Betriebswirtschaft, 61. Jg., H. 6, S. 688-709.

BALZER, A./STUDENT, D. (2002): Operation Big Mac. In: Manager Magazin, H. 11, S. 52-63.

BDU (2005): Facts & Figures zum Beratermarkt 2004.

BIERACH, B. (1996). Der leise Riese. In: Wirtschaftswoche, Nr. 10, S. 162-165.

BOERNER, S./KRAUSE, D./GEBERT, D. (2001): In der Kunst „untergehen" – in der Kunst „aufgehen"? Empirische Ergebnisse zur Funktionalität einer direktiv-charismatischen Führung im Orchester. In: Zeitschrift für Führung + Organisation, 70. Jg., H. 5, S. 285-292.

DÄFLER, M.-N. (1998): Franchising in der Unternehmensberatung: eine institutionenökonomische Analyse. Verlag Dr. Kovac, Würzburg.

ELFGEN, R./KLAILE, B. (1987): Unternehmensberatung. Angebot, Nachfrage, Zusammenarbeit. Poeschel, Stuttgart.

ERNST, B./KIESER, A. (1999): In Search of Explanations for the Consulting Explosion. Arbeitspapier der Universität Mannheim.

FUCHS, P. (2002): Vom Hofnarren zur Beratung und zurück. Anmerkungen der neueren Systemtheorie zur Frage, ob Manager gut beraten sind, wenn sie sich beraten lassen. Vortrag gehalten am 11.10.2001 in Wien. In: Das gepfefferte Ferkel – Online-Journal für systemisches Denken und Handeln, Februar 2002, http://www.ibs-networld.de/ferkel/fuchs-hofnarren.shtml (Download vom 28.02.2005).

GAITANIDES, M./ACKERMANN, I. (2002): Die größte Konkurrenz sind immer die Kunden! Interview mit Prof. Dr. h. c. Roland Berger. In: Zeitschrift für Führung + Organisation, 71. Jg., H. 5, S. 300-305.

GILLER, J./KROEPFLI, A. (2002): Was die Kunden von den Consultants wollen – und was nicht. Neue Perspektiven für den Beratermarkt. In: Sonderbeilage der Neuen Züricher Zeitung, 25.06.02, S. 13.

GROSS, P. (2002): Multioptionsgesellschaft. 9. Aufl., Suhrkamp, Frankfurt a. M.

GROYS, B. (1999): Über das Neue. Versuch einer Kulturökonomie, Fischer, München.

HEINECKE, H. J. (2002): Methodische Differenzierung als Geschäftsstrategie – Prozeß-
beratung in der Praxis. In: In: Mohe, M. / Heinecke, H. J. / Pfriem, R. (2002, Hrsg.):
Consulting – Problemlösung als Geschäftsmodell. Theorie, Praxis, Markt. Klett-Cotta,
Stuttgart, S. 225-242.

JESCHKE, K. (2004): Marketingmanagement der Beratungsunternehmung. Theoretische
Bestandsaufnahme sowie Weiterentwicklung auf Basis der betriebswirtschaftlichen Beratungsforschung. Gabler, Wiesbaden.

KIESER, A. (2001): Organisationstheorien sind Sprachspiele. In: Bardmann, T. M./Groth,
T. (Hrsg.): Zirkuläre Positionen 3: Organisation – Management und Beratung. Westdeutscher Verlag, Wiesbaden, S. 99-118.

KIPPING, M. (2002): Jenseits von Krise und Wachstum: der Wandel im Markt für Unternehmensberatung. In: Zeitschrift für Führung + Organisation, 71. Jg., H. 5, S. 269-275.

KOLBECK, CHR. (2001): Zukunftsperspektiven des Beratungsmarktes: Eine Studie zur klassischen und systemischen Beratungsphilosophie. Gabler, Wiesbaden.

KRAUS, D. E./PISKE, R. (2001): Theater im Unternehmen? Unternehmenstheater als inno-
vatives Organisationsentwicklungsinstrument. In: Zeitschrift für Führung + Organisation, 70. Jg., H. 5, S. 276-284.

MOHE, M. (2003): Klientenprofessionalisierung: Strategien und Perspektiven eines professionellen Umgangs mit Unternehmensberatung. Metropolis, Marburg.

MOHE, M. (2004): Stand und Entwicklungstendenzen der empirischen Beratungsforschung
– eine qualitative Meta-Analyse. In: Die Betriebswirtschaft, Heft 6, S. 693-712.

MOHE, M. (2005): Klientenprofessionalisierung – Strategien eines professionellen Umgangs
mit Beratung. In: Kirsch, W./Seidl, D./Linder, M. (Hrsg.): Grenzen der Strategieberatung:
Eine Gegenüberstellung der Perspektiven von Wissenschaft, Beratung und Klienten.
Haupt Verlag, Bern, Stuttgart, Wien (im Erscheinen).

MOHE, M. (2005a): Der systemische Klient – Was passiert, wenn Klienten ihre Berater
beobachten? In: Organisationsentwicklung, H. 2/2005 (im Erscheinen).

MOHE, M./HÖNER, D. (2005): Managementberatung in der Legitimationskrise – Eine
neo-institutionalistische Analyse. in: Kühl, S./Moldaschl, M. (Hrsg.): Organisation und
Intervention. Hampp, München, Mering (in Vorbereitung).

MOHE, M./KOLBECK, CHR. (2003): Klientenprofessionalisierung in Deutschland. Stand des
professionellen Umgangs mit Beratung bei deutschen Dax- und MDax-Unternehmen.
Empirische Ergebnisse, Best Practices und strategische Implikationen. Oldenburg.

RINGLAND, G./SHAUKAT, A. (2004): An uncertain Future for Management Consulting. In:
European Business Forum, Issue 19, Autumn 2004, S. 58-61.

SAAM, N. J. (2001): Agenturtheorie als Grundlage einer sozialwissenschaftlichen Beratungsforschung. In: Degele, N./Münch, T./Pongratz, H. J./Saam, N. J. (Hrsg.): Soziologische Beratungsforschung: Perspektiven für Theorie und Praxis der Organisationsberatung. Leske + Budrich, Opladen, S. 15-37.

SCHADE, CHR. (1997): Marketing für Unternehmensberatung: ein institutionenökonomi-
scher Ansatz. 2., überarb. Aufl., Gabler, Wiesbaden.

SCHRÄDLER, J. (1996): Unternehmensberatung aus organisationstheoretischer Sicht.
Gabler, Wiesbaden.

SCHREYÖGG, G. (2001): Unternehmenstheater als neuer Ansatz organisatorischer Kommunikation und Veränderung. In: Zeitschrift für Führung + Organisation, 70. Jg., H. 5,
S. 268-275.

SPERLING, H. J./ITTERMANN, P. (1998): Unternehmensberatung – eine Dienstleistungs-
branche im Aufwind. Hampp, München, Mering.

STAEHLE, W. H. (1991): Organisatorischer Konservatismus in der Unternehmensberatung.
In: Gruppendynamik, 22. Jg., H. 1, S. 19-32.

STAHL, G. K./MARLINGHAUS, R. (2000): Coaching von Führungskräften. In: Zeitschrift für Führung + Organisation, 69. Jg., H. 4, S. 199-207.

STOCK, R. (2002): Coaching von Teams. In: Zeitschrift für Führung + Organisation, 71. Jg., H. 2, S. 89-95.

WALGER, G./SCHELLER, CHR. (1998): Das Angebot der Unternehmensberatungen in Deutschland, Österreich und der Schweiz: eine empirische Analyse. Berlin, QUEM-Report, H. 54.

WEIERSHÄUSER, ST. (1996): Mitarbeiterverhalten im Beratungsprozeß. Eine ökonomische Betrachtung. Gabler, Wiesbaden.

WIMMER, R. (2004): Organisation und Beratung. Carl-Auer-Systeme Verlag, Heidelberg.

WIMMER, R./KOLBECK, C./MOHE, M. (2003): Beratung: Quo vadis? Thesen zur Entwicklung der Unternehmensberatung. In: Organisationsentwicklung, H. 3/03, S. 61-64.

WOHLGEMUTH, A. C. (2003): Management Consulting - quo vadis? In: IO Management, H. 9, S. 54-60.

REINHARD PFRIEM

Beratung und Gesellschaft

„Der Gedanke, der den Wunsch, seinen Vater, tötet,
wird von der Rache der Dummheit ereilt."   *(Theodor W. Adorno)*

1   Beratung als Hilfe zur Erreichung unternehmenspolitischer Ziele

Der folgende Beitrag markiert einen riskanten Versuch. Er konfrontiert Unternehmensberatung mit Ansprüchen, die sie gewöhnlich nicht aufstellt: das Thema Gesellschaft und gesellschaftliche Entwicklungen als Gegenstand in Beratungsprozessen stark zu machen. „Mit dem Begriff ‚Unternehmensberatung' werden Dienstleistungsunternehmen bezeichnet, die Organisationen bei der strategischen Weiterentwicklung und Optimierung ihrer Geschäftstätigkeit unterstützen" (HEUSKEL et al. 2004, S. 1499). Die Geschäftätigkeit des Unternehmens definiert sich bekanntlich von seinen lang-, manchmal auch kurzfristigen erfolgsstrategischen Interessen her, nicht von der Gesellschaft. Gesellschaftliche Anforderungen kommen – jenseits der direkten Nachfragen, die natürlich auch gesellschaftliche Anforderungen darstellen – nach gängigem Verständnis nur so weit ins Spiel, wie deren Nichtberücksichtigung just die erfolgsstrategischen Interessen schädigen könnte. Jenseits davon haben sie im Rahmen dieser Lesart nichts zu suchen, weil dann Werte und Normen ins Spiel kämen. Und sind nicht normative Überfrachtungen mehr denn je out? Im Editorial der diesjährig ersten Ausgabe der Zeitschrift „OrganisationsEntwicklung" rät CASPAR FRÖHLICH zur „Aufgabe der normativen Grundhaltungen der traditionellen OE wie zum Beispiel dem Ideal einer humanistischen, mitbestimmten Arbeitsumgebung und der hierarchie-kritischen Grundüberzeugung" (FRÖHLICH 2005, S. 1). Dann, so FRÖHLICH, bekäme der OE-Ansatz aus Sicht der Entscheidungsträger auch wieder mehr Relevanz.

Wenn von Gesellschaft die Rede ist, liegt die Befürchtung nahe, hier sollten einmal mehr normative Amokläufe gestartet werden. Wenn FRÖHLICH fortfährt mit der Aufforderung: „Das Nutzenkalkül und nicht die ideologische Grundüberzeugung soll als Orientierungspunkt dienen", muss allerdings aus eben diesem Grunde gleich eingehakt werden: Keine Ideologie der kapitalistischen Marktwirtschaft seit ihrer großen Ausbreitung Mitte des 19. Jahrhunderts war und ist stärker (und ideologischer) als jene, mit dem Nutzenbegriff jenseits von Ideologien in einer Welt von vernünftigen Mechanismen bzw. wertfreien Sachzwängen zu sein. Mit der oben zitierten Formulierung, Beratung sei die Unterstützung der Geschäftstätigkeit des Unternehmens, ist insofern noch gar nicht so viel gewonnen.

Die dabei mitlaufende Unterstellung, dadurch seien klare Vorgaben gegeben, stimmt eben nicht. Wie eine Unternehmensleitung nämlich ihren Nutzen definiert, kann außerordentlich verschieden ausfallen. In dieser Hinsicht zeigt etwa die Rückschau auf die nun eineinhalb Jahrhunderte, in denen die erwerbswirtschaftliche Unternehmung als dominante ökonomische Organisation der Gesellschaft agiert(e), außerordentlich große Unterschiede. Und schon die utilitaristische Philosophie, der die ökonomische Nutzenvorstellung entlehnt ist, wusste darum, dass das Nutzenkalkül nur sinnvoll angewendet werden kann, wenn zwischen verschiedenen Gütern abgewogen wird. Insofern gab es seit Beginn der industriekapitalistischen Marktwirtschaften immer sehr verschiedene Ausprägungen unternehmerischer Nutzenorientierung, nicht nur in der Frage, mit welchen Produktionen bzw. Angeboten Umsätze und Gewinne gemacht werden, sondern auch bezogen auf Fragen der betrieblichen und überbetrieblichen Sozialpolitik, des Verhaltens überhaupt in konkreten politischen Fragen, hinsichtlich Wahrnehmung von gesellschaftlicher Verantwortung etc.

Wir brauchen aber gar nicht auf eine dies nachzeichnende historische Unternehmertypologie zurückzugreifen – die Debatten insbesondere der letzten Jahre über Corporate Governance (siehe dazu THEISEN 2003) geben gültigen Ausdruck davon, welch unterschiedliche Vorstellungen auch heutzutage darüber bestehen, wie Unternehmensleitungen ihren Nutzen verfolgen sollten, und damit eben auch sehr direkt, worin denn dieser besteht. Wenn mit diesem Text dafür plädiert wird, Gesellschaft, d. h. mögliche gesellschaftliche Entwicklungen, als Gegenstand von Beratungsprozessen stärker zu machen, dann als Hinweis auf eine mögliche und auch schon praktizierte Form unternehmerischen Nutzenstrebens, nicht etwa als normative Aufforderung, unternehmerischen Nutzen hintanzustellen.[1]

Die Einsicht, dass mit der Unterstützungsformel noch keine Erkenntnisse über die Inhalte von Beratungsprozessen gewonnen sind, legt die Vermutung nahe, dass Berater in dieser Hinsicht abhängig sind von dem, was die Unternehmen an Optimierungszielen, -interessen und -inhalten vorgeben. Berater leben von den Aufträgen ihrer Klienten. Wie sollten sie vernünftigerweise auf die Definition von Beratungsinhalten kommen, für die klientenseitig keine Nachfrage besteht? Eher sollten sie doch am Puls des Unternehmens sein, um dem Unternehmen zu helfen, bestimmte Dinge besser zu machen, wie weiland Frederic W. Taylor, nach Lehrbüchermeinung der Begründer des Scientific Management und von heute betrachtet ein Inhouse Consultant.

Auf der anderen Seite hat sich über die Grenzen der Systemtheorie hinaus herumgesprochen, warum erfolgreiche externe Beratung eigentlich funktionieren kann: aufgrund der Unbefangenheit der organisationsexternen Beobachter, die ihnen erlaubt, Dinge zu sehen, die Organisationsmitglieder einschließlich des Topmanagements anders oder gar nicht sehen. Anders sehen heißt freilich auch anders wahrnehmen, anders denken, andere Vorschläge machen. Nur dadurch, dass Berater den von ihnen beratenen Unternehmen Vorschläge unterbreiten, die sich von denen unterscheiden, auf die das Unternehmen in Verfolgung seiner Optimierungsziele sowieso schon gekommen war, funktioniert das Beratungsgeschäft.[2] Der Berater kann noch so empathisch in das Unternehmen hineinschlüpfen wollen – interessant ist (und bleibt) er nur dadurch, dass er es dabei nicht übertreibt.

In der Literatur hat sich eingebürgert, zwischen verschiedenen Formen der Beratung typologisch zu unterscheiden (siehe etwa WALGER 1995 mit der Unterscheidung in gutachterliche Beratungtätigkeit, Expertenberatung, Organisationsentwicklung und systemische Unternehmensberatung). In der beraterischen Praxis sieht das zunehmend anders aus: „Die Rollenvielfalt und die Know-how-Anforderungen an Berater wachsen. Als ‚Sparringspartner' der Kunden wechselt der Berater zwischen persönlichen Coachingphasen der Klienten (Personenfokus), der Fach- und Systemperspektive und dem Prozessfokus" (BOOS et al. 2005). Das kluge Wechseln zwischen diesen Rollen erwächst zwar einerseits aus den Situationen, wie sie nicht zuletzt von den Klienten gebildet werden, auf der anderen Seite liegt die Interpretation, welche Rolle im jeweiligen Moment gerade die angemessene sei, über die eigene Wahrnehmung in der

Entscheidung des jeweiligen Beraters. Dazu gehört selbstverständlich in jedem Moment die eigene und nicht nur reflexartig die Klientenvorstellungen transportierende Meinung, wie der Beratungsprozess zur Unterstützung des Unternehmens vernünftigerweise zu organisieren sei.

2   Beratung als Beitrag zur Reform der Unternehmenspolitik

Die Organisationsentwicklung, so weit hat der oben zitierte FRÖHLICH vollkommen recht, startete vor einem Vierteljahrhundert im deutschsprachigen Raum mit einer deutlich normativen Grundausrichtung. Als einer der tragenden Akteure hat dies TREBESCH kürzlich so zusammengefasst: „Die Initiatoren der 1980 gegründeten (und 1997 aufgelösten) Gesellschaft für Organisationsentwicklung verstehen Organisationsentwicklung als einen längerfristig angelegten, umfassenden Entwicklungs- und Veränderungsprozess von Organisationen und den in ihnen tätigen Menschen. Der Prozess beruht auf Lernen aller Betroffenen durch direkte Mitwirkung und praktische Erfahrung. Sein Ziel besteht in einer gleichzeitigen Verbesserung der Leistungsfähigkeit der Organisation (Effektivität) und der Qualität des Arbeitslebens (Humanität)" (TREBESCH 2004, S. 72). TREBESCH ruft noch einmal die seinerzeitigen Verdienste der OE in Erinnerung, insofern es darum ging, verkrustete Organisationen aufzubrechen und überkommene autoritäre Strukturen zu reformieren. Vor diesem Hintergrund, so Trebesch, markiere der Begriff selbst eine Spannung, die in den Frühzeiten der OE sicherlich produktiv gewesen sei.

Aus heutiger Rückschau mutet ein Denken, dem es im konstatierten Spannungsfeld zwischen Effektivitätssteigerung und Humanisierung der Arbeit darum ging, eine möglichst große Schnittmenge zu erzielen, natürlich reichlich naiv an.[3] Entsprechend unterzieht auch TREBESCH die Organisationsentwicklung, bei deren Verbreitung im deutschen Sprachraum er selbst eine der treibenden Kräfte war, von heute her einer weitreichenden (selbst)kritischen Analyse. Sowohl in dem auch im Handbuch „Unternehmensführung und Organisation" veröffentlichten Text als auch in einem im selben Heft direkt nachfolgenden Beitrag mit ULLA KULMER (KULMER/TREBESCH 2004) werden die Differenzen zwischen der Organisationsentwicklung und dem, worauf es heute ankäme und was Change Management genannt wird[4], deutlich markiert. Hervorgehoben werden in dem Text mit KULMER

1. die Veränderung der theoretischen Basis vor allem unter dem Einfluss der Systemtheorie,
2. der deutlich ökonomischere Charakter der Veränderungsarbeit sowie
3. grundlegende Veränderungen in der Zusammenarbeit und Rollenverteilung zwischen Beratern und Management.

Mit dem zweiten Argument stoßen wir auf dieselbe Schwierigkeit wie bei dem Zitat von FRÖHLICH, denn KULMER und TREBESCH formulieren: „Wie oben bereits angesprochen, geht es beim Change Management nicht mehr länger um normativ begründete Entwicklungsarbeit, sondern Change Management ist die Unterstützung von Unternehmen bei ihrer Aufgabe, in der Ertragszone zu bleiben" (KULMER/TREBESCH 2004, S. 85). Das markiert vor allem die selbstkritische Aufarbeitung eigenen früheren Treibens, wobei nach meinen zugegebenermaßen hier sehr außen stehenden Beobachtungen die OE-Berater schon um des eigenen Umsatzes willen im Regelfall durchaus daran interessiert waren, das beratene Unternehmen mit ihrer Arbeit nicht in die roten Zahlen oder gar den Ruin zu treiben. Weniger schafft es Klarheit darüber, was denn nun konstruktiv die ökonomischere Herangehensweise ist, denn, wie schon oben argumentiert: in der Ertragszone kann ein Unternehmen auf vielen sehr verschiedenen Wegen bleiben. Die in diesem Abschnitt von KULMER und TREBESCH gemachten Ausführungen[5] sind durchaus interessant, aber eher keine Klärung in diesem konstruktiven Sinne.

Zu dem dritten Argument versucht dieser Text, in einer speziellen inhaltlichen Weise insgesamt Stellung zu nehmen, nämlich mit dem Hinweis darauf, dass für Beratung und für Beraterinnen und Berater als Personen besondere Chancen darin bestehen, Unternehmen mit von diesen vielleicht zu wenig oder gar nicht beachteten gesellschaftlichen Entwicklungen zu konfrontieren. In dem engeren Sinne der von KULMER und TREBESCH hierzu gemachten Ausführungen sei auch hier – wiederum aufgrund eher außen stehender Beobachtung – die Frage erlaubt, ob das, was als neue Einsichten im Rahmen von Change Management und in Kritik der OE angeboten wird, tatsächlich früher so gänzlich fehlte. Auch vor zwei Jahrzehnten wurde doch schon gewusst (teilweise sogar besonders heftig vertreten!), dass die Verantwortlichen in den Organisationen die eigentlichen Change Agents sind. Vielleicht soll man seine Geschichte einfach nicht schlechter machen, als sie war. Beziehungsweise: wenn man zu neuen Ufern vorstoßen will, reicht längst Gewusstes und zum Teil Praktiziertes als neue Einsicht vermutlich nicht aus. Dass die bürokratischen Auswüchse bestimmter Formen von Mitbestimmungsprozessen vermieden und trotzdem bzw. erst recht die Beschäftigten möglichst früh und aktiv in die Umsetzung von Veränderungsprozessen einbezogen werden sollten (so KULMER/TREBESCH 2004, S. 86), gehörte schon früh zur Marschroute eines nicht gerade kleinen Teils von OE-Beratern.[6]

Vergessen werden darf ja auch nicht, dass die hier von den damaligen OE-Vertretern wiedergegebenen Ansichten zur Maximierung der Schnittmenge zwischen Effektivitätssteigerung und Humanisierung in den siebziger und achtziger Jahren dem Mainstream des kritischen und reformerischen Zeitgeistes entsprachen. Es war die Zeit der Förderprogramme zur Humanisierung der Arbeit, in die nicht zuletzt das Wissen darum einging, dass neue und humanere Formen der Arbeitsgestaltung wie „job rotation" und teilautonome Gruppen zu nachhaltigen Produktivitätsfortschritten führen könnten (siehe als nur zwei der vielen damaligen wissenschaftlichen Aufbereitungen KERN 1979 und SCHÄUBLE 1979). Entsprechend konzentrierten sich auch die damaligen kritischen und reformerischen Bestrebungen in der akademischen Betriebswirtschaftslehre darauf, Betriebswirtschaftslehre anders als im Rahmen vorgängiger Kapitalorientierung eher auf Arbeit und Arbeitnehmerbezügen aufzubauen (als Diskussionsband dazu sei erinnert an KOUBEK et al. 1980).

In bemerkenswertem Unterschied zu dem ja auch im deutschen Sprachraum entwickelten systemorientierten Ansatz der Betriebswirtschaftslehre von HANS ULRICH an der damaligen Hochschule, heute Universität St. Gallen (ULRICH 1970 und ULRICH/KRIEG 1973), blieb die deutsche Reformdebatte reichlich einseitig auf die betrieblichen Innenbeziehungen zwischen Kapital und Arbeit fokussiert (zur Rekonstruktion der entsprechenden Gutenberg-kritischen Ansätze von Heinen u. a. PFRIEM 2004, S. 115ff.).

Das kann und soll hier gar nicht weiter vertieft werden, führt uns freilich auf den ersten der drei Punkte von KULMER und TREBESCH. Die Systemtheorie (nicht die von Hans Ulrich, sondern die von Niklas Luhmann) habe den vormaligen OE-Beratern neue Ideen geliefert, wie Organisationen funktionieren und wie Veränderungen vonstatten gehen. Abgesehen davon, dass zwischen OE und Change Management auch hier wieder keine Beziehung von Schwarz und Weiß festgestellt werden kann[7], kommen wir nun dem Problem näher, das diesen Text bewegt. Natürlich hat die Luhmann'sche Systemtheorie für die Führung wie die Beratung von Unternehmen außerordentlich wichtige Erkenntnisse vorgetragen, die selbst in der alltäglichen Managementpraxis helfen, dem verbreiteten Machbarkeitswahn zu widerstehen und Wissen um die Möglichkeiten und Grenzen der Intervention in Unternehmensorganisationen zu fördern (siehe dazu auch PFRIEM 2004, S. 128ff.). Und natürlich wird jeder Systemtheoretiker Luhmann'scher Provenienz protestieren, wenn vorgeschlagen würde, jenen Satz auf systemische Beratung anzuwenden, den TREBESCH in Kritik der vormaligen OE geschrieben hat: „Die Methoden der Organisationsentwicklung sind nicht wissenschaftlich abgesichert, sondern basieren auf generiertem Erfahrungswissen, auf ‚theories in use'. In der Literatur werden sie als Interventionstechniken und -methoden bezeichnet" (TREBESCH 2004, S. 75). Es wäre in der Tat absurd, diese Formulierung auf die elaborierte Luhmann'sche Theorie zu übertragen.

Was ich aber ernsthaft zu bedenken gebe, ist folgendes Argument: Trotz ihres hoch differenzierten theoretischen Charakters könnte die Luhmann'sche Theorie und in der Folge eine sich darauf stützende systemische Beratung blinde Flecken haben hinsichtlich der Beziehung von Unternehmen und Gesellschaft und der Bedeutung gesellschaftlicher Entwicklungen für zukunftsfähige Unternehmenspolitik. Und zwar solche blinden Flecken, die es im Sinne guter Unternehmensführung und speziell auch guter Unternehmensberatung zu überwinden gelte. Ein letztes Mal sei eine bezüglich der früheren OE-Konzeption kritische und selbstkritische Formulierung von TREBESCH zitiert: „Die Umfeldentwicklung auch in der globalen Dimension ist nicht aufgegriffen worden" (TREBESCH 2004, S. 76). Die Frage, die sich daran anschließt, lautet: Inwieweit ist diese völlig zutreffende Kritik hinreichend berücksichtigt bei dem, was sich inzwischen als Change Management und als systemische Beratung entwickelt hat?[8] Dieser Text folgt der Vermutung, dass eben hier noch Entwicklungsbedarf besteht, dass die Berücksichtigung konkreter gesellschaftlicher Herausforderungen für die Unternehmenspoli-

tik noch nicht stark genug gemacht worden ist, und begründet insofern
ein Plädoyer dafür, an diesem zentralen Punkt mehr voranzukommen.

3 Die Grenzen der Organisationsberatung

(Erwerbswirtschaftliche) Unternehmen sind die ökonomischen Organisationsformen von Gesellschaften, die wir je nach gewünschter Akzentuierung als marktwirtschaftlich, industriell, kapitalistisch oder wie auch
immer bezeichnen. Bekanntlich steht im Kern der großen Erzählung des
modernen Liberalismus der Glaube, dass das Jeremy Bentham zuge-
schriebene größte Glück der größtmöglichen Zahl am besten über die
Maximierung des Eigennutzes konkurrierender ökonomischer Akteure
erreicht werden kann (zur „optimalen liberalen ökonomischen Welt-
sicht" siehe den ersten Teil von Buch eins in WARD 1981). In der Ideal-
form gilt ein solches Handeln als wertfrei, wirtschaftliches Handeln folgt
danach am vernünftigsten schieren Effizienz- und Effektivitätsgesichts-
punkten. Für Edzard Reuter war es seinerzeit als Vorstandschef der
Daimler-Benz AG unsinnig, von Unterschieden zwischen christdemo-
kratischer und sozialdemokratischer Unternehmenspolitik zu sprechen
(für ihn als – damals noch nicht selbstverständlich – Sozialdemokraten
auf dem Chefsessel eines Konzerns legitimatorisch besonders wichtig).
Vom amtierenden Bundeskanzler Gerhard Schröder ist analog überlie-
fert, es gebe keine sozialdemokratische oder christdemokratische Wirt-
schaftspolitik, sondern bloß gute oder schlechte. Posthum scheint mit solchen Formeln ERICH GUTENBERG doch noch recht zu bekommen: In seiner Habilitationsschrift 1929 behauptete er bereits, in jeder unternehmerischen Entscheidungssituation gebe es nur eine einzige richtige
Entscheidung (GUTENBERG 1929, S. 10). Nur auf dieser Basis ließ sich
die akademische Betriebswirtschaftslehre in Deutschland auch in der
zweiten Hälfte des 20. Jahrhunderts noch als – so behauptet – wertfreie
Wissenschaft konstruieren. Nicht nur WÖHE (20. Auflage 2000) als nach
wie vor verbreitetste Einführung hält diesen Mythos immer noch aufrecht.

Die akademische Betriebswirtschaftslehre ist freilich im Wandel. Und die
Unternehmenspraxis ist es erst recht. Die Zeiten, wo mit Helmut Schmidt
ein amtierender Bundeskanzler noch formulieren konnte, wer Visionen
habe, solle zum Arzt gehen, sind lange vorbei. *Normatives Management*

als Problem und als Aufgabe der Unternehmensführung, wie dies HANS
ULRICH schon 1981 im Rahmen seines systemorientierten Ansatzes konstatiert hatte (ULRICH 1981), ist inzwischen auf breiterer Front anerkannt. Zwar haben sich Unternehmensphilosophien und dann im Laufe
der achtziger Jahre auch Theorie und Praxis der Unternehmens- und Organisationskultur (als Klassiker PETERS/WATERMAN 1984, für die frühe
deutsche Debatte siehe EBERS 1987) zunächst wesentlich ebenfalls auf die
Bearbeitung der Probleme interner Unternehmensbeziehungen konzentriert (Führung, Bindung, Partizipation) (PFRIEM 1995, S. 169ff.). Der
dramatische Strukturwandel, den die frühindustrialisierten Gesellschaften seit Durchsetzen der elektronischen Informations- und Kommunikationstechnologien erleben, macht allerdings immer deutlicher, dass sich
Unternehmen im Wettbewerb und gegenüber der Gesellschaft neu positionieren müssen. Weniger denn je trägt die Hoffnung, einige Jahrzehnte später noch mit denselben Produkten und Dienstleistungen ein hinrei-
chendes Maß an Umsätzen und Rendite einfahren zu können.

Zu Beginn des 21. Jahrhunderts finden Veränderungen der Wirtschaft
statt, die für die Chaostheorien brauchbarer zu sein scheinen als Weis-
heiten der klassischen Mechanik:

- Die ökonomischen Organisationsformen sind längst nicht mehr eindeutig, an die Stelle klar abgegrenzter und abgrenzbarer Unternehmen
  sind permanente Veränderungsprozesse getreten: Outsourcing, Mergers & Acquisitions, Netzwerke und strategische Allianzen,
- die Handlungs- und Wettbewerbsbedingungen der ökonomischen Organisationen haben sich insofern nicht nur dramatisch verändert, sondern haben überhaupt aufgehört, auf Dauer berechenbar zu sein,
- klassische Wettbewerbsverhältnisse zwischen Unternehmen werden in
  zunehmendem Maße durch Beziehungen zwischen Konkurrenz und
  Kooperation abgelöst („Coopetition") (MIKLIS 2003),
- allen Bemühungen um Wissensmanagement zum Trotz wird gerade für
  die wichtigen und strategischen Entscheidungen die Ungewissheit immer größer,
- politische, gesellschaftliche und kulturelle Entwicklungen wirken in
  vorher nicht gekanntem Maß in Erfolg und Misserfolg ökonomischer
  Aktivitäten hinein und sind selbst aufgrund von Prozessen, die mit Plu-
  ralisierung und Individualisierung bezeichnet werden, ausgesprochen
  unberechenbar geworden,

- unter dem Druck gewaltiger Korruptionsaffären und moralischer Ver-
  werfungen gewinnen Konzepte von Corporate Governance, Corporate Social Responsibility und Unternehmensethik neuen Auftrieb.

Die wirtschaftlichen Probleme, die derzeit alle frühindustrialisierten Län-
der mehr oder weniger prägen, deuten auf mehr und anderes hin als
jene Anpassungskrisen, wie wir sie mit Ausnahme von Kriegen und
Währungszusammenbrüchen in 150 Jahren Fabrikgesellschaft erlebt haben. Diese Anpassungskrisen waren vor allem durch technologische
Schlüsselinnovationen gekennzeichnet, die zu Basisinnovationen einer
neuen wirtschaftlichen Prosperitätsetappe wurden: Dampfmaschine,
Stahl, Chemie und Elektrotechnik, Petrochemie und Automobil wurden
von dem russischen Wirtschaftsforscher Kondratieff als jeweilige technologische Basis einer langen Welle wirtschaftlicher Prosperität angesehen. Nach diesen so genannten Kondratieff-Zyklen sind wir mit der fünften langen Welle in Gestalt der Informationsgesellschaft bereits in
veränderten Zuständen wirtschaftlicher Organisation: Die neuen Infor-
mations- und Kommunikationstechnologien, die Globalisierung der
Wirtschaft darüber hinaus vor allem in organisatorischer und sozialer
Hinsicht, die kulturellen Aufgeladenheiten der Kundenbedarfe in einer
wachsenden Zahl von Bereichen und rekursiv der unternehmerischen Angebote haben für die Unternehmen und den unternehmerischen Wettbewerb Konsequenzen, die neu und anders sind.

Tatsächlich scheint mit der Globalisierung das Heraufkommen einer
neuen Stufe unternehmerischen Wettbewerbs verbunden zu sein, die sich
als *Wettbewerb um die Generierung neuer Märkte* charakterisieren
lässt.[9] Selbst wenn man der Beschreibung bzw. dem Bild eher skeptisch
gegenübersteht, die längerfristige wirtschaftliche Entwicklung seit Beginn
der industriekapitalistischen Marktwirtschaften über die Verschränkung
technischer und organisatorischer Faktoren als eine Folge langer Wellen
zu verstehen (NEFIODOW 1997): Man sollte sich vielleicht darauf ver-
ständigen, dass der heutige und künftige wirtschaftliche Strukturwandel
nicht mehr in den Formen der vergangenen 150 Jahre verläuft.[10]
HEUSKEL spricht präzise vom Wettbewerb jenseits der Industriegrenzen
(so der Titel von HEUSKEL 1999) und markiert damit das Phänomen der
Business Migration, das die Wanderung des Geschäfts zwischen verschiedenen Branchen betrifft und gerade damit zur Generierung neuer
Märkte beiträgt. „Der Begriff Business Migration beschreibt dabei eine

Bewegung, die mit dem strategischen Konzept der Diversifikation nicht gleichzusetzen ist. Anders als bei der Diversifikation in neue Geschäfts-felder erfolgen die Migrationsbewegungen jeweils nur auf einzelnen Stufen oder ‚Schichten' der Wertschöpfungskette, ohne mit dem Eintritt in das neue Geschäftsfeld zugleich eine Wertschöpfungsstruktur aufzu-bauen, die den etablierten Akteuren vergleichbar wäre" (HEUSKEL 1999, S. 16). Anstöße für solche neuen Märkte gehen sowohl von Anbieter- wie von Nachfragerseite aus. Mehr denn je ist die ökonomische Interaktion zwischen diesen beiden Seiten ein Geflecht von Wechselbeziehungen, das sich selbst in theoretischen Modellen nicht mehr angemessen auf die Stra-tegie der Nutzenmaximierung eines isoliert gedachten Akteurs zurück-führen lässt.

Die Schaffung neuer Märkte jenseits der traditionellen Wettbewerbe um verbesserte Verfahren und innovative Produkte wird damit zum unter-nehmenspolitischen Handlungsfeld. Dies lässt sich als eine dritte Stufe wirtschaftlichen Wettbewerbs kennzeichnen. Damit liefern wir ein wich-tiges Beschreibungsmerkmal dafür, was sich im Vergleich zu den ver-gangenen 150 Jahren Wirtschaftsgesellschaft zu ändern begonnen hat. Solche eher auf Prozesse und Veränderung gerichteten Beschreibungen scheinen übrigens präziser zu sein als die vielen statischen Begrifflich-keiten für das, was wir jetzt im Unterschied zu vorher der Natur der Sa-che nach wären: Dienstleistungsgesellschaft, Informationsgesellschaft, Wissensgesellschaft etc.

Vor diesem Hintergrund prinzipieller Unsicherheit und Ungewissheit strategischer Unternehmensentscheidungen (philosophisch und soziolo-gisch formuliert: Kontingenz) hat in vielen Unternehmen das Wissen dar-um eingesetzt, dass es nicht länger Sinn hat, der Ideologie zu folgen, Wirt-schaften sei nichts anderes als das sachzwanglogische Verfolgen von Effizienz und Effektivität. Konstruktiv erwächst daraus das Bedürfnis an Methoden und Werkzeugen, das unter der Bedingung prinzipiell offener Zukunft notwendige Orientierungswissen zu erlangen. Strategiebil-dungsprozesse sind Suchprozesse. Eine wichtige unterstützende Funk-tion bei diesen Suchprozessen nehmen in zunehmendem Maße Visionen, Normen und Leitbilder ein.

Ein Leitbild lässt sich definieren als „Vorstellung, an der sich einzelne Menschen oder Gruppen orientieren. Anders als Utopien haben Leitbilder eine stärkere Beziehung zur Wirklichkeit. In der Wirtschaft: Darstellung der Visionen und Ziele eines Unternehmens" (Glossar, in brandeins 6/04). Dass hier eine zukunftsorientierte Managementzeitschrift zitiert wird, passiert nicht ohne Grund: Trotz der schon angeführten frühen Ausführungen von HANS ULRICH zur normativen Managementebene gibt es etwa in dem doch sonst sehr auf dem Stand der Dinge befindlichen „Handbuch Unternehmensführung und Organisation" (hrsg. v. SCHREYÖGG/VON WERDER 2004) jenseits des gleichsam ressorthaften Textes zur Unternehmensethik keinen Beitrag zu Leitbildern oder Visionen des Unternehmens (in den beiden auf Kulturenvergleich angelegten Beiträgen von KUTSCHKER und SORGE wird die Thematik allerdings zumindest indirekt traktiert).

Unternehmenspolitische Leitbilder und Visionen haben anders als vor drei Jahrzehnten heute nicht mehr hauptsächlich die Aufgabe, den Beziehungen zwischen Unternehmensführung einerseits, Beschäftigten andererseits den Weg zu weisen. Trotz allen wieder neu Aufbrandens diesbezüglicher Probleme: diese Aufgabe kann zumindest konzeptionell als abgearbeitet gelten. Alte Vorstellungen, eine Unternehmensorganisation sei umso erfolgreicher, je zentralistischer und straffer sie organisiert sei, werden von den besseren und erfolgreicheren Unternehmen heute nicht mehr vertreten. Zudem hat der wirtschaftliche Strukturwandel zu vielen Unternehmensneugründungen geführt, bei denen – etwa im IT-Bereich – der Aufbau der klassischen Hierarchien von Beginn an ökonomisch gar nicht vernünftig war. Umgekehrt sind gesellschaftspolitische Ideen mittlerweile obsolet, Betroffene dergestalt zu Beteiligten machen zu können, dass Macht mit ihren Schattenseiten aus der Unternehmensorganisation gleichsam herausoperiert wird.[11]

Unter den beschriebenen Voraussetzungen prinzipiell offener Gesellschafts- und damit Unternehmenszukünfte, infolge davon umso dramatischerer Herausforderungen, können Leitbilder und Visionen vor allem eine wichtige Orientierungsfunktion dabei erfüllen, die Beziehungen zwischen Unternehmen und Gesellschaft erfolgreich zu bearbeiten. Auf das Feld der Beraterrollen transferiert, hätte das zur Folge:

• Organisationsberatung sollte ihre Geschichte des Verhaftetseins an organisationsinternen Problemen und deren Bearbeitung selbstkritisch reflektieren und auf diesem Wege bewusst und zielstrebig überwinden,

• Strategieberatung, von der bis hierhin noch nicht die Rede war, könnte neue Kraft daran gewinnen, im hier angesprochenen und im weiteren noch mehr erläuterten Sinne Gesellschaft in die Unternehmensorganisation zu bringen.

Was sich daraus als Frage ableitet, die an dieser Stelle erst einmal nur aufgeworfen werden soll: Führt, soweit wir uns der Selbstverständigung wegen einer Klassifizierung verschiedener Beratungstypen bedienen, die
Wahrnehmung besonders gesellschaftsbezogener Unternehmensberatung vielleicht zur Akzentuierung eines neuen Beratungstypus? Eine Beratung etwa, die die konkrete Rolle von Unternehmen als Kulturproduzenten gegenüber der Gesellschaft reflektiert und bei der Beratung eines
Sendeprogramms nicht nur nach Einschaltquoten und vordergründigen
Marketingaspekten beraten, sondern die kulturellen Effekte ernsthaft
einbeziehen würde, wäre jedenfalls mit den literaturgängigen Typen von
Beratung schlecht rubrizierbar.

Aus den Politischen Aphorismen von Novalis stammt der Satz: „Der
Grund aller Verkehrtheit in Gesinnungen und Meinungen ist – Ver-
wechslung des Zwecks mit dem Mittel." Es ist eben die oben zitierte
schlechte Allgemeinheit des Redens vom Nutzen oder von der Ertragszone, die beraterische Phantasie und Kreativität behindert. Das Magazin
von McKinsey hat 2003 seinem Heft über Strategie auf den Titel gesetzt:
„‚Würdest du mir bitte sagen, wie ich von hier aus weitergehen soll?' ‚Das
hängt zum großen Teil davon ab, wohin Du möchtest', sagte die Katze"
(McK Wissen 07, 2003). Genau dies markiert eine zunehmend wichtige
Aufgabe zukunftsorientierter Unternehmensberatung: die Frage des Wohin selbst zum zentralen Gegenstand der Interaktionen zwischen Bera-
ter- und Klientensystem zu machen.

Zwei Warnungen werden an dieser Stelle mindestens sofort laut:

1. Die Klienten müssen ihren Weg selber finden.
2. Die alten normativen Überfrachtungen müssen unterbleiben.

Zu 1: Das ist natürlich einerseits vollständig richtig. Andererseits erfordert Strategieentwicklung als Suchprozess gerade, sich unternehmens-
seitig in Distanz zu setzen zur gerade bestehenden Unternehmenspolitik.
Zu Strategie gibt es wohl kaum ein größeres Missverständnis als jenes,

darin die längerfristige, planvollere und systematischere Verlängerung
des operativen Geschäfts zu sehen. Wenn es aber darum geht, dazu mit
möglichst großer Optionenvielfalt Distanz aufzubauen, dann braucht ein
Unternehmen eine möglichst starke Erweiterung des eigenen Refle-
xionsvermögens und selbstverständlich auch viel Wissen darum, welche
Optionen mit Blick auf gesellschaftliche und soziokulturelle Entwicklungen vernünftig sein könnten. Eben bei dieser Öffnung des Blicks kann
zukunftsorientierte Unternehmensberatung hervorragend helfen.

Zu 2: Damit erledigt sich fast schon dieses Argument. Angesichts der Tatsache, dass so manche OE-Berater in der Frühphase von Beratungsprozessen ihren Verzicht auf positionsbestimmende Interventionen in fast
abenteuerlicher und für die Beteiligten dann sehr unbefriedigender Weise ausgelebt haben, fragt sich an dieser Stelle sowieso, wo da die normativen Überfrachtungen waren. Vor allem sei aber der Hinweis gegeben,
dass Hilfe bei der Öffnung des Blicks nicht gleichzusetzen ist mit der Vorgabe einer bestimmten Blickrichtung. Und wenn sowieso einiges dafür
spricht, Prozess- und Fach- bzw. Expertenberatung in Zukunft stärker
zu verknüpfen[12], dann kann beraterseitiges Wissen um (mögliche) gesellschaftliche Trends und Entwicklungen als Fachkompetenz aufgefasst
werden, die für den Erfolg von Beratungsprozessen an Bedeutung gewinnen wird.

Für das „Managen des Unerwarteten" (so der Titel von WEICK und
SUTCLIFFE 2001), wenn man es wie hier vorgeschlagen auf eine proaktive Rolle der Unternehmen[13] gegenüber latenten bzw. möglichen gesellschaftlichen Trends und Entwicklungen bezieht, braucht es klienten-
wie beraterseitig einen neuen Typus von Fähigkeiten. Nach meinem
Dafürhalten reicht die systemtheoretische Zuweisung an Berater, als
Beobachter zweiter Ordnung erfolgreich agieren zu können, bei weitem
nicht aus. Es ist ja kein Zufall, dass die systemtheoretische Verwandlung
von Organisationsmitgliedern zu psychischen Systemen und damit Umwelten der Organisation zwar mit dem sympathischen Argument daher
kommt, Menschen damit von persönlicher Verantwortung für organisatorische Prozesse und Entwicklungen zu entlasten, im Ergebnis aber in
diesem theoretischen Bezugsrahmen den psychischen Systemen weiter
keine große Aufmerksamkeit geschuldet wird.[14] Die Beobachterrolle, die
Berater einnehmen, lässt sich in diesem Sinne als notwendige, aber nicht
hinreichende Bedingung für wirklich erfolgreiche Beratungstätigkeit

charakterisieren. Es sind Menschen, die sowohl in Organisationen als auch in der Beraterrolle gegenüber Organisationen agieren und mehr oder weniger sensibel, mehr oder weniger verantwortungsvoll das tun, was sie tun. Von daher lohnt es sich, zu theoretischen Überlegungen zu greifen, die sich mit diesen in der Systemtheorie unterbelichteten Problemen beschäftigen.

Weiter kommen wir deswegen, wenn wir an Diskussionen über die Kunst der Wahrnehmung anschließen. So heißt es bei FUCHS: „Wahrnehmung wird aber in besonderem Maße zur Kunst, wenn sie auch ein Können beinhaltet und zu einem geübten, geschickten Umgang mit ihren Gegenständen befähigt. Die Einheit von verfeinerter Wahrnehmung und geübtem Handeln ist das, was wir gewöhnlich als Erfahrung bezeichnen, über die jemand verfügt" (FUCHS 2003, S. 69). Und weiter: „Der Erfahrene besitzt die Fähigkeit, Muster und Gestalten auch dort ‚herauszukennen‘, wo andere gar nichts sehen" (FUCHS 2003, S. 75). „So entwickelt der Erfahrene schließlich einen ‚siebten Sinn‘, ein Gespür oder Vorgefühl, eine intuitive Wahrnehmung von Situationen" (FUCHS 2003, S. 77).[15]

Das passt ausgezeichnet zu den intensivierten Debatten über Entrepreneurship und neues Unternehmertum, theoretisch ebenso zu der SCHUMPETER-Renaissance, die in den jüngsten Jahren stattgefunden hat. Wie hieß es doch bei SCHUMPETER? „Unter unserem Bild vom Unternehmertypus steht das Motto: plus ultra. Wer sich im Leben umsieht, hört es aus dem Typ heraus ..." (SCHUMPETER 1997, S. 137). Und als zentral sieht er dabei drei Motivreihen: „1) den Traum und den Willen, ein privates Reich zu gründen, 2) Siegeswillen, 3) Freude am Gestalten" (SCHUMPETER 1997, S. 138). Besonders hervorgehoben wird die „Freude am Werk, an der Neuschöpfung als solcher" (SCHUMPETER 1997, S. 139). Solches Unternehmertum zeichnet sich insbesondere durch intuitive Fähigkeiten aus, durch Fähigkeiten im Felde der Kunst der Wahrnehmung. Und natürlich richtet sich der Gestaltungswille (auch schon für SCHUMPETER) unternehmerisch insbesondere darauf, Dinge in die Welt zu setzen, mit anderen Worten: aktiv die Gesellschaft zu verändern. Erfolgreich verändern kann ich freilich nur in dem Maße, wie ich das erfahren habe, kenne, in seiner Eigenständigkeit ernst nehme, was ich verändern will. Unternehmensberatung, die in zukunftsorientierter Absicht hier tätig werden möchte, hat dafür Anknüpfungspunkte, auf die in den nächsten beiden Kapiteln hingewiesen werden soll.

4 Eilen am Ende Unternehmenspolitik und Betriebswirtschaftslehre den Beratern voraus?

Keine Sentenz aus Giuseppe Tomasi di Lampedusas 1954 geschriebenem, 1958 ein Jahr nach seinem Tod veröffentlichten Roman „Der Leopard" dürfte so oft zitiert sein wie jene, wo er Tancredi sagen lässt, nur wenn sich sehr vieles ändere, könne es so bleiben, wie es ist (wobei mit letzterem die Sicherung der feudalen Herrschaftsverhältnisse gemeint war). Daraus können wir durchaus eine unternehmenspolitische Lehre ziehen: Wenn Unternehmen im 21. Jahrhundert erfolgreich überleben und vielleicht sogar ihre Wettbewerbsposition stärken wollen, dann hat sich Change Management im guten Sinne des Wortes vor allem auf eine proaktive Politik gegenüber der Gesellschaft zu beziehen.

Diese Politik ist rekursiv zu verstehen: strategische Entscheidungen von Unternehmen sind eingeflochten in die permanenten Interaktionen der beteiligten ökonomischen und gesellschaftlichen Akteure.[16] Auf SCHUMPETER ist an dieser Stelle übrigens noch einmal zurückzukommen. Er hat nämlich (SCHUMPETER 1997, S. 411ff.) im Sinne strategischer Handlungsfähigkeit von Unternehmen den „creative response" vom „adaptive response" unterschieden. Die Kreativität bedeutet, dass reflexartige Anpassungen vermieden werden und Eigenständigkeit hergestellt wird. Im Rahmen unseres Vorschlages für Perspektiven einer kulturwissenschaftlichen Theorie der Unternehmung habe ich dafür plädiert, *Unternehmensstrategien als kulturelle Angebote an die Gesellschaft* verstehen zu lernen (PFRIEM 2004a, insbesondere S. 389ff.). Der Diskurs über Organisations- bzw. Unternehmenskultur, der in den achtziger Jahren aufkam und dann besonders intensiv geführt wurde, kreiste vor allem um Kultur als organisationsinterne Effizienzbedingung. Hier geht es natürlich um anderes, nämlich die ebenso faktische wie mögliche Rolle von Unternehmen bei Weiterentwicklung und Veränderung der symbolischen Ausdrucksweisen und Selbstbeschreibungen einer Gesellschaft, also ihre Rolle als *gesellschaftliche Kulturproduzenten*. Das geht wohlgemerkt hinaus über Kultur als Handlungsbedingung für Unternehmen, die besonders in Forschungen zu interkulturellen Vergleichen thematisiert wird (so auch in den genannten Beiträgen im Handwörterbuch KUTSCHKER und SORGE 2004). Betont wird vielmehr die aktive und prägende Rolle, die Unternehmen für die kulturelle Entwicklung der Gesellschaft spielen. Der kulturwissenschaftliche Ansatz basiert an eben dieser Stelle auf

einem anderen Handlungsmodell als jener soziologische, dem in erster
Linie ein normengeleitetes Handlungsmodell zugrunde liegt (das kann
hier nicht vertieft werden, siehe dazu BESCHORNER et al. 2004, sowie die
für unsere eigene Arbeit wichtige soziologische Inspirationsquelle RECK-
WITZ 2000).

Es soll aber nicht nur theoretisch argumentiert werden. Sehr praktisch
betrachtet sei exemplarisch die Essener Z_punkt GmbH, Büro für Zukunftsgestaltung, als Unternehmen genannt, die, soweit sie Beratung be-
treibt, dies genau in der hier befürworteten Richtung macht. BURMEISTER
et al. kamen in einer ersten breiter angelegten empirischen Studie zu dem
Befund: „Zukunftsforschung hat die Unternehmen erreicht und wird zu-
sehends als wissensorientierte Dienstleistung wahrgenommen und ge-
schätzt" (BURMEISTER et al. 2002, S. 9). Der Untertitel des neuen Buches
lautet: „Unternehmen gestalten Zukunft". Darum geht es: diese gestal-
terische Rolle von Unternehmen. Und welche hilfreiche, gar nützliche
Rolle Berater dabei spielen können.

Die Beobachterrolle bringt dabei zwangsläufig Subjektivität ins Spiel.
Auch der Berater, der der neutralste Beobachter zu sein sucht (und natürlich sollte man sich gerade bei der Abschätzung künftiger Entwicklungen um größtmögliche Nüchternheit bemühen), beobachtet auf der ge-
schichtlich gewachsenen Grundlage seines persönlichen Wahrneh-
mungssystems. Was für wünschenswert gehalten wird und was für wahrscheinlich, geht – meist sogar eher unbewusst – oft genug ineinander
über. Zwei getrennte Welten sind das jedenfalls nicht. Z_punkt formuliert dazu einen weit reichenden Standpunkt: „Zukunftsforschung, wie
sie Z_punkt versteht, kann nicht neutral sein, sondern sie tritt – pathe-
tisch formuliert – als Anwalt der Zukunft oder zukünftiger Generatio-
nen auf" (BURMEISTER et al. 2002, S. 10).

Diesen Standpunkt muss man sich nicht zueigen machen. In dieser Form
ist natürlich die regulative Idee nachhaltiger Entwicklung von Wirtschaft
und Gesellschaft zur parteilichen Norm erhoben (zu nachhaltiger Entwicklung als kultureller Herausforderung insbesondere für Unternehmen
siehe PAECH 2004). Vor leichtfertigem Verwerfen solcher offen gelegten
Parteilichkeiten sei allerdings auch gewarnt: Parteilichkeit beginnt nicht
erst bei solchen Erklärungen, sondern schon bei den Selektionen, die jeder Beobachtung und jeder Ordnung einer Beobachtung zugrunde gelegt

werden – wie unbewusst auch immer. Und mindestens ex negativo stellt sich für jede Beratung natürlich die Frage, ob jedes unternehmenspolitische Anliegen verdient, gute Ratschläge zu seiner besseren Umsetzung zu bekommen.

Die Frage der Wertfreiheit besteht jedenfalls als ernsthaft praktische längst nicht mehr. Werte bewegen sich ja nicht nur zwischen gut und schlecht, sondern auch dort, wo es darum geht, wie ernst bestimmte Ereignisse genommen werden müssen. Und solche Ereignisse können mehr denn je plötzlich eintreffen, erfordern dann ganz rasche und möglichst vernünftige Wertungen. Das Ausmaß, in dem heute Unternehmen gezwungen sind, das Unerwartete zu managen, und damit auch das mögliche Ausmaß beratungsseitiger Unterstützung, kann in diesem Sinne anhand der von STEINMÜLLER/STEINMÜLLER 2003 erörterten Wild Cards weiter präzisiert werden: „Wild Cards sind zukünftige Entwicklungen oder Ereignisse, die sich durch eine relativ geringe Eintrittswahrscheinlichkeit und potentiell weitreichende Wirkungen auf den Verlauf der Geschäfte auszeichnen" (STEINMÜLLER/STEINMÜLLER 2003, S. 17). Wild Cards können für das betroffene Unternehmen insofern Zukunftsbeben darstellen und vertiefen das Erfordernis, den möglichen offenen Zukünften mehr Aufmerksamkeit zu schenken, als dies in der Vergangenheit getan wurde – auf beiden Seiten des Berater-Klienten-Systems.

5   Gesellschaft(liche Entwicklung) als Gegenstand von Beratung

Kontingenz als grundlegender Ausgangspunkt allen Denkens und Handelns auf dem Terrain unternehmenspolitischer Zukünfte bringt die saubere Trennung zum Verschwimmen und vielleicht auch Verschwinden, mit der vor zwei Jahrzehnten der unternehmensethische Diskurs als einer gestartet war, dem vorgeworfen wurde, am der ökonomischen Rationalität entgegengesetzten Ufer angesiedelt zu sein (zur frühen Entkräftigung dieses Vorwurfs PETER ULRICH 1987). Eine kulturwissenschaftliche Herangehensweise zeichnet sich gerade dadurch aus, Vorab-Unterscheidungen in Gut und Böse zu vermeiden. Forscherisch wie beraterisch geht es darum, Vielfalt als Heterogenität durchschaubar zu machen und über interkulturelle Vergleiche natürlich Erkenntnisse zu gewinnen, aus Unterschieden zu lernen, wie man es denn (besser) machen könne. In der praktischen Folge bleibt also die kulturwissenschaftliche Herangehensweise bei aller Zurückhaltung, die sich Berater in konkreten Beratungssituationen auferlegen sollten, keinesfalls gleichgültig gegenüber verschiedenen Handlungsoptionen. Mit dem Begriff der kulturellen Bildung sind Parteilichkeiten in konkreten Situationen immer verbunden.

Für Unternehmen wie für Berater führt das zu einem *neuen Begriff praktischer Verantwortung*, befreit von dem moralinsauren Geruch, der die Begriffe Ethik und Verantwortung in vielen Diskussionen weiterhin umgibt. Von daher ist es kein Zufall, dass Werte und Ethik in der Unternehmensberatung stark an Gewicht gewinnen (LUNAU 2000; WIELAND 2004). Die Erkenntnisse, die wir aktuell selbst in einer Machbarkeitsstudie zur Einführung von Ethikmanagementsystemen in der Naturkostbranche gewonnen haben (LAUTERMANN/PFRIEM 2005), beziehen sich natürlich auf Unternehmen, die mit starken normativen Ausgangspositionen von der Bewegung zur Branche geworden sind. Lernen lässt sich daraus allerdings, inwiefern in schöpferischer und gesellschaftsorientierter Neuaufnahme früherer Überlegungen zu Unternehmenskulturen solche normativen Orientierungen fördernd oder behindernd in alle Fasern des unternehmenspolitischen Alltags dringen, bei der Personaleinstellung und -entwicklung, bei Produktpolitik und Innovation, bei der Gestaltung der Kunden-, Markt- und Gesellschaftsbeziehungen.

Vor dem Hintergrund prinzipiell offener Unternehmenszukünfte lassen sich Pflichtenhefte erfolgreichen Unternehmenshandelns zwar weiter in einzelnen operativen Bereichen aufstellen und befolgen, auf dem Feld der strategischen Entscheidungen wäre dies fatal. Von daher kommt Verantwortung zunächst im gleichsam außermoralischen Sinn hoch als Erfordernis des Kümmerns, was denn auf die nächsten Jahrzehnte hin aus dem Unternehmen in seinen Interaktionen mit der Gesellschaft eigentlich werden soll. Dazu passt die philosophische Bestimmung: „Pflichten machen Menschen tendenziell gleich. Verantwortung macht sie zu Individuen" (BAUMAN 1995, S. 87).

Eine Entnormativierung oder Entmoralisierung von Unternehmensberatung ist im hier diskutierten Sinne alles andere als das Gebot der Stunde. Eher stünde sie nicht nur im Risiko, gewissen Zeitgeisterscheinungen vorauseilenden Gehorsam zu erweisen, sondern auch die Art von *Repoliti-sierung der Unternehmensberatung* zu verpassen, die im Interesse der Klienten heute gerade überfällig ist. Was damit vorgeschlagen wird, ist allerdings das ungefähre Gegenteil moralischen Gutmenschentums. Auf Berater als bloße Vertreter guter Gesinnung können Unternehmen, die sich verstärkt für gesellschaftliche Entwicklungen öffnen wollen, getrost verzichten. Jenseits von „mehr General-Management-Know-how als bisher" (damit schließen Boos et al. 2005) braucht es aber sicher auch mehr handfeste markt- und kulturkompetente Expertise. Das schließt übrigens erst recht auf dem Feld des Coachings ein, an der kulturellen Bildung der Entscheidungsträger von Unternehmen zu arbeiten: Hier geht es ja nicht etwa nur um in der Freizeit aufgebaute Ressourcen für das anstrengende Managerleben, sondern um das für zukunftsfähige Unternehmenspolitik existentiell wichtige Verständnis von Gesellschaft und gesellschaftlichen Entwicklungen.

Vor Beraterinnen und Beratern liegt also für die nächste Zukunft ein reiches Feld von Erfahrungen. Das Wort „Erfahrung" kommt natürlich von „Fahren". Also: auf geht's!

Anmerkungen

1   Dieser Text kann insofern gelesen werden als Weiterführung von Pfriem (2002), wo ich im Rahmen unseres von Michael Mohe initiierten Grundlagenbandes zum Consulting anhand eines Beratungsprojektes beim Kabelhersteller Muckenhaupt & Nusselt erste allgemeine Überlegungen in der Richtung dieses Textes angestellt habe.

2   Abgesehen von den betrüblicherweise nicht ganz wenigen Fällen, wo eine Geschäftsleitung nicht den Mut hat, der Belegschaft selbst offen ihre Vorschläge zu unterbreiten, und die herbeigerufene externe Beratung bloße Legitimationsfunktionen erfüllt.

3   Ich selbst kann mich noch gut an eine entsprechende Tagung 1980 erinnern, bei der die Statements, wie groß die Schnittmenge denn werden könne, zum Teil den Charakter gesellschaftspolitischer Glaubensbekenntnisse hatten.

4   Der Begriff ist natürlich nicht neu, wird von Doppler und Lauterburg im deutschen Sprachraum nun schon seit einem Jahrzehnt popularisiert, siehe Doppler/Lauterburg 2002.

5   Etwa bezüglich des Arguments, dass man früher fälschlicherweise der Illusion nachgelaufen sei, bei Veränderungsprozessen Angstfreiheit erreichen zu können. Für die Diskussion solcher Punkte ist im Rahmen dieses Textes allerdings kein Raum.

6   Erst recht aus heutiger Rückschau waren die sicher weiter als jene, die aus Gründen praktischer Loyalität oder vermeintlicher gesellschaftstheoretischer Analyse ein eher devotes und opportunistisches Verhältnis zu den Gewerkschaftsführungen pflegten.

7 Das sehen Kulmer und Trebesch auch selbst so und zitieren sogar (2004, S. 84) Baecker mit seinem Lob auf das Verdienst der Organisationsentwicklung, das vorhandene technische Verständnis von Organisation zugunsten eines sozialen korrigiert zu haben.

8 Das wird hier zusammengezogen, obwohl beileibe nicht alles in einen Topf geworfen werden darf. So heißt es pointiert bei Boos et al. 2004, S. 5: „Es stellt sich heraus, dass schon der Begriff ‚Changemanagement' irreführend ist, da eine Form der direkten Steuerung der Veränderung suggeriert wird, die in der Praxis kaum durchzuhalten ist."

9 Insbesondere bezogen auf die von uns so genannten nachhaltigen Zukunftsmärkte hat sich damit in den vergangenen drei Jahren das an meinem Lehrstuhl durchgeführte und vom Bundesforschungsministerium geförderte Forschungsprojekt summer (Sustainable Markets Emerge) befasst, siehe www.summer-net.de. Der Endbericht ist inzwischen in Buchform veröffentlicht: Fichter/Paech/Pfriem 2005.

10 Es lohnt sich sehr, das Feld Mergers & Acquisitions nicht nur unter börsennahen, sondern auch einmal unter strukturpolitischen und sozialökonomischen Aspekten zu betrachten.

11 Für diese Obsoletheit lassen sich anführen: das politische und historische Ende der großen marxistischen Erzählung, das Scheitern der selbstverwalteten bzw. Alternativbetriebe („Firmen ohne Chef"). Und auch die zitierten OE-Rückblicke von Trebesch und Fröhlich dürfen wohl so gelesen werden.

12 Wie oben schon erwähnt, eine der Orientierungen in Boos et al. 2005. Geradezu einseitig Richtung Expertenberatung der Tenor in der Wochenendbeilage Consulting der Süddeutschen Zeitung vom 9./10. April 2005.

13 Hier stimmt der Begriff einmal.

14 Bekanntlich hat Luhmann selbst viele Bücher über verschiedene Systeme geschrieben, aber keines über die psychischen.

15 Es ist alles andere als zufällig, dass Fuchs hier mit dem Begriff der Erfahrung operiert: die Befähigung, in der Organisation zu solchen richtigen Entscheidungen und als Berater zu solchen richtigen Prozessbegleitungen und vielleicht Ratschlägen zu kommen, die später lobend als intuitiv erfolgreich charakterisiert werden, fällt ja nicht vom Himmel, sondern gründet auf Erfahrung.

16 Anstelle vorgängiger wirtschaftswissenschaftlicher Orientierungen, die immer noch die Nutzenmaximierungskalküle spezifischer bzw. isolierter Akteure betonen, bräuchte es also eine Art Interaktionsökonomik.

Literatur

BAUMAN, Z. (1995): Postmoderne Ethik, Hamburger Edition, Hamburg.

BESCHORNER, TH./FISCHER, D./PFRIEM, R./ULRICH, G. (2004): Perspektiven einer kulturwissenschaftlichen Theorie der Unternehmung – Zur Heranführung, in Forschungsgruppe Unternehmen und gesellschaftliche Organisation FUGO (Hrsg.): Perspektiven einer kulturwissenschaftlichen Theorie der Unternehmung, Metropolis, Marburg.

BURMEISTER, K./NEEF, A./BEYERS, B. (2004): Corporate Foresight. Unternehmen gestalten Zukunft, Murmann, Hamburg.

BURMEISTER, K./NEEF, A./ALBERT, B./GLOCKNER, H. (2002): Zukunftsforschung und Unternehmen. Praxis, Methoden, Perspektiven, Z_punkt GmbH, Essen.

BOOS, F./HEITGER, B./HUMMER, C. (2005): Systemische Beratung im Vergleich. Anforderungen und Zukunft, in: OrganisationsEntwicklung 1/05, Basel.

DOPPLER, K./LAUTERBURG, CH. (2002, 1. Aufl. 1994): Change Management. Den Unternehmenswandel gestalten, Campus, Frankfurt a. M.

EBERS, M. (1987): Organisationskultur, in: Kieser, A./Reber, G./Wunderer, R. (Hrsg.): Handwörterbuch der Führung, Schäffer-Poeschel, Stuttgart.

FICHTER, K./PAECH, N./PFRIEM, R. (2005): Die Generierung nachhaltiger Zukunftsmärkte. Orientierungen für unternehmerische Innovationsprozesse im 21. Jahrhundert, Metropolis, Marburg.

FRÖHLICH, C. (2005): Editorial der Zeitschrift OrganisationsEntwicklung 1/2005, Basel.

FUCHS, TH. (2003): Was ist Erfahrung? In: Hauskeller, M. (Hrsg.): Die Kunst der Wahrnehmung. Beiträge zu einer Philosophie der sinnlichen Erkenntnis, Graue Edition, Kusterdingen.

GUTENBERG, E. (1929): Die Unternehmung als Gegenstand betriebswirtschaftlicher Theorie, Springer, Berlin.

HEUSKEL, D./BOOK, M./STRACK, R. (2004): Organisation und Steuerung der Unternehmensberatung, in: Schreyögg, G./v. Werder, A. (Hrsg.): Handwörterbuch Unternehmensführung und Organisation, Schäffer-Poeschel, Stuttgart.

HEUSKEL, D. (1999): Wettbewerb jenseits von Industriegrenzen. Aufbruch zu neuen Wachstumsstrategien, Campus, Frankfurt a. M./New York.

KERN, H. (1979, Hrsg.): Kampf um Arbeitsbedingungen. Materialien zur ‚Humanisierung der Arbeit‘, Suhrkamp, Frankfurt a. M.

KOUBEK, N./KÜLLER, H. D./SCHEIBE-LANGE, I. (1980, Hrsg.): Betriebswirtschaftliche Probleme der Mitbestimmung, Bund-Verlag, Köln.

KULMER, U./TREBESCH, K. (2004): Der kleine Unterschied und die großen Folgen. Von der Organisationsentwicklung zum Change Management, in: OrganisationsEntwicklung 4/04, Basel.

KUTSCHKER, M. (2004): Interkulturelles Management, in: Schreyögg, G./von Werder, A. (Hrsg.): Handwörterbuch Unternehmensführung und Organisation, Schäffer-Poeschel, Stuttgart.

LAUTERMANN, CH./PFRIEM, R./WIELAND, J. u. a. (2005): Ethikmanagement in der Naturkostbranche – eine Machbarkeitsstudie, Metropolis, Marburg.

LUNAU, Y. (2000): Unternehmensethikberatung. Methodischer Weg zu einem praktikablen Konzept, Haupt, Bern/Stuttgart.

McK WISSEN 07 (2003): Strategie, 2. Jg. Dezember, Hamburg.

MIKLIS, M. (2003): Coopetitive Unternehmungsnetzwerke. Problemorientierte Erklärungs- und Gestaltungserkenntnisse zu Netzwerkbeziehungen zwischen Wettbewerbern, Metropolis, Marburg.

NEFIODOW, L. A. (1997): Der sechste Kondratieff. Wege zur Produktivität und Vollbeschäftigung im Zeitalter der Information, Rhein-Sieg-Verlag, St. Augustin.

PAECH, N. (2004): Nachhaltige Entwicklung als kulturelle Herausforderung, in: Forschungsgruppe Unternehmen und gesellschaftliche Organisation FUGO (Hrsg.): Perspektiven einer kulturwissenschaftlichen Theorie der Unternehmung, Metropolis, Marburg.

PETERS, TH./WATERMAN, R. H. (1984): Auf der Suche nach Spitzenleistungen. Was man von den bestgeführten US-Unternehmen lernen kann, Verlag Moderne Industrie, Landsberg.

PFRIEM, R. (2004): Heranführung an die Betriebswirtschaftslehre, Metropolis, Marburg.

PFRIEM, R. (2004a): Unternehmensstrategien sind kulturelle Angebote an die Gesellschaft, in: Forschungsgruppe Unternehmen und gesellschaftliche Organisation FUGO (Hrsg.): Perspektiven einer kulturwissenschaftlichen Theorie der Unternehmung, Metropolis, Marburg.

Pfriem, R. (2002): Die Frontscheibe, der Außenspiegel und was dann immer noch fehlt....Zur möglichen Rolle von externer Beratung bei der Konfrontation der Unternehmen mit der Gesellschaft, in: Mohe, M./Heinecke, H. J./Pfriem, R. (Hrsg.): Consulting – Problemlösung als Geschäftsmodell. Theorie, Praxis, Markt, Klett-Cotta, Stuttgart.

Pfriem, R. (1995): Unternehmenspolitik in sozialökologischen Perspektiven, Metropolis, Marburg.

Reckwitz, A. (2000): Die Transformation der Kulturtheorien. Zur Entwicklung eines Theorieprogramms, Velbrück Wissenschaft Verlag, Weilerswist.

Schäuble, G. (1979): Die Humanisierung der Industriearbeit, Campus, Frankfurt a. M./New York.

Schreyögg, G./von Werder, A. (2004, Hrsg.): Handwörterbuch Unternehmensführung und Organisation, 4. Aufl., Schäffer-Poeschel, Stuttgart.

Schumpeter, J. (1997, Orig. 1911): Theorie der wirtschaftlichen Entwicklung. Eine Untersuchung über Unternehmergewinn, Kapital, Kredit, Zins und den Konjunkturzyklus, Duncker & Humblot, Berlin.

Sorge, A. (2004): Kulturvergleichende Organisationsforschung, in Schreyögg, G./von Werder, A. (Hrsg.): Handwörterbuch Unternehmensführung und Organisation, Schäffer-Poeschel, Stuttgart.

Steinmüller, A./Steinmüller, K. (2003): Ungezähmte Zukunft. Wild Cards und die Grenzen der Berechenbarkeit, Gerling Akademie Verlag, München.

Theisen, M. R. (2003): Herausforderung Corporate Governance, in: Die Betriebswirtschaft (DBW), S. 441ff.

Trebesch, K. (2004): Das Wurzelholz und die neuen Triebe. Ursprünge, Zielsetzungen und Methoden der Organisationsentwicklung und kritische Analyse, in: OrganisationsEntwicklung 4/04, Basel.

Ulrich, P. (1987): Die Weiterentwicklung der ökonomischen Rationalität – zur Grundlegung der Ethik der Unternehmung, in: Biervert, B./Held, M. (Hrsg.): Ökonomische Theorie und Ethik, Campus, Frankfurt a. M./New York.

Ulrich, H. (1981): Management-Philosophie für die Zukunft, Haupt, Bern/Stuttgart.

Ulrich, H./Krieg, W. (1973): Das St. Galler Managementmodell, Haupt, Bern.

Ulrich, H. (1970): Die Unternehmung als produktives soziales System, Haupt, Bern/Stuttgart.

Walger, G. (1995, Hrsg.): Formen der Unternehmensberatung. Systeme Unternehmensberatung, Organisationsentwicklung, Expertenberatung und gutachterliche Beratungstätigkeit in Theorie und Praxis, Verlag Dr. Otto Schmidt, Köln.

Ward, B. (1981): Die Idealwelten der Ökonomen. Liberale, Radikale, Konservative, Campus, Frankfurt a. M./New York.

Weick, K. E./ Sutcliffe, K. M. (2001): Das Unerwartete managen. Wie Unternehmen aus Extremsituationen lernen, Klett-Cotta, Stuttgart.

Wieland, J. (2004): Handbuch Wertemanagement. Erfolgsstrategien einer modernen Corporate Governance, Murmann, Hamburg.

Wöhe, G. (2000, 1. Aufl. 1960): Einführung in die Allgemeine Betriebswirtschaftslehre, Vahlen, München.

Manfred Moldaschl

Reflexive Beratung – ein Geschäftsmodell?

1 Einleitung

Das musste ja kommen: Wenn heute schon alles reflexiv sein muss – weil Reflexivität für das Gute schlechthin steht, dann natürlich auch die Beratung. Neben reflexivem Lernen, Management, Konsum, reflexiver Lebensführung und der späten Moderne bzw. dem Prozess ihrer eigenen Modernisierung, die als reflexiv deklariert werden (etwa bei Beck et al. 1996, 2001), soll es nun auch eine reflexive Beratung geben? Schlimmer könnte es nur kommen, wenn ich auch noch von nachhaltiger Beratung spräche. Es kommt schlimmer, denn auch das werde ich noch tun. Aber der Reihe nach.

Jenseits der beiden dominierenden Beratungsparadigmen, dem der Experten-, Fach- oder Strategieberatung und dem der systemischen oder Prozessberatung, bildet sich etwas „Drittes" heraus. Ich werde in diesem Beitrag argumentieren, dass man dieses Dritte nicht als Mischform „zwischen" den beiden genannten Paradigmen ansehen, sondern es gewissermaßen „jenseits" davon entwickeln sollte. Jedenfalls, soweit es den Anspruch einzulösen vermag, sie in dialektischer Weise „aufzuheben". Dieses Tertium jenseits der Strategie- und Prozessberatung nenne ich *reflexive Beratung*, wobei ich im Sinne der Eingangsbemerkungen an das Adjektiv „reflexiv" höhere Anforderungen stelle als sonst üblich. Höhere Ansprüche zu stellen ist die einzige Möglichkeit, verbrauchte Worte dem Wortmüll zu entreißen und sie wieder in Stand zu setzen, also verwendbar zu machen.

Weil man den Ansatz der reflexiven Beratung nur verstehen kann als Antwort auf die Probleme der Ansätze, von denen er sich abgrenzt, werde ich diese im ersten Abschnitt kurz skizzieren und im zweiten erläutern, warum ihre Unterscheidbarkeit abnimmt. Im dritten Abschnitt skizziere ich die Umrisse eines Ansatzes reflexiver Beratung und gehe im vierten Teil der Frage nach, ob reflexive Beratung ein „Geschäftsmodell" ist, d. h. ob es für praktizierende Berater auch ökonomisch attraktiv sein kann, sich explizit einem solchen Beratungsverständnis zu verpflichten.

2 Aktuelle Beratungsparadigmen und ihre Schwächen

Welches sind überhaupt die dominierenden Beratungsparadigmen, und warum „Paradigmen" und nicht „Ansätze"? Bevor wir uns mit ihren Problemen befassen, haben wir diese beiden Fragen zu klären. Zunächst einmal soll es hier nur um *Organisationsberatung* im engeren Sinne gehen. Man muss eingrenzen, denn Beratung als Business ist zu einem ubiquitären Phänomen der Wissensgesellschaft geworden, zu dem sich generalisierende Aussagen kaum mehr sinnvoll treffen lassen. Die moderne Wissensexplosion führt zu immer größeren Diskrepanzen zwischen dem, was die Menschheit, die Wissenschaft, die Wirtschaft heute weiß, und dem, was ein einzelner Mensch oder eine einzelne Organisation wissen kann. Relativ gesehen werden wir immer dümmer.

Eine der modernen Standardlösungen für dieses Problem der Wissensgesellschaft ist die fortschreitende Arbeitsteilung (Wissensteilung). Und im Zuge dieser Wissensteilung differenzieren sich immer neue institutionelle Formen der Erzeugung, Verteilung, Beglaubigung und Verwertung von Wissen aus. Beratung als eigenständiges „Geschäft" mit Schwerpunkt in den Funktionen Verteilung und Beglaubigung ist eine dieser institutionellen Formen, die sich mit enormen Wachstumsraten überall etablierte: in der Psychotherapie, beim Essen und dem ganzen sonstigen Leben (Ernährungsberatung, Wohn-, Berufs- und Sexualberatung, Benimmkurse), beim Technikeinsatz (IT-Beratung), im Immobilienmarkt (z. B. Käufer- und Mieterberatung) und im ganzen Rest auch.

Unternehmens-, Organisations- oder Managementberatung gehört zu den ältesten Gewächsen dieses Wildwuchses, und stammt in der uns heute bekanntesten Form – wie könnte es anders sein – aus den USA (FAUST 2005). Aber auch hier gibt es die funktionale Differenzierung: Beratung bei der Rationalisierung von Produktion und Verwaltung, der Gestaltung von Marketing und Vertrieb, der Entwicklung der Unternehmensorganisation und -kultur, dem Human Resource Management und des Outplacement,[1] Beratung in Standortfragen (besonders Internationalisierung), bei der Wahl der Rechtsform, der Unternehmenssanierung, ferner Moderation und Mediation und so fort. Auch das kann man nicht alles über einen Kamm scheren. Mit Organisationsberatung meine ich daher nachfolgend den Kern dessen, was man in der Alltagssprache unter Unternehmensberatung versteht: Vorschläge machen, wie man Organisation und Personaleinsatz effizienter machen kann.

In diesem Kernfeld der Unternehmensberatung lassen sich nun bei aller Unterschiedlichkeit der um Aufträge konkurrierenden Ansätze *zwei Muster* unterscheiden, wie die Berater agieren und welche Selbstbeschreibung sie von Ihrem Tun anfertigen. Das, was diesen Ansätzen an grundlegenden Sichtweisen gemeinsam ist, nenne ich Paradigma, in Anlehnung an die Wissenschaftsforschung, die damit Gemeinsamkeiten von teils durchaus konkurrierenden wissenschaftlichen Theorien bezeichnet (Kuhn 1967).

Das *klassisch-zweckrationale* Paradigma der Management- oder Organisationsberatung verbreitete sich zugleich mit dem Scientific Management F. W. Taylors, also dem Taylorismus (Kubr 1996), und ist damit Teil der ursprünglichen Verwissenschaftlichung des Managementprozesses. Wie das Scientific Management geht das ihm zugehörige Beratungsparadigma davon aus, es gebe jeweils einen *one-best-way* der Organisationsgestaltung, sei er nun situativ zu ermitteln oder universell. Im ersteren Fall ergibt sich eine eindeutige Optimierungsempfehlung (heute heißt das Best Practice) aus der Analyse der jeweiligen organisationalen Umweltbedingungen. Der externe Berater besitzt im Hinblick auf Analyse und Lösungsweg ein dem Wissen der beratenen Institution überlegenes Expertenwissen (daher auch „Expertenberatung", wir könnten auch sagen: expertokratisch-normatives Paradigma). Der Berater selbst wie auch der Auftraggeber sehen seine Aufgabe folglich darin, interne und externe Bedingungen zu analysieren, eine Diagnose zu erstellen, und aus dieser eine Gestaltungsempfehlung abzuleiten; seltener auch, diese praktisch umzusetzen. Daher ist auch von „Strategieberatung" die Rede, die Wolfgang Staehle (1991, S. 27) so kommentierte: „Der Unternehmensberater hinterlässt eine Zusammenschrift der internationalen Managementliteratur und verabschiedet sich auf dem Höhepunkt der innerbetrieblichen Verunsicherung." Das Methodenrepertoire zur Intervention, d. h. zur konkreten Einführung und Umsetzung der strategischen Maßnahmen ist weniger entwickelt, denn der Ansatz geht von der Vorstellung aus, die gewünschten Effekte würden dann eintreten, wenn die Empfehlung möglichst detailliert und ihre Anwendung möglichst kontrolliert erfolgt. Partizipation kann dieser Ansatz im Grunde nur als widerstandsminimierende Beteiligung von Betroffenen an der Realisierung des objektiv Notwendigen konzipieren.

Diesem Paradigma dürfen wir keineswegs nur die rein betriebswirtschaftlichen Beratungsansätze zurechnen. Etliche der human- und sozialwissenschaftlichen Ansätze, die sich kritisch vom betriebswirtschaftlichen Denken abgrenzen, stehen diesem Muster näher, als es auf den ersten Blick scheint. So thematisieren Teile des soziotechnischen Ansatzes und der Organisationsentwicklung (OE) zwar teils komplexere Interdependenzen (etwa die Bedeutung von Motivation, Kulturen und Deutungsmustern), unterstellen aber faktisch ebenfalls klare Kausalzusammenhänge, aus denen ebenso eindeutige Strategien folgen (typisches Argumentationsmuster: je mehr Autonomie, desto höher Leistungsbereitschaft und Leistung). Diese Homologie hat auch mit dem gemeinsamen historischen Entstehungskontext zu tun (Massenproduktion, Normalität von Hierarchie etc.).

Die Schwächen des klassischen Paradigmas, zu denen ich gleich komme, haben einem konkurrierenden Paradigma zum Durchbruch verholfen, das auf die Vorstellung einer optimalen Gestaltungslösung, ja überhaupt auf die Vorstellung eindeutig bestimmbarer Kausalbeziehungen zwischen Umwelt und Organisationsgestaltung verzichtet. Damit hat dieses Paradigma die moderne, rationalismuskritische Organisationstheorie auf ihrer Seite. Entsprechend skeptisch sind seine Vertreter hinsichtlich der eindeutigen Ableitbarkeit von Zielen aus Kontextbedingungen und der intentionalen Gestaltbarkeit organisationaler Kulturen. Demgemäß erheben sie lediglich den Anspruch, Organisationen bei der selbständigen Definition und Bearbeitung von Problemen zu unterstützen, und zwar in der Regel mittels kommunikativer Verfahren. Da man davon ausgeht, dass in Organisationen unterschiedliche Wirklichkeitskonstruktionen existieren, sind an der Kommunikation prinzipiell verschiedene Akteure zu beteiligen (die aber sozial oft konturlos bleiben). Ich nenne dieses Paradigma „prozeduralistisch", weil es vorgibt, über Angaben zum Verfahren hinaus keine inhaltlichen Ziele, Normen und Werte zu transportieren. Idealtypisch wird es repräsentiert von der Prozessberatung nach EDGAR SCHEIN (1969, 2000), und von der Systemischen Organisationsberatung (WIMMER 1992; AHLEMEYER 1996; HOWALDT 1996; MINGERS 1998; GROTH 1999; WALGER 1999). Letztere beruft sich auf die neuere Systemtheorie und auf den radikalen Konstruktivismus (v. a. auf Luhmann, z. B. KÖNIG/VOLMER 1994; WILLKE 1999).

Der entscheidende Unterschied zwischen den beiden Paradigmen ist also nicht, dass sich die Vertreter des einen nicht mit „nachgeordneter" Umsetzung die Hände schmutzig machen wollten, während sich die des anderen fröhlich auf die entstandene Marktlücke stürzten. Vielmehr folgen die Phasenpräferenzen selbst aus tieferliegenden Unterschieden in Weltbild und Organisationsvorstellungen. Insofern handelt es sich auch nicht nur um „Geschäftsmodelle", also um Strategien, die man allein aufgrund instrumentellen Kalküls und nüchterner Markteinschätzung aus einem Spektrum von Möglichkeiten auswählte. Es handelt sich auch – und vielleicht primär – um *Glaubenssysteme*, eben um Paradigmen, die sich der rationalen Wahl weitgehend entziehen. Sie sind somit auch nicht unbedingt der intellektuellen Prüfung zugänglich, wenn sich bei ihrer Anwendung Schwierigkeiten oder Fehlschläge einstellen.

Unter anderem sollte man deshalb nicht jeder Umsetzungsberatung unterstellen, sie sei „irgendwie" systemisch, und jeder Strategieberatung, sie sei strategisch-normativ. Dafür gab es früher zwar eine gewisse Wahrscheinlichkeit und empirische Evidenz, doch das hat sich mittlerweile geändert. Darauf komme ich zurück. Ferner wird des Öfteren die These vertreten, das prozedurale Beratungsparadigma habe das normative mittlerweile auf die Plätze verwiesen. Davon kann freilich allenfalls in bestimmten Segmenten des Beratungsmarktes die Rede sein, nämlich jenen, die sich auf arbeitsorganisatorische Innovation beziehen. Schon in der personalbezogenen Beratung konkurriert das Personalentwicklungsschema eher in der zweiten Reihe mit klassischen Selektionsansätzen.

Von dieser paradigmatischen Unterscheidung beraterischer Ansätze ausgehend kann man nun erstens fragen, inwieweit sie jeweils Schwächen des anderen kompensieren, und zweitens, ob man sie nicht in irgendeiner Weise kombinieren könne oder solle. Die erste Frage muss ich hier aus Platzgründen sehr knapp abhandeln und verweise Interessierte auf ausführlichere Darstellungen andernorts (z. B. MOLDASCHL 2001; KÜHL/MOLDASCHL 2005). Die zweite behandle ich im nächsten Abschnitt.

Das eine Kernproblem des klassisch-zweckrationalen Paradigmas ist, dass die gesamte Management- und Organisationsforschung die unterstellten Kausalrelationen nicht nachweisen (s. etwa NICOLAI/KIESER

2002) und deshalb auch keine wirklich kontextunabhängige Best Practice identifizieren konnte. Zwar gibt es immer eine Studie, auf die man
sich positiv berufen kann, doch keine unwiderlegte (s. für die empirische
Beratungsforschung MOHE 2004). Das zweite Kernproblem ist die Idee
einer rationalen Betriebsorganisation, in der entweder ein organisatio-
nales Gesamtinteresse („Zweck") unterstellt wird, z. B. Effizienz, oder
divergierende Interessen durch Anwendung wissenschaftlich begründe-
ten Wissens als prinzipiell harmonisierbar gelten (z. B. Effizienz durch
Humanität bzw. Beteiligung). Immerhin stellen sich Vertreter dieses Paradigmas dem *Wertungsproblem*, also der Frage, was gute und was
schlechte Organisation und Arbeit seien. Das insofern, als sie versuchen,
es im Rückgriff auf „gesicherte wissenschaftliche Erkenntnisse" zu lösen.
Daraus leiten sie allgemeine, also dekontextualisierte Gestaltungskrite-
rien ab, die nur noch auf den konkreten Fall konsequent anzuwenden
seien, um die gewünschten Effekte zu erzielen.

Prozeduralistische Ansätze haben im Prinzip kein Normen- und damit
auch kein *Verantwortungsproblem*. Alle Lösungen werden ja aus der beratenen Organisation selbst heraus entwickelt. Unter anderem deshalb
beharren viele darauf, man müsse nichts über den Gegenstand wissen (die
Branche, den Produktions- oder Dienstleistungsprozess etc.). Gleichwohl impliziert Intervention in Organisationen in der Regel eine Veränderung in den etablierten Machtverhältnissen, Einflusssphären, Gratifi-
kationen. Weder im kapitalistischen Betrieb noch in der öffentlichen Institution haben alle Handelnden gleiche Machtressourcen und Realisie-
rungschancen ihrer Interessen und Bedürfnisse. Meist umgehen die Texte
der „Systemiker" jedoch die Frage der Macht über das Verfahren der Partizipation.[2] Eine Beratungstheorie, die über diesen fundamentalen Zusammenhang keine Aussagen macht bzw. kein Sensorium dafür bereitstellt, ist auf den Großteil der Problemstellungen von Organisations-
wandel nicht anwendbar; nicht einmal in formal egalitären Organisationen. Auch ihre eigenen der *Interessenbindungen* werden nicht
thematisiert. Man blendet, so FEHR (1999, S. 66) „konzeptionell jene
Konflikte aus, die in Beratungssituationen entstehen können und auf das
Problem der Verantwortung von Berater/innen deuten." Das ergibt sich
meines Erachtens aus der fehlenden Akteursperspektive und der Fokussierung auf Emergenz. Noch fraglicher ist, ob es bei einer systemischen
Beratung mit dem Verfertigen und Vermitteln eines Fremdbildes getan
ist. Sollte es möglich sein, ein solches ohne normative Vorstellungen von

Organisation, Arbeit, Kooperation, Leistung, Gerechtigkeit etc. anzu-fertigen, und ohne Wissen über die konkreten Sachverhalte? Wenn man das annimmt, gibt es natürlich keinen Grund, eigene Wertprämissen zu explizieren (oder sie überhaupt erst bei sich zu beobachten, wofür der Beratungsprozess überaus reichliche Gelegenheiten böte).

3 Die Erosion der Selbstbeschreibungen und die Suche nach einem neuen Paradigma

Es mehren sich die Zeichen, dass die skizzierten Paradigmen in Theorie und Praxis an Integrationskraft verlieren und die Unterscheidungen ero-dieren. Ganz im dem Sinne, in dem Thomas Kuhn den Niedergang eines „normalwissenschaftlichen" Paradigmas beschreibt. Dafür sprechen ökonomische, konzeptionelle und pragmatische Argumente.

Ökonomisch hat der gewaltige konjunkturelle Dämpfer, den die wachs-tumsverwöhnte Beratungsbranche in der ersten Hälfte der laufenden De-kade zu verkraften hatte (Kipping 2002), die Bereitschaft der einzelnen Berater-Communities verstärkt, Aufgaben und Aufträge jeder Art anzu-nehmen, wenn sie nur zur Auslastung des eigenen Unternehmens oder der eigenen Person beitragen. Die systemische Beratung hat ihr Angebots-spektrum in Richtung betriebswirtschaftlicher Kernfelder wie Strategie-entwicklung und Turnaround-Management erweitert, und die McKin-seys expandieren mit Umsetzungsberatung bis hinein in Ämter, Kirchen und Sozialeinrichtungen.

In *konzeptioneller* Hinsicht wächst die Erfahrung mit Beratung auf allen Seiten – den auftraggebenden Betrieben, den Beratern selbst, und den wis-senschaftlichen Beobachtern. Das ist nicht trivial, denn zumindest die konzeptionelle Reflexion über Beratungsansätze ist in Deutschland noch gar nicht so alt, dass man hier von einem reifen Wissenskorpus sprechen könnte. Wenn ich nicht Entscheidendes übersehen habe, so ist eine brei-tere Debatte über Beratungsansätze erst ab Mitte der neunziger Jahre in Gang gekommen (siehe schon Exner et al. 1987 sowie jüngst Boos et al. 2005). Mit der Erfahrung auf allen Seiten aber wächst auch die Zahl der bekannt gewordenen Fälle gescheiterter Intervention, und das Wis-sen über mögliche Ursachen, die eben nicht nur auf der Seite „unver-ständiger" Anwender des „überlegenen" Beraterwissens liegen. Diese

Deutung ist ohnehin in die Krise geraten (MOHE/HÖNER 2005). Es war
schon ein Fortschritt, dass das Beratungsbusiness sich in Teilen insoweit
professionalisierte, als es selbst seine Grundlagen zu thematisieren und
zu reflektieren begann, insbesondere in Form der Unterscheidung unterschiedlicher Beratungstheorien und/oder Paradigmen. Dieses Verdienst
gebührt besonders den Vertretern systemischer Beratung, und zuvor einigen der Organisationsentwickler (die ja von Lewin herkommen). Die
aktuelle Phase der Entwicklung des Wissenskorpus „Organisationsberatung" scheint mir darin zu bestehen, dass die Möglichkeiten und Grenzen der einzelnen Beratungsansätze systematischer in den Blick genommen und gelegentlich anhand empirischer Befunde überprüft werden.

Das *pragmatische* Argument ist wohl das stärkste. Die verschiedenen Beratungspraxen enthielten, auch wenn sie sich (was selten ist) auf einen
mehr oder weniger konsistenten Interventionsansatz beziehen, stets Momente des jeweils „anderen". Und zwar schlicht deshalb, weil es praktisch gar nicht anders geht. Allerdings gehen diese Momente nicht in die
Selbstbeschreibung der Berater ein. Wenn sie überhaupt von den Akteuren wahrgenommen werden, so werden sie in deren Selbstbeschreibung
nicht systematisch verortet, sondern vielmehr als „verschmutzende" Abweichungen gesehen, die gewissermaßen als Konzessionen an Kunden-
wünsche gemacht werden müssen, auch wenn sie den eigenen professionellen Vorstellungen widersprechen.

Die Therapieforschung, leider genauso rar und schwierig wie empirische
Beratungsforschung, liefert in ähnlicher Weise Hinweise darauf, dass die
therapeutische Interventionspraxis viel reicher und „schmutziger" ist als
die Selbstbeschreibung (der „Ansatz") der Anhänger therapeutischer
Konzepte (IIKT 1991; PETZOLD/ORTH 1999). In der Praxis der so genannten non-direktiven Gesprächstherapie beispielsweise kommen bei
einer Analyse durch neutrale, also dem betreffenden Ansatz nicht ver-
haftete Beobachter, unzählige direktive Momente der Gesprächsführung
durch den Therapeuten zum Vorschein.[3] Zwar unterliegt professionelle
therapeutische Beratungspraxis in der Regel der Supervision, die das aus-
schließen soll. Doch in der Regel supervidieren eben Vertreter desselben
Paradigmas (PETZOLD et al. 2003). In meine Lehrveranstaltungen lade
ich immer wieder Berater unterschiedlicher Provenienz ein. Krassere Widersprüche zwischen Selbstbeschreibung und Handlungsbeschreibung
als bei systemischen Beratern kamen dabei nicht vor. In einem Fall bete-

ten zwei seiner Vertreter am Beispiel eines Gruppenprojektes zunächst die Glaubenssätze der normativen Enthaltsamkeit herunter, um dann bei der Vorstellung ihrer Vorgehensweise bei der praktischen Durchsetzung (!) von Gruppenarbeit in einem solchen Maße normative Maßstäbe „guter Gruppenarbeit" und der „zu beseitigenden irrationalen" Widerstände zu offenbaren, dass es einem konventionellen Arbeitswissenschaftler Tränen der Rührung in die Augen getrieben hätte. Ähnliche Erfahrungen machten wir im Rahmen von Begleitforschungsprojekten, und auch die wenigen vorliegenden Studien zur Praxis der systemischen Beratung bestätigen das (MINGERS 1996; FAUST 1998; FEHR 1999; IDING 2000; KOLBECK 2001; ELBE/SAAM 2005). Umgekehrt verwehrt es das zweckrationale Paradigma den besseren seiner Vertreter in der Praxis nicht, Gespür für die divergierenden Interessenlagen, Deutungen und Bindungen der Akteure in der beratenen Organisation aufzubringen oder zu entwickeln. Das jeweilige „Paradigma" erschwert es seinen Vertretern „nur", ihre praktischen Abweichungen vom Glauben als systematisch anzuerkennen und ihre Selbstbeschreibung entsprechend zu modifizieren.

Selbstbeschreibungen sind freilich nicht nur Ausfluss tief verwurzelter Glaubenssysteme, sondern auch kalkulierter Selbstdarstellung. Beratung ist schließlich ein Geschäft, und zu einem solchen gehört das Marketing. Und das steht bekanntlich nicht im Ruf, eine Generalinstanz der Aufklärung zu sein. Schon deshalb wäre es töricht, etwa dem zweckrational-strategischen Ansatz zu glauben, er leite alles aus Analysen ab. Analysen gehören, wie die neoinstitutionalistische Organisationstheorie überzeugend vorgeführt hat, zu den magischen Praktiken. Wenn McKinsey mit seiner Gemeinkostenwertanalyse kommt, alles durchforstet und damit auf 20 oder 25 Prozent Einsparungspotenzial bei Arbeitsvorgängen und Stellen kommt, dann stehen die Zahlen oft genug vorher fest oder wurden bei der Auftragsverhandlung vereinbart. Der magischen Praktiken bedarf es, um den Betroffenen die feststehenden Kürzungsziele als Ergebnis unparteilich-rationalen Kalküls zu legitimieren.

Und was folgt daraus? Nun, es liegt die Annahme nahe, die Beratungsansätze würden unterschiedliche Anforderungen und Marktsegmente abdecken, in denen ihre jeweiligen Schwächen zu verkraften sind. Dieses *Nischenmodell* ist als Annahme verbreitet. Danach greift man bei wirtschaftlichen Krisen auf „klassische" Berater zurück, beim Kulturwandel auf prozedurale, oder beim „cost cutting" zunächst auf den Typus

McKinsey, um die verbrannte Erde danach wieder von Organisationsentwicklern aufforsten zu lassen. Das gibt es durchaus. Es bricht sich aber
am universellen Anspruch beider Beratungsparadigmen und ist somit eine zwar praktische, aber keine konzeptionelle Lösung des Problems konkurrierender Erklärungs- und Wirkungsmodelle.

Diesem Problem könnte man Rechnung tragen mit einer *zweiten Verwissenschaftlichung,* die nun auch den Beratungsprozess erfasst (und darüber hinaus den Prozess der sozialen und akademischen Formierung von
Führungskräften). Auch das findet statt. Die Verwissenschaftlichung der
Beratung, d. h. die breitere wissenschaftliche Auseinandersetzung mit
Formen, Funktionen und Fehlleistungen der Organisationsberatung,
setzte vor allem in den neunziger Jahren ein, stimuliert vom enormen
Wachstum des Beratungsmarktes (ARMBRÜSTER/KIESER 2001). Verwissenschaftlichung könnte bedeuten, auf Evaluierung zu setzen und zu analysieren, welcher Ansatz in welchem Kontext die besseren Ergebnisse
bringt. Das Problem ist nur, dass außer ein paar Wissenschaftlern niemand wirklich an der Evaluation von Beratungsleistungen interessiert ist,
wobei die Möglichkeiten dazu ohnehin äußerst begrenzt sind (KIESER
2002; ERNST 2005).

Als ein zweites Modell der Entwicklung von Interventionstheorie und Beratungspraxis bietet sich das der *pragmatischen Synthese* bzw. des „Dritten Weges" im Sinne einer Fusion an (FROSCHAUER/LUEGER 2005). Goldene Mittelwege stehen immer hoch im Kurs und funktionieren praktisch
oft nicht schlecht. Konzeptionell aber führen sie leider oft in die finstersten Sackgassen des eklektischen Durchwurstelns. Paradigmen sind nach
Thomas Kuhn „inkommensurabel", das heißt unvereinbar, und es ist
auch nur dann sinnvoll, von *verschiedenen* Paradigmen zu sprechen,
wenn eine solche Unvereinbarkeit der Grundannahmen vorliegt. Die
Vorstellung von der Organisation als einer Art Maschine ist ebenso unvereinbar mit der Vorstellung von Organisation als autopoietisches System wie das behavioristische Menschenbild der frühen Verhaltenstherapie mit dem humanistischen Menschenbild der Gesprächstherapie.
Auch Therapieansätze, die der Organisationsberatung oft als Vorbilder
dienen, sind nicht nur Geschäftsmodelle im Sinne eines Sets von Techniken, sondern Sinnsysteme, welche die Ausbildung und Auswahl bestimmter Techniken überhaupt erst begründen.

Ziehen wir ein Fazit. Praxis braucht nicht unbedingt Theorie, um zu funktionieren, aber gute Theorie sollte Praxis realistisch beschreiben. Mit einem bloßen Mischmasch inkommensurabler Theorien wird man zu einer realistischen Beschreibung beraterischer Intervention in Organisationen ebenso wenig kommen können wie zu einer guten Anleitung der Praxis. Von Ausbildung erst gar nicht zu reden.

4 Konturen reflexiver Beratung

Und was wäre nun eine gute Theorie für einen Beratungsansatz, der die Aporien der oben kritisierten Zugänge vermeidet? Dieser Frage kann und will ich an dieser Stelle nicht weiter nachgehen. Denn gefragt ist hier doch vor allem, was ein solcher Interventionsansatz „anders macht" bzw. welche Empfehlungen er für eine gute Praxis der Intervention gibt. Wichtig ist hier nur, dass man diesen Ansatz nicht im Sinne einer eklektischen Kombination zwischen den beiden Beratungsparadigmen positioniert, sondern „jenseits", auf einer anderen Grundlage.

Zunächst zur Frage: *Was heißt reflexiv?* Wie eingangs erwähnt, wurde der Begriff nicht nur zum verbreiteten Zauberwort, sondern wie stets in solchen Fällen auch mehrdeutig gefüllt. Besonders in der Systemtheorie wird er im Sinne von „Rekursivität" bzw. „Selbstbezüglichkeit" gebraucht und beschreibt damit die operative Geschlossenheit von Organisationen gegenüber ihrer Umwelt. Was auch immer externe oder interne Interventionen beabsichtigen, die Organisation perzipiert und verarbeitet es auf ihre eigene, idiosynkratische Weise. Subjekte spielen dabei keine systematische Rolle. In Ulrich Becks Theorie reflexiver Modernisierung und darauf bezugnehmenden Organisationsstudien kommt diese Bedeutung ebenfalls vor (z. B. als „Aufklärung über Aufklärung"), aber gewissermaßen als Effekt von Nebenfolgen. Was immer individuelle oder kollektive Akteure mit ihren Strategien beabsichtigten, die ungeplanten und oft kontraintentionalen Folgen ihres Handelns überwiegen tendenziell die intendierten, und nehmen in einer interdependenten Welt wie unserer überhand. Damit wird quasi gegenüber der ersten Variante nicht die Autonomie des Innen gegenüber dem Außen betont, sondern das Übergewicht des Außen gegenüber den Autonomiebestrebungen des Innen (z. B. Managementstrategien).

Am weitesten verbreitet ist der Gebrauch des Adjektivs „reflexiv" in der
dritten Bedeutung von „wissensabhängig". In modernen Gesellschaften
und Organisationen legitimiert der Verweis auf Traditionen in der Regel
kein Handeln mehr, im Gegenteil, er delegitimiert es. Jedes Handeln muss
sich durch Verweis auf Wissen (z. B. über Kosten und Nutzen organisationaler Alternativen) rechtfertigen.[4] Gerade das Beratungsgeschäft profitiert von dieser Enttraditionalisierung, da das Management Entscheidungen leichter legitimieren kann, wenn sie durch eine externe Instanz
beglaubigt werden.[5]

In der folgenden Tabelle repräsentieren die ersten drei Spalten diese ty-
pisierten Bedeutungen, ergänzt um eine vierte, welche die verschiedenen
Bedeutungen integriert. Nur so ist meines Erachtens „Reflexivität" in
vollem Umfang definiert – Rückbezüglichkeit *und* ein Bewusstsein davon
müssen zusammenkommen. Daher ist – im Unterschied zum ansonsten
selektiven oder unbestimmten Gebrauch des Begriffs – auch nur diese
Spalte so betitelt. In diesem „anspruchsvollen" Sinn also werde ich nachfolgend das Wörtchen „reflexiv" gebrauchen, wenn ich erläutere, was
das für die Beratung heißt.

Selbstbezüglichkeit	Nebenfolgen	Wissensabhängigkeit
Rückkopplung eines System-Outputs auf das System, z. B. von Kommunikation auf ein Kommunikationssystem (Rekursivität)	Unbeabsichtigte und ggf. unerwünschte Folgen zielgerichteten Handelns	Notwendigkeit wissens-basierter Entscheidung
Subjektivität und Einsicht nicht erforderlich	Keine Einsicht erforderlich, aber möglich	Einsicht und Wissen erforderlich
Grundlage: kausale Verkettungen, kommunikative Vernetzung	Grundlage: unerkannte Handlungsbedingungen, Komplexität	Grundlage: Komplexität, Enttraditionalisierung; Nicht-Routinisierbarkeit
Beispiele: Mandelbrot-Sets; Marktphänomene; self-fulfilling prophecy; Wahrnehmung allein antizipierter Effekte	Beispiele: Dumm werden durch Bildung, Terror durch Terror-Bekämpfung; Demoti-vierung durch Lohnanreiz	Beispiele: Essen in Zeiten von Genfood und Pharmaschinken; Meta-Beratung

Abb. 1: Drei gängige Codierungen von Reflexivität und eine Synthese (MOLDASCHL 2005)

Nun wären die Kriterien reflexiver Intervention aus modernisierungs-
und organisationstheoretischen Überlegungen schrittweise herzuleiten.

Doch das muss ich hier leider überspringen und komme direkt zur Charakterisierung reflexiver Intervention. Hierbei aber geht es nicht um völlig neue „Erfindungen", womöglich um die naive Utopie einer Beratung, die alles weiß und alles richtig macht. Vielmehr müssen wir davon ausgehen, dass *alle Beratungspraxen immer schon mehr oder weniger reflexive Momente enthalten.* Folglich kommt es darauf an, sie zu entdecken, zu systematisieren und in einem konsistenten Ansatz auch so abzubilden.

Damit wird auch deutlicher, was ich mit einem Ansatz jenseits des Dualismus von normativen und den prozeduralen Ansätzen meine. Benutzen wir die dialektische Denkfigur der Aufhebung im dreifachen Sinne: bewahren, auf eine höhere Stufe heben und ablösen.

Zu bewahren gilt es von normativen Zugängen beispielsweise, die Notwendigkeit einer Vorstellung von „guter Organisation" und „guter Arbeit" (also normativer Maßstäbe) anzuerkennen; und vom systemischen Ansatz die Skepsis gegenüber einer eindeutigen Ableitbarkeit dieser Maßstäbe aus einem vermeintlich objektiven wissenschaftlichen Modell oder einer ebensolchen Analyse der Kontextbedingungen. Vom normativen Ansatz wiederum sollten wir bewahren: die Idee einer Evaluierung von Interventionseffekten, und vom systemischen Ansatz die Einsicht in die Selbstreferenzialität von Organisationen, d. h. in die Unabsehbarkeit der Interpretation konkreter Interventionen durch die beratene Organisation.

Reflexivität

Gewahrsein der Voraussetzungen eigenen Wissens und der Unüberschaubarkeit von Handlungsfolgen in komplexen Systemen

Einsicht konstitutiv, Subjekt erforderlich

Erfahrung von Einbettung; Expertise; Bereitschaft zur Selbstkritik

Beispiele: 360-Grad-Feedback; DeBono-Methode; (freiwillige) Supervision

Auf eine höhere Stufe heben hieße, diese Funktionen nicht einfach in ihrer wechselseitigen Ausschließung stehen zu lassen und ad hoc die eine oder andere zu wählen, sondern sie als Widersprüchlichkeiten zu konzipieren und Verfahren zu finden, die zu einem systematischen „Management" solcher Dialektiken im Beratungsprozess anleiten.

Den Anspruch, andere Paradigmen abzulösen würde ein solcher Ansatz schließlich dann erheben können, wenn er auch praktisch zeigt, dass er mehr Anforderungen erfüllen kann als Ansätze des einen oder anderen Paradigmas jeweils für sich.

Von dieser Denkfigur ausgehend, skizziere ich nachfolgend zehn Merkmale reflexiver Intervention, deren Zahl sich eher zufällig als aus der Suche nach der „guten Gestalt" ergeben hat. Sie sind nicht allein gemünzt auf Beratung als Business, sondern auch auf Beratung im Kontext sozialwissenschaftlicher Begleitforschung, denn sie entstanden auch auf der Grundlage unserer eigenen Erfahrungen in beiden Handlungsfeldern. Die ersten fünf Merkmale heben stärker Aspekte der *Wissensabhängigkeit* hervor, bei den nächsten fünf verlagert sich der Akzent auf die *Nebenfolgen*. Bei allen spielt *Selbstbezüglichkeit* eine Rolle.

1. Wenn systemische Berater und einige der humanistisch motivierten Organisationsentwickler sagen, sie helfen den Akteuren (Systemiker: „der Organisation") nur, ihr Problem selbst zu definieren, ihre Ziele selbst neu zu bestimmen, selbst neue Modelle der Handlungskoordination zu erfinden, so unterstellen sie, meist explizit, alles notwendige Wissen dazu sei in der Organisation vorhanden. Es komme nur darauf an, dieses Wissen durch Kommunikation und Partizipation zu mobilisieren, und dafür geeignete Interventionsverfahren (Kommunikationsförderung, Beteiligungsformen) anzubieten. Die Vorstellung aber, in einer Wissensgesellschaft mit hoher Dynamik des Wandels könne stets alles notwendige Wissen in einer Organisation bereits vorhanden sein, ist abwegig. Reflexive Beratung verzichtet daher nicht auf den Versuch einer *Reflexivitätssteigerung durch Expertenwissen* und unterlässt es zugleich nicht, den Blick der beratenen Akteure gegebenenfalls auf *andere Modelle* zu lenken, *Handlungsalternativen* aufzuzeigen oder sie zu konstruieren.

2. Das zweite Merkmal reflexiver Intervention ist es allerdings, die eigenen Voraussetzungen und damit die *Grenzen der eigenen Expertise* bezogen auf den konkreten Fall zu kennen.[6] Das erwarten wir zwar prinzipiell von jedem professionellen Handeln bzw. jedem Experten, und insofern ist es kein Spezifikum eines eigenen Beratungsansatzes, aber eben doch ein Prinzip, das explizit genannt werden muss. Wir erwarten z. B. von einem Allgemeinmediziner, dass er uns an einen Psychotherapeuten verweist, wenn er Krankheitssymptome als psychosomatisch identifiziert hat. Und wir würden es von einem reinen Prozessberater erwarten, einen Spezialisten für Fertigungssegmentierung zumindest hinzuzuziehen, wenn die beratene Organisation eine solche Reorganisation vorhat. Die Wissensabhängigkeit des Handelns zwingt

auch den dezidiert reflexiven Berater, jeweils abzuschätzen, ob seine fachliche Expertise für den betreffenden Beratungsfall ausreicht. Dass dem – wie bei Medizinern und Therapeuten – ein Geschäftsinteresse entgegensteht, möglichst große Teile des Beratungsauftrags im eigenen Account zu behalten, ist klar. Aber im Geschäftsleben ist eben auf Dauer nicht der am erfolgreichsten, der seinen Kunden am meisten Geld entlockt, sondern jener, der von ihnen als gut bzw. „geldwert" beurteilt wird. Es geht also allenfalls um eine Balance von kurz- und langfristigem ökonomischem Kalkül, oder von Auslastung und Reputation, also nicht um ein weltfremdes Ideal von Reflexivität an sich.

3. Reflexive Berater wissen gleichwohl (oder sollten es wissen), dass ihre Wirksamkeit oft nicht auf Wissenstransfer beruht, sondern auf ihrer Andersartigkeit, Fremdheit, Externalität (so die Systemiker; vgl. auch KIPPING/ARMBRÜSTER 2003). Neoinstitutionalistische Organisationstheorien haben gezeigt, dass Entscheider in Organisationen keineswegs nach streng rationalen Kriterien vorgehen. Sie streben in starkem Maße nach „Isomorphie", also Übereinstimmung mit dem, was außen als modern oder als Best Practice gilt. Der Einfluss des Beraters ist gerade dort groß, wo nicht ganz klar ist, was denn als aktueller Stand des Modernseins gilt, und wo er quasi als Überbringer der göttlichen Botschaft auftreten kann (hier liegt der wichtigste Nachteil der Inhouse-Beratung). Die meisten Berater, die notorischen Rationalisten vielleicht ausgenommen, sind sich dessen zumindest intuitiv bewusst und setzen diese *Beglaubigungskompetenz* auch gezielt ein. Reflexive Beratung behandelt diesen Wirkungszusammenhang nur explizit(er) als Prinzip, und damit vielleicht systematischer.

4. Das zweite und dritte Kriterium verweisen zusammen auf ein viertes, nun unter dem Fokus Selbstbezüglichkeit. Ein Wissen von den Voraussetzungen und Grenzen des eigenen Wissens zu haben (also reflexives Wissen) bedeutet, die eigene *Akteursperspektive relativieren* zu können. Reflexiv handeln bedeutet, sie aber dennoch einzubringen. Es bedeutet, vom eigenen Standpunkt dezentrieren zu können, ihn aber dennoch zu vertreten. Den Beratenen wird damit eine *Reflexionsgelegenheit* gegeben, also eine Außenperspektive, die es ihnen ermöglicht, ihren eigenen Standpunkt als *einen* von verschiedenen möglichen zu begreifen. Die systemische Beratung thematisiert diese Einsicht unter dem Begriff der Irritation; man könnte auch sagen, sie verfolge das

Prinzip *Irritation statt Aufklärung.* Ein an Prinzipien reflexiver Intervention orientierter Berater bewahrt diese Einsicht. Expertokratische
bzw. rationalistische Interventionsverständnisse wollen dagegen eher
ein „falsches" oder unzulängliches Wissen der Klienten durch ein besseres ersetzen. Prozeduralistische bzw. relativistische Verständnisse
begnügen sich allerdings oft damit, die in der Organisation vorhandenen Perspektiven miteinander zu konfrontieren. Das reicht uns
nicht.

5. Jenseits gewisser Basiskompetenzen von Beratern (z. B. als Ingenieure, Sozialwissenschaftler, Gruppendynamiker) beruht Beratung im
   Wesentlichen auf *Kasuistik.* Der Berater trägt Wissen von einem Unternehmen zum anderen. Seine Arbeit ist in hohem Maß von Erstma-
   ligkeit geprägt, also von neuen Situationen, was die Attraktivität der
   Beratung als Einsatzfeld für Hochschulabsolventen mit ausmacht.[7] Es
   wird ein *fallspezifisches Wissen* generiert, also ein Erfahrungswissen,
   und zwar in aller Regel in *Koproduktion mit dem Klienten* (MOHE
   2003; WERR 2003). Berater geben das ungern zu, denn die vorherr-
   schend rationalistische Wissenskultur in der Moderne schätzt Erfahrungswissen gering und nur jenes generalisierte Wissen hoch, welches
   über Verallgemeinerung bzw. Abstraktion für allgemein gültig erklärt
   wurde. Zudem explizieren Berater nicht gerne, welchen Anteil der
   Kunde an ihrer Qualifizierung hat, denn das schmälert nicht nur ihren
   Expertenstatus, sondern könnte letztendlich sogar die Frage nach der
   wechselseitigen Verrechnung von Leistungen aufwerfen. Insofern mag
   es ökonomisch naiv erscheinen, vom reflexiven Berater zu fordern, er
   möge sich explizit zu Kasuistik und Koproduktion bekennen. Doch
   erstens kommt in der konkreten Beratungspraxis beides immer wieder vor – man beruft sich gerne auf Erfahrungen in anderen Fällen und
   auf bewährte Kooperation. Zweitens kann es die Beziehung zwischen
   Berater und Kunde festigen, wenn auch die Leistung des Kunden anerkannt wird. Es wäre eine wichtige Frage für die Beratungsforschung,
   zu untersuchen, inwieweit eine explizite Koproduktions-Orientierung
   die kooperative Wissens- und die Bindungsproduktion beeinflusst,
   und ggf. mit welchen Vorgehensweisen.

6. Eine bereits angedeutete Folgerung aus rationalitätskritischen Organisationstheorien und -studien für die Begründung von Intervention
   ist es, die Notwendigkeit von „Change" und dessen „Management"

nicht zum unreflektierten Ausgangspunkt des eigenen Beratungshandelns (oder des wissenschaftlich empfohlenen Handelns) zu machen. Systemtheoretiker sowie Systemiker, die ihre Beratungsmethodik auf Luhmann stützen, sind in dieser Frage zu Recht äußerst skeptisch. Muss man daraus aber die Schlussfolgerung ziehen, überhaupt keine Ziele, Gestaltungsalternativen und Maßstäbe in den Veränderungsprozess einzubringen? Wohl kaum. Das ist nicht nur eine Frage des Wissens, wie die ersten Kriterien hervorheben, sondern auch eine Frage der *Wertbindungen*. Spätestens an dieser Stelle sind wir mit der weitgehend „wertneutralen" Wissensargumentation am Ende. Kein Berater, weder der kommerzielle noch der in Begleitforschung agierende, kommt um die Frage herum, in wessen Auftrag er handelt. Wer legitimiert ihn, in einen bestehenden Interaktionszusammenhang einzugreifen und dort Ziele, Werte und Ressourcenverteilungen zu verändern? Der Auftraggeber (wer zahlt, schafft an)? Alle Beteiligten (stakeholder)? Oder unser eigenes Wertesystem („wir tun das Notwendige"; „Modernisierung ist gut"; „wir wollen das Gute für die Menschen ...")? Jeder Berater handelt notwendigerweise auch auf der Grundlage eigener Wertprämissen (VOLPERT 1994; PONGRATZ 2000; BOHLER 2002). Die Idee einer reflexiven Beratung verlangt von ihm, sich dieser Wert- und Interessenbindungen bewusst zu sein und die Folgen seines Handelns im Hinblick auf Vereinbarkeit mit – und möglicherweise auf Konflikte zwischen ihnen – abzuwägen.

7. Den *Kontext* ernst zu nehmen ist ein fundamentales Prinzip reflexiven Denkens. Denn es ist der Kontext, der die Rückwirkungen des eigenen Handelns auf dieses selbst (rekursiv) vermittelt. Das hat viele Konsequenzen. Erstens wird der reflexive Berater weniger als der normative zur Empfehlung kontextunabhängiger Best Practice neigen. Er wird ferner die *Planbarkeit* seiner Handlungsfolgen vorsichtig einschätzen und eher mit *Nebenfolgen* rechnen als Anhänger des zweckrationalen Denkens. Hierin ähnelt er den Prozeduralisten. Er wird aber weniger als sie dazu neigen, die Verantwortung für Interventionsfolgen (z. B. Loyalitätsabbau im Betrieb, Partizipationsrisiken der Beschäftigten wie Arbeitsintensivierung, Entlassungen, Entsolidarisierung) abzulehnen, da er sie ja nicht gewollt oder gar beabsichtigt habe. Vielmehr wird er den Blick systematisch, und im eigentlichen Sinne systemisch, auf mögliche bzw. faktische Nebenfolgen des zielgerichteten Handelns aller Beteiligten im Spiel der Kräfte lenken. Und

er wird daher Methoden kontinuierlicher *Evaluierung* einen hohen
Stellenwert einräumen, die im „sozialtechnischen" Interventionsverständnis entbehrlich erscheinen. Er institutionalisiert damit gewissermaßen sein eigenes Organisationslernen.

8. Aus diesen Gründen wird er Methoden zur *Selbstbeobachtung* nutzen.
   In gewissem Umfang tut dies auch der Prozeduralismus, soweit er auf
   Supervision setzt. Wendet man das rekursive Moment von Reflexivität
   aber bewusst als Methode an, als Prinzip der Selbstanwendung, so
   geht das über die oben skizzierte Supervision „im eigenen Saft" hinaus. Man würde die Irritation durch fremde Sichtweisen ebenso für
   sich nutzen wie man das als Interventionsprinzip beim Kunden an-
   wendet. Das impliziert die Bereitschaft zu normativer *Selbstkritik*. Wer
   nicht-intendierte Konsequenzen des Handelns in den Mittelpunkt seiner Analytik stellt, muss auch gegenüber seinen eigenen Intentionen
   skeptisch bleiben. Die Evaluierung von Projekten wird dann nicht nur
   als Analyse des Umsetzungserfolgs von Beraterempfehlungen inter-
   pretiert, sondern – im Sinne der Selbstanwendung – gegebenenfalls
   auch als Information über die Funktionsfähigkeit des Interventions-
   ansatzes. Auch das ist institutionalisiertes Lernen bzw. institutionelle
   Reflexivität.

9. Ein Beratungsansatz, der von der Mächtigkeit der Kontexte und des
   impliziten Wissens ausgeht, etwa auf der Grundlage einer Theorie organisationaler Lernbarrieren bzw. einer Theorie des *reflexiven Orga-
   nisationslernens* wie jener von ARGYRIS und SCHÖN (1978), wird nach
   Vorbeugemaßnahmen gegen zu schnelles Absinken neuer Praktiken in
   den Modus unreflektierter Theories-in-use suchen. Aus der Sicht solcher Theorien besteht Beratung darin, die Problemlöse- und Veränderungsfähigkeit von Organisationen zu verbessern. Der reflexive Berater sucht daher nach Möglichkeiten der *Institutionalisierung von
   Reflexivität*, die den individuellen Praktiker von der Anforderung entlastet, selbst alle einmal installierten Verfahren kontinuierlich auf ihre Angemessenheit zu prüfen. Es gibt zahlreiche solcher Verfahren, die
   zumindest das Potenzial dazu haben: neben der Evaluierung etwa
   Rollenwechsel, Hospitationen, regelmäßige Fremdbeobachtung, das
   360°-Feedback oder neue Verfahren des strategischen Controllings.

Ferner können bekannte Steuerungs- und Rationalisierungsverfahren auf ihr reflexives Potenzial hin analysiert und optimiert werden. KVP beispielsweise kann man als Mittel zur Abschöpfung von Rationalisierungswissen betrachten und betreiben, oder (auch) als ein Verfahren, das alle betrieblichen Praktiken (z. B. auch solche der Führung) der organisationsöffentlichen Kritik stellt. Ebenso lässt sich das Management by Objectives (MbO) als schlichtes Konzept der Leistungsentlohnung ausgestalten, oder (auch) als Kommunikationssystem über Sinn und kontextabhängige Revisionsnotwendigkeiten vereinbarter Ziele (s. dazu ausführlich MOLDASCHL 2005). Vom reflexiven Berater dürfen wir darüber hinaus erwarten, dass er nicht einfach wieder in den Best-practice-Modus zurückfällt, wenn er reflexive Verfahren empfiehlt. Er darf beispielsweise einem Unternehmen nicht einfach MbO in der „reflexiven Variante" empfehlen, ohne zu analysieren, ob die relevanten Entscheidungsträger und die Unternehmenskultur die sinngemäße Anwendung dieser Variante überhaupt wahrscheinlich machen.[8]

10. Damit bin ich nun bei der eingangs angedrohten *Nachhaltigkeit*. Ein Ansatz, der anstrebt, die Problemlöse- und Veränderungsfähigkeit von Organisationen zu verbessern, ist per se langfristiger ausgerichtet als ein Modell des Wissenstransfers, welches die Expertise ganz auf Seiten des Beraters verortet. Da bedarf es keiner definitorischen Überhöhungen und Verrenkungen. Auch ein Konzept wie das der *Klientenprofessionalisierung* (MOHE 2003), welches darauf setzt, dass Kunden im Umgang mit Beratungsdienstleistungen kompetenter werden, also bei ihrer Auswahl, Nutzung, Steuerung und Bewertung, hat in diesem Sinn eine Nachhaltigkeitsorientierung. Natürlich kann man auch hier wieder einwenden, Berater könnten aus wohlverstandenem ökonomischem Kalkül gar nicht daran interessiert sein, dass sich die beratene Organisation von ihnen unabhängig macht. Das ist richtig, gilt aber nicht unter allen Umständen. Es gilt derselbe Einwand gegen diesen Einwand wie im fünften Punkt.

5 Ist reflexive Beratung ein „Geschäftsmodell"?

Ist die reflexive Beratung ein „Geschäftsmodell" bzw. kann es für praktizierende Berater auch ökonomisch attraktiv sein, sich explizit einem solchen Beratungsverständnis zu verpflichten? Die obigen Ausführungen gaben darauf nur teilweise Antwort. Sehen wir hier einmal davon ab, dass die Frage nach dem Geschäftsmodell enger ist als die Begründungen für den Ansatz. Dessen Ausgangspunkt war ja die Frage, wie angemessen und realistisch die Selbstbeschreibungen der vorherrschenden Ansätze der Organisationsberatung sind, und wie kompatibel mit dem Stand der Organisationstheorie. Ferner sehe ich hier wie auch im vorigen Abschnitt (sträflich) von allen Fragen der Professionalisierung ab. Fragen wir also allein nach den Marktchancen.

Dass Expertenberatung mit ihrem Modell des Wissenstransfers vom Berater zum Klienten ein erfolgreiches Geschäftsmodell ist, bestreitet niemand. Dass systemische Beratung ohne diesen Anspruch, aber mit anderem Anspruch ein Geschäftsmodell sein könne, hatten anfangs viele bezweifelt bzw. ihr nur einen Nischenmarkt zugetraut („David gegen Goliath", MINGERS 1998, S. 149). Nach vorliegenden Zahlen zur Verbreitung ist letzteres wohl der Fall (MOHE 2005). Rechnet man aber die „nicht-expertokratischen" Teile der Organisationsentwicklung hinzu, sowie Coaching, Mediation und Ähnliches, so hat das prozedurale Paradigma doch einen beachtlichen Marktanteil. Verstünde man reflexive Beratung als etwas „dazwischen", so würde sich daraus auch eine Schätzung ihres Marktpotenzials in etwa dazwischen ergeben. Doch diese Sichtweise wäre, wie gesagt, zu schlicht. Ich will versuchen, angemessenere Antworten in fünf Argumenten zu liefern.

Erstens, ist reflexive Beratung eine existierende Praxis, oder handelt es sich um ein normatives Konzept? Nun, das Argument oben war, dass auch in der Praxis der beiden dominanten Beratungsparadigmen immer schon reflexive Momente enthalten sind, beim systemischen Ansatz auch in der Konzeption. Insofern müsste man die Marktpotenziale beider Ansätze nochmals neu bzw. separat bewerten, anhand ihrer Selbstbeschreibung und anhand ihrer wirklichen Praxis. In diesem Sinn wäre die Suche nach der Marktpräsenz reflexiver Beratung eine nach existierender Praxis, nur unter neuem Label.

Zweitens ist reflexive Beratung natürlich auch ein normatives Konzept, wie es die anderen Ansätze auch formulieren. Und zwar ebenfalls mit Bezug auf aktuelle Organisationstheorie. Die Verbindung zwischen beidem, Theorie und Praxis, Modell und Empirie, ergibt sich aus dem Versuch einer Systematisierung. Etwa so, wie ein Unternehmen, das seit langem Praktiken der Job Rotation und der Dokumentation von Vorgängen hatte, längst „Wissensmanagement" betrieb, bevor dieses selbst zum Schlagwort, Prinzip und Methodenset wurde. Wissensmanagement als Ansatz aber systematisiert diese Praktiken, wendet sie auf alle Bereiche an, und gibt ihnen (im günstigen Fall) einen intellektuellen Überbau. Ein anderes Beispiel: Die Medici investierten schon im 16. Jahrhundert viel in den Aufbau und der Pflege kooperativer (gern auch verwandtschaftlicher) Beziehungen zu anderen Handelshäusern, Königshäusern, Abnehmern, ohne das Konzept der strategischen Netzwerke zu kennen. Heute orientieren sich an diesem Konzept viele Unternehmen, die auch zuvor schon ihre Beziehungen pflegten, nun aber systematischer vorgehen. Und zwar in dem Sinne, dass sie nach bestehenden Lücken suchen, bislang ausgenommene Bereiche einbeziehen, die Effizienz ihrer Aufbau- und Pflegemethoden analysieren, und so fort. So sehen wir das auch im Falle der reflexiven Beratung.

Drittens sollte uns bewusst bleiben, dass wir stets mit groben Verallgemeinerungen, Abstraktionen arbeiten, wenn wir von *der* Organisationsberatung sprechen. Ihre Formen und Funktionen sind unterschiedlich: Rationalisierung, Legitimation, Moderation, Selbstreflexion etc. Es hängt eben auch und weiterhin vom Kontext ab, in welcher Funktion Beratung angefordert wird und welcher Ansatz diese Funktionen besonders gut bedient. Die Vorstellung, Organisationsberatung sei per se „Reflexivitätssteigerung" (SPRINGER 1997) ist abwegig. Es gibt Situationen, in denen der Berater auftragsgemäß gefälligst das Gegenteil anzustreben hat. Reflexive Beratung hat ohnehin nicht das Leitmotiv unbedingter Reflexivitätsmaximierung (wie gesagt: Je-desto-Konstruktionen sind ihr generell verdächtig). Zunächst einmal ist sie reflexiv in Bezug auf sich selbst, und rät Organisationen auch nur unter bestimmten Bedingungen zur Institutionalisierung von Reflexivität. Gehen wir nicht vom Nutzen einer angemessenen Selbstbeschreibung für den Berater aus, sondern vom Nutzen für den Klienten, so scheint reflexive Beratung eher dort angebracht, wo die Innovationsdynamik und die Anforderungen an die Beschäftigten hoch sind. Ebendies nimmt zu. Gleichwohl kann es auch einem ganz traditionellen Betrieb der Massenproduktion nicht schaden, wenn er Berater hat, die z. B. mit Nebenfolgen gut gemeinter Veränderungsmaßnahmen rechnen.

Viertens stellt sich in diesem Zusammenhang dann noch die Frage: kann es marktgängig sein, einen Interventionsansatz wie oben skizziert, „reflexive Beratung" zu nennen? Ist das eher eine Option der eigenen Orientierung als der Vermarktung nach außen? Nun, da mit dem Adjektiv „reflexiv" heute vieles geadelt wird, dürfte es zumindest nicht schaden. Außer, das Wörtchen wird durch anspruchslosen Gebrauch so verschlissen, dass man es in Kürze durch ein neues ersetzen muss. Aber dagegen kann man etwas tun.

Bleibt die fünfte und letzte Frage nach dem Nutzen eines solchen Ansatzes für Berater selbst. Im Rahmen unserer Beratungsforschung spreche ich oft mit Beratern, die als Ingenieure ihr Arbeitsgebiet verlagert haben (oder, wie sie ironisch sagen, im „früheren Leben" Ingenieure waren). Von Fragen der Technikimplementation verlegten sie sich auf solche der Intervention in soziale Prozesse und organisationale Kulturen. Viele bekennen sich zu gar keinem Ansatz, was – wie bei jedem Handwerk – nicht das schlechteste ist, weil damit zumindest nichts Sinnvolles ausgeschlossen wird. Andere berichten, wie Angebote der Systemiker und anderer sozialwissenschaftlicher Ansätze ihnen halfen, ingenieurwissenschaftliche Deutungsmuster zu erweitern. Die Momente reflexiven Handelns, die in vielen ihrer Berichte zum Vorschein kamen, haben uns in der Entwicklung des Konzepts sehr bestärkt. Uns selbst dient es in der eigenen Begleitforschung und Beratung. Ihnen wird es eher nutzen, so hoffen wir, wenn wir Vorgehensweisen und Methoden anschaulicher in Fallbeispielen präsentieren können, als es in einem Überblicksbeitrag wie diesem möglich ist.

Anmerkungen

1 Bekanntlich werden die oberen Chargen des Dienstpersonals (Management) bei Beendigung des Vertragsverhältnisses großzügig *abgefunden*, mittlere werden beim Wiederfinden von Arbeit *abgeholt* bzw. begleitet, und untere Chargen werden einfach *abgeschoben* bzw. hinausgeworfen; da bedarf es keiner Beratung.

2 Aus den Erfahrungen der empirischen Partizipationsforschung wissen wir, dass es den Angehörigen einer Praxisgemeinschaft in der Regel schwer fällt, sich eine ganz andere Praxis vorzustellen – Management und Beschäftigte gleichermaßen. Eines der *Partizipationsrisiken* der Beschäftigten ist die bloße Bestätigung des Bekannten, oder die Absegnung des alternativlos präsentierten oder entdeckten Neuen.

3 Etwa durch implizit oder explizit wertende Urteile oder Handlungen die Interaktion strukturieren; etwa durch das Bestärken oder Nichtbestärken bestimmter Klientenäußerungen.

4 Gemeint ist also gerade nicht die trivialstmögliche Bedeutung von „Nachdenken" bzw. Reflektieren beim Handeln; auch wenn das leider die allerverbreitetste Ver(sch)wendung des Wortes ist.

5 Dazu muss diese Instanz natürlich über eine gewisse Credibility bzw. Reputation verfügen, entweder qua genereller Zuschreibung, wie das für die Beratung als Instanz des Rationalisierungswissens lange galt; oder über „verdiente" Reputation, indem bestimmte Experten oder Beratungsunternehmen Erfolge vorweisen können.

6 Speziell im Hinblick auf reflexive Beratung als ein Tertium sind ein explizites Wissen über die verschiedenen Interventionsansätze und ihre immanenten Probleme – oder entsprechende Erfahrungen mit ihnen – äußerst hilfreich. Ferner kann man es als Selbstanwendung des ersten Kriteriums ansehen, wenn eine beratende Organisation davon ausgeht, dass nicht nur die beratene, sondern auch sie selbst nicht alles notwendige Wissen an Bord hat.

7 An amerikanischen Business-Schools wollen heute bis zu 40 Prozent der Absolventen bei Beratungsunternehmen unterkommen.

8 Dass er zuvor beurteilt, ob überhaupt die Leistungsanforderungen im Betrieb so komplex und sein Umfeld so dynamisch ist, dass es überhaupt Sinn haben würde, ein so flexibles System zu installieren, das würden wir auch von einem „zweckrationalen" Berater erwarten.

Literatur

AHLEMEYER, H. W. (1996): Systemische Organisationsberatung und Soziologie, in: Alemann, H. v./Vogel, A. (1996, Hg.) Soziologische Beratung: Praxisfelder und Perspektiven. Leske + Budrich, Opladen, S. 77-89.

ARGYRIS, CH./SCHÖN, D.A. (1978): Organizational Learning. A Theory of Action Perspective. Addison Wesley, Reading, Mass.

ARMBRÜSTER, TH./KIESER, A. (2001): Unternehmensberatung – Analysen einer Wachstumsbranche. In: Die Betriebswirtschaft, 61. Jg., H. 6/2001, S. 688-709.

BECK, U./BONSS, W./LAU, CH. (2001): Theorie reflexiver Modernisierung – Fragestellungen, Hypothesen, Forschungsprogramme. In: U. Beck, W. Bonß (Hrsg.): Die Modernisierung der Moderne. Surhkamp, Frankfurt a. M., S. 11-59.

BECK, U./GIDDENS, A./LASH, S. (1996): Reflexive Modernisierung. Eine Kontroverse, Suhrkamp, Frankfurt a. M.

BOHLER, K. F. (2002): Professionelle Unternehmensberatung im Spannungsfeld von Rationalisierungs- und Technokratisierungsprozessen. In: Sozialer Sinn, Zeitschrift für hermeneutische Sozialforschung Nr. 1, (Download unter: http://www.sozialersinn.de/Download.htm)

BOOS, F./HEITGER, B./HUMMER, C. (2005): Systemische Beratung im Vergleich. Anforderungen und Zukunft. In: Organisationsentwicklung, H. 1/2005, S. 4-15.

ELBE, M./SAAM, N. J. (2005): „Mönche aus Wien, bitte lüftets eure Geheimnisse." Über die Abweichungen der Beratungspraxis von den Idealtypen der Organisationsberatung. In: Kühl, S./Moldaschl, M. (Hrsg.): Organisation und Intervention. Hampp, München und Mering (in Vorbereitung).

ERNST, B. (2005): Die Evaluation von Beratungsleistungen – Realität oder Utopie? In: Kühl, S./Moldaschl, M. (Hrsg.): Organisation und Intervention. Hampp, München und Mering (in Vorbereitung).

EXNER, A./KÖNIGSWIESER, R./TITSCHER, ST. (1987): Unternehmensberatung – systemisch. In: Die Betriebswirtschaft, 47. Jg., H. 3, 1987, S. 265-284.

FAUST, M. (1998): Die Selbstverständlichkeit der Unternehmensberatung. In: Howaldt, J./Kopp, R. (Hrsg.): Sozialwissenschaftliche Organisationsberatung. Auf der Suche nach einem spezifischen Beratungsverständnis. Edition Sigma, Berlin, S. 147-182.

FAUST, M. (2005): Warum boomt die Managementberatung? Und warum nicht zu allen Zeiten und überall? In: Jäger, W./Schimank, U. (Hrsg.): Facetten der Organisationsgesellschaft, Reihe Hagener Studientexte zur Soziologie, Westdeutscher Verlag, Opladen (im Erscheinen).

FEHR, H. (1999): Von der Planungseuphorie zur systemischen Organisationsberatung. Alte und neue Probleme des Interventionismus. In: Bosch, A./Fehr, H./Kraetsch, C./Schmidt, G. (Hrsg.): Sozialwissenschaftliche Forschung und Praxis. Deutscher Universitätsverlag, Wiesbaden, S. 53-70.

FENDRICH, ANNETTE (1996): Die Angst vor der Komplexität – Anspruch und Wirklichkeit systemischer Organisationsentwicklung. In: Organisationsentwicklung, 15. Jg., 3/1996, S. 54-62.

FROSCHAUER, U./LUEGER, M. (2005): Reflexiv-differenzierende Organisationsberatung. Überlegungen zur Kombination von Prozess- und Fachberatung. In: Kühl, S./Moldaschl, M. (Hrsg.): Organisation und Intervention. Hampp, München und Mering (in Vorbereitung).

GROTH, T. (1999): Wie systemtheoretisch ist „Systemische Organisationsberatung"? LIT, Münster.

HOWALDT, J. (1996): Industriesoziologie als Organisationsberatung. Campus, Frankfurt a. M/New York.

IDING, H. (2000): Hinter den Kulissen der Organisationsberatung. Qualitative Fallstudien von Beratungsprozessen im Krankenhaus. Leske + Budrich, Opladen.

IIKT, Internationales Institut für Kulturvergleichende Therapieforschung (1991): Jahrbuch für transkulturelle Medizin und Psychotherapie, Verlag für Wissenschaft und Bildung VWB, Berlin.

KIESER, A. (2002): Wissenschaft und Beratung. Universitätsverlag Winter, Heidelberg 2002.

KIPPING, M. (2002): Trapped in Their Wave: The Evolution of Management Consultancies. In: Clark, T./Fincham, R. (Ed.): Critical Consulting: New Perspectives on the Management Advice Industry. Oxford, Malden (Mass.) 2002, S. 28-49.

KIPPING, M./ARMBRÜSTER, TH. (2003). „The Burden of Otherness: Limits of Consultancy Interventions in Historical Case Studies". In: Kipping, M./Engwall, L. (Ed.): Management Consulting: Emergence and Dynamics of a Knowledge Industry. Oxford, New York, S. 203-221.

KIPPING, M./ENGWALL, L. (2003, Hrsg.): Management Consulting: Emergence and Dynamics of a Knowledge Industry. Oxford, New York.

KOLBECK, CHR. (2001): Zukunftsperspektiven des Beratungsmarktes: Eine Studie zur klassischen und systemischen Beratungsphilosophie. Deutscher Universitäts-Verlag, Wiesbaden.

KÖNIG, E./VOLMER, G. (1994): Systemische Organisationsberatung. Grundlagen und Methoden. 2. Aufl., Beltz, Weinheim.

KÖNIGSWIESER, R./LUTZ, C. (1990, Hrsg.): Das systemisch evolutionäre Management – Der neue Horizont für Unternehmen. Orac, Wien.

KUBR, M. (1996): Management Consulting: a Guide to the Profession. International Labour Office, ILO, Genf.

KÜHL, S./MOLDASCHL, M. (2005, Hrsg.): Organisation und Intervention. Hampp, München und Mering (in Vorbereitung).

KUHN, TH. S. (1967): Die Struktur wissenschaftlicher Revolutionen. Suhrkamp, Frankfurt a. M..

MINGERS, S. (1996): Systemische Organisationsberatung. Eine Konfrontation von Theorie und Praxis. Campus, Frankfurt a. M./New York.

MINGERS, S. (1998): Systemische Beratungsunternehmen. In: Willke, H. (Hrsg.): Systemisches Wissensmanagement. UTB, Stuttgart, S. 126-151.

MOHE, M. (2003): Klientenprofessionalisierung: Strategien und Perspektiven eines professionellen Umgangs mit Unternehmensberatung. Metropolis, Marburg.

MOHE, M. (2004): Stand und Entwicklungstendenzen der empirischen Beratungsforschung – eine qualitative Meta-Analyse. In: Die Betriebswirtschaft, 64. Jg., H. 6, 2004, S. 693-713.

MOHE, M. (2005): Der systemische Klient – Was passiert, wenn Klienten ihre Berater beobachten? In: Organisationsentwicklung, H. 3/2005 (im Erscheinen).

MOHE, M./HÖNER, D. (2005): Managementberatung in der Legitimationskrise – Eine neoinstitutionalistische Analyse. in: Kühl, S./Moldaschl, M. (Hrsg.): Organisation und Intervention. Hampp, München und Mering (in Vorbereitung).

MOLDASCHL, M. (2001): Reflexive Beratung. Eine Alternative zu strategischen und systemischen Ansätzen. In: Nina Degele u. a. (Hrsg.): Soziologische Beratungsforschung. Perspektiven für Theorie und Praxis der Organisationsberatung. Leske + Budrich, Opladen, S. 133-157.

MOLDASCHL, M. (2005): Audit-Explosion und Controlling-Revolution. Zur Verstetigung und Verselbständigung reflexiver Praktiken in der Wirtschaft. Soziale Welt, Sonderband ,Reflexive Modernisierung' (in Vorbereitung).

MOLDASCHL, M./BRÖDNER, P. (2002): A Reflexive Methodology of Intervention: In: Peter Docherty; Jan Forslin; Rami Shani (Hrsg.): Sustainable Work Systems. A New Perspective for Work Research, Organization Studies and Change. Routledge, London et al., S. 179-189.

NICOLAI, A./KIESER, A. (2002): Trotz eklatanter Erfolgslosigkeit: Die Erfolgsfaktorenforschung weiter auf Erfolgskurs. In: Die Betriebswirtschaft, 62, S. 579-596.

PETZOLD, H.G./SCHIGL, B./FISCHER, M./HÖFNER, C. (2003): Supervision auf dem Prüfstand. Wirksamkeit, Forschung, Anwendungsfelder, Innovation. Leske + Budrich, Opladen.

PETZOLD, H. G.; ORTH, I. (1999). Die Mythen der Psychotherapie. Ideologien, Machtstrukturen und Wege kritischer Praxis. Junfermann, Paderborn.

PONGRATZ, H. (2000): System- und Subjektperspektive in der Organisationsberatung. In: Arbeit, Jg. 9, Heft 1, S. 54-65.

SCHEIN, E. (1969): Process consultation: Its role in organization development. Addison Wesley, Reading, Mass.

SCHEIN, E. H. (2000): Prozessberatung für die Organisation der Zukunft: Der Aufbau einer helfenden Beziehung. Edition Humanistische Psychologie, Köln.

SPRINGER, R. (1997): Reflexivitätssteigerung durch Organisationsberatung? Zur Aufgabe und Rolle der Industriesoziologie im industriellen Transformationsprozeß. In: Arbeit, Heft 1, S. 33-49.

STAEHLE, W. H. (1991): Organisatorischer Konservatismus in der Unternehmensberatung. In: Gruppendynamik, Heft 1, S. 19-32.

VOLPERT, W. (1994). Interessenbindung und Verantwortung bei der Mitwirkung in Gestaltungsprozessen. In: Rosenstiel, L. v./Michael, C./Molt, W. (Hrsg.): Handbuch der angewandten Psychologie. Ecomed, II-3, Landsberg.

WALGER, G. (1999, Hrsg.): Formen der Unternehmensberatung. Systemische Unternehmensberatung, Organisationsentwicklung, Expertenberatung und gutachterliche Beratungstätigkeit in Theorie und Praxis. ESV, Köln.

WERR, ANDREAS (2002): The Internal Creation of Consulting Knowledge: A Question of Structuring Experience. In: Kipping, M./Engwall, L. (Hrsg.): Management Consulting: Emergence and Dynamics of a Knowledge Industry. Oxford, New York, S. 91-108.

WILLKE, H. (1994). Systemtheorie II: Interventionstheorie. Grundzüge einer Theorie der Intervention in komplexe Systeme. 3. Aufl. Fischer, Stuttgart.

WIMMER, R. (1992, Hg.): Organisationsberatung. Neue Wege und Konzepte. Gabler, Wiesbaden.

Teil 2
Innovative Beratungskonzepte

Roswita Königswieser/Ebrû Sonuç/Jürgen Gebhardt

Integrierte Fach- und Prozessberatung

1 Was spricht für eine Kombination von Fach- und Prozessberatung?

In diesem Beitrag gehen wir der Frage nach, welchen Nutzen eine integrierte Kombination von Fach- und Prozessberatung als neues Beratungskonzept für den Klienten hat. Dazu berichten wir von unseren Praxiserfahrungen aus Beratungsprojekten mit einem kombinierten Ansatz und stellen die aus Begleitforschungsberichten zu unseren Projekten abgeleiteten Rahmenbedingungen und Erfolgsfaktoren dar.

Als systemische Organisationsentwickler oder Prozessberater (diese Begriffe verwenden wir hier synonym) stoßen wir immer wieder an Grenzen der Vereinbarkeit von Prozess- und Fachberatung. Bei Restrukturierungen, Mergers oder der Einführung neuer Produktionssysteme erlebten wir die Spaltung: Hier sind die Fachexperten, dort die Prozessexperten. Diese Aufspaltung in hart und weich, in Inhalt und Prozess finden wir in allen Lebensbereichen des vom mechanistischen Paradigma geprägten westlichen Weltbildes. Der Systemansatz mit seiner ganzheitlichen Sicht hingegen legt grundsätzlich die Integration von Gegensätzen und Widersprüchen nahe (Königswieser/Hillebrand 2004).

Die klare Trennung hat sich im Sinne einer Spezialisierung, Arbeitsteilung und Abgrenzung von Beratungsunternehmen und -kompetenzen lange Jahre als funktional erwiesen. Auch für die Kundensysteme war die Zuordnung der zu beziehenden Leistungen unkompliziert: „Müssen wir mehr erwirtschaften, holen wir uns Fachberater ins Haus. Müssen wir die Kultur verändern, holen wir uns systemische Berater ins Haus." Das war die verkürzte Formel für die Beraterauswahl.

Mittlerweile haben sowohl Kunden als auch Berater (unabhängig vom Ansatz) festgestellt, dass diese Trennung nicht zielführend ist. So stellten z. B. die ehemaligen McKinsey-Berater Peters und Waterman schon 1982 in ihrem Bestseller „In Search of Excellence" (Peters/Waterman

1982) fest, dass Unternehmen dann besonders erfolgreich sind, wenn sie neben den harten Faktoren („strategies, structures and systems") auch und vor allem die weichen Faktoren („staffing, skills, shared values, style of management") berücksichtigen.

Allerdings sind theoretische Forderungen das eine und praktische Umsetzbarkeit das andere. Die fehlende ganzheitliche Sicht von Managern und Beratern führt zur Trennung von Fach- und Prozessberatung und diese Aufspaltung hat wieder zur Folge, dass in ein und demselben Unternehmen unterschiedliche Beratungsunternehmen arbeiten, allerdings jedes nach seinem eigenen Schwerpunkt und Fachgebiet. Die mühsame Arbeit, die losen, unverbundenen Fäden zusammenzuführen, bleibt meist dem Zufall überlassen. Für den Kunden ist die Situation unbefriedigend, da jeder Berater aus seinem Fokus heraus Vorschläge macht und der Kunde aufgrund der Vielfalt und Unterschiede überfordert ist.

Diese skizzierte Situation legt eine Unterstützung durch Beratung nahe, die verschiedenste Ansätze, Ressourcen und unterschiedliches Knowhow bündelt und so in einer neuen Qualität Impulse geben und Unternehmensentwicklungen fördern kann.

2   Die Schwierigkeit der Integration von Fach- und Prozessberatung – Worin liegt der prinzipielle Unterschied zwischen beiden Ansätzen?

Die Gegenüberstellung von Selbstbild und Fremdbild der beiden Beratungsansätze sagt schon einiges über die Problematik der Integration aus.

Kritiker der Fachberatung sprechen von „verlängerten Werkbänken" für das Topmanagement, vom „Verkaufen von Scheinsicherheiten" oder von den „Besserwissern" (ZECH et al. 2004). Fachberater selbst hingegen haben das Selbstbild, deshalb gerufen zu werden, weil sie eben „besser Bescheid wissen", weil sie ohne Betriebsblindheit neue Lösungen vorschlagen und intelligentere Konzepte liefern können.

Kritiker der Prozessberatung bezeichnen sie als „positionslose Moderatoren", als „Softies" oder als „Schönwetterberater" – jedenfalls als Berater, die „unternehmerisches Handeln ausblenden". Prozessberater selbst wiederum definieren sich als „Begleiter" auf einem Lern- und Entwicklungsweg, als „Musterveränderer" und „Befähiger" für Zukunftskompetenz.

Versucht man eine möglichst neutrale Definition, ergeben sich folgende Unterschiede: Unter *Fachberatung* versteht man jenen Dienstleistungssektor, in welchem speziell ausgebildete Fachleute mit ihrem Fachwissen im Bereich Betriebswirtschaft, Technik usw. Unternehmen bei der Lösung von fachlichen Problemen zur Seite stehen. Fachberater stützen sich in ihrer Beratungstätigkeit in erster Linie auf standardisiertes Wissen und ihre Interpretationskompetenz von Daten.

Die Lösung des Problems liegt in der sachgerechten, genauen Auswahl, Vernetzung und Interpretation der Daten als Indikatoren und Wirkungsfaktoren. Die Logik der Interpretation und der abgeleiteten Handlungsoptionen entspricht einem mehr oder weniger komplizierten, vielschichtigen, aber „rationalen" Ursache-Wirkungsschema, dem sich soziale Prozesse anzupassen und unterzuordnen haben. Es ist die Sachlogik (von Produktion, Einkauf, Verkauf usw.), die im Fokus der Aufmerksamkeit steht.

Aus dieser besonderen, sachlogischen Sicht auf Prozesse und Strukturen ergeben sich weitreichende Konsequenzen für die konkrete Beratungspraxis. Erfahrene, gute Fachberater nutzen zwar unterschiedliche Techniken und Instrumente zur Steuerung von sozialen Prozessen bei der Erhebung des Ist-Zustandes und der Umsetzung des Soll-Zustandes, allerdings steht Kommunikation und soziale Interaktion nicht im Vordergrund der Bemühungen. Sie sind Mittel zum Zweck und werden eingesetzt, um der Sachlogik zum Durchbruch zu verhelfen. Diese Sachlogik orientiert sich an den ökonomischen Geschäftszwecken, sie dient diesen Zwecken: Schaffung von Mehrwert und Verbesserung der Ertragslage, Steigerung der Produktivität und Effizienz, Sicherstellung der Effektivität und Behebung von Defiziten.

Die Stärken der Fachberatung sind aus Kundensicht beträchtlich: Sie helfen rasch, Krisen zu bewältigen, liefern exzellente Konzepte, sind inhaltsorientiert, sind messbar, sprechen eine anschlussfähige, verständliche Sprache und bieten vor allem Sicherheit in unsicheren Situationen: „Die können das, was wir nicht können", „Wir wissen, was wir einkaufen".

Im Unterschied dazu steht in der *systemischen Prozessberatung* die Verbesserung der Kommunikationsprozesse innerhalb von Organisationen und zwischen Organisation und deren Umwelten im Vordergrund. Das Transparentmachen der Denk- und Handlungsmuster dient letztendlich der autonomen, organisationsinternen Zielbestimmung, der Entwicklung gemeinsamer Wertorientierungen, der Klärung von Erwartungen und der Einigung auf Vorgehensweisen bei der Umsetzung von Vorhaben. Die systemische Organisationsberatung sieht und behandelt Organisationen als lebende Organismen, die in sich selbst die Fähigkeit und Kraft besitzen, Lösungen für schwierige Situationen und Probleme zu entwickeln. In diesem Beratungsansatz dienen Interventionen letztlich der Freisetzung blockierter Energien, der respektvollen Einigung auf gemeinsame Entscheidungen, Zielvorstellungen und deren konsequenter Umsetzung.

Beiden Ansätzen geht es darum, das Unternehmen so zu beraten, dass es erfolgreicher wird. Dabei werden unterschiedliche Vorgangsweisen als zielführend angesehen.

Systemische Prozessberatung ist sehr kontextorientiert, offener in den Ergebnissen und Prozessschritten, bindet Betroffene ein, mobilisiert Energien, aber fordert Reflexion und Feedbackprozesse. Sie produziert daher vorerst keine Sicherheit, sondern Unsicherheit. Durch Erkennen der eigenen Denk- und Handlungsmuster, durch Verstehen, wie Probleme entstehen und durch Verbesserung der Kommunikations- und Problemlösungsfähigkeit erzeugen sich nachhaltige Lösungen im Unternehmen quasi selbst. Dazu müssen systemische Prozessberater allerdings zum Kundensystem Distanz halten, um dessen „blinde Flecken" nicht zu übersehen.

Die Fachberater ihrerseits denken und handeln ähnlich der Denk- und Handlungslogik des Kundensystems. Sie halten sich vor Ort in den Räumen des Kundensystems auf, sind also verfügbar, geben explizite Ratschläge, beteiligen sich inhaltlich an den Entscheidungsprozessen. Die Umsetzung der Maßnahmen bleibt den Kunden selbst überlassen.

Die Praxis von traditioneller Fachberatung und systemischer Prozessberatung unterscheidet sich auch durch die besonderen Umstände und Bedingungen, unter denen sie jeweils nachgefragt werden.

Weil systemische Prozessberatung auf längerfristige, nachhaltige Entwicklungen abzielt, werden in Phasen akuter, überlebensbedrohender Krisen und Schwierigkeiten üblicherweise Fachberater zu Hilfe gerufen, die Entscheidungsgrundlagen und Handlungsempfehlungen für kurzfristige, wirkungsvolle Maßnahmen liefern sollen. Aber auch in Zeiten allgemeiner wirtschaftlicher Stagnation und Depression, in denen längerfristige positive Zukunftserwartungen von der Sorge um das Morgen überlagert sind, fehlt meist die Zeit, das Wissen und die Einsicht, sich auf nachhaltige Organisationsentwicklung einzulassen. In diesem Sinne bestimmt die Erwartungshaltung des Klientensystems auch die Praxis des Beratersystems: energische, klare, ergebnisorientierte Maßnahmen „top down" versus Anstoß zur Besinnung auf die eigenen Kräfte.

In vielen Fällen steht das Motiv im Vordergrund, durch große Beratungsunternehmen für den Aufwand oder für mögliche unpopuläre Maßnahmen legitimiert zu sein.

Die Beratungsnachfrage für systemische Organisationsberatung wird hingegen eher über Vorwissen, Prozesserfahrungen, über persönliche Beziehungen und Empfehlungen, über Veröffentlichung oder über praktische Vertrautheit mit dem systemischen Ansatz auf Seiten der Anfrager gesteuert. Diese Projektakquisitionsbedingungen beeinflussen dann in der Folge auch die Art und Weise des Erst-Kontaktgesprächs, die grundsätzlichen Erwartungshaltungen und den Inhalt der Vertragsverhandlungen und der Beziehungsgestaltung zwischen Auftraggebern und Beratern.

In diesem Sinne hat jeder Berater die Kunden, die zu ihm passen, und jeder Kunde hat die Berater, die zu ihm passen.

3   Welchen Mehrwert bietet die Verknüpfung beider Beratungsansätze den Kunden?

Schon Goethe unterscheidet im *Faust II* ein Was und ein Wie: In der Laboratoriumsszene sagt Homunculus: „Das *Was* bedenke, mehr bedenke *Wie*." Weniger poetisch ausgedrückt heißt das: Aus jedem Was entsteht ein Wie und jedes Wie ist das Was des nächsten Schrittes. Beim integrativen Ansatz werden die Anliegen des Kunden eben nicht mehr in ein „Was?" (Fach) und „Wie?" (Prozess) aufgespalten, sondern das Verarbeiten des Fachlichen wird von Beginn an in die passende Prozessarchitektur eingebettet. Der Kunde hat nur noch ein gemeinsames Beratersystem als Ansprechpartner und kann die Gesamtentwicklung des Unternehmens ganzheitlich verfolgen, die Zusammenhänge zwischen Strategie, Struktur, Kultur, zwischen Marktanteilen, Ergebnisentwicklung und sonstiger Zielsetzungen in ein Gesamtkonzept bringen. Die vier wichtigsten Punkte des Kundennutzens sind:

Eigenständige Problemlösungskompetenz und Zukunftsfähigkeit: Weil in einem integrierten Unternehmensentwicklungsprozess vor allem die Problemlösungskompetenz und grundsätzlich das Bewusstsein des Kundensystems erweitert und gestärkt wird und der Know-how-Transfer implizit erfolgt, wird das Unternehmen in absehbarer Zeit die für die Steuerung des Unternehmens notwendigen Prozesskompetenzen nutzen und die nötigen Fachkompetenzen auch ohne externe Unterstützung weiterentwickeln können. Unternehmen, die einen reflektierten Umgang mit Widersprüchen entwickelt haben, sind insgesamt offener für ihre Umwelten. Sie sind in der Lage, sich unvorhergesehenen Entwicklungen des Marktes anzupassen, stabile Frühwarnsysteme für Krisen aufzubauen und diese schneller zu bewältigen. Eine starke „Zukunftskompetenz" verwandelt Unternehmen von Getriebenen zu Gestaltern, die auch ihre eigenen Grenzen überschreiten können.

Verbesserung der Zielerreichung: Ein konkreter Nutzen ergibt sich durch eine integrierte Prozess- und Fachberatung dadurch, dass Konzeptphase und Implementierung nicht sequentiell, sondern simultan erfolgen. Die Art und Weise, wie und mit wem Konzepte erarbeitet und umgesetzt werden, spielt dabei ein wichtige Rolle, denn damit werden von Anfang an Implementierungsimpulse gesetzt und die Erreichbarkeit der kurz- und langfristigen Ziele Schritt für Schritt ausgelotet und überprüft. Es hat sich in vielen Unternehmen die Erkenntnis durchgesetzt, dass die besten Konzepte nicht viel wert sind, wenn deren Umsetzung nicht im Unternehmen aktiv unterstützt und mitgetragen wird. Eine nachhaltige Verankerung zukunftsorientierter Veränderungen kann allerdings nur durch einen ganzheitlichen Ansatz erreicht werden, denn dieser behandelt Unternehmen nicht als unmündige Patienten, denen eine Medizin verordnet wird, sondern fördert die „Selbstheilungskräfte".

Entschärfung des (internen) Konfliktpotenzials: Die gegensätzlichen Paradigmen der Fach- und Prozessberatung, die sich ja auch im Unternehmen selbst finden und gerade in Situationen großen Drucks besonders stark als Konfliktpotenzial zum Vorschein kommen, werden in einem gemeinsamen Beratungssystem modellhaft vor-verarbeitet, quasi vorverdaut und sind so auch im Unternehmen leichter zu versöhnen. Alle Widersprüche, Unterschiede, aber auch die jeweiligen Vorteile der zwei unterschiedlichen Herangehensweisen werden reflektiert und in integrierter Form in Interventionen umgesetzt. Auf diese Weise kann die kurzfristige Entlastung durch die Fachberatung in Kombination mit der langfristig angelegten Hilfestellung der Prozessberatung eine optimale Wirkung erzielen.

Reputation durch gesellschaftliche Verantwortung: Unternehmen haben eine hohe gesellschaftliche Verantwortung und leisten mit all ihren Aktivitäten einen wesentlichen Beitrag zu Wohlstand, Lebensqualität, schaffen Arbeitsplätze, gestalten Politik, Bildung und Kultur mit. Unternehmen, die Projekte mit dem integrierten Ansatz durchziehen, zeichnen sich durch eine größere öffentliche Sichtbarkeit und Marktpräsenz aus. Zu den gesamtgesellschaftlichen Auswirkungen zählen unter anderem vielfältige Diskussionsimpulse und Neuentwicklungen zu den gesellschaftlich relevanten Themen wie z. B. Zukunft der Arbeit, lebenslanges Lernen, neue Rolle der Unternehmen in der Gesellschaft, der Zusammenhang von Nachhaltigkeit und Wohlstand, Ethik.

4 Systemisch integrative Beratung – Die Entwicklung eines neuen Geschäftsmodells?

Obwohl wir schon langjährige Erfahrungen mit integrierten Beratungsprojekten haben, diskutieren und arbeiten wir noch immer an einem Modell, das der Komplexität einer integrativen Herangehensweise bei Veränderungsprozessen gerecht wird. Im Buch „Systemisches Integrationsmanagement" (KÖNIGSWIESER et al. 2001, S. 53) haben wir ein Modell entwickelt, das die simultane Arbeit auf fachlich inhaltlicher und prozessualer Ebene auf der Basis von vier Schlüsselfaktoren (Struktur, Kultur, Strategie, Vision) in Entwicklungsprozessen veranschaulicht. Die Spirale zwischen Gegenwart und visionärer Zukunft stellt die fortlaufende „systemisch reflexive Schleife" dar. Sie besteht aus den iterativen Schritten: Informationen sammeln, Hypothesen bilden, Interventionen planen, Intervenieren (KÖNIGSWIESER/HILLEBRAND 2004).

In diesem Modell haben wir die Thematik der Integration von harten und weichen Faktoren, von Prozess- und Fachberatung zwar aufgenommen, aber noch nicht ausreichend eingearbeitet. In langen Diskussionen und mehreren Lernwerkstätten[1] haben wir versucht, ein erweitertes Modell zu konzipieren, das als „work in progress" etwa so wie in Abbildung 1 dargestellt aussehen könnte.

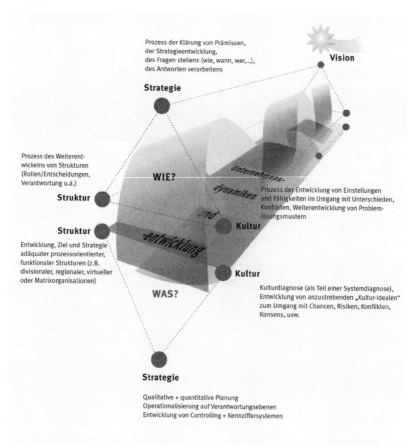

Abb. 1: SIM[2]

Wir gehen bei unseren Überlegungen davon aus, dass sich das reale Geschehen der Unternehmensdynamiken aus dem Zusammenspiel, aus den wechselseitigen Verschränkungen des Was und des Wie von Strategie, Struktur und Kultur ergibt. Das Was und Wie kann wie oben ausgeführt gar nicht getrennt werden, denn diese Dimensionen sind voneinander abhängig und stehen in einer permanenten Wechselbeziehung.

Wenn traditionellerweise Fachberatung die Dimensionen des Was bearbeitet, so konzentriert sich systemische Beratung üblicherweise auf das Wie. Beide Ansätze jeweils für sich allein genommen können daher den Unternehmensdynamiken und -entwicklungen nicht ausreichend gerecht werden, auch wenn eine jeweils abstrahierende Betrachtens- und Herangehensweise zur Reduktion von Komplexität oft unabdingbar scheint.

In Beratungsprozessen, in denen dieses Modell angewendet wird, oszillieren die Interventionen je nach Anlass, Anliegen, Bedarf und Notwendigkeit zwischen den in den Dreiecken dargestellten Dimensionen, ohne sie zu einem Einheitsbrei zu machen, ohne ihre Abgrenzung zu verlieren, aber dennoch in einer neuen Qualität. Die Reflexionsschleifen stellen ihre Verbindung dar, die mit der Dynamik und Entwicklung des Unternehmens eng verwoben sind.

Eigentlich sind es Wahrnehmungsdimensionen, die in der lebendigen, chaotischen Praxis bestimmte Themen beleuchten und andere Aspekte ausgeblendet lassen, ohne dass diese deshalb verschwinden. Bei Nahaufnahme einer spezifischen Dimension sieht man die anderen nur im Augenwinkel. Bei einer anderen Einstellung sieht man die ganze Weite aller Aspekte. Die Spezialisierung auf je einen Schwerpunkt ermöglicht Exzellenz und Tiefe, ohne das andere Feld ganz aus dem Auge zu verlieren.

Die Komplementaritätstheorie (RUIGROK 2000) bestätigt übrigens die ungleich höhere ökonomische Erfolgswahrscheinlichkeit, wenn durch ein simultanes, komplementäres Vorgehen bei Unternehmungsentwicklungsprozessen ein sich selbst positiv beeinflussender Leistungskreis entsteht.

Die reflektierende Vorgehensweise der systemischen Schleife ist besonders in der Kombination von Fach- und Prozessberatung unverzichtbar. Schon beim Erstgespräch mit dem Kunden dient sie dazu, eine Grund-

einschätzung über das manifeste und latente Anliegen der Kunden zu
generieren, die dann Staff-Entscheidungen, Ziele, Priorisierungen und
Vorgehensweisen beeinflusst.

Aber auch während des Beratungsprozesses, der meist bei einer Diagnose beginnt, bei Meilensteinen und zwischendurch im Staff und mit den
Kunden, ist diese reflexive Metakommunikation zwischen Fachberatern
und Prozessberatern essenziell. Spätestens hier werden Unvereinbarkeiten offenkundig. Wenn dieses Prozesselement im Staff, der ja aus Fach-
und Prozessberatern besteht, nicht internalisierte Selbstverständlichkeit
ist, dann kann unserer Erfahrung nach die gemeinsame Kraft nicht wirksam werden.

Hand in Hand mit dieser reflexiven, diskursiven Klärung des Wirkungs-
gefüges der Interventionen geht der Feedbackprozess (innerhalb des gemischten Staff und zwischen Einheiten im Klientensystem bzw. zwischen
Klientensystem und Beratern) als weiteres Modellelement. Wichtig ist,
dass diese Form der Kommunikation als Selbststeuerungsprozess des
Lernens verinnerlicht ist und dass Zeit und Raum dafür eingeplant wird.

Die Faszination dieser „Twin-turbo"-Beratung, wie sie ein Kollege nannte, liegt nicht im theoretischen Modell, sondern im wirkungsvollen Beratungshandeln selbst. Dazu gehört ein gemeinsam getragenes Basisver-
ständnis über das gemeinsame Projektziel, das abgestimmte Vorgehen,
eine zusammenpassende Werthaltung und entsprechende Rahmenbedingungen, die den idealtypischen Prozess dieses Modells überhaupt erst
umsetzbar machen.

Wenn es das gemeinsame Ziel des integrierten Ansatzes ist, eine nachhaltige und qualitative Erweiterung der Handlungsoptionen und damit
einer größeren „Achtsamkeit" im Sinne von WEICK/SUTCLIFFE (2004),
eines größeren Erfolges des beratenen Unternehmens zu erreichen, dann
ist unserer Meinung nach der Dreh- und Angelpunkt einer geglückten
Umsetzung dieses Ansatzes die „Haltung" aller beteiligten Berater
(KÖNIGSWIESER/HILLEBRAND 2004). „Haltung" ist die Art und Weise,
wie wir uns zu uns selbst, zu unseren Kollegen, unseren Kunden und
grundsätzlich zur Umwelt in Beziehung setzen, in welchen Schienen wir
denken. Sie steuert Wahrnehmungskategorien, Vorgehensweisen, Prio-
ritätensetzungen, Interventionsstrategien, Abgrenzungen, das Setzen von
Rahmenbedingungen.

5   Vorgehensweise der integrativen Beratung

Der integrative Beratungsansatz lässt sich am professionellsten umsetzen, wenn Vertreter aus beiden komplementären Ansätzen in einem Tandem beziehungsweise in einem gemischten Team zusammenarbeiten. Das geht allerdings nur gut, wenn beide Seiten mit den Aufgabenstellungen, Zielsetzungen, Methoden und mentalen Modellen des jeweils anderen Ansatzes vertraut sind und bereit sind, Unternehmensentwicklung ganzheitlich zu sehen. Damit stehen beide Know-how-Bereiche zur Verfügung und können kontextabhängig, anlassbezogen und hypothesengeleitet eingesetzt werden. Das fachliche Berater-Know-how wird daher nicht für Vorgaben und Ausarbeitungen genutzt, sondern für das Stellen lösungsgenerierender Fragen, als Stärke eines fachlichen Sparringpartners, als zusätzliche Option für Lösungsmodelle, als Öffner für erweiterte Blickwinkel für innovative Maßnahmen.

In der Kombination mit dem Prozess-Spezialisten werden immer wieder die geplanten Interventionen auf der Ebene Architektur, Design und Technik in ihrer Wirkung reflektiert und dem Prozess angepasst. Der Prozess der fachlich fundierten Reflexion als Kernleistung des Modells führt zu einer qualitativ anderen Sichtweise dieser Inhalte. Die durch den Prozessfokus intelligentere Nutzung des Fachwissens, der analytischen Konzeptionsstärke macht die Inhalte effizienter. Einsparungsmaßnahmen wirken zum Beispiel nachhaltiger, wenn sie mit Betroffenen entschieden und die Auswirkungen reflektiert werden.

Durch Reflexionsschleifen und Selbstbeobachtungen im Unternehmen entstehen neue Sichtweisen auf die eigene Organisation. Dadurch können neue Steuerungsformen und neue Problemlösungsmuster gelernt werden. In diesem Modell können die Berater aber auch in Extremsituationen die Bewältigung einer Problemsituation als gemeinsamen Prozess gestalten.

Ein wesentliches Element dieses Modells ist ja die Fähigkeit flexibel auf die spezifische Situation einzugehen und jenes Know-how in den Vordergrund zu stellen, das die jeweiligen Lücken füllen kann. Was in einem Unternehmen „richtig" ist, kann im anderen „falsch" sein. Vergleichbar mit dem professionellen Verhalten von Führungskräften, die situativ und kompensatorisch agieren müssen, setzen auch die Berater in diesem Ansatz am jeweiligen Entwicklungsstand des Unternehmens an.

Im integrierten Beratungsmodell ist die Entwicklung einer vertrauens-
vollen Beziehung zu den Auftraggebern besonders wichtig. Dabei spielen natürlich deren Erwartungshaltungen eine entscheidende Rolle.
Wenn sie Klarheit, Sicherheit, inhaltliche Entscheidungshilfen und Fachwissen erwarten und verlangen und die Berater immer vor Ort zeitlich
verfügbar sein sollen, dann bedarf es behutsam initiierter Bewusstseins-
veränderungsprozesse, bis sie auch bereit sind, sich auf einen verunsi-
chernderen Reflexionsprozess einzulassen. In diesem Fall spielen die Prozessberater zunächst die Rolle von Coaches für optimale inhaltliche Problemlösungen.

Nähe und Distanz haben aus der Sicht der beiden Beratungsansätze eine
unterschiedliche Funktion, die aber durchaus beide ihre Berechtigung haben. Fachberater sind im operativen Geschäft involviert und müssen im
Geschäftsalltag dem Klienten beratend zur Seite stehen, weshalb ihre Anwesenheit erforderlich ist. Prozessberater hingegen erfüllen ihre Aufgabe nur, wenn sie Distanz wahren, ihre Außenperspektive zur Verfügung
stellen, intervenieren und sich wieder zurückziehen, um die Autonomie
des Klientensystems nicht zu gefährden.

Daraus ergibt sich für eine integrierte Beratung im Tandem bzw. Team
ein erheblicher zeitlicher Koordinierungsbedarf und vor allem die Notwendigkeit, außerhalb der Beratungsarbeit vor Ort viel Zeit für gemeinsame Reflexion zu verwenden. All diese Anforderungen setzen ein ent-
sprechendes Beraterprofil voraus.

Neben dem Know-how von Fachexperten und Prozessexperten ist
menschliche Reife vorausgesetzt. Das bedeutet nicht, perfekt und fehler-
frei zu sein, sondern einen reflektierten, bewussten Umgang mit eigenen
und fremden Stärken und Schwächen zu haben. Üblicherweise wird das
als „soziale Kompetenz" bezeichnet.

6   Was sind die besonderen Herausforderungen
und Schwierigkeiten?

Das Konzept klingt relativ einfach, wenn man darüber spricht: Unterschiedliches Wissen zum Wohle des Kunden zusammenbringen, integrieren, verzahnen. Die Praxis zeigt allerdings, dass ein Zusammenwir-

ken meist extrem schwierig und oft sogar unmöglich ist, selbst wenn der Kunde es explizit fordert. Warum?

Dafür haben wir drei Erklärungen:

„Die Unterschiede sind zu groß"
Fach- und Prozessberater gehen wie oben dargestellt von unterschiedlichen theoretischen Modellen, Wirklichkeitskonstruktionen, Werten aus. Sie repräsentieren zwei konträre Denkformen. Die spezifischen Kompetenzen, über die beide Beratungsansätze verfügen, wie sie und zu welchem Zweck sie eingesetzt werden, wurzeln in unterschiedlichen, oft widersprüchlichen Grundannahmen. Eine echte Integration wäre nur dann möglich, wenn sich entweder die Fachberatung von ihrer Linearität und rationalen Geschlossenheit oder die Prozessberatung sich von ihrer Offenheit und Komplexitätsannahme trennen könnten, d. h. beide Beratungsansätze müssten sich von ihren Grundannahmen verabschieden bzw. sie weiterentwickeln. In unseren persönlichen Begegnungen mit Vertretern der großen klassischen Beratungsunternehmen, die uns zu gemeinsamen Projekten eingeladen haben, erlebten wir die gleichen Ängste auf beiden Seiten. Fassungslos stehen beide vor gewaltigen Unterschieden, die verunsichern und die eigene Identität bedrohen. Die gegenseitige Abwertung dient dem Schutz der eigenen Identität und des eigenen Territoriums. Sutrich (2003) spricht in diesem Zusammenhang zwar von „neuen Horizonten" für die Beratungsszene, aber auch von Bewohnern zweier verschiedener Inselgruppen, die traditionell einander fremd und feindlich gegenüberstanden und meist noch stehen.

„Das ist eine Pionierarbeit, die erst geübt, geprobt, gelernt werden muss"
Da die Paradigmen, Modelle und Erfahrungen beider Beratungsansätze so unterschiedlich sind, bedarf es einer hohen Motivation, um diese Herausforderung der Integration zu versuchen. Voraussetzung ist allerdings, sich darüber zu allererst Basiswissen anzueignen. Mehr als in homogenen Staffs geht es dabei um Konkurrenz („Wer ist besser?"), um Macht („Wer hat einen größeren Einfluss auf das Kundensystem?") und um Identität („Wer genießt das größere Vertrauen mit seiner Kompetenz?") Ohne wechselseitige Akzeptanz, ohne die Einstellung von Komplementarität, ohne die Flexibilität, je nach Situation dem anderen den „Lead" zu überlassen, ohne Bereitschaft zu oszillieren, werden die Kooperationsversuche spätestens beim ersten Sturm, der ersten Kritik des Kunden gegenüber den Beratern scheitern.

„Die strukturellen Rahmenbedingungen müssen dafür geschaffen werden, sonst geht es nicht"
Selbst wenn die Beziehung zwischen den Tandempartnern belastbar ist, die Unterschiede als wertvolle Ressource gesehen werden, bedarf es entsprechender Rahmenbedingungen, um erfolgreich zu kooperieren.

7   Fallbeispiele

Um den Ansatz des Beratungskonzepts plastischer zu machen, wollen wir anhand von drei Fallbeispielen Einblick in geglückte, erfolgreiche, aber auch in missglückte, abgebrochene Beratungsprojekte geben und die daraus gezogenen Lernerfahrungen nochmals zusammenfassen.

7.1 Projekt A (abgebrochen)

Ausgangssituation:
Ein Automobilzulieferer, der bei einigen Fahrzeugkomponenten Weltmarktführer ist und sehr positive Ergebnisse erzielt, beschließt, sein Portfolio um die Entwicklung ganzer Fahrzeuge und den Bau von Nischenfahrzeugen zu erweitern. Dafür hat er ein Entwicklungsunternehmen für komplette Automobile erworben. Er tritt an uns heran und fragt an, ob der Aufbau einer Fahrzeugfertigung fachlich begleitet werden kann. Der Kontakt kommt durch einen unserer Partner zustande, der durch seine vorherige Tätigkeit über großes Know-how in der Automobilindustrie verfügt.

Schon in den ersten Gesprächen wird von uns darauf hingewiesen, dass aufgrund der Komplexität der Situation eine rein fachliche Begleitung den Anforderungen und den zu erwartenden Auswirkungen des bevorstehenden Veränderungsprozesses in beiden Unternehmen nicht genügt. Die Kulturen beider Unternehmen sind sehr unterschiedlich, auf der einen Seite handwerkliche Produzenten von Komponenten und auf der anderen Seite kreative Entwickler.

Ziele des Projektes:
Die Geschäftsleitung sieht die Notwendigkeit einer zusätzlichen Prozessbegleitung nicht. Sie will die Planung einer Fahrzeugfertigung. Sie glaubt,

dass eine Begleitung des Integrationsprozesses nicht notwendig sei, da „in der Vergangenheit bereits viele Fertigungsunternehmen erfolgreich ohne Berater integriert wurden." Da sie aber den Eindruck gewinnt, dass sie die fachliche Begleitung nur unter der Voraussetzung bekommt, wenn auch der gesamte Veränderungsprozess begleitet wird, stimmt sie halbherzig auch der Prozessbegleitung zu.

Vorgehensweise/Prozessverlauf:
Von unserer Seite wurde eine Prozessarchitektur vorgeschlagen, die eine Systemdiagnose an den Anfang stellte. Die Ergebnisse der Systemdiagnose wurden in Hypothesen gefasst und zuerst der Geschäftsführung vorgestellt. Aus den Hypothesen wurden erste Ansatzpunkte für die Vorgangsweise der Beratung entwickelt und ein Steuerkreis gebildet. In dem Steuerkreis wurden Teilprojekte definiert, die sich mit den einzelnen aufgezeigten Verbesserungspotenzialen auseinander setzten.

Für uns war auch das Subprojekt „Planung einer Fahrzeugfertigung" Teil des gesamten Veränderungsprozesses – ging es doch hierbei ebenfalls um eine grundsätzliche Neuorientierung des ganzen Unternehmens. Der Teilprojektleiter „Fahrzeugfertigung" sollte nach unserer Auffassung ebenfalls Mitglied des Steuerkreises sein. Dies wurde von der Geschäftsführung mit der Begründung abgelehnt, dass man sehr schnell Ergebnisse brauche, um in der Lage zu sein, am Markt Fahrzeugprojekte zu akquirieren. Beide Projekte liefen daher parallel und ohne Querbezug.

Nach der zweiten Soundingboard-Runde wurde von Seiten des Kunden eine ganzheitliche Begleitung des Integrationsprozesses nicht mehr als notwendig erachtet und wir wurden gebeten, für weitere Workshops als Moderatoren zur Verfügung zu stehen, ohne aber den gesamten Prozess steuern zu können. Das lehnten wir ab. Die Beratung war damit für uns beendet.

Ergebnisse:
Das Projekt „Fahrzeugfertigung" war inzwischen soweit gediehen, dass erste Kundengespräche geführt werden konnten. Durch eine drastische Veränderung der wirtschaftlichen Lage des Unternehmens, bedingt durch einen Einbruch der Automobilindustrie, wurde auch dieses Projekt nicht weiter verfolgt.

Lessons learned:
Fach- und Prozessberatung wurden getrennt „gekauft" und damit war
das Nebeneinander von Fach- und Prozessberatung zementiert. Die Fachberatung wurde hauptsächlich in eine Managementrolle gedrückt,
während die Bedeutung der Prozessberatung diffus und ihre Funktionalität für den Entwicklungsprozess unklar blieb. Das führte dazu, dass
beide Ansätze letztlich unkoordiniert nebeneinander herliefen und die
Prozessberatung keine Akzeptanz erlangte. Die Fachberatung wurde
nicht mit der Prozessberatung in einer integrierten Form akzeptiert. Der
Anfang muss gemeinsam gestaltet werden. Der Auftraggeber muss den
integrierten Ansatz verstehen und wollen, sonst ist der Misserfolg vorprogrammiert.

7.2 Projekt B (erfolgreich)

Ausgangssituation:
Das Tochterunternehmen eines großen, deutschen Industriekonzerns ist
in Schieflage. Der Marktanteil ist rückläufig, die Qualität erfüllt nicht
mehr die Anforderungen der Kunden, die Herstellungskosten der Produkte sind verglichen mit den Mitbewerbern zu hoch. Das Unternehmen
hat einen mehrjährigen Cost-cutting-Prozess durchlaufen, der es zwar in
die schwarzen Zahlen zurückgebracht hat, aber deutlich negative Spu-
ren in der Organisation hinterlassen hat, nämlich Demotivation und
Fluktuation.

Ziele des Projektes:
Die Unternehmensleitung entschließt sich, einen Veränderungsprozess zu
initiieren, der das Unternehmen zum Qualitäts- und Kostenführer in der
Branche machen soll. Es wird eine Unternehmensberatung beauftragt,
der man am ehesten zutraut, diesen Veränderungsprozess nachhaltig
umzusetzen. Wir wurden angefragt, ob wir im Bereich „Produktion" diesen Prozess unterstützen können.

Der Veränderungsprozess in der Produktion wird von zwei Seniorbera-
tern begleitet, einer aus der klassischen Beratung kommend, der andere
mit systemischem Know-how. Hinzu kommen weitere fünf Berater.

Vorgehensweise/Prozessverlauf:
Es wurde entschieden, ein neues Produktionssystem einzuführen. Da die amerikanische Muttergesellschaft bereits ein Produktionssystem eingeführt hatte, wurde beschlossen, dieses zu verwenden. Es konnte aber nicht eins zu eins übernommen werden, sondern es war eine Adaption notwendig, um die kulturellen Besonderheiten der Amerikaner, aber auch die produktionstechnischen Gegebenheiten vor Ort zu berücksichtigen. Die Einführung eines Produktionssystems bedeutete eine komplette Umorientierung des Managements, aber auch der Mitarbeiter. Im Wesentlichen ging es dabei darum, Teamarbeit einzuführen, Verantwortung für Qualität und Produktivität zu delegieren und das Verständnis für Disziplin und standardisierte Abläufe zu schaffen. Außerdem wurde ein Zielesystem entwickelt, das sowohl Hard als auch Soft Facts enthält, die in einem Balanced-Scorecard-System eingebunden waren.

Gemeinsam wurde eine Projektarchitektur gewählt, die ein Mit-Erarbeiten und Erlernen des Produktionssystems vorsah. Danach wurde das Erlernte in einem Kaskadenprozess an die 17 000 Mitarbeiter weitergegeben und das System parallel in allen Werken eingeführt.

Der erste Schritt des Veränderungsprozesses war wieder die Bildung eines Steuerkreises, dessen Vorsitzender der verantwortliche Vorstand der Produktion war. Weitere Mitglieder des Steuerkreises waren die Werksleiter und Vertreter von zentralen Einheiten. Begleitet wurde der Steuerkreis von zwei Beratern (Fach und Prozess).

Das Produktionssystem sah fünf Subsysteme vor, die einzelne Aspekte des Gesamtsystems abdeckten und über hundert einzelne Werkzeuge. Die erste Aufgabe des Steuerkreises war es, das Produktionssystem näher zu definieren und die Subsysteme mit ihren einzelnen Werkzeugen festzulegen.

Danach wurden die fünf Arbeitsgruppen festgelegt, die die Konzepte der einzelnen Subsysteme erarbeiteten. Ziel war es, ein Manual zu erstellen, das den Mitarbeiter die Wirkungsweise und das Zusammenspiel der einzelnen Prozesse einfach und verständlich erklärte. Dieser Prozess dauerte etwa vier Monate. Die Arbeitsgruppen waren interdisziplinär zusammengesetzt. Darüber hinaus wurde darauf geachtet, dass in jeder Arbeitsgruppe Vertreter aus allen Werken waren, um später das gesamte erarbeitete Know-how in den verschiedenen Werken zu haben. Gestartet wurde die Arbeit mit einer Kick-off Veranstaltung, auf der die Zielsetzung und die Richtung vorgetragen wurden.

Während dieser Phase wurde das Erarbeitete im vierwöchentlichen Rhythmus dem Steuerkreis vorgestellt, offene Punkte wurden dort in den Sitzungen entschieden. Wöchentlich wurde eine Telefonkonferenz der Berater und der Projektleiter der Subprojekte durchgeführt, um die Schnittstellen sauber zu definieren.

Nach der Erarbeitung der Manuals wurde in einem mehrtägigen Workshop das gesamte Know-how an alle Beteiligten weitergegeben. Dann wurden die Implementierungsteams für die einzelnen Werke gebildet. Diesen Teams gehörten ausschließlich Werksangehörige an, die an den Konzepten mitgearbeitet hatten. In den Werken wurden Pilotbereiche definiert, in denen das System eingeführt wurde.

Ergebnisse:
Nach sehr kurzer Zeit stellten sich die ersten messbaren Ergebnisse ein. Die Qualität verbesserte sich beeindruckend. Das System wurde auf das ganze Werk ausgedehnt.

Lessons learned:
In diesem Projekt arbeiteten systemische Beratung und Fachberatung komplementär zusammen, ein Unterschied der Ansätze war für den Kunden nicht erkennbar. Wann was, in welchem Umfang und in welcher Form eingesetzt wurde, legte das Staff in gemeinsamer Arbeit fest. Beide Seiten hatten ein Grundverständnis des jeweils anderen Ansatzes und empfanden eine wechselseitige Wertschätzung. Zum Erfolg des Projektes trugen die Akzeptanz der einmal festgelegten Architektur, das für Fachberater ungewöhnliche Vorgehen, dass der Prozess vom Kunden mit Unterstützung der Fachberatung selbst erarbeitet und eingeführt wurde, und das parallele Coaching des Managements bei.

7.3 Projekt C (erfolgreich)

Ausgangssituation:
Das ertragsstarke Schweizer Handelsunternehmen hat fast eine Monopolstellung am Markt und wird beinahe wie ein Nationalheiligtum gehandelt. Durch die Genossenschaftsstruktur und die hohe vertikale Integration gibt es eine starke dezentrale Autonomie, die zu schwerfälligen Prozessen, Entscheidungen und zu aufwendigen Kostenstrukturen führte. Das musste sich im Hinblick auf eine drohende Verstärkung der Wettbewerbssituation radikal verändern. Der Auftraggeber der größten Einheit „zentrale Beschaffung und Marketing" ist ein ganzheitlich denkender, sehr anerkannter Manager, der Projektleiter ist ein systemisch denkender „Macher" und nimmt auf die Beraterwahl starken Einfluss.

Ziele des Projektes:
- Entwicklung einer wettbewerbsgerechten Struktur, die effizient und zukunftsorientiert sein sollte. Das Unternehmen soll die Nummer 1 am Markt bleiben und ins Ausland expandieren.
- Erarbeitung einer strategischen Grundorientierung, die auch das neue Selbstverständnis abbilden sollte.
- Einsparung von 15 Prozent, Effizienzsteigerung um 20 Prozent.
- Befähigung und Kompetenzentwicklung auf der Ebene der gesamten Organisationseinheit und auf der Ebene der Personen und Rollenträger, um diese ehrgeizigen Ziele zu erreichen.
- Mentale Einstellungsänderung der Mitarbeiter.

Vorgehensweise/Prozessverlauf:
Zuerst wurde mit Hilfe von Gruppeninterviews und anderen Analysen eine Systemdiagnose (mit fachlichen und kulturellen Themenfeldern) erstellt und an Schlüsselpersonen in einem zweitägigen Workshop zurückgespiegelt. Ergebnis der Diagnose: Ein tolles, sympathisches Unternehmen, das aber Gefahr läuft, „den Abgrund", auf den es zuläuft, „nicht sehen zu wollen."

Gemeinsam wurden mit den Auftraggebern die Ziele definiert, die Prozessarchitektur festgelegt, die Subprojekte entschieden: Struktur, Einsparungspotenziale, Identität, Führung und später, als nach sechs Monaten klar wurde, dass es ohne Arbeitsplatzabbau nicht gehen würde, ein Projekt: Umgang mit Unsicherheit und Wandel.

Die Subprojektleiter trafen sich alle vier Wochen in der Steuergruppe, die quer über alle – damals noch sieben Hierarchien – zusammengesetzt war. Zwei aus unserem sechsköpfigen Staff, der aus drei Fach- und drei Prozessberatern bestand, begleiteten die Steuergruppe, die Projektgruppe und die konfliktreiche Auftraggebergruppe. Die Gruppen arbeiteten engagiert und bekamen das Feedback: „tip-top" zu sein, mutig, innovativ, tabubrechend, aber wertschätzend der identitätsgebenden Kultur gegenüber. Wir unterstützten inhaltlich über Szenarien, Optionen und schoben nicht nur im Staff, sondern auch in der Arbeit mit dem Klienten Reflexionsschleifen ein, die blinde Flecken kleiner machten, Bewusstheit und Wachheit förderten.

Eine Besonderheit dieses Projektes waren „Spezial-Experten", die von einem internationalen Beratungsunternehmen kamen und von höchster Ebene einen Auftrag hatten. Die narzisstische Kränkung, dass sie „nur" eine punktuell abgerufene Spezialistenrolle hatten (z. B. Modelle rechnen), erschwerte die Kooperation mit uns als diejenigen, die den Gesamtprozess steuerten. Sie sagten kritisch: „Die Gruppen werden das ohne unsere Unterstützung nie heben." Aber sie taten es doch. Unsere Rolle beschränkte sich auf fachliches Coaching und Prozessbegleitung.

Ergebnisse:
Die Unternehmung wurde in zwölf Monaten radikal prozessorientiert umgebaut. Statt neun Hierarchieebenen gab es nur noch sechs. Die Effizienzsteigerung wurde mit 20 Prozent eingeschätzt. Die 15 Prozent Einsparungsmaßnahmen wurden gefunden und so strukturiert, dass noch ein großes Investitionspolster blieb. Es wurden zehn Prozent der Arbeitsplätze abgebaut, die Trauer, Wut und Unsicherheit aller gemeinsam verarbeitet. Der mentale Wandel ist noch in Gang.

Lessons learned:
Projektleiter und Auftraggeber unterstützten den integrativen Ansatz und waren von Anfang an vom Mehrwert überzeugt. Es fand eine Co-Entwicklung zwischen Berater- und Klientensystem statt. Im gemischten Staff, der vom selben „Stall" kam, gab es Vertrauen, Wertschätzung und eine starke Motivation, den Ansatz weiter zu entwickeln. Wir hatten eine Supervision und Evaluation für unser Beratersystem. Mit den anderen, konkurrenzierenden „Spezial-Experten" fanden wir trotz Bemühungen keine gemeinsame Basis. Es gab Misstrauen und wechselseitige Abwertung.

8   Was sind die erfolgskritischen Faktoren einer integrativen Beratung?

Aus unseren Erfahrungen und den Begleitforschungsberichten zu unseren Beratungsprojekten (FROSCHAUER/LUEGER 2003) lassen sich folgende Erfolgsfaktoren ableiten:

- Wechselseitige Akzeptanz und Wertschätzung
- Basis-Know-how von beiden Ansätzen
- Gemeinsame Werthaltung
- Reflexivität im Hinblick auf Beratungshandeln
- Fließende Übergänge situationsorientiert organisieren

Die folgenden Punkte beschreiben daraus abgeleitete Bedingungen, die erfüllt sein sollen, um ein integriertes Beratungsprojekt erfolgreich durchführen zu können:

1. Es gibt einen klaren Kontrakt mit dem Kundensystem, in dem die Erwartungen als klare Ziele definiert sind, es gibt ein gemeinsames Zielverständnis.
2. Die Auftraggeber wollen den integrierten Ansatz und sehen den damit verbundenen Mehrwert (Weg und Wirkung).
3. Es findet eine anschlussfähige Arbeit mit den internen Experten statt, es werden Betroffene miteinbezogen.
4. Es wird das Miteinbeziehen der relevanten Umwelten (z. B. Benchmarking) berücksichtigt, immer wieder wird der Zusammenhang von Prozessentscheidungen und Ökonomie hergestellt.
5. Es wird Fach-Know-how als Option zur Verfügung gestellt (wo, wann, wie viel, wo entwickeln, wo implementieren).
6. Es gibt klare Entscheidungen und Konsequenzen.
7. Es werden Reflexionsschleifen institutionalisiert.
8. Es gibt eine enge Zusammenarbeit mit der Projektleitung, die die Logik der Verknüpfung versteht und lebt.
9. Es gibt eine passende Architektur, die Sicherheit gibt und den Umgang mit Unsicherheit erleichtert.
10. Eine qualitative Staffarbeit mit genug Zeit und Kapazität für Reflexion, für Interventionsentscheidungen, Supervision, gemeinsame Verantwortung fürs Ganze ist internalisierter Standard.

Es wird noch einige Zeit in Anspruch nehmen, bis das integrierte Modell ausgereift ist, konzeptionell und begrifflich sauber beschrieben werden kann, die Konstruktionsprinzipien vermittelbar sind. Eben: work in progress. Dieser Beitrag ist ein Zwischenbericht, ein Beitrag zum Diskurs.

Anmerkung

[1] Bei den Lernwerkstätten haben außer den Autoren noch folgende Kollegen mitgearbeitet: Uwe Cichy, Uwe Dahl, Gerhard Jochum, Ulrich Königswieser, Erik Lang, Christian Matul, Peter Panholzer, Patricia Van Overstraeten.

Literatur

FROSCHAUER, U./LUEGER, M. (2003): Reflexiv-differenzierende Beratung, Ein Versuch zur Verknüpfung fach- und prozessorientierter Beratungsansätze, Unveröffentlichter Forschungsbericht, Wien.

KÖNIGSWIESER, R./CICHY, U./JOCHUM, G. (2001): SIMsalabim. Veränderung ist keine Zauberei. SystemischesIntegrationsManagement. Klett Cotta, Stuttgart.

KÖNIGSWIESER, R./HILLEBRAND, M. (2004): Einführung in die systemische Organisationsberatung. Carl-Auer-Systeme Verlag, Heidelberg.

PETERS, T./WATERMANN, R. (1982): In Search of Excellence - Lessons from America's Best-Run Companies, New York.

RUIGROK, W. (2000): Komplementaritäten. In: GDI-Impuls, 2/2000, S. 49 ff.

SUTRICH, O. (2003): Neuland für junge Berater am Horizont. In: Profile, 5/2003, S. 53-65.

WEICK, K. E./SUTCLIFFE, K. E. (2004): Das Unerwartete Managen. Klett-Cotta, Stuttgart.

ZECH, R. (2004): Rat und Unrat – Eine kleine Reflexion über Beratung. In: Grosz, A./ Witt, J. (Hrsg.): Living at Work. Hanser, München, Wien, S. 199-213.

Sonja Radatz

Evolutionäre Organisationsberatung

1 Einleitung

Organisationsberatung findet immer dann statt, wenn es um Veränderung geht, und Veränderungsprozesse sind seit Jahren das zentrale Thema für Unternehmen jeder Größe: Es gibt kaum ein Unternehmen, das nicht gerade an einer Veränderungsbaustelle arbeitet, großen „Veränderungsplänen" gerade noch glimpflich entkommen ist oder vor herausfordernden Veränderungsprojekten steht – oder in dem sich vergangene, gegenwärtige und zukünftige Veränderungsprojekte oft ein wenig hilflos überlappen.

Dabei scheint es häufig, als würde uns die Veränderung diktieren – und nicht wir die Veränderung. Und die Betroffenen, auf welcher Hierarchieebene auch immer, stellen den Veränderungsprozessen, so wie sie sie heute erleben, mitnichten ein gutes Zeugnis aus. Da wird von Veränderungen „nur auf dem Papier" gesprochen, von Widerstand, von gescheiterten Prozessen und von jahrelangen Umsetzungsbestrebungen, die zwar gut gemeint sind, aber bei den Betreffenden nicht gut ankommen.

Nun, mit Sicherheit sind diese Beschreibungen subjektiv; und vielen werden sie als bodenlose Übertreibung erscheinen. Letzteren empfehle ich, dieses Kapitel zu überblättern: Denn wenn etwas zu funktionieren scheint, sollten wir dabei bleiben und keinesfalls unsere Vorgangsweise verändern.

Oder aber Sie finden in den vorangegangenen Worten zumindest ein Fünkchen dessen, was Sie bereits in Ihrem Unternehmen erlebt haben; dann können Sie dieses Kapitel nutzen, um bisherige Vorgangsweisen in Frage zu stellen und hier und dort – oder vielleicht sogar grundlegend – etwas anderes zu tun.

Ich habe diesen Beitrag in drei Bereiche unterteilt: Im zweiten Kapitel geht
es mir um die „andere" Betrachtung von Unternehmen im Lichte von
Veränderungsprozessen. Im dritten Kapitel stelle ich jene zehn Thesen
dar, die das von mir entwickelte evolutionäre Beratungsmodell begründen; Thesen, die das traditionelle Vorgehen in Veränderungsprozessen –
fast ausschließlich gruppendynamisch, gruppenanalytisch oder analy-
tisch geprägte, teilweise mit der „systemischen" Schleife verzierte Vorgangsweisen – revolutionieren, indem sie evolutionäres Vorgehen pro-
pagieren. Das vierte Kapitel ist schließlich der Darstellung einer praxis-
bezogenen Veränderungsmethodik aus evolutionärer Sicht gewidmet –
dem evolutionären Beratungsmodell.

2   Die Betrachtung von Unternehmen
aus dem Veränderungsfokus

2.1 Warum Veränderung in Unternehmen?

Wir leben in ständiger Wechselwirkung mit unserer Umwelt – als
Menschen mit unseren sozialen Systemen, als Unternehmen mit den
Märkten, die uns umgeben. Und jede Handlung, die wir setzen – auch
als Unternehmen – hat Auswirkungen auf unser Makrosystem und letztlich auch auf die Biosphäre, verstanden als Netzwerk lebender Systeme
(MATURANA/BUNNELL 2001). Und da wir nicht nicht handeln können,
gestalten wir immer jene Rahmenbedingungen (mit), die später in ver-
änderter Form wieder auf uns zurückwirken – und eine Anpassung un-
sererseits erfordern, um weiterhin mit den kontinuierlichen Veränderungen „mithalten" zu können. Das bedeutet natürlich keinesfalls, dass
diese Dynamik von allen Unternehmen auch so gelebt wird. Im Gegenteil: Allzu häufig wird das Bewahrenswerte zelebriert, bis das Verände-
rungswürdige so laut wird, dass es auch oben nicht überhört werden
kann. Und ich habe auch eine Erklärung dafür: Die Mitarbeiter werden
schlicht nicht gefragt, was veränderungswürdig ist, und die Kunden sind
meist mindestens eine (oft geschönte) Quartalslänge von den Leitenden
entfernt. Das führt dazu, dass scheinbar Bewährtes unverändert fortge-

führt wird – so lange, bis die unerwünschten Auswirkungen dieses Handelns selbst für die Leitenden nicht mehr übersehbar sind, oder letztere aufgrund ihres Zwei- oder Fünfjahresplanes der Meinung sind, es bedürfe wieder einmal einer strukturellen Veränderung, oder bis ein neuer Vorstand ins Haus zieht.

2.2 Wie können Unternehmen von Menschen das Lernen lernen?

Wir Menschen verändern uns in jeder Nanosekunde unseres Lebens. Das müssen wir auch; denn wir stehen in ständiger Wechselwirkung mit unserer Umwelt – beeinflussen („stören") diese, indem wir bestimmte Handlungen setzen, und werden von ihr insoweit beeinflusst, als die von uns wahrgenommene „Störung" zur Entscheidung führt, etwas verändern zu wollen oder zu „müssen". Und diese Entscheidung ist durchwegs von der Höhe des Gewinns bzw. dem Preis abhängig, den wir aus unserer Sicht für eine bestimmte Entscheidung bezahlen. Veränderung fällt uns Menschen leichter als Unternehmen, denn wir haben unsere Handlungsmuster für gewöhnlich nicht festgeschrieben.

Unternehmen hingegen legen – je nach Autoritätsgrad – Verhaltensweisen in Form von Rahmenvereinbarungen, Strukturen und Anweisungen schriftlich fest. Und je größer das Unternehmen, desto schwieriger ist es, einmal festgeschriebene bzw. praktizierte Strukturen zu verändern. Denn in den meisten Unternehmen gibt es (leider) noch keine klare Reflexionsstruktur – eine Struktur, die festlegt, welche Personengruppen im Unternehmen welche Rahmenstrukturen in welchen Abständen bewusst in Frage stellen und gegebenenfalls verändern dürfen bzw. können.

Und so entstehen in Zusammenhang mit Veränderungsprozessen in Unternehmen häufig Bruchstellen, von vielen Mitarbeitern häufig wenig liebevoll „Dauerbaustellen" genannt; Bruchstellen, die nicht sehr effektiv gehandhabt werden und jedenfalls in ihrer traditionellen Form immer einige Schritte hinter dem Heute hinterher hinken (siehe Abb. 1).

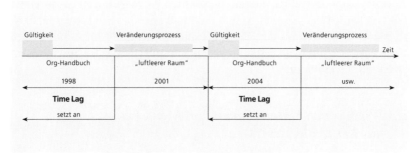

Abb. 1: Der Time Lag in traditionellen Veränderungsprozessen

2.3 Ansatzpunkte bei Veränderungsprozessen in Unternehmen

Wir können Unternehmen als eine Ansammlung von Menschen betrachten; dann werden wir naturgemäß versuchen, die Menschen zu verändern, wenn wir Unternehmen verändern wollen. Oder wir denken uns die Menschen vollkommen aus dem System weg und sehen Unternehmen nur als Strukturen (LUHMANN 1991, S. 123); dann werden wir „von außen" neue Strukturen setzen und hoffen, dass sich das Unternehmen dadurch verändert.

Oder wir sehen Unternehmen im Sinne des evolutionären Unternehmensmodells (RADATZ 2003) – dann bestehen Unternehmen aus Menschen, die einerseits Strukturen bilden und deren Handeln andererseits durch die Strukturen ein Rahmen gegeben wird (siehe Abb. 2).

Solange die in der Abbildung 2 mit Pfeilen bezeichnete Dynamik besteht – die Unternehmensmitglieder stellen gemeinsam bestehende Strukturen in Frage, und die Strukturen, auf deren Bestehen bzw. Einrichtung sie sich geeinigt haben, schaffen wiederum den Möglichkeitsrahmen für das Handeln der Menschen im Unternehmen – „leben" Unternehmen, denn sie verändern sich. Und auf diese Weise findet Evolution statt (MATURANA 2001, S. 37): in Form einer Abweichung in den Veränderungen, die entlang von Verhaltenspräferenzen stattfinden.

Sobald jedoch den Unternehmensmitgliedern „der Hahn abgedreht wird" und sie mit ihrem spezifischen Wissen nicht (mehr) auf die Strukturen einwirken können, bleibt nur noch der Pfeil von den Strukturen in Richtung Menschen aufrecht, und den Unternehmensmitgliedern werden Vorgaben gemacht, die zunehmend nicht mehr zu dem passen, was sie subjektiv vor Ort wahrnehmen. Die Kluft zwischen dem, was aus ihrer Sicht notwendig wäre und dem, wie sie sich verhalten müssen, wird immer größer. Und schließlich ist es nur noch eine Frage der Zeit, bis diese „todgeweihten" Unternehmen (WHEATLEY/KELLNER-ROGERS 1999, S. 32), die sich nicht mehr verändern, von schnelleren, zur situativen Marktdynamik passenderen Unternehmen abgelöst werden; oder es entsteht eine Parallelorganisation, in der die Unternehmensmitglieder sich anders verhalten als vorgegeben und gerade dadurch das Unternehmen vor dem sicheren Untergang retten (bzw. diesen zumindest eine Zeitlang aufhalten).

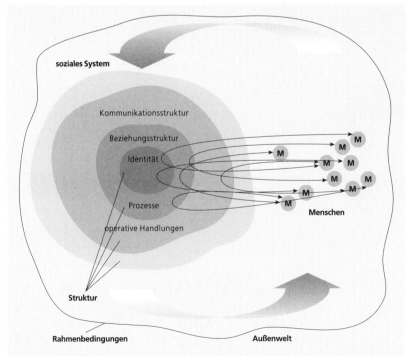

Abb. 2: Das evolutionäre Unternehmensmodell

Die Strukturen im evolutionären Unternehmensmodell habe ich in Form
von Ausbreitungswellen angeordnet: Ich habe dieses Bild gewählt, weil
es mich an einen Stein erinnert, der – ins Wasser geworfen – Wellen
schlägt. Jedes neue Unternehmen in Form einer neuen Struktur, die wir
gründen, schafft einen Unterschied in seiner Umgebung, ausgehend von
seiner Identität im Zentrum der Ausbreitungswelle, die meist nicht greif-
bar unter der Oberfläche liegt.

In der *Identität* eines Unternehmens fasse ich folgende Komponenten zusammen (siehe auch WHEATLEY/KELLNER-ROGERS 1999, S. 58):

• die gemeinsam erzählte Geschichte des Unternehmens mit all seinen
  Mythen
• die gelebten Unternehmenswerte
• die grundlegenden Annahmen und Glaubenssätze im Unternehmen
• die zentralen Kernkompetenzen des Unternehmens
• die Leitprinzipien unternehmerischen Handelns
• das strategische Ziel des Unternehmens
• die Mission des Unternehmens als Antwort auf die Frage, was es allen
  Beteiligten bringt, wenn das strategische Ziel verfolgt und erreicht
  wird.

Ähnlich wie bei den Ausbreitungswellen des Steins im Wasser hat die
Identität unmittelbare Auswirkungen auf die nachgelagerten Strukturvariablen, oder anders ausgedrückt: Wenn sich an einer der genannten
Komponenten der Identität des Unternehmens etwas ändert, ist es aus
meiner Sicht notwendig, die nachgelagerten Strukturvariablen anzupassen. Gleichzeitig muss eine Organisationsberatung nicht immer auf die
Veränderung der Identität abzielen; oftmals reicht es auch, bei den nachgelagerten Strukturvariablen anzusetzen, dann aber immer die nach
außen sich fortsetzenden Kreise in die Veränderung und Anpassung mit
einzubeziehen.

Auf der Ebene der *Prozess- und Beziehungsstruktur* sind die Abläufe der
Organisation nach innen und außen sowie die formelle Struktur des Unternehmens geregelt, welche festlegt, wie Entscheidungen, Neustruktu-
rierungen, Anpassungen und Reflexionen zwischen den Menschen entstehen – in Bezug auf nach innen wie auch nach außen relevante Themen.

Auf der Ebene der *Kommunikationsstruktur* wird festgelegt, wie die Information und die Kommunikation zwischen unten und oben sowie quer durch das Unternehmen bzw. nach außen laufen.

Auf der Ebene der *operativen Handlungen* schließlich sind die Spielregeln nach innen und außen verankert, die den Beteiligten auch dann ermöglichen, im Sinne der Unternehmensidentität zu handeln, wenn niemand vor Ort ist, der Anweisungen geben kann.

3 Zehn Thesen zur evolutionären Revolution in Veränderungsprozessen

Erfahrungen haben immer mit dem zu tun, der sie macht. Und so sind auch die Erfahrungen, die ich in den vergangenen zehn Jahren in unzähligen Beratungsprojekten gemacht habe, natürlich subjektiv. Ich möchte sie hier als Thesen anführen, weil sie erklären, wie das evolutionäre Beratungsmodell entstanden ist, mit dem ich in sehr großen, internationalen wie auch in kleinen Unternehmen ausgezeichnete Erfahrungen gemacht habe. Diese Thesen widersprechen – das ist mir bewusst – grundlegend dem bisherigen State of the Art der Organisationsberatung. Und sie stellen aus meiner Sicht gerade deshalb eine unverzichtbare Grundlage für ein neues Beratungsparadigma dar: Denn Beratung muss heute auf veränderte Herausforderungen Antwort geben.

These Nr. 1:
Veränderung erzeugt nicht Widerstand.
Wir erzeugen den Widerstand!

Veränderung und Widerstand scheinen in Organisationen ein so unzertrennliches Paar wie Romeo und Julia zu sein: Das eine kann ohne das andere nicht sein. In vielen Veränderungsprozessen wird Widerstand bereits in das Konzept einkalkuliert. Kein Wunder, dass er schließlich auch eintritt.

Aus meiner Sicht ist Widerstand stets ein Ergebnis, zu dem alle Beteiligten wichtige Beiträge leisten müssen. Wir erzeugen Widerstand nur, wenn wir in bestimmter Weise handeln. Damit ist Widerstand weder dem Lager der Betroffenen zuzuordnen („Die Betroffenen leisten Widerstand"), noch gibt es Widerstand, als wäre er immer da, bereit, aus seinem dunklen Versteck zu springen, sobald jemand das Wort „Veränderungsprozess" ausspricht. Siedeln wir den Widerstand zwischen uns, in unserer Interaktion an, so müssen auch wir aktiv etwas dazu tun, um Widerstand als Ergebnis zu erhalten. Oder umgekehrt formuliert: Wir können aktiv etwas dazu tun, um statt Widerstand Freude an der Veränderung im Sinne von aktiven Beiträgen für eine erfolgreiche Zukunft des Unternehmens zu erzeugen.

Das bedeutet also, vor der eigenen Haustüre zu kehren, anstatt gegen den Widerstand „da draußen im Unternehmen" anzukämpfen, und aus Fehlern zu lernen. Und das wiederum heißt, die bisher durchgeführten Veränderungsprozesse darauf zu untersuchen, inwieweit sie dazu beigetragen haben, den Widerstand zu erhöhen bzw. ihn erst gar nicht aufkommen zu lassen.

These Nr. 2:
Veränderung kann nur innerhalb
des eigenen Denkrahmens stattfinden

Lassen Sie uns mit JEAN PIAGET (1976, S. 17) davon ausgehen, dass jeder Mensch mit bestimmten Strukturen zur Welt kommt, einem Schema bzw. Denkraster, der noch sehr grob konzipiert ist. Dieser Denkraster lässt sich gut mit den alten Lochkarten-Computern vergleichen (VON GLASERSFELD 1996, S. 113), die Karten mit bestimmten Lochungen aussortieren, egal, welche Lochungen die Karte sonst noch aufweist. Und gemäß der Theorie der Autopoiesis (MATURANA/ VARELA 1984, S. 112) handeln wir stets aufgrund unseres Denkrasters, d. h. wir wenden nur und ausschließlich Verhaltensweisen an, die in unserem Denkraster verankert sind. Wir wiederholen dabei immer wieder das, was in der Vergangenheit funktioniert hat; dadurch erhält unser Denkraster Festigkeit. Und gleichzeitig verfeinern wir im Laufe unseres Lebens die Sortiermuster aufgrund der Erfahrungen, die wir machen – auch im Berufsleben: Denn wir stehen ständig mit unserer Umgebung in Wechselwirkung. Wir beeinflussen unsere Umgebung und werden von unserer Umgebung beeinflusst – gemäß unserem Denkraster. Dieser entscheidet, welche Sortiermuster aus unserer Umwelt erkannt werden und welche ungehindert unseren Raster passieren, ohne auch nur eine Spur bei uns zu hinterlassen. Und lediglich die Sortiermuster, die wir als „Störungen" unserer gewohnten Denkprozesse erleben, führen dazu, dass wir unsere Handlungsmuster in Frage stellen, an der als neu erlebten Situation prüfen und gegebenfalls verändern. Auf diese Weise erweitern wir unseren Denkraster in seinen Möglichkeiten, passen uns also an (Maturana/Varela 1984, S. 113). Und das tun wir nur dann, wenn wir es auch wollen.

Nehmen wir diese Gedanken ernst, so können wir immer nur „im Kreis" denken, immer nur innerhalb unseres Gedankenrasters, der sich zugegebener Maßen kontinuierlich erweitert, uns aber dennoch keine Möglichkeit lässt, die Rastergrenzen zu überschreiten.

Was bedeutet das nun für die Veränderungsprozesse in Organisationen? Nun, auch Organisationen haben „Denkrahmen", die im Laufe ihres Bestehens als Kultur entstanden sind. Daher können auch Veränderungsprozesse immer nur innerhalb des kollektiven Denkrahmens stattfinden, der durch die Struktur des Unternehmens geprägt und auf die Erfahrungen früherer bzw. derzeitiger Unternehmensmitglieder beschränkt ist. Oder mit anderen Worten: Wir können nur insofern Informationen von außen ins System einschleusen, Organisationen „den richtigen Weg weisen" und ihnen „zeigen, wo's lang geht", als unsere Informationen, unsere guten Ideen, unsere Konzepte und Ratschläge exakt zu den Denk- und Strukturrastern passen, die wir anpeilen wollen.

Und das tun sie leider nicht – außer wir haben das allzu seltene Glück, Klone der betreffenden Menschen bzw. der Kultur im Unternehmen zu sein. Insofern ist internen Beratern aus evolutionärer Sicht ein angenehmeres Schicksal beschieden als externen Beratern (ganz im Gegensatz zur traditionellen Beratungsansicht, laut der „Betriebsblindheit" ein Nachteil ist, weil ja dann dem Unternehmen nichts „Neues" geboten werden kann). Denn externe Berater können aus meiner Sicht ohnehin nichts Neues bieten, nichts, was nicht zu den ohnehin bereits vorhandenen Denkrastern passt. Und dann ist es allemal noch besser, wenigstens passend zu intervenieren, als mit den eigenen Ideen schlicht durchzufallen – durch den Raster der Beteiligten bzw. der Organisation.

Zusammengefasst lässt sich also sagen, dass aus evolutionärer Sicht Unternehmen immer „in ihrem eigenen Saft braten" und mit all ihren Veränderungs- und Umsetzungsideen im jeweils vorhandenen Rahmen bleiben. Das spezifisch Neue ergibt sich dann (nur) durch die Kombination der verschiedenen Denkraster, die im Veränderungsprozess (hoffentlich) aufeinander treffen. Wir können Unternehmen nicht von außen verändern.

These Nr. 3:
Veränderung braucht die Einbeziehung
aller Unternehmensmitglieder

Traditionelle, vor allem gruppendynamisch geprägte Beratungsansätze gehen davon aus, dass es reicht, eine „kritische Menge" an Mitarbeitern in den Beratungsprozess einzubeziehen (meist in Form eines „Sounding Boards"), die stellvertretend für alle Unternehmensmitglieder Rückmeldung zu den erarbeiteten Ergebnissen liefern und die nicht Beteiligten von den Veränderungszielen und der Sinnhaftigkeit des Prozesses überzeugen sollten. Meine Beobachtung vieler gescheiterter oder jahrelanger, zäher Veränderungsprozesse lässt mich darauf schließen, dass ein solches Vorgehen keine erfolgreiche Zukunft hat – aus mehreren Gründen:

Jedes Individuum hat eine eigene Geschichte, unvergleichliche Erfahrungen und ein einzigartiges Denken. Wenn wir davon ausgehen, dass wir jeden einzelnen Menschen aufgrund seines Wissens und seiner Erfahrungen im Unternehmen anstellen und ihn dafür bezahlen, dass er dieses Wissen expliziert und reproduziert, dann können wir genau darauf im Veränderungsprozess nicht verzichten; der Preis des spezifischen Wissensentgangs wäre in jedem Fall zu hoch.

Es sind nicht die Dinge, die uns beunruhigen, sondern die Meinung, die wir von den Dingen haben (Epiktet). Meine Erfahrung ist, dass die Mitglieder eines Unternehmens dann eine andere Meinung von den Dingen haben, wenn sie sie selbst mit entwickeln, mit gestalten und mit entschieden haben. Oder anders formuliert: Selbst wenn es objektiv beste Lösungen gäbe, sind wir mit dem Herzen nicht dabei und tendieren dazu, sie abzuwerten, wenn wir unser Denken nicht unmittelbar repräsentiert fühlen.

*Lernen bedeutet Veränderung im Handeln (*BATESON *1981).* Wir lernen, indem wir eine bisherige Verhaltensweise reflektieren, also vor dem Hintergrund einer (neuen) Rahmensituation in Frage stellen und dann entscheiden, ob wir sie weiter anwenden oder ein neues Set an Verhaltensweisen entwickeln wollen. Wenn wir uns entscheiden, ab sofort etwas anderes zu tun, dann ergibt das für uns Sinn. Machen wir diesen Schritt nicht, so verändern wir auch unsere persönlichen Verhaltensweisen nicht. Eine Veränderung kann dann vielleicht in eine Anweisung münden, aber sie wird nicht flächendeckend gelebt.

Die Mitarbeiter sind mündiger geworden. Sie sind nicht zuletzt deshalb mündiger, weil dies von ihnen in den letzten Jahren vermehrt erwartet wurde; und es wirkt den Erwartungen an Selbstverantwortung diametral entgegen, wenn sie gerade von Veränderungsprozessen (zum Teil oder ganz) ausgeschlossen sind.

Es entsteht rasch ein Unternehmen der zwei Geschwindigkeiten. Wenn nur ein Teil der Unternehmensmitglieder in den Veränderungsprozess mit einbezogen wird, gibt es dann jene Gruppe, die vorne mit dabei ist, und die andere, die noch die traditionelle Struktur lebt (und umso mehr daran festhält, als die vorauseilende Gruppe beginnt, die zurückgelassene überzeugen zu wollen).

In der Folge besteht die Gefahr, dass eine Parallelorganisation entsteht. Die Gefahr ist groß, wenn nicht alle Unternehmensmitglieder aktiv und gleichberechtigt in den Veränderungsprozess mit einbezogen sind – denn in einem Teil des Unternehmens werden dann beherzt neue Strukturen eingeführt, während im anderen Teil umso beherzter der Beibehaltung der alten Strukturen gefrönt wird (AXELROD 2002, S. 7).

Und wenn die Zahl der Unternehmensmitglieder zu groß erscheint, um wirklich *alle* Beteiligten mit einzubeziehen? Nun, diese Frage höre ich oft. Die Antwort darauf ist aus meiner Sicht simpel: Wenn nicht alle Beteiligten einbezogen werden, entsteht die Gefahr, dass der Veränderungsprozess keine für alle sinnvollen Ergebnisse liefert. Veränderung findet dann in der Folge nicht statt. Ich glaube tatsächlich, dass es Organisationen gibt, die in ihrer Struktur so großgliedrig angelegt sind (also die Verantwortung auf so wenige Beteiligte an der Spitze reduzieren), dass keine Veränderung möglich ist. Ähnlich einer mächti-

gen Titanic ziehen diese Unternehmen durch das Eismeer. Den Rest
der Geschichte kennen wir. Sinnvoll ist es daher aus meiner Sicht allemal, Unternehmen in ihrer Struktur so zu konzipieren, dass diese ver-
änderbar sind – also kleine, selbstverantwortliche Einheiten zu gestalten, die eine eigene Unternehmenskultur und eigene Strukturen
entwickeln und haben dürfen.

These Nr. 4:
Verändern wir die Strukturen, nicht die Menschen!

Organisationsberatung im Allgemeinen und Veränderungsprozesse
im Besonderen setzen fast immer bei den Menschen im Unternehmen
an: Diese sollen sich verändern, sollen anders handeln, sollen sich endlich von bestimmten „Fakten" überzeugen lassen und sich „entwickeln" (idealerweise dorthin, wo wir sie haben wollen).

Allein: Wenn wir davon ausgehen, dass Menschen sich immer auto-
poietisch verhalten – also immer gemäß ihren eigenen Strukturen und
Emotionen handeln – dann hat es keinen Sinn, in Veränderungsprozessen bei den Menschen anzusetzen. Jeder Beratungsprozess, der bei
den Menschen ansetzt, ist Sisyphos-Arbeit. Und nicht nur das: Sobald
der Fokus auf die Menschen im Unternehmen gerichtet wird, reagieren diese – verständlicherweise – ablehnend. Das Verhalten oder gar
die Persönlichkeit der Unternehmensmitglieder ändern zu wollen ist
also meines Erachtens ein todsicheres Rezept für die Erzeugung von
Widerstand bzw. für das Scheitern eines Veränderungsprozesses.

Aus evolutionärer Sicht richten wir unseren Fokus niemals auf die
Menschen – denn wir können sie nicht von außen verändern, sondern
auf die Strukturen des Unternehmens. Diese können wir – optimaler-
weise ausgehend von der gewünschten Identität des Unternehmens –
immer verändern. Sobald wir in der Organisationsberatung die Aufmerksamkeit der Beteiligten selbst auf eine Veränderung der Strukturen richten, um diese aus Sicht ebendieser Beteiligten zu optimieren,
gibt es auch keinen Widerstand mehr. Denn wir ermöglichen den
Menschen damit, einen Rahmen für ihr Handeln zu erfinden, der sie
in ihrer Absicht unterstützt, den bestmöglichen Beitrag für den Erfolg
des Unternehmens zu leisten.

Und hier gilt aus meiner Sicht: Die Beteiligung am Veränderungsprozess muss freiwillig bleiben. Was bedeutet, dass die Themen der Veränderungsprozesse tunlichst so gestaltet sein sollten, dass die Mitarbeiter sich gerne am Prozess beteiligen.

These Nr. 5:
Veränderung bedeutet Entscheidung und Wahl – nicht „Entwicklung"

Die traditionellen Beratungsverfahren sehen meist vor, dass im Rahmen von Veränderungsprozessen und vor allem in deren Umsetzung, neue Verhaltensweisen „gelernt" (im Sinne von „trainiert") werden müssen. Und so strotzen Veränderungsprozesse nur so von „Umsetzungstrainings" und Workshops, in denen Führungskräfte und Mitarbeiter (meist nach gesetzter Veränderung) ein neues Verhalten „erlernen" sollen, und „Lernen" bezieht sich in diesem Kontext meiner Erfahrung nach nicht auf die Bateson'sche Definition, sondern bestenfalls auf den guten alten Nürnberger Trichter, durch den neue Verhaltensmuster, Regeln und Prozesse in die Köpfe der mehr oder weniger Lernwilligen hineingegossen werden sollen – in der Absicht, dass die Betroffenen entsprechend der Ziele der Leitenden „funktionieren". Nun, es ist zunächst beruhigend, dass – wenn wir vom Konzept der Autopoiesis ausgehen – Menschen ohnehin nicht gegen ihren Willen zum Funktionieren gebracht werden können.

Selbst wenn wir in einem Veränderungsprozess getreu der traditionellen Organisationsentwicklung und der Kybernetik erster Ordnung noch so viele „Gaps" zwischen „Ist-Verhalten" und „Soll-Verhalten" feststellen: Wir werden niemanden dazu bringen, ein bestimmtes Verhalten anzuwenden, das dieser nicht anwenden will. Alle Workshops und Umsetzungstrainings sind also umsonst, wenn die Beteiligten nicht ohnehin schon vom Sinn eines neuen Verhaltens überzeugt sind (und dann haben die Workshops ja ihre Wirkung verfehlt).

Und genau hier sind wir am Punkt: Gehen wir nochmals zurück zum Abschnitt 2.2: Was, wenn Lernen nun tatsächlich keine (langwierige) „Entwicklung", sondern eine Entscheidung zwischen jeweils alternativ verfügbaren Handlungsmöglichkeiten darstellte? Wenn subjektiv

vorstellbare Handlungen immer auf den persönlichen Denkraster beschränkt sind, ganz einfach, weil wir außerhalb unseres Denkens
nichts denken können? Dann fordern wir doch im Veränderungsprozess von den Beteiligten optimaler Weise die *Explizierung* (NONAKA
1991, S. 29) bisher impliziter Erfahrungen und die *Entscheidung*
jedes Einzelnen, andere, im Bereich seiner vorstellbaren Handlungsmöglichkeiten liegende Handlungen auszuprobieren. Wir haben es
dann also nicht mit einer länger andauernden „Entwicklungsphase"
zu tun, sondern mit einem Schalter, der umgelegt wird. Und das funktioniert, wie wir alle wissen, innerhalb einer Sekunde. Damit geht es
in Veränderungsprozessen nicht um eine möglichst lange dauernde
Gehirnwäsche, sondern um die Erzeugung von Sinn. Und diesen schaffen wir bekanntlich immer selbst.

Wir brauchen daher Veränderungsprozesse, die eine Explizierung von
Wissen, Reflexion und Entscheidung begünstigen – und nicht auf die
„Entwicklung" der Systemmitglieder fokussieren.

These Nr. 6:
Keine jahrelangen Veränderungsprozesse!

Wenn die Halbwertszeit der Veränderungen jede Sekunde drastisch
sinkt, hat es keinen Sinn, Veränderungsprozesse zu gestalten, die ein
oder zwei Jahre (oder vielleicht sogar noch länger!) dauern. Ganz abgesehen vom Time Lag, der entsteht, wenn Veränderungsprozesse
sehr lange neben formell bestehenden alten Strukturen andauern (siehe Abb. 1). Wollen wir mit der rasenden Geschwindigkeit der Veränderungen, die wir nicht nur erleben, sondern auch täglich mit erzeugen, in unseren Unternehmen noch mithalten, dann brauchen wir

- einen Veränderungsprozess mit dem Ziel der Erarbeitung eines veränderten Vorgehens in Veränderungsprozessen – und der kann mit
  ein bis zwei Tagen auch sehr kurz dauern, wenn wir davon ausgehen, dass es ausreicht, alle damit in Zusammenhang stehenden unterschiedlichen Erfahrungen zu explizieren, neu zu kombinieren und
  die aus Sicht der Beteiligten subjektiv passendste Vorgangsweise gemeinsam zu entscheiden;

- und in der Folge tagesaktuelle Veränderungsprozesse, die kontinuierlich und auf allen Ebenen stattfinden und die immer wieder nur eines zum Ziel haben: derzeit bestehende Strukturen (siehe Abb. 2) aus der Perspektive aktueller Situationswahrnehmungen auf deren Sinn zu überprüfen und gegebenenfalls sofort zu verändern.

These Nr. 7:
Veränderung ist kein rationales, sondern ein emotionales Thema

Wir Menschen sind emotionale Lebewesen: „In der Geschichte des Lebens entsteht jeder Moment, jede Veränderung entlang eines Pfades der Präferenz – unabhängig davon, ob dieser Prozess in Überleben oder Auslöschung mündet. Lebewesen tun, was sie tun wollen" (MATURANA/BUNNELL 2001, S. 37): Daher entscheiden wir nicht rational, sondern gemäß unserer Wünsche – egal, ob wir Generaldirektoren sind oder am Fließband arbeiten. Im Unternehmen können wir uns daher nicht auf „rationale Ratschläge" verlassen, sondern müssen darauf vertrauen, dass alle Menschen das Fortbestehen des Unternehmens und damit den eigenen Arbeitsplatz sichern wollen; aber wir haben natürlich niemals Sicherheit darüber. Nehmen wir zu dieser Aussage noch die Sichtweise dazu, dass wir niemals eine „objektive" Sichtweise von außen erhalten können, sondern immer nur subjektiv wahrnehmen, dann brauchen wir Entscheidungen in Unternehmen weder zu rechtfertigen noch objektiv zu argumentieren oder zu untermauern und auch keine „facts & figures" dazu (er-)finden, um sie „sicherer" zu machen. Sie sind und bleiben (inter)subjektiv unsicher und folgen (nur) den Wünschen der Betroffenen für das Unternehmen.

These Nr. 8:
Die Zukunft optimal gestalten – anstatt die Vergangenheit zu analysieren

Wenn wir bis ins Detail erarbeitet haben, was in der Vergangenheit schlecht gelaufen ist, haben wir noch keine Sekunde in den Entwurf einer erfolgreichen Zukunft investiert – oder mit Steve de Shazer anders ausgedrückt: Problem und Lösung haben nichts miteinander zu tun (RADATZ 2003).

Was bedeutet das? Nun, die Märkte sind morgen nicht die, die sie gestern waren, die Mitbewerber verhalten sich morgen anders als gestern und heute (und setzen sich auch anders zusammen). Was wir von den gestrigen Präferenzen unserer Kunden wissen, kann morgen obsolet sein. Die Zahlen vom vergangenen Jahr lassen sich nicht ins kommende fortschreiben, und die Strategien und Instrumente, die wir gestern erfolgreich angewendet haben, können morgen den Untergang des Unternehmens bewirken.

Konzentrieren wir uns daher im Unternehmen auf den Entwurf einer Struktur, die zu unseren subjektiven Szenarien von morgen passt, mit der zentralen Fragestellung: Welche Strukturen, welches Verhalten brauchen wir morgen nach innen und außen, um unsere Ziele zu erreichen?

These Nr. 9:
Veränderung muss kontinuierlich passieren (können)

Es reicht nicht, alle paar Jahre oder einmal pro Jahr einen Veränderungsprozess anzusetzen. Um in einer komplexen Welt kontinuierlicher Veränderung gut überleben zu können, brauchen wir Strukturen, die sehr flexibel sind und am besten täglich in Frage gestellt werden (dürfen). Und um das zu erreichen, brauchen wir eine Beziehungsstruktur, die das Stattfinden von Reflexion besonders fördert.

These Nr. 10:
Veränderung braucht ein Prozessdesign –
keine Präsentation von Inhalten

Viele Veränderungsprozesse sind vornehmlich dadurch gekennzeichnet, dass den Beteiligten halbfertige oder fertige Lösungen präsentiert werden, die „diskutiert" und verabschiedet werden dürfen. Oder es können nur Fragen dazu gestellt werden. Im schlimmsten Fall dürfen die Vorschläge nur beklatscht werden. Kein Wunder, dass bei solchen Veränderungsprozessen keine oder nur eine aus Sicht des gesamten Unternehmens suboptimale Veränderung stattfindet: Erstens werden die Beteiligten mit einer oder mehreren Lösungen konfrontiert, die sie nicht verstehen können, weil sie mit Sicherheit einen anderen Denkraster haben als der Lösungserfinder; zweitens wird jede Phantasie für die Suche nach für alle optimalen Lösungen im Keim erstickt, wenn bereits ein Plan oder eine Lösung vorliegt; und schließlich wird auf das gesamte Wissen an all den unterschiedlichen Stellen verzichtet, das im Unternehmen vorhanden ist.

Aus evolutionärer Sicht braucht eine Organisationsberatung ein Prozessdesign: einen Ablaufplan mit den passenden Fragestellungen, der den Beteiligten einen Rahmen vermittelt, um in deren Sinne möglichst passende Lösungen zu entwickeln und zu verabschieden. Die Leitenden bzw. Personalverantwortlichen und internen Berater können (und müssen!) die inhaltlichen Ergebnisse mit entwickeln und mit verabschieden – aber sie geben keine Lösungen vor.

Veränderungsworkshops bestehen auf diese Weise aus offenen Fragestellungen, zu denen maßgeschneiderte Antworten vor Ort entwickelt werden; Antworten, die eine optimale Zukunftsgestaltung des Unternehmens betreffen. Hier lernen vordergründig nicht die Menschen, sondern die Organisation lernt.

4   Das evolutionäre Beratungsmodell

Aus den zuvor beschriebenen zehn Thesen habe ich ein Beratungsmodell entwickelt, das in den letzten fünf Jahren in Unternehmen aller Größen und Branchen sowie auf ganz unterschiedliche Themenstellungen angewendet und dabei immer weiter entwickelt und verfeinert wurde.

4.1 Vierstufiger Prozess

Der im Modell angewandte Prozess ist im Prinzip vierstufig:

Stufe 1 : Prozess mit der leitenden Person – ca. zwei Stunden

In dieser Stufe – eigentlich einem Einzelcoaching – geht es aus meiner Sicht darum, mit Hilfe der passenden Fragestellungen herauszufiltern,

- welche Ziele der leitenden Person im Prozess erreicht werden sollen,
- welche subjektiven Erfolgskriterien bei ihr bestehen und
- welche Rahmenbedingungen im Prozess berücksichtigt werden müssen.

Darauf aufbauend kann nun eine maßgeschneiderte Prozessstruktur – ein Grobdesign über alle Prozessschritte hinweg – entwickelt werden.

Stufe 2: Prozess mit der Führungscrew
(Leitung und oberste Führungskräfte) – ca. ein halber Tag

Der Prozess mit der Führungscrew dient einer intersubjektiven, gemeinsamen Erarbeitung

- der Zieldefinition für das Unternehmen,
- der Erfolgskriterien für die Erreichung dieses Ziels und
- der Informationen, welche die Unternehmensmitglieder brauchen, um an dem Thema qualifiziert zu arbeiten.

In vielen Unternehmen stellt schon dieser Prozess – die klar strukturierte Arbeit an Unternehmenszielen – eine echte Novität dar.

Stufe 3: Prozess mit den Führungskräften
(nur bei großen Unternehmen) – ca. ein Tag

Die Führungskräfte der mittleren Ebenen fühlen sich vor allem in großen Unternehmen meist zwischen oben und unten eingeklemmt – in einer Sandwichposition: Von oben bekommen sie kontinuierlich Anweisungen, die sie nach unten umsetzen sollen – und von unten bekommen sie genauso kontinuierlich die Information, dass eben diese Umsetzung so nicht funktioniert.

In dieser Phase geht es zunächst einmal darum, die Führungskräfte zu informieren, welches Grobdesign geplant ist, welche Ziele und Erfolgskriterien von Seiten der obersten Führungscrew ausgearbeitet wurden und wie der Ablauf geplant ist. Und danach erarbeiten die Führungskräfte,

- wie der Titel des umfassenden Prozesses lauten sollte,
- wie und mit welchen Inhalten die Unternehmensmitglieder zum umfassenden Prozess eingeladen werden sollen,

- wie ein kultureller Bruch zwischen dem umfassenden Prozess und dem „Tag danach" verhindert werden kann und
- wie kontinuierliches Lernen nach dem umfassenden Prozess in der gesamten Organisation umgesetzt werden sollte („Aufbau einer lernenden Organisation").

Stufe 4: Umfassender Prozess mit allen relevanten Systemmitgliedern – (ca. anderthalb bis zwei Tage)

Zum umfassenden Prozess werden alle Mitglieder des relevanten Systems eingeladen, unabhängig von ihrer hierarchischen Stellung. Die Meilensteine dieses Prozesses umfassen

- ein Anknüpfen an die derzeit erlebte Situation in Bezug auf den Titel des Prozesses;
- das Offene Forum (DANNEMILLER TYSON ASSOCIATES 2000), in dem die Teilnehmer zunächst von den Verantwortlichen entsprechende Information zum Thema erhalten, um sich qualifiziert damit auseinander setzen zu können (ca. zehn Minuten), und dann an folgender Fragentrilogie arbeiten:
  – Was haben wir für uns Relevantes gehört?
  – Was bedeutet das Gehörte für uns?
  – Welche Fragen haben wir an den/die Redner?
- die Erarbeitung eines erstbesten bzw. zweitbesten Ziels (RADATZ 2003);
- die Erarbeitung von Kriterien einer erfolgreichen Erreichung dieses Ziels/dieser Ziele;
- die Erarbeitung von neuen Strukturen (Identität, Prozesse, Beziehungsstrukturen, Kommunikationsstrukturen, Handlungen) bzw. Spielregeln;
- die Erarbeitung gemeinsamer Maßnahmen;
- die Festlegung nächster Schritte auf Prozessebene, um den Prozess kontinuierlich in Gang zu halten.

4.2 Drei Teile im umfassenden Prozess

Das evolutionäre Beratungsmodell besteht aus drei Blöcken, die miteinander verzahnt sind (siehe Abb. 3).

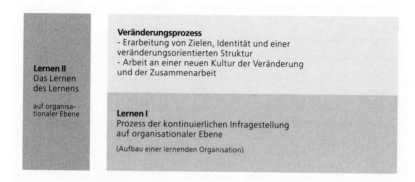

Abb. 3: Das evolutionäre Beratungsmodell

Lernen I meint dabei mit GREGORY BATESON (1981) eine Veränderung in Bezug auf das bisher gelebte Verhalten des Unternehmens (also eine Veränderung des Lernens 0); und Lernen II bedeutet Lernen zweiter Ordnung: das Lernen des Lernens.

1. Der Veränderungsprozess

Der Veränderungsprozess, so wie er von mir konzipiert ist, dient nicht nur der inhaltlichen Erarbeitung von erstbesten bzw. zweitbesten Zielen, sondern auch einem prozessbezogenen Turnaround in der Unternehmenskultur: Selbstverantwortung bei jedem einzelnen Unternehmensmitglied soll erreicht werden, gepaart mit gelebtem Wissensmanagement und der Schaffung einer Kultur des Miteinanders.

Dafür ist es notwendig, dass vor Ort nicht nur diskutiert und Wissen expliziert sowie kombiniert wird, sondern auch das Erarbeitete gemeinsam bewertet, entschieden und verabschiedet wird. Da die Leitung im umfassenden Prozess (siehe Stufe 4) nicht nur anwesend, sondern voll in die Erarbeitung integriert ist, passiert Veränderung vor Ort: für alle nachvollziehbar und von allen gewünscht und umsetzbar. Umsetzungsworkshops danach können entfallen; denn es ist lediglich erforderlich, dass die Beteiligten (hauptsächlich selbstverantwortlich) Projekte ausfeilen, die im Prozess oft nur grob skizziert werden.

2. Lernen I – Prozess der kontinuierlichen Infragestellung

Für die Weiterarbeit am Prozess – einerseits die Ausgestaltung und Verabschiedung von beim Veränderungsprozess entschiedenen Projekten, andererseits die kontinuierliche Infragestellung getroffener Struktur- und Strukturveränderungsentscheidungen – bedarf es einer Struktur, die aus Sicht der Beteiligten

- gut und einfach in das spezifische Alltagsgeschehen integrierbar ist,
- alle Unternehmensmitglieder weiterhin mit einbezieht und
- dem Unternehmen die spezifisch notwendige Flexibilität (Anpassung) ermöglicht.

3. Lernen II – Das Lernen des Lernens im Unternehmen

Nicht nur die Struktur eines Unternehmens sollte einer kontinuierlichen Infragestellung unterzogen werden – sondern auch die Struktur der Infragestellung (die Prozessinstrumente) selbst. In jedem Unternehmen funktionieren meiner Erfahrung nach andere Methoden optimal, seien es Methoden

- der Explizierung von Wissen,
- der Vergemeinschaftung von Wissen,
- der Arbeit in Veränderungsprozessen oder
- der Arbeit in Projekt-/Kleingruppen.

Daher geht es darum, parallel zum Veränderungsprozess und zum Prozess des Lernens I einen Selbstbeobachtungsprozess zu etablieren, in dem immer wieder folgende Fragestellungen aufgeworfen werden:

- Welche Prozessmethoden funktionierten besser als andere, welche optimal?
- Inwiefern haben wir Prozessmethoden abgewandelt und waren damit erfolgreich?
- Welche neuen Prozessmethoden haben wir ausprobiert, die erfolgreich waren?
- Was haben wir dazu getan, dass diese neuen Prozessmethoden erfolgreich waren?

4.3 Das Setting

Die traditionelle Organisationsentwicklung arbeitet bei der Zusammen-
führung der Mitglieder in Gruppen während des Veränderungsprozesses
wenn nicht mit dem Zufallsprinzip, dann mit dem so genannten „Mane-
gen-Modell": Jeweils gleiche Hierarchien bzw. Bereiche werden zu Gruppen zusammengefasst. Das hat gewaltige Nachteile, denn homogene
Gruppen verstehen sich untereinander hervorragend und arbeiten Ergebnisse aus, die aus ihrer Sicht optimal sind – die aber auf umso mehr
Gegnerschaft bei den anderen Beteiligten stoßen.

Beliebt ist auch, den Anwesenden parallel unterschiedliche Aufgaben zu
geben. Das spart vordergründig Zeit, aber es führt nicht zu gemeinsamen
Ergebnissen oder einer gemeinsamen Kultur der Auseinandersetzung.
Und damit wird à la longue sogar wertvolle Zeit verloren.

Das Maximix-Modell (DANNEMILLER TYSON ASSOCIATES 2001), zuge-
schnitten auf meine europäische Erfahrung und systemisch-konstruktivistische Haltung, schafft hier eine vollkommen andere Ausgangssituation:

Bewusst werden Unterschiede, die im betreffenden Unternehmenssystem
geortet werden, an jedem Tisch mit etwa 5 – 15 Personen so zusammen
gebracht, dass jeder Tisch das Unternehmen im Kleinen abbildet. Solche
Unterschiede können etwa die Länge der Zugehörigkeit zum System, die
Arbeit in unterschiedlichen Bereichen, Hierarchiezugehörigkeiten oder
die eigene situative Zuordnung zu Veränderungsinteressierten vs. Tradi-
tionsbewussten betreffen. Ziel der Zuteilung in „maximale Mixes" ist,
dass möglichst viel Auseinandersetzung am Tisch passiert, an allen
Tischen aber auch alle Meinungsrichtungen möglichst vertreten sind.
Dadurch werden Frustrationen und große Konflikte vermieden, die entstehen würden, wenn erst nach Ausarbeitung – bei der Bewertung – die
Unterschiede aufeinander treffen würden. Denn dann verspüren alle Beteiligten den Druck, das aufwändig Erarbeitete verteidigen zu müssen.
Die Maximix-Gruppen arbeiten parallel an jeweils den gleichen Aufgaben, sodass sich stets folgendes Ablaufmuster in Form eines Trichters
ergibt (siehe Abb. 4):

Abb. 4: Das Ablaufmuster: Fragestellung – Bewertung – Fragestellung ...

4.4 Die Arbeitsweise im Setting

1. Schriftliche Diskussion

Unserer Erfahrung nach besteht einer der größten Nachteile traditioneller Meetings darin, dass Themen oft über Stunden besprochen und (wenn überhaupt) lediglich die Ergebnisse aufgeschrieben werden. Schriftlich diskutieren heißt aus meiner Sicht aufzuschreiben – von der ersten Minute des Austauschs an. Was nicht aufgeschrieben ist, kann danach auch nicht bewertet werden. Das bringt Effizienz: Tatsächlich braucht die Bearbeitung einer Fragestellung dann nicht mehr als etwa 10–15 Minuten.

2. Selbstverantwortliche Moderation

Wenn oft 500 oder 1000 Personen in einem Raum an Inhalten arbeiten wollen – und das ist in meiner Arbeit nicht selten, da unser Beratungsinstitut hauptsächlich sehr große Unternehmen betreut – dann muss die Moderation selbstverantwortlich erfolgen. Das ist allen Beteiligten zuzutrauen: Schließlich soll der Veränderungsprozess intern ebenfalls selbstverantwortlich weitergeführt werden.

Selbstverantwortliche Moderation heißt, zwei verschiedene Rollen zu etablieren:

- den Aufgabenwächter, der darauf achtet, dass sein Tisch bei der Beantwortung der Fragestellung bleibt, dass alle Beteiligten Beiträge liefern und die Zeit eingehalten wird – und der natürlich auch mitdiskutiert,
- den Schreiber, der mitdiskutiert und *alle* Beiträge unreflektiert am Flipchart notiert.

3. 100-Prozent-Bewertung

Wer in Veränderungsprozessen eine „demokratische Abstimmung" vornimmt oder gar die Beteiligten an Inhalten arbeiten lässt, welche die Leitung zwei Wochen nach dem Prozess sichten und bewerten, muss damit rechnen, dass die Hälfte seiner Mannschaft oder mehr gegen die Entscheidungen opponiert. Und das kann zur Folge haben, dass die „vereinbarten" Ergebnisse nicht umgesetzt werden.

Zwei Punkte sprechen aus meiner Sicht für eine 100-Prozent-Bewertung, also eine Umsetzung nur jener Ergebnisse, die von wirklich allen Beteiligten für umsetzenswert befunden werden: Einerseits der berechtigte Wunsch jedes Leitenden, ein „Veto" einlegen zu können, wenn er vor Ort entscheiden soll und partout mit einem Ergebnis nicht einverstanden ist (natürlich hat dieses Veto auch jedes andere Unternehmensmitglied!); und andererseits die Umsetzungskraft, die ich immer erlebt habe, wenn Entscheidungen von 100 Prozent der Beteiligten akkordiert getroffen wurden.

In der Praxis bedeutet das, dass in jeder Fragerunde bei allen Statements an den Tischen von jedem Beteiligten entschieden wird, ob dieser bei einem Statement einen Punkt setzen möchte („ich bin dabei!") oder eben nicht. Jeder Beteiligte hat also maximal so viele Punkte, wie es Statements gibt und kann bei jedem Statement einen Punkt setzen oder nicht. Nur jene Statements, die von allen Beteiligten am Tisch für umsetzenswert befunden wurden, werden eingekreist und stehen einer weiteren Bewertung durch alle anderen Tische zur Verfügung. In diesem zweiten Bewertungsschritt hat nur noch jeder Tisch gemeinsam die Möglichkeit, einen Punkt zu den 100-Prozent-Statements zu setzen – oder eben nicht (und zwar dann, wenn nicht alle Beteiligten dafür sind, den Punkt zu setzen).

Angst, dass bei diesem Bewertungsprozess keine Maßnahmen mehr übrig bleiben? Weit gefehlt, ich habe in jedem Beratungsprozess bislang immer nur das Gegenteil erlebt. Und: Diese Bewertungsmaßnahme ist kulturbildend. Sie gibt jedem Beteiligten Macht, auch über alle anderen zu entscheiden (und diese Macht wissen alle Beteiligten rasch klug einzusetzen), Gnade bei vielleicht nicht so glücklich formulierten Statements zu üben, rückzufragen und Kompromisse zu schließen und nicht zuletzt zu erleben, dass es alle Beteiligten braucht, um Neues umzusetzen.

4. Nachverhandlung nach der Bewertung

Fast noch wichtiger als die Bewertung selbst ist die Nachverhandlung, die ich immer nach einer Bewertung ermögliche. Hier geht es darum, dass jeder Tisch das Recht hat, wichtige Punkte, die „durch den Rost gefallen sind", aufzugreifen und für deren Nachbewertung durch einzelne andere Tische zu plädieren, deren Mitglieder es unterlassen haben, für den betreffenden Punkt zu votieren. Hier habe ich Erstaunliches erlebt: dass sich plötzlich Fließbandarbeiter für strategische Themen wie Einsparung einsetzen oder Außendienstmitarbeiter auf die Wichtigkeit der Optimierung des Informationsflusses zwischen ihnen und den Kunden pochen. Und die Leitenden? Lehnen sich zurück und genießen. Ihre Themen sind zu den Themen ihrer Mitarbeiter geworden, die nur eines im Kopf haben: dass das Unternehmen langfristig erfolgreich bleibt oder wird.

5 Fazit

Veränderung wird leicht und einfach und zu einer natürlichen Komponente des täglichen Unternehmenslebens, wenn der Fokus der Mitarbeiter bewusst darauf gelenkt und ihnen ermöglicht wird, Veränderung zu einer angenehmen Realität der Mitgestaltung werden zu lassen. Die meisten Unternehmen, die mit mir oder anderen Beratern des Instituts einen evolutionären Veränderungsprozess durchgeführt haben, haben ihre Zukunft bereits aktiv in die Hand genommen: Sie haben sich von Beratung unabhängig gemacht und ihren eigenen, maßgeschneiderten Veränderungskreislauf aktiviert. Manchmal kontaktieren sie uns wegen Spezialaufgaben, die wir natürlich gerne annehmen. Denn dann machen wir nicht mehr Desselben, sondern etwas anderes.

Literatur

AXELROD, R. (2002): Verändern wir die Veränderungsprozesse!, in: LO Lernende Organisation, Zeitschrift für systemisches Management und Organisation Nr. 5 – Jänner/Februar 2002, S. 6–16.

BATESON, G. (1981): Ökologie des Geistes, Suhrkamp, Frankfurt a. M.

DANNEMILLER TYSON ASSOCIATES (2000): Whole-Scale Change. Unleashing the Magic in Organizations. Berrett Koehler, San Francisco.

DE SHAZER, S. (2001): Solution Focused Work in Organizations. Unveröffentlichte Unterlagen zu einem Seminar am Institut für Systemisches Coaching und Training, Wien.

GLASERSFELD, E. VON (1996): Radikaler Konstruktivismus. Suhrkamp, Frankfurt a. M.

LUHMANN, N. (1991): Zweckbegriff und Systemrationalität, Suhrkamp, Frankfurt a. M.

MATURANA, H. R./ BUNNELL, P. (2001): Reflexion, Selbstverantwortung und Freiheit – noch sind wir keine Roboter, in: LO Lernende Organisation Nr. 2 – Juli/August 2001.

NONAKA, I. (1991): The Knowledge-Creating Company, in: Harvard Business Review, Nov./Dec. 1991.

PIAGET, J. (1976): Piaget´s Theory, in: Inhelder, B. und Chipman, H. H. (Hrsg.): Piaget and his School, New York.

RADATZ, S. (2003): Beratung ohne Ratschlag, 3. Aufl. Verlag Systemisches Management, Wien.

WHEATLEY, M./KELLNER-ROGERS, M. (1999): A Simpler Way. Berrett-Koehler, San Francisco.

Susanne Mingers/Philipp Wildburg

Systemische Beratung und Spiritualität

1 Einleitung

Spiritualität hält Einzug in die Wirtschaft. In den vergangenen Jahren nehmen Initiativen, Kongresse und Publikationen zu, die auf eindrucksvolle Weise belegen, dass Spiritualität im Wirtschaftsleben auf wachsendes Interesse stößt. Für manche mag diese Entwicklung überraschend oder irritierend sein, da Spiritualität vielfach mit Esoterik und irrationalen Glaubenssätzen gleichgesetzt wird. Für andere, mittlerweile auch viele namhafte Wirtschaftsvertreter und Manager ist spirituelles Denken und Handeln zur Selbstverständlichkeit avanciert – nicht zuletzt, um unternehmerischen Erfolg zu sichern.

Der systemische Beratungsansatz gilt als Vorreiter der Überwindung mechanistischer Paradigmen in der Unternehmensberatung. Theorie, Methodik und Praxis systemischer Beratung fußen auf ganzheitlich orientierten, lösungsfokussierten Prinzipien und Haltungen (Exner et al. 1987; Wimmer 1991; Simon 1996; Mingers 1996). Systemisches Denken und spirituelles Denken stoßen auf interessante Parallelen und Übereinstimmungen. Spiritualität im modernen, nicht-religiösen Sinne wird zunehmend auch von Beratungsunternehmen als wertvolle Quelle des Wissens entdeckt und genutzt.

Der vorliegende Beitrag zeigt, welche Verbindungen zwischen Spiritualität und systemischer Organisationsberatung gezogen werden können. Dazu wird im zweiten Kapitel Spiritualität begrifflich erläutert und als eine neue Form ganzheitlichen, vernetzten Denkens beschrieben. Das dritte Kapitel zeigt auf, dass Spiritualität im Wirtschaftsleben bereits beachtlichen Einfluss genommen hat und welche Wege Unternehmen beschreiten, um Spiritualität am Arbeitsplatz lebbar zu machen. Das vierte Kapitel erläutert anhand konkreter Beratungsanliegen und Beispiele, welche übereinstimmenden Ansätze, Haltungen und Praktiken Spiritualität und systemische Beratung verfolgen, um eine tief greifende Transformation von Organisationen und Personen zu fördern.

2   Spiritualität als neue Art globalen Denkens

Weitere Betrachtungen setzen voraus, dass wir uns der Frage widmen, was unter Spiritualität zu verstehen ist. Der etymologische Ursprung des Wortes „Spiritualität" liegt in dem griechischen Wort „pneumatikos", was übersetzt so viel wie „vom Geist Gottes getragen", „beseelt" bedeutet. Bei der Übersetzung des Neuen Testaments in die lateinische Sprache bildete sich das Adjektiv „spirit(u)alis" heraus, das im Mittelalter für das „Geistliche" im Gegensatz zu „weltlichen", „materiellen" oder „körperlichen" Dingen stand. In den achtziger Jahren wuchs „Spiritualität" über seinen spezifisch christlichen Bezug hinaus und wurde zu einem allgemein üblichen Begriff – wenngleich ohne einheitliche Definition (SUDBRACK 1987, S. 75ff.). Festhalten lässt sich jedenfalls, dass im Gegensatz zu seiner früheren Bedeutung Spiritualität nicht mehr die Ausrichtung des Menschen nach „oben" und „außen" (Gott) verfolgt. Das Hauptinteresse spiritueller Praxis heute richtet sich darauf, das eigene Innere und damit sich selbst zu erforschen. Durch die Blickrichtung nach innen und von zunehmender Bewusstseinsbildung begleitet, zielt der spirituelle Weg auf Selbsttransformation (Selbstentwicklung, Selbstwerdung) und auf die individuelle Suche nach dem subjektiven Sinn und Selbst – ein Bestreben, das nach BERGER/LUCKMANN (1993) dem Trend zur privatisierten Religion folgt oder, um es mit INGLEHART (1989) zu beschreiben, im Zuge der Veränderung von der materialistischen zur postmaterialistischen Wertorientierung stattfindet.

Beim ersten von Michail Gorbatschow gegründeten „State of the World Forum" 1995 attestierte die dortige Jugenddelegation: „Wir befinden uns zur Zeit in einer weltweiten Geisteskrise auf der Suche nach einem Sinn. Während unsere Zuversicht und unsere Selbstachtung sinken, verlieren Werte wie Freundschaft, Familie, Gesellschaft, Vertrauen und Respekt langsam den Kampf gegen Selbstsucht und das Streben nach materiellen Gewinnen. Es ist schwer, zu wissen, an was man heute glauben kann." Im Dezember 2001 unterzeichneten einhundert Nobelpreisträger eine Schrift, die in der Schlussfolgerung mündet: „Um in der Welt, die wir verändert haben, zu überleben, müssen wir lernen, auf eine neue Art zu denken."

Immer mehr Menschen, Organisationen und Institutionen finden Zugang zur Spiritualität, um auf einer gesamtgesellschaftlichen Ebene Fra-

gen der Sinnsuche zu beantworten und zu einer neuen Art des Denkens
zu finden, das für die Sicherung des Weltfriedens notwendig erscheint
(siehe auch CAPRA 1987). So simpel es klingt: Globalisierung erfordert
globales Denken und Handeln. Mit der Überwindung mechanistisch ma-
terialistischer Ansätze verfolgt spirituelles Denken und Handeln ganzheitliche Perspektiven und die Berücksichtigung größerer Zusammenhänge. Zur Maxime wird, sich als Teil eines Ganzen zu sehen und im
Handeln diesem Ganzen zu dienen. „Wenn unsere Welt darauf aus ist,
friedvoll und zukunftsträchtig zu werden", so ERVIN LASZLO, einer der
führenden Vertreter der Systemtheorie und allgemeinen Evolutionstheo-
rie sowie Gründer des Club of Budapest[1], „müssen wir letztendlich den
Bewusstseinswechsel schaffen: von der logos-beherrschten Rationalität,
die in der Wirtschaftswelt herrschte und bis heute noch herrscht, zu der
ganzheitlicheren und holistischeren Art von Bewusstsein, die für eine zu-
kunftsträchtige Handlungsweise von Firmen in einem globalen Umfeld
erforderlich ist. [...] Eine holistisch denkende Zivilisation ist eine facet-
tenreiche Zivilisation. Sie hat nicht nur eine ökonomische und politische
Dimension, sondern auch eine kulturelle und spirituelle" (LASZLO 2004,
S. 72).

Die heutige Zivilisation hat das Wissen und die Technologien entwickelt,
um praktisch alle globalen Probleme zu lösen. JAKOB VON UEXKÜLL, In-
itiator des Welt-Zukunfts-Rates[2] und Mitbegründer des Alternativen
Weltwirtschaftsgipfels (TOES)[3] resümiert angesichts dessen: „Ich bin
weder Optimist, noch Pessimist, sondern Possibilist: Die Lösungen sind
da, aber wir sind frei, zu versagen. Der große historische Augenblick
kann, wie der Philosoph der Hoffnung Ernst Bloch es ausdrückte, auf ein
zu kleines Menschengeschlecht treffen" (UEXKÜLL 2004, S. 79). So ob-
liegt es letztlich allen Akteuren unserer Gesellschaft zu entscheiden, ob
sie mit ihrem Handeln „Teil der Lösung oder des Problems sein wollen"
(UEXKÜLL 2004, S. 90).

3   Spiritualität in Wirtschaftsunternehmen

Während der Konferenz „Compassion or Competition", die 1999 in
Amsterdam durchgeführt wurde, äußerte der Dalai Lama, dass die Wirtschaft einen grundlegenden Einfluss auf die Zukunft dieses Planeten

habe. Seine Worte sowie der nachfolgende Dialog zwischen ihm und vielen Wirtschaftsvertretern auf dieser Konferenz[4] gaben Impuls für die Gründung einer Initiative, die sich „Spirit in Business" nennt und von namhaften internationalen Unternehmen gesponsert wird, unter anderem von American Express, Hewlett Packard und Forbes. Im Jahre 2002 fand in New York die erste internationale Spirit-in-Business-Konferenz statt, an der 550 Unternehmer, Führungskräfte und führende Berater aus 33 Ländern teilnahmen. Spirit in Business organisiert weltweit Veranstaltungen, um Führungskräfte für „an economy that works for everyone" und „pioneering innovative enterprising solutions to the challenges of prosperity for all"[5] zu sensibilisieren.

Das mittlerweile imposant gewachsene Netzwerk von Unternehmen, die diesen Weg verfolgen, ist nur ein Beispiel von vielen, welches die wachsende Bedeutung von Spiritualität im Wirtschaftsleben dokumentiert. Es wäre allerdings verfehlt, die Integration von Spiritualität ins unternehmerische Denken und Handeln als (rein) karitativen Akt zu werten. Spiritualität macht sich bezahlt. Aktuelle Trends des postindustriellen Zeitalters, wie etwa der Boom der Gesundheitsindustrie, deuten darauf hin, dass der Markt ganzheitlich denkende und handelnde Unternehmen belohnt. Spiritualität avanciert zum Wettbewerbsvorteil. So kommt eine in den USA von Mitroff und Denton durchgeführte Studie, in deren Verlauf rund 1700 Manager interviewt wurden, zu dem Resultat, dass Unternehmen, die Spiritualität berücksichtigen, erfolgreicher sind als andere: Sie sind flexibel, vertrauenswürdig, sinnstiftend und visionär. Ihre Mitarbeiter weisen geringere Krankenstände auf, sind kreativer, leistungsfähiger, motivierter und mit dem Unternehmen stärker identifiziert (BENNIS 1999). Wen wundert es daher, dass mittlerweile ein Quotient nicht nur für die emotionale Intelligenz (EQ) (GOLEMAN 1997), sondern auch für die spirituelle Intelligenz (SQ) (ZOHAR, MARSHALL 2001) von Unternehmen entwickelt wurde.

Wir werden in den folgenden Abschnitten erläutern, welche Ansätze und Wege Unternehmen verfolgen, um Spiritualität zu fördern und in die Arbeitswelt zu integrieren.

3.1 Spiritualität durch strategisches Management

Unternehmen, die nachhaltig wirtschaften, die sich als Teil eines größeren Ganzen begreifen und diesem dienen wollen, nehmen strategische Neuorientierungen vor. Manager, die sich bemühen, aus einem gesamtgesellschaftlichen Verantwortungsbewusstsein heraus zu agieren, tauschen die (ursprünglich von Milton Friedman befürwortete) „Shareholder-Strategie" gegen die aktuell in Spitzenkreisen der Wirtschaft diskutierte „Stakeholder-Strategie". Die Shareholder-Strategie sieht die vorrangige Aufgabe der Geschäftsführung darin, den finanziellen Gewinn der Aktionäre zu sichern. Die Stakeholder-Strategie hingegen fordert die Geschäftsführung, die Wirkungen der Unternehmensaktivitäten nicht nur im Hinblick auf Aktieninhaber zu berücksichtigen, sondern auf alle Anspruchsgruppen, wie zum Beispiel Arbeitnehmer, Geschäftspartner und umliegende Gemeinden.

Für die Orientierung der Geschäftstätigkeiten an der Stakeholder-Strategie und all ihren Implikationen steht ein neues Leitkonzept, das unter dem Namen „Corporate Responsibility" bekannt ist. Was ist darunter zu verstehen? Das World Business Council for Sustainable Development definiert Corporate Responsibility folgendermaßen: „Corporate Responsibility is the continuing commitment by business to behave ethically and contribute to economic development while improving the quality of life of the workforce and their families as well as of the local community and society at large." (Holme/Watts 2000, S. 12) Im Grünbuch der EU-Kommission (2001, S. 8) wird Corporate Responsibility als ein Konzept beschrieben, „das den Unternehmen als Grundlage dient, auf freiwilliger Basis soziale Belange und Umweltbelange in ihre Tätigkeit und in die Wechselbeziehungen mit den Stakeholdern zu integrieren". Das Konzept der Corporate Responsibility mündet unmittelbar in das unternehmerische Wertemanagement, welches als weiterer Ansatz verfolgt wird, um Spiritualität im Unternehmen zu etablieren.

3.2 Spiritualität durch Wertemanagement

Die bereits erwähnte Initiative „Spirit in Business" zeichnet jährlich weltweit zehn Unternehmen aus, die bemerkenswerte Schritte unternommen haben, um Spiritualität in der Organisation zu verankern. Die

für das Jahr 2004 belobigten Unternehmen sind u. a. Australia and New
Zealand Banking Group Limited, Australien; Excel Industries, Indien;
Planters Development Bank, Philippinen; sowie Centura Health, USA.
Diese und auch die übrigen ausgewählten Unternehmen verfolgen unterschiedliche Wege und Instrumente, um spirituelles Denken und Handeln zu fördern. Ein Ansatz ist allerdings allen gemeinsam: die Etablierung eines spirituell orientierten Wertesystems, das die Unternehmenskultur nachhaltig prägt. Ein solches Wertesystem spiegelt die ethische
Dimension wirtschaftlichen Handelns wieder.

Systemtheoretisch betrachtet, bietet das Modell von ULRICH (1984) Hinweise zur Einordnung von Sinn in Unternehmen. Nach ULRICH sind Unternehmen auf drei Ebenen zu erfassen: auf einer materiellen Ebene (wor-
aus besteht es?), auf einer funktionellen Ebene (wie funktioniert es?) und
auf einer Sinn-Ebene (welchen Sinn hat es?). Auf der Sinn-Ebene sind Unternehmen nach ULRICH als gesellschaftliche Systeme zu begreifen, deren Handeln wert- und zielorientiert ist. Führung sei demnach gefordert,
Unternehmen nicht als triviale, mechanistisch zu steuernde Systeme
zu begreifen, sondern deren lebendige Funktion der Sinngebung und
Werteorientierung zu berücksichtigen und zu entfalten.

Von der übergreifenden spirituellen Maxime ausgehend, Verantwortung
für das Ganze zu übernehmen, kreieren und verfolgen Unternehmen
Werte, die beispielsweise Leistungswerte (etwa Engagement, Flexibilität,
Qualität, Innovation), Kooperationswerte (Loyalität, Teamgeist, Fair-
ness) und Kommunikationswerte (Offenheit, Ehrlichkeit, Mitgefühl) abbilden. Um ein solches Wertesystem zu entwickeln und wirksam umzusetzen, werden in Unternehmen unterschiedliche Schritte vorgenommen:
Zunächst werden in möglichst unternehmensübergreifend bunt gemischten Workshops die Werte definiert und beschrieben, die für das Unternehmen und seine Identität, seine Entscheidungen und Handlungen
relevant sind. Gebündelt ergeben diese Werte einen Ethikkodex oder
Verhaltenskodex, der Führungskräften und Mitarbeitern Handlungs-
orientierung für den Umgang miteinander sowie mit Kunden, Zulieferern
und Kooperationspartnern gibt. In einem nächsten Schritt gilt es, diese
Werte konkret zu machen, Felder ihrer Anwendung zu definieren und damit in den Unternehmensalltag zu integrieren. Bleibt dieser Schritt aus,
passiert das, was in vielen Unternehmen zu beobachten ist: Es entsteht
eine riesige Kluft zwischen den proklamierten, in Broschüren verkünde-

ten und den tatsächlich gelebten, meistens nicht benannten Werten. Damit das entwickelte Wertesystem nicht „wie ein Geist über den Wassern schwebt" (PRIDDAT 1998, S. 132), sondern tatsächlich handlungswirksam wird, sind konkrete Anwendungsfelder zu identifizieren, in denen die Werte greifen sollen. Solche Anwendungsfelder können zum Beispiel sein: die Auswahl von Mitarbeitern, Partnern und Lieferanten nach bestimmten Kriterien, Zielvereinbarungen auf der Basis von Hard Facts und Soft Facts, Qualifizierungsprogramme, die Möglichkeiten der Bewusstseinsentwicklung vorsehen oder Produktentwicklung im Einklang mit der Natur – wie dies beispielsweise Weleda, Body-Shop sowie Ben & Jerry's tun. Der Erfolg und die Nachhaltigkeit des Transfers der Werte in den Unternehmensalltag sind im Weiteren durch Evaluierungsmaßnahmen zu überprüfen und abzusichern. Unternehmen installieren zu diesem Zweck Ethik-Audit-Systeme, die entweder durch interne oder externe Gruppen durchgeführt werden. Um Wertemanagement im Unternehmen dauerhaft zu implementieren, greifen Unternehmen auf unterschiedliche Formen der Institutionalisierung zurück: die Einrichtung eines Ethik-Offices oder die Integration von Wertemanagement-Agenden in das bestehende Qualitätsmanagement, in die interne Revision oder in die Personal- und Organisationsentwicklung (WIELAND 2002).

3.3 Spiritualität durch Personalmanagement

Eine Kernaussage der bereits erwähnten Studie von Mitroff und Denton lautet, dass viele Probleme in Unternehmen auf spirituelle Verarmung zurückzuführen sind. Nach den Ergebnissen ihrer Interviews haben Menschen das Bedürfnis, Sinn zu finden, wertorientiert zu handeln, kurzum Spiritualität zu leben. Und dieses Bedürfnis werde nicht morgens am Werkstor abgegeben und bis zum Feierabend geparkt, sondern herrsche immer vor. Faktum ist, dass die meisten Beschäftigten den Großteil ihrer Tageszeit am Arbeitsplatz verbringen. Umso dringlicher, so Mitroff und Denton, sei das Bestreben von Mitarbeitern, ihre ethischen Bedürfnisse und spirituellen Vorstellungen auch in ihrem Arbeitsleben erfüllen zu können. Die beiden Autoren leiten aus ihren Untersuchungen daher die Empfehlung für Unternehmen ab, Modelle zu entwickeln, wie Mitarbeiter Spiritualität am Arbeitsplatz ausüben können. Sobald diese sich am Arbeitsplatz als Personen mit ihren Bedürfnissen nach Sinngebung und Wertschätzung ganzheitlich erfahren, sei dies nicht nur für diese be-

reichernd, sondern auch für das Unternehmen ein Gewinn. Denn, so
deren Resultat, spirituell erfüllte Mitarbeiter sind zufriedener, engagier-
ter und produktiver.

Was heißt das konkret? Welche Aktivitäten setzen Unternehmen, um für
ihre Mitarbeiter Möglichkeiten zu schaffen, Spiritualität auch am Arbeitsplatz zu entfalten und zu erfahren? Halten wir nochmals fest: Spiritualität zielt auf individuelle Sinnfindung, Bewusstseinsbildung und
Selbsttransformation. Und genau an diese Dimensionen knüpfen folgende, beispielhaft beschriebene Wege spiritueller Praxis in Unternehmen an:
Um die Besinnung nach innen, Entspannung, Gelassenheit und Konzen-
trationsfähigkeit zu fördern, stellen Unternehmen Meditationsräume zur
Verfügung oder bieten Yoga-Kurse an. Achtsamkeit und Zentrierung
wird ebenso verfolgt, indem Meetings mit einem Moment gemeinsamen
Schweigens begonnen werden. Spirituelle Grundhaltungen und Werte
werden durch Manager und Führungskräfte transportiert. Hier geht es
um „Inspirational Leadership" (SECRETAN 1999), um Führung mit einer
ausgewogenen Mischung von „Herz, Verstand und Profit" im Bestreben,
das volle Potenzial der Mitarbeiter zu vitalisieren. Bewusstseinsarbeit
und Persönlichkeitsentwicklung werden durch spezielle Coachings und
Trainings gefördert. Hier lernen die Teilnehmer, dass Gelassenheit und
Sicherheit eine zutiefst innerste Angelegenheit ist. Darüber hinaus gibt es
Unternehmen, die ihre Mitarbeiter anregen, bis zu fünf Prozent ihrer
Arbeitszeit für karitatives Engagement einzusetzen.

Von der Shareholder-Strategie zur Stakeholder-Strategie, aktives Wertemanagement, neue Wege im Personalmanagement – dies sind drei nur
kurz skizzierte Wege für gelebte Spiritualität in Unternehmen. Im folgenden Kapitel beleuchten wir nun, welche Verbindungen zwischen
systemischer Beratung und Spiritualität herstellbar sind.

4 Systemische Beratung und Spiritualität beschreiben ...

Der systemische Beratungsansatz verfolgt das Ziel, Organisationen und
Personen in ihrem Erfolg, ihrer Arbeitsfähigkeit und Leistungskraft,
kurzum in ihrer Entwicklung, zu fördern. Eine Grundannahme dabei
lautet, dass diejenigen, die ein Problem haben, auch Experten für die
Problemlösung sind. Insofern ist systemische Beratung in erster Linie

(fachorientierte) Prozessberatung, die den Prinzipien der Allparteilichkeit und des absichtsarmen Engagements[6] folgt (Mingers 1996, S. 182f). Systemische Berater begleiten und unterstützen die Entwicklung von Organisationen und Personen, ohne allerdings vermeintliche „Wahrheiten" verkaufen oder vorzugeben zu wollen, was das „Richtige" für das Unternehmen oder für einzelne Personen ist. Ausschlaggebend ist, was funktional und hilfreich für Zielerreichung und Leistung ist. Wenn nun eine Verbindung von Spiritualität und systemischer Beratung gezogen wird, ist davon nicht die Aufweichung oder Aushebelung der genannten Prinzipien abzuleiten. Spiritualität als Quelle der Inspiration und des Wissens im privaten wie im beruflichen Bereich zu nutzen, bedeutet nicht, Kunden bekehren, moralisieren oder ideologisch beeinflussen zu wollen. Dies würde sowohl dem systemischen Beratungsansatz wie auch dem Bestreben spiritueller Praxis widersprechen. Was ist es bzw. kann es stattdessen sein? Dieser Frage werden wir im Folgenden nachgehen.

4.1 ...Wege der Bewusstwerdung und Selbsttransformation

Um ein Unternehmen und seine Mitarbeiter durch alle Turbulenzen und notwendigen Veränderungen erfolgreich zu führen, sind Manager und Führungskräfte in ihren Kompetenzen und Ressourcen mehr denn je gefordert. Die Belastungen, denen Entscheidungsträger in Unternehmen mittlerweile ausgesetzt sind, sind enorm und auf einem Niveau angelangt, welches seinesgleichen sucht. Manager und Führungskräfte (wie natürlich auch Berater selbst), die nicht beständig an der Entwicklung ihres Bewusstseins und ihrer Persönlichkeit arbeiten, stehen in der Gefahr, von den wachsenden Anforderungen überrollt zu werden. Spiritualität ist ein Weg, der zu Bewusstwerdung und Persönlichkeitsentwicklung führt und auf vielfältige Weise inspiriert, die eigene Präsenz und innere Steuerungsfähigkeit zu erhöhen. Wilber (1996) spricht in diesem Zusammenhang von dem Überschreiten der personalen Ebenen oder Strukturen des Bewusstseins. Die Erforschung des inneren Erlebens und die zunehmende Bewusstwerdung erscheinen aus dieser Perspektive als unabdingbare Basis der Persönlichkeitsentwicklung. Es ist frappierend zu sehen, wie viele Parallelen systemische Beratungspraxis und spirituelle Lehren und Praktiken aufweisen. Die folgende Gegenüberstellung soll dies verdeutlichen und damit zugleich beleuchten, in welcher Weise Spiritualität systemische Beratung befruchten kann.

Eine Schlüsselaufgabe von Managern und Führungskräften besteht
darin, soziale Situationen zu gestalten, Interaktionen zu steuern – sei es,
um zu motivieren, zu orientieren, um Sicherheit zu stiften, zu beunruhigen, anzuweisen, gute oder schlechte Nachrichten zu überbringen, Klar-
text zu sprechen, Konflikte zu bearbeiten, Projekte aufzusetzen oder
Rollen zu klären. Diese Liste an Beispielen ließe sich beliebig fortsetzen.
Jede dieser Situationen ist spezifisch und verlangt hohe Sensibilität und
Einfühlungsvermögen. Hier liegen die Anforderungen von Führungskräften und Beratern nicht weit auseinander. In beiden Fällen ist Design-
und Interventionskompetenz gefragt. Führungskräfte wie Berater stehen
unter besonderer Beobachtung. Sie befinden sich in einer exponierten
Position. Sie sind es, die im Zweifelsfall die beliebteste Projektionsfläche
für alle im Raum befindlichen Emotionen, wie etwa Ärger, Ängste, Unsicherheit, Resignation, Traurigkeit und Hoffnungen darstellen. Ebenso
wie Berater handeln Führungskräfte nicht einfach nur – nein, sie intervenieren. Sie werden dafür (höher) bezahlt – nennen wir es Schmerzens-
geld oder Vergnügungssteuer –, verantwortlich zu handeln. Dies erfordert
konkret, jeder Handlung zunächst wertfreie Beobachtungen vorausgehen
zu lassen, Annahmen zur Situation zu bilden, eine Intervention zu planen, die eine spezifische Wirkung zu erzielen versucht und nach der Umsetzung der Intervention die tatsächlich eingetretene Wirkung zu beobachten.[7]

Unbewusstes Handeln auf der Führungsetage ist sträflich. Seinen gelern-
ten Handlungsreflexen und -automatismen nachzugeben (etwa in Kon-
fliktsituationen wie ein Dampfkochtopf hochzugehen oder in Windes-
eile zu flüchten), wäre zu einfach, die persönliche Reichweite zu gering,
der eigene Wirkungsgrad zu sehr beschränkt. Erfolgreiche Manager und
Führungskräfte verfügen über Impulskontrolle, was ihnen ein breites
emotionales Spektrum und ein umfassendes, vielfältiges Repertoire an
Wahrnehmungsweisen und Verhaltensmöglichkeiten erlaubt. In Workshops und Seminaren nenne ich diese Anforderung gerne Verhaltens-
stretching: Prozesse der Selbsttransformation kontinuierlich verfolgen,
Selbstbeobachtung und Selbstreflexion schärfen, kurzum die Wahlfreiheit in Bezug auf Denken, Fühlen und Handeln so weit wie möglich erweitern und dehnen. Selbsttransformation in diesem Sinne ist, wie dies
auch WILBER (1984, S. 93) ausführt, nicht eine Änderung von Ober-
flächenstrukturen, sondern bedeutet eine tief greifende Veränderung,
einen Fundamentalwandel von Wahrnehmungsgewohnheiten, lieb ge-

wonnenen Glaubenssätzen sowie routinierten und daher so angenehm Sicherheit stiftenden Handlungsweisen. Der spirituelle Charakter eines solchen fundamentalen Lernvorgangs wird von Gregory Bateson (1981, S. 393) in seinen Ausführungen über „Lernen III" („deutero-learning")[8] betont. Durch „Lernen III" nutzte, so Bateson, der Mensch die Freiheit, sich durch Kontextablösung und „Höherintegration" von Gewohnheiten freizumachen und dadurch zu einer „tiefgreifenden Neudefinition des Selbst" zu gelangen. Eine solche Neudefinition setzt allerdings Bewusstwerdungsprozesse voraus, die für „Lernen III" kennzeichnend sind. Selbsttransformation, die über Selbst-Bewusstsein (statt über äußere Umwelteinflüsse) ausgelöst werden, kommt nach Etzioni (1975) einem „Anstieg der aktiven Orientierung" gleich und sei daher unbedingt erstrebenswert. Je mehr Bewusstsein ausgebildet werde, so Etzioni, desto mehr Selbst-Identität, Entscheidungsgerichtetheit, Kreativität, Innovation und Transformation erreichen soziale Akteure.

An dieser Stelle schlagen wir einen Bogen zu Meditation und Yoga als mögliche Bestandteile spiritueller Praxis. Ein entwickeltes Bewusstsein ist durch mentale Konzentration und wie auch durch körperliche Übung zu erzielen. Meditationsübungen entwickeln das Konzentrationsvermögen, lehren, gegenwärtig zu bleiben und helfen, die Kontrolle über die Aktivitäten des Geistes zu erlangen, zu lernen, negative Gedanken vorbeiziehen zu lassen oder Ablenkung zu absorbieren.

Yoga hilft dabei, eine Einheit zwischen Körper und Geist zu gewinnen und sich im Kontakt mit dem eigenen Körper zu erden. Jede Übung (Asana) hat das Potenzial, nicht nur körperlich, sondern auch bewusstseinserweiternd zu wirken und die Aufmerksamkeit für wesentliche spirituelle und systemische Grundhaltungen spürbar zu steigern. Dies ist seit fast dreißig Jahren Grund genug für viele Manager, sich in Meditation oder Yoga zu üben.

4.2 ... Wege der Achtsamkeit und Aufmerksamkeitsfokussierung

Wirklichkeit entsteht durch Aufmerksamkeitsfokussierung. Wie ich eine Situation erlebe und wahrnehme – belastend, spannend, herausfordernd, bedrückend, verunsichernd, ermutigend ... – hängt davon ab, mit wel-

chen „Etikettierungen" (WOLINSKY 1996) ich Situationen versehe und
mir damit meine Wirklichkeit selbst erschaffe. Solche Etikettierungen, die
nach CIOMPI (1997) auch als „Denk-Fühl-Verhaltensprogramme" verstanden werden können, basieren auf subjektiven Beobachtungen, Be-
wertungen und Annahmen sowie Schlussfolgerungen, die in ihrem Zusammenwirken bestimmte Emotionen und Handlungsweisen hervorru-
fen. Solche Etikettierungsprozesse werden hervorgebracht durch unsere
Wahrnehmungsgewohnheiten und Handlungsprogramme und prägen
diese gleichsam rückwirkend. Wiederholung schafft Wahrheit – ihre
Selbstreproduktivität resultiert in dem, was wir an vorhergehender Stelle als Handlungsautomatismen und -reflexe beschrieben haben. Diese
können je nach Situation und Rahmenbedingung mehr oder weniger
funktional sein.

Wichtig aus systemischer und zugleich spiritueller Sicht ist es, die persönliche Wahlfreiheit zu erhöhen, auf diese Weise oder eben auch ganz
anders agieren und reagieren zu können. Eine solche „Ent-Etikettierung"
oder „Umprogrammierung" setzt voraus, sich der eigenen Wahrnehmungsgewohnheiten und Handlungsimpulse bewusst zu werden und
diese auch loslassen zu können. Permanent Neues zu entdecken, geht mit
dem Verzicht einher, zu wissen, was eine Erfahrung oder ein Ereignis zu
bedeuten hat. Achtsamkeit und Aufmerksamkeit können als seelisch-spi-
rituelle Basis gelten, um in einem solchen Sinne die innere Steuerungsfähigkeit zu erhöhen, um Möglichkeiten und Wirklichkeiten zu
schmecken und weiterzuentwickeln. Beides wird durch spirituelle Übung
vertieft.

Spirituelle und systemisch-konstruktivistische Ansätze weisen auch an
dieser Stelle grundlegende Übereinstimmung auf. Im Folgenden wird anhand eines konkreten Beratungs-Settings bzw. Designschrittes erläutert,
in welcher Form spirituelle und systemische Prinzipien ineinander greifen und in die konkrete Beratungspraxis einfließen können: Im März
2005 habe ich (SUSANNE MINGERS) einen Workshop mit zwölf Führungskräften begleitet, die sich für zwei Tage zusammengefunden haben, um
Erfahrungen und Best Practice rund um die Führungsaufgaben in ihrem
Unternehmen und in ihren Bereichen auszutauschen. Im Laufe des
Workshops wurde dabei ein Thema bearbeitet, das allen Führungskräften sehr unter den Nägeln brannte: der Umgang mit den (prämienwirk-

samen) leistungsbezogenen Zielvorgaben, die von Jahr zu Jahr umfassender und schärfer werden. Die Teilnehmerin (nennen wir sie Frau Müller), die dieses Thema einbrachte, formulierte ihr Anliegen mit der Frage, wie denn die übrigen Kollegen und Kolleginnen mit ihren Zielvorgaben umgingen und welche Möglichkeiten es gebe, den steigenden Lei-
stungs- und Erfolgsdruck zu handhaben. Um diese Frage zu bearbeiten,
lud ich die Teilnehmer zu einer analogen Übung ein. Am Ende des Semi-
narraumes platzierte ich eine Pinnwand, auf der in großen Lettern „Zielvorgaben" stand. Dann forderte ich die Teilnehmer auf, von der ge-
genüberliegenden Seite des Raumes nacheinander und ohne Kommentar
auf diese Pinnwand zuzugehen. Vorgabe war, „so zu gehen, wie es mir
mit den Zielvorgaben geht und wie ich persönlich mit den Zielvorgaben
umgehe". Was sich nun abspielte, war faszinierend zu beobachten. Alle
Führungskräfte stammten aus dem gleichen Unternehmensbereich und
füllten die gleiche Funktion mit ähnlichen Zielvorgaben aus. Dennoch
präsentierten sich der Gruppe zwölf unterschiedliche „Gangarten", die
zwölf unterschiedliche Wahrnehmungsweisen und Umgangsformen mit
den Zielvorgaben widerspiegelten. Der erste Teilnehmer überraschte
gleich zu Beginn, indem er sich rückwärts auf die Pinnwand zu bewegte
und diese erreichte, ohne sich einziges Mal umzudrehen. Ein nächster
Teilnehmer fixierte in hoher Konzentration die Zielvorgaben, rannte gegen eine imaginäre Mauer, strauchelte und setzte dann den Weg unbe-
irrt fort. Eine weitere Teilnehmerin ging in gebückter Haltung und mit
fast schmerzverzerrtem Gesicht auf die Pinnwand zu. Erschöpft und ohne merkliche Erleichterung oder Freude erreichte diese die gegenüberlie-
gende Raumseite. Einer der letzten Teilnehmer erntete heiteres Lachen,
während er mit fröhlichem Gesicht, sicherem Schritt und Handbewegungen, die er später mit „was soll's …" übersetzte, auf die Wand zu-
schritt. Dort angekommen, feierte er jubelnd und mit hoch gestreckten
Armen das Erreichen der Zielvorgaben. Nach diesem ersten Durchgang,
den alle Teilnehmer schweigend und zugleich mit höchster Aufmerksamkeit verfolgten, lud ich die Gruppe ein, ein zweites Mal zur Pinnwand
zu gehen, dabei zu experimentieren und eine Gangart zu kreieren, die
nicht mehr die bisherige, sondern die zukünftig beabsichtigte Wahrneh-
mungsweise und Umgangsform mit den Zielvorgaben symbolisiert. Es
gab wieder zwölf unterschiedliche „Gangarten" – allerdings, und dies
war nun allen gemeinsam, mit konzentriertem Blick, aufrechtem Ober-
körper, befreienden Handbewegungen und Würdigung des Erfolges beim

Erreichen der Pinnwand. Am Ende der Übung bat ich Frau Müller zu schildern, was sie nun aus dieser Übung mitnehmen wird. Frau Müller erwiderte mit spürbarem Erstaunen, dass sie nun am eigenen Leib erfahren habe, in welchem Ausmaß sie ihr Befinden selbst entscheidet. Sie nehme sich daher vor, bewusster und gezielter als bisher die eigenen Wahrnehmungs- und Umgangsformen zu beobachten und zu steuern.

Wer erkennt, dass die eigenen Gedanken und Gefühle das eigene Erleben und Handeln hervorbringen, und zugleich sich gezielt steuern, verändern oder weiterentwickeln will, benötigt einen inneren Selbstbeobachter. Mich persönlich hat es gefreut, dass Frau Müller und auch ihre Kollegen durch die beschriebene Übung motiviert wurden, Schritte zu setzen, um ihren Selbstbeobachter zu reanimieren und verstärkt wirken zu lassen.

4.3 ... Wege des „Heldentums"

Zufriedenheit ist, wie das vorhergehend geschilderte Fallbeispiel zeigen sollte, eine bewusste Entscheidung, die nicht durch Wunscherfüllung erreicht wird. Ausschlaggebend ist eine innere, geistige Haltung, die geeignet ist, seelischen Frieden zu schaffen. Das Empfinden von Lebenszufriedenheit und Frieden ist eine zutiefst innere Angelegenheit. Selbstverantwortung heißt folglich, die Verantwortung für das eigene Erleben und Handeln nicht an andere zu delegieren. Gefühle wie Interesse, Angst, Ärger, Traurigkeit und Freude werden vorrangig nicht durch die Situation, sondern durch unsere Bewertung der Situation hervorgerufen. Selbstbewusst, mitfühlend und humorvoll Zeuge der eigenen Jammerlieder zu sein, ist ein erster wichtiger Schritt zur Neukomposition persönlicher Befindlichkeit. Wer einen harten Job macht und viele Entbehrungen dafür in Kauf nimmt, hat die Wahl, sich als ausgebeutetes Opfer und geknechtete Kreatur zu sehen oder als radikalen Kostenberechner, der Mühen und Unlust in Kauf nimmt, um sein Ziel (z. B. gesichertes Familieneinkommen, soziales Ansehen) zu erreichen. So wird aus einem „Opfer der Arbeit" ein starker Held, ausgestattet mit ethischen Grundsätzen, Konzentrationsvermögen und Disziplin. Alles hat nun mal seinen Preis. Daher: „Wer weiß, dass sein gegenwärtiges Leben unterm Strich doch immer noch das beste für ihn ist, und sich jeden Tag bewusst für dieses Leben entscheidet, der entwickelt sich vom Opferspieler zum eigenmächtigen Gestalter seines Lebens" (CORSSEN 2004, S. 51).

Nicht nur systemisch-konstruktivistische Perspektiven laden dazu ein,
sich selbst als aktiver Schöpfer eigener Erfahrung und Wirklichkeit zu betrachten. Als einer der ersten Schritte auf dem spirituellen Weg gilt es,
Opferbewusstsein hinter sich zu lassen, nicht anderen die Schuld an den
eigenen Erfahrungen zu geben und sich selbst als aktiv Lernender statt
als passives Opfer zu definieren. Ferrini (2002, S. 96; 105) regt seine Leser an, „unter allen Umständen glücklich zu sein, nicht nur unter Umständen, die du erwartest oder gutheißt. [...] Obwohl du nicht kontrollieren kannst, was in deinem Leben geschieht, kannst du entscheiden, wie
du darauf reagieren willst. Das Leben ‚passiert‘ dir nicht einfach. Du bist
kein Opfer." Spirituelles Bewusstsein unterstützt diese Haltung aktiven
Lernens und Gestaltens. Auch Senge (1996, S. 13) schreibt dazu, dass
Mitglieder einer lernenden Organisation „often talk about being part of
something larger than themselves, of being connected, of being gene-
rative. In doing so, [...] they are trying to describe what the Greeks
called metanoia – a conversion of sorts, a fundamental shift or change,
or more literally transcendence. Paradoxically, this experience of transcendence helps us to take responsibility for our own lives: we shift from
seeing ourselves as separate from the world to connected to the world,
from seeing problems as caused by someone or something ‚out there‘ to
seeing how our own actions create the problems we experience."

4.4 ... Wege des Umgangs mit Gefühlen

Der rationalistischen Tradition folgend, herrscht in vielen Unternehmen
nach wie vor die Überzeugung vor, dass Gefühle nicht der Sache dienen:
Gefühle stören, bringen Konflikte hervor, mindern die Effizienz und
Effektivität von Arbeitsleistungen und sollten daher am besten auf das
Privatleben beschränkt bleiben. Jedoch: „Denken ohne Fühlen ist irra-
tional." Mit diesem Satz bringt Josef Amrein (1998, S. 1) das auf den
Punkt, was neurobiologisch mittlerweile bewiesen ist: Denken und
Fühlen sind nicht zu trennen. Denken und Fühlen sind zirkulär mitein-
ander verbunden und beeinflussen sich wechselseitig (Ciompi 1997). Es
gibt kein Sein ohne Gestimmt-Sein, kein Denken ohne Gefühl. Unsere
Affekte steuern unser Denken und umgekehrt. Ciompi definiert Affekte
(als Oberbegriff für Gefühle, Emotionen, Stimmungen etc.) als ganzheitlich körperlich-seelische Gestimmtheiten unterschiedlicher Qualität,
Dauer und Bewusstseinsnähe. Grundgefühle wie Interesse, Angst, Wut,

Trauer und Freude, beeinflussen gleich Operatoren alle intellektuellen
Funktionen. Je nach aktuell wirksamer Affektlogik („Freudelogik",
„Wutlogik", „Angstlogik", „Trauerlogik" etc.) folgen jeweils unter-
schiedliche Denk- und Verhaltensweisen. Affekte lenken das Denken und
Verhalten auf jene Inhalte, die abhängig vom Kontext und der spezifi-
schen Situation vordringlich erscheinen.

Die Hoffnung auf den oberen Führungsetagen, Fusionen, Rationalisie-
rungen und Umstrukturierungen ohne nennenswerte Gefühlsturbulenzen
seitens der betroffenen Mitarbeiter durchstehen zu können, werden in
der Praxis regelmäßig enttäuscht. Ungeachtet ambitionierter Versach-
lichungsbemühungen wird das Unternehmen von Verunsicherungen,
Ärger, Enttäuschung, Frust und Resignation ihrer Mitarbeiter heimge-
sucht. Selbst argumentativ perfekte und zahlenmäßig hieb- und stich-
feste Erklärungen, warum z. B. Versetzungen und Kündigungen notwendig sind, vermögen es nicht, emotionale Reaktionen auszuradieren.
Führungskräfte sind mehr denn je mit belastenden Gefühlen von Mitarbeitern konfrontiert: sei es Wut über erneuten Standortwechsel, Angst
vor Jobverlust oder Trauer über den Verlust eines eingespielten Kollegen-
Teams. Wirtschaftsunternehmen funktionieren notwendigerweise nach
der Logik von Zahlen. In den letzten Jahren schlägt sich immer deutlicher in eben diesen Zahlen nieder, dass Versachlichung nichts erspart –
weder Mühe noch Geld. Im Gegenteil: Wie die Erfahrungen zeigen, kann
das „Missmanagement" von Emotionen Veränderungsvorhaben zum
Scheitern bringen und damit saftige Kosten erzeugen.

Spätestens seit dieser Einsicht boomen Beratungs- und Büchermarkt rund
um das Thema „Emotionales Management" und „Emotionale Intelligenz" (GOLEMAN 1997). Unternehmen führen Seminare durch, um ihre
Führungskräfte emotional fit und kompetent zu machen. Berater werden
beauftragt, Veränderungsprozesse emotional zu rahmen, Interventionen
zu setzen und Rituale zu begleiten, um Gefühle bearbeitbar zu machen.
Die Erkenntnis also, dass Emotionen ernst zu nehmen sind und eine Antwort verlangen, setzt sich immer mehr durch. Viele Firmen setzen jetzt
auf Prinzipien, die vielfach als „typisch weiblich" gelten: Emotionalität,
Nähe, Vernetzung und Verbindung. Vorgesetzte sind mehr denn je gefordert, Mitarbeiter nicht nur sachlich, sondern auch emotional einzubeziehen. Ein Paradigmenwechsel bahnt sich an: Gefühle werden nicht
mehr als störend, sondern als notwendiges und normales Phänomen er-

achtet. Mehr noch: Manager erkennen zunehmend das Potenzial von Gefühlen. Gefühle sind Energie – wie das Salz in der Suppe. Emotionale
Motive befähigen zu Höchstleistungen und schaffen Verbundenheit mit
dem Unternehmen. Wer Gefühle aus dem eigenen Unternehmen verban-
nen will, dreht den Energiehahn für Engagement, Lebendigkeit und
Bewegung zu.

Welche Bedeutung hat nun der Umgang mit Gefühlen aus systemischer
Perspektive? Was heißt aktives emotionales Management für systemisch
orientierte Berater? Und in welcher Weise können spirituelle Sichtweisen
fruchtbare Impulse vermitteln, um in tief greifenden Veränderungssitua-
tionen eine stabile emotionale Basis zu fördern? Gefühle und Emotionen
haben eine starke Auswirkung auf unsere Leistungsfähigkeit, unsere
Wahrnehmung und unseren Ausdruck. Geht man davon aus, dass Gefühle weder „gut" noch „schlecht" sind, sondern dass sie einfach Ener-
gieformen sind, eröffnet sich das Spektrum ihrer Transformation. Eine
Energie kann in eine andere umgewandelt werden. Üblicherweise werden Gefühle, von denen man annimmt, dass sie schlecht oder ungewollt
sind, vermieden. Drei gängige Formen der Vermeidung bzw. der Nicht-
Auseinandersetzung sind das Unterdrücken, Verbergen oder Abspalten
von Gefühlen (Dissoziation), das völlige Verschmelzen und Sich-beherr-
schen-Lassen von Gefühlen (Assoziation) sowie das Zuschreiben und
Übertragen der eigenen Befindlichkeit auf andere Personen (Projektion).
Transformation bietet eine alternative Möglichkeit, mit Emotionen umzugehen.

Spiritualität regt für den Umgang mit eigenen Gefühlen an, Kopf und
Herz in Einklang zu bringen. Ein spirituelles Ziel besteht darin, den eigenen Emotionalkörper zu verstehen und mit ihm umzugehen. Aus spiritueller Sicht können Gefühle, wie zum Bespiel Ängste, transformiert
werden. Dies kann geschehen, indem die eigenen Gefühle bewusst wahrgenommen und so wie sie sind, mitfühlend angenommen werden. Dahinter steht das Bestreben, wertfrei mit den eigenen Wahrnehmungen, Erfahrungen und Urteilen umzugehen. Wenn Gefühle angenommen und
anerkannt sind, können diese tiefer gehend erforscht werden: Was steht
hinter den Gefühlen? Um welche Ängste beispielsweise geht es konkret?
Wovor wollen diese Ängste schützen oder warnen? Mit welchen Annahmen korrespondieren die Ängste? Sobald die jeweilige Person sich ge-
stattet, ihre Gefühle zu fühlen, die Botschaft zu erfahren und anzuneh-

men, die die jeweiligen Gefühle vermitteln, können diese Gefühle und die
damit einhergehenden Gedanken losgelassen werden. Dieses Loslassen
eröffnet die Option, so oder eben auch anders zu fühlen. Viel öfter identifizieren wir uns mit unseren Emotionen, als sie lediglich als von uns an-
genommene momentane Gefühlszustände zu betrachten. Je mehr wir uns
mit unseren Gefühlszuständen identifizieren, je weniger gegenwärtig wir
sozusagen sind und den Platz des Beobachters unserer selbst einnehmen
können, desto stärker schneiden wir uns von unserem eigenen Hand-
lungspotenzial ab und von der Möglichkeit, die Kraft der Emotion zu
nutzen. Erlauben wir unseren Emotionen einfach da zu sein, ohne uns mit
ihnen zu identifizieren und sie vom Standpunkt eines Beobachters zu
betrachten, erschließt sich uns das Potenzial, diese Energie effizient zu
nutzen (WOLINSKY 2000, S. 32).

Systemische Beratung und Spiritualität, so lässt sich abschließend resü-
mieren, haben das Potenzial, sich wechselseitig zu bereichern und eine
Synergie zu entfalten, die vielfältige Wege der tief greifenden Transformation von Organisationen und Personen befördert. So sehr Spiritualität mittlerweile im Wirtschaftsleben verankert ist, so sehr kann auch
systemische Beratung an spirituellen Ansätzen und Grundhaltungen anknüpfen. Mit Spannung ist zu erwarten, welche weiteren Inspirationen
daraus erwachsen.

Anmerkungen

[1] Prof. Ervin Laszlo gründete 1994 den Club of Budapest, der Antworten auf globale
Herausforderungen sucht und dem Persönlichkeiten wie Sir Peter Ustinov, Richard von
Weizsäcker und der Dalai Lama beigetreten sind.

[2] Der Welt-Zukunfts-Rat, der 50–100 Personen („leaders of tomorrow") umfassen soll,
ist als globale Institution geplant, die gemeinsame Bürgerwerte vertritt. Seine Haupt-
arbeit soll in Kommissionen passieren, die zu den wichtigsten globalen Herausforderungen arbeiten wie zum Beispiel „Gute Arbeit für alle"; „Währungs-, Steuer- und
Finanzreform"; „Verantwortliches Unternehmertum"; „Möglichkeiten und Grenzen
des Handels"; „Schutz der Urvölker und der Werte der Gemeinschaft"; „Nachhaltiger
Energieverbrauch/Klimaveränderungen". (Uexküll 2004, S. 87ff.)

[3] TOES steht für The Other Economic Summit.

[4] Auszüge der hier erwähnten Dialoge zwischen dem Dalai Lama und verschiedenen
Wirtschaftsvertretern (u. a. Jermyn Brooks, Hazel Henderson, Ruud Lubbers und
Geoff Mulgan) sind mittlerweile in Buchform veröffentlicht (Tideman 1999).

[5] Rund 70 Projekte weltweit werden zurzeit von Spirit in Business durchgeführt. Mehr Informationen sind unter www.spiritinbusiness.org zu finden. Die Vereinigung Spirit at
Work „supports the development and dessemination of spiritually-based consulting
technologies". Ihre Internet-Adresse lautet: www.spiritatwork.org.

6 Die genannten systemischen Beratungsprinzipien bedeuten im Einzelnen: Absichtsarmes Engagement – die Berater verfolgen keinen erzieherischen Auftrag, um den Kunden auf den „richtigen" Weg zu führen, sondern arbeiten mit dem, was die Kunden an Vorstellungen, Ressourcen und Möglichkeiten einbringen. Allparteilichkeit – die Berater ergreifen nicht einseitig Partei für z. B. eine Konfliktseite, sondern verstehen und vertreten alle Seiten des Widerspruches, damit dieser ganzheitlich und umfassend bearbeitbar wird (Mingers 1996, S. 182f.)

7 Dieser Ablauf entspricht der sogenannten systemischen Schleife als ein Grundmodell zur Planung und Durchführung von Interventionen.

8 Eine mittlerweile anerkannte Typologie von Lernarten nimmt folgende Unterscheidungen vor: „Lernen I" („single loop learning") bezeichnet weitgehend unbewusstes, oberflächliches und reaktives Anpassungslernen, das auf der Basis eines nach Gleichgewicht strebenden Reiz-Reaktions-Automatismus erfolgt. „Lernen II" („double loop learning") ermöglicht es bereits, Handlungsprämissen nicht mehr nur reflexartig Folge zu leisten, sondern bereits bewusst im Hinblick auf Ziele und vermutete Wirkungen zu reflektieren und auszuwählen. „Lernen III" („deuterolearning") geht auf Bateson (1942) zurück und beschreibt die Betrachtung, Beurteilung und Verbesserung der Qualität des Lernprozesses als solchen („Lernen zu lernen"), welches einen Bewusstwerdungsprozess voraussetzt.

Literatur und Quellen

BATESON, G. (1981): Die logischen Kategorien von Lernen und Kommunikation. In: Ders. (1981), S. 362-399 (orig. Positionspapier bei der "Conference of World Views", 1964).

BENNIS, W. (1999): A Spiritual Audit of Corporate America: A Hard Look at Spirituality, Religion and Values in the Workplace. Jossey-Bass, San Francisco.

BERGER, P./LUCKMANN, T. (1993): Modernität, Pluralismus und Sinnkrise – Die Orientierung des modernen Menschen. Bertelsmann, Gütersloh.

CAPRA, F. C. (1987): Das Neue Denken – Die Entstehung eines ganzheitlichen Weltbildes im Spannungsfeld zwischen Naturwissenschaft und Mystik. Goldmann, Bern, München, Wien.

C/O/N/E/C/T/A (1996, Hrsg.): 20 Jahre Wiener Schule der Organisationsberatung, Wien.

CORSSEN, J. (2004): Der Selbstentwickler. Beust Verlag, Wiesbaden.

CIOMPI, LUC (1997). Die emotionalen Grundlagen des Denkens. Entwurf einer fraktalen Affektlogik. Vandenhoeck & Ruprecht, Göttingen.

ETZIONI, A. (1975): Die aktive Gesellschaft. De Gruyter, Opladen.

EXNER, A., KÖNIGSWIESER, R. (1987). Unternehmensberatung – systemisch. Theoretische Annahmen und Interventionen im Vergleich zu anderen Ansätzen. In: Die Betriebswirtschaft 3, S. 265-284.

Europäische Rahmenbedingungen für soziale Verantwortung der Unternehmen, Grünbuch EU-Kommission, Generaldirektion Beschäftigung und Soziales, Referat EMPL/D1, 2001.

FERRINI, P. (2002): Erleuchtung zum Greifen nah. J. Kamphausen Verlag, Bielefeld.

GOLEMAN, D. (1997): Emotionale Intelligenz. dtv, Frankfurt a. M.

HOLME, R./WATTS, P. (2000): Corporate Social Responsibility – Making Good Business Sense. World Business Council for Sustainable Development.

INGLEHART, R. (1989): Kultureller Umbruch – Wertewandel in der westlichen Welt. Campus, Frankfurt a. M./New York.

Kohtes, P. J. (2005): Dein Job ist es, frei zu sein. Zen und die Kunst des Managements. J. Kamphausen Verlag, Bielefeld.

Laszlo, E. (2004): Argumente für einen neuen Geist in der Wirtschaft. In: Galuska, J. (Hrsg.). Pioniere für einen neuen Geist im Beruf und Business. Die spirituelle Dimension im wirtschaftlichen Handeln. J. Kamphausen Verlag, Bielefeld, S. 37-72.

Mingers, S. (1996): Systemische Organisationsberatung. Eine Konfrontation von Theorie und Praxis, Campus, Frankfurt a. M./New York.

Priddat, B. (1998): Moralischer Konsum – 13 Lektionen über die Käuflichkeit. Hirzel Verlag, Stuttgart.

Secretan, L. H. K. (1997): Inspirational Leadership. John Wiley & Sons, McGraw Hill.

Senge, P. (1996): Die fünfte Disziplin – Kunst und Praxis der lernenden Organisation, Klett-Cotta, Stuttgart.

Sudbrack, J. (1987): Neue Religiosität – Herausforderung für die Christen, Matthias-Grünewald-Verlag, Mainz.

Tideman, S. (Hg.) (1999): Compassion or Competition? A Discussion on Human Values in Business an Economics (Enterprise and Development in the 21st Century).

Uexküll, Jakob von (2004): Projekte der Hoffnung. In: Galuska, J. (Hrsg.). Pioniere für einen neuen Geist im Beruf und Business. Die spirituelle Dimension im wirtschaftlichen Handeln. J. Kamphausen Verlag, Bielefeld, S. 75-91.

Welter-Enderlin, Rosmarie, Hildenbrand, B. (1998, Hrsg.) Gefühle und Systeme. Die emotionale Rahmung beraterischer und therapeutischer Prozese. Carl-Auer-Systeme Verlag, Heidelberg.

Wieland, J. (2002): Wertemanagement und Corporate Governance, In: Organisationsentwicklung, H. 4, S. 35-39.

Wilber, K. (1984): Halbzeit der Evolution. Der Mensch, auf dem Weg vom animalischen zum kosmischen Bewusstsein. Goldmann, Bern, München, Wien.

Wilber, K. (1996): Eros, Kosmos, Logos. Krüger, Frankfurt a. M.

Wimmer, R. (1991): Organisationsberatung. Eine Wachstumsbranche ohne professionelles Selbstverständnis. Überlegungen zur Weiterführung des OE-Ansatzes in Richtung systemischer Organisationsberatung. In: M. Hofmann (Hrsg.). Theorie und Praxis der Unternehmensberatung. Bestandsaufnahme und Entwicklungsperspektiven. Carl-Auer-Systeme Verlag, Heidelberg, S. 45-136.

Zohar, D., Marshall, I. (2001): SQ, Spirituelle Intelligenz. Scherz, München.

Torsten Groth

Organisationsaufstellung – systemtheoretisch gewendet

1 Einleitung

Organisationsaufstellungen sind in Mode. Nachdem die Methode der Aufstellung in der Familientherapie großen Anklang gefunden hat, setzt sie sich auch immer stärker in der Beratung von Unternehmen durch. In Aufstellungen werden über Repräsentanten ganze Organisationen, einzelne Abteilungen und Teams oder auch komplexe Problemkonstellationen in Szene gesetzt. Aufsehen erregend ist vor allem der Umstand, dass die körperlichen Wahrnehmungen dieser Repräsentanten als Basis für beraterische Interventionen dienen, obgleich diese Repräsentanten das, was sie darstellen, noch nicht einmal kennen müssen. Dennoch versprechen Aufstellungen Unterstützung bei Change-Prozessen, Personalentscheidungen, strategischen Neuausrichtungen, Mergers & Acquisitions, Nachfolgeregelungen, Coachings oder auch Supervisionen – man könnte meinen, es gebe kein Problem, das nicht qua Aufstellung gelöst werden kann. Diese scheinbar unbegrenzte Anwendbarkeit macht den Reiz der Aufstellung aus und wirft zugleich Fragen nach ihrer Wirkungsweise auf.

Neben der Darstellung der Methode ist es das Ziel der folgenden Ausführungen, eine systemtheoretisch-konstruktivistische Reformulierung der kursierenden Erklärungsversuche vorzunehmen. Es wird aufgezeigt, wie die Methode funktioniert, wie über Aufstellungen Irritationen erzeugt werden und worin der Beratungserfolg begründet liegen könnte. Die Leitfragen lauten also: Was ist der Fall und was steckt dahinter?

2 Was ist der Fall?

Unter einer Organisationsaufstellung wird die räumliche Darstellung von Beziehungsstrukturen oder -problemen eines Unternehmens, einer Abteilung oder eines Teams verstanden (Sparrer/Varga von Kibéd 2000, S. 97). Diese Darstellung erfolgt mit Hilfe von Repräsentanten.

Dies sind zumeist reale Personen, die stellvertretend für eine andere Person, Abteilung oder Strukturelemente eines sozialen Systems an eine bestimmte Position im Raum gestellt werden. Die Besonderheit liegt darin, dass diese Repräsentanten an ihren Standpunkten von intensiven körperlichen Regungen berichten, oder auch bestimmte Eingebungen bekommen. Diese Körperwahrnehmungen werden gezielt abgefragt und bestimmen das weitere Vorgehen in der Aufstellung.

Wer jemals in einer Aufstellung als Repräsentant gestanden hat, wird bestätigen können, dass es erhebliche Unterschiede macht, wie man in Relation zu den anderen positioniert ist. Schon kleinste Richtungswechsel rufen körperliche Reaktionen hervor. Meistens kann man eindeutig Stellung (sic!) beziehen zur Stimmigkeit der eigenen Position in dem dargestellten Gefüge. Eine neuere empirische Arbeit über Raumwahrnehmung bestätigt diese Erfahrungen (SCHLÖTTER 2005).

Das Einbeziehen des Körpers als Wahrnehmungsorgan für Strukturen eines fremden Systems (VARGA VON KIBÉD 2000, S. 18) macht die Aufstellung zu einer einzigartigen Methode. Die entscheidende Frage ist nun aber, wie dies begründet wird und welchen Stellenwert diesen Wahrnehmungen beigemessen wird. Die meisten Aufsteller arbeiten in der Gewissheit, die geäußerten Empfindungen ließen eindeutige Rückschlüsse auf das dargestellte System zu, sie sind gar überzeugt, es kämen bisher nicht beachtete Wahrheiten über das dargestellte System heraus. Dies zeigt sich auch in den Versprechungen: Die Rede ist von „geheimen Spielregeln", von „verschütteten Wahrheiten" oder auch von „verborgenen Mächten", die qua Aufstellung wahlweise aufgedeckt, gehoben oder aufgezeigt werden.

Wie dies genau vonstatten geht, wie es also zu diesen Empfindungen kommt und auf welchen Wegen die „Wahrheiten" ans Licht kommen, konnte bisher noch nicht schlüssig dargelegt werden. Wer nicht an Magie bzw. wissende Felder glaubt, wird sich fragen, was Personen, ohne dass sie das von ihnen dargestellte System kennen, in die Lage versetzen soll, solche Aussagen zu machen? Zweifel sind hier angebracht, doch diesen soll hier nicht zuvorderst nachgegangen werden. Erfolg versprechender erscheint es, sich auf das (soziologisch) Beobachtbare zu konzentrieren.

Zur Einordnung: Dass man allein aufgrund räumlicher Anordnung Aussagen über unbekannte Personen, Abteilungen oder Unternehmen treffen können soll, ist für Außenstehende kaum nachvollziehbar; familientherapeutisch Interessierte hingegen kennen ähnliche Phänomene. Ansätze finden sich im Psychodrama (nach Moreno), in den Familienrekonstruktionen (nach Satir) oder auch in der modernen Hypnotherapie (nach Erikson). In der Supervision wird ganz ähnlich von „Spiegelphänomenen" (KUTTER 1992) gesprochen. Der Supervisand schildert sein Anliegen, reinszeniert den Fall und macht ihn dadurch wahrnehm- und reflektierbar. So auch in der Aufstellung. Die Äußerungen der Repräsentanten lösen beim kundigen Klienten, bei demjenigen also, der das dargestellte System kennt, keineswegs Befremden aus. Er empfindet diese als übereinstimmend mit den „wirklichen" Personen oder „wirklichen" Systemen (GROTH 2004, S. 173). Dies muss aber nicht heißen, dass es mysteriöse Verbindungen zwischen der Aufstellung und dem dargestellten System gibt. Womöglich reichen – wie später zu zeigen sein wird – geringe abstrakte Strukturähnlichkeiten aus, um über Aufstellungen Wirkungen erzeugen zu können. Mit BAECKER ist zu vermuten, dass in und durch Aufstellungen eine sich selbst kommentierende Struktur im Raum entsteht, „die die Struktur des aufgestellten Systems repräsentiert, wobei es hierbei nicht auf eine in irgendeiner Objektivität abgesicherte Isomorphie der beiden Strukturen ankommt, sondern darauf, dass die Aufstellung im Raum bestimmte Eigenschaften der Struktur des Systems kopiert" (BAECKER 2005).

Geht man nochmals zurück zur Entstehungsgeschichte von Aufstellungen, muss BERT HELLINGER, der „Vater" der Aufstellungsmethode, genannt werden. Die Ausnahmestellung HELLINGERs kann man auch daran ablesen, dass es für viele Berater zu einem Qualitätszeugnis geworden ist, Aufstellungen „nach Hellinger" vorzunehmen. Er hat viele Anregungen aus dem Psychodrama, aus der Familienrekonstruktion oder auch aus der Hypnotherapie aufgenommen und sie zu einer eigenen Methode zusammengeführt (HELLINGER 1994; HELLINGER 2000a/b). Zugleich ist er es, der die Szene mit seinen dogmatischen Lehrsätzen angreifbar macht und auch in Verruf bringt (LAKOTTA 2002). Zwei Denkrichtungen haben sich gerade in der Auseinandersetzung mit HELLINGER herausgebildet: eine phänomenologische und eine konstruktivistische. Grob vereinfacht reduziert sich die Auseinandersetzung auf die Frage, ob – wie oben erwähnt – verschüttete Wahrheiten an den Tag gelegt werden oder aber, ob mit Aufstellungen mögliche Wirklichkeiten konstruiert werden. Je konstruktivistischer ein Aufsteller arbeitet, desto weniger wird er in den Verlauf der Aufstellung eingreifen und die Äußerungen der Repräsentanten als bloße Deutungsangebote sehen. Je phänomenologischer die Arbeitsweise ist, desto größer ist die Einflussnahme, beispielsweise durch das Hinwirken auf Grundordnungen und desto eher werden die Äußerungen der Repräsentanten für wahr genommen.

Mittlerweile gibt es in der Aufstellungsarbeit eine Vielzahl an Vorgehensweisen. Angeboten werden Strukturaufstellungen, Tetralemmaaufstellungen, verdeckte Aufstellungen oder auch Aufstellung ohne Repräsentanten, z. B. mit Puppen, Stühlen etc. In den meisten Fällen kommen Personen, die ein Problem in ihrer Organisation haben, zu Aufstellungstreffen unter Anleitung eines Beraters (im folgenden Aufstellungsleiter genannt) zusammen. Unter Fremden, in so genannten „stranger groups", haben sie Gelegenheit, ihre Anliegen einzubringen. Die Teilnehmer repräsentieren dann eine Person, ein Team, eine Abteilung oder auch Abstraktes, wie Entscheidungsalternativen, Problemstellungen etc. Folgendes Vorgehen hat sich etabliert (in Anlehnung an SPARRER/VARGA VON KIBÉD 2000, S. 193ff.):

1. Der Klient formuliert sein Anliegen.
2. Unterstützt durch den Aufstellungsleiter wählt er erst das aufzustellende System mit seinen Elementen (Team, Organisationseinheit, Abteilung, Unternehmen) und dann die Repräsentanten aus.
3. Die Repräsentanten werden gemäß dem inneren Bild des Klienten zueinander im Raum positioniert.
4. Der Klient überprüft die Aufstellung, nimmt ggf. noch Änderungen vor tritt danach in die Zuschauerposition zurück.
5. Der Leiter übernimmt die Regie und befragt nacheinander die Repräsentanten zu ihren Wahrnehmungen, Empfindungen und Bewegungsimpulsen.
6. Er lässt die Repräsentanten ihren Impulsen folgen und nimmt auch selbst Umstellungen vor.
7. Nach jeder Änderung werden die Repräsentanten wieder zu ihren Wahrnehmungen, Empfindungen und Bewegungsimpulsen befragt (v. a. wird auf Unterschiede fokussiert).
8. Dieser Prozess wird so lange wiederholt, bis eine Lösungskonstellation gefunden ist.

9. Der Klient wird in die Aufstellung gebeten, nimmt die Position seines Stellvertreters ein und erlebt sich in der Lösungskonstellation.

10. Das Lösungsbild wird überprüft, auch werden erste Umsetzungs-
schritte getestet.

11. Die Aufstellung wird beendet und alle Beteiligten werden aus ihren
Stellvertreterrollen entlassen.

12. Ggf. folgt eine Nachbesprechung.

Trotz vieler ungeklärter Fragen über die Funktionsweise der Repräsen-
tanz muss konstatiert werden, dass Aufstellungen höchst wirksam sind.
Mit ihnen kann innerhalb kürzester Zeit vieles sichtbar gemacht werden,
was mit „klassischen" Instrumentarien nur höchst mühevoll zu ermitteln
ist. Der Autor hat mitgewirkt an einer Evaluationsstudie zur Eignung der
Organisationsaufstellung für die Beratung von Familienunternehmen.
Drei Teams – Aufsteller, Familien- und Organisationsforscher – haben
unabhängig voneinander fünf Familienunternehmen erforscht. Innerhalb kürzester Zeit gelang es GUNTHARD WEBER als Leiter des Aufstel-
lerteams, Verstrickungen innerhalb der Familien und Unternehmen herauszuarbeiten, für das die Familienforscher um BRUNO HILDENBRAND
(Universität Jena) und das Organisationsforscherteam um FRITZ B.
SIMON (Universität Witten/Herdecke) zeitaufwändige Interviews mit
mehreren Personen benötigten. (Eine Dokumentation des Projekts findet
sich unter: http://www.beraterhaus-kassel.de/pages/oa_meets_oe1.htm#
freitag.) Weitere Beispiele zur Theorie und Praxis der Organisationsaufstellung finden sich in: GROTH/STEY (2005). So viel zunächst zur Frage,
was der Fall ist.

3   Was steckt dahinter?

In Ermangelung schlüssiger Erklärungskonzepte vermuten viele Aufsteller geheimnisvolle Kräfte, die auf die Repräsentanten einwirken, und die
die Übereinstimmungen zwischen Aufstellungen und Realsystemen her-
vorrufen. Die Beantwortung der Frage, was wirklich wirkt, muss wei-
tergehenden Grundlagenforschungen überlassen werden. Vielleicht sind
die Wahrnehmungsfähigkeiten unseres Körpers viel umfangreicher als
bisher vermutet wird, vielleicht aber zeigt sich in der mythischen ver-
klärten Aufstellungssemantik nur die Hoffnung auf ein umfassendes Er-
klärungssystem, das Klient wie Berater von Deutungslasten befreit. Ge-

lingt es einem Berater, dem Klienten den Glauben an ein „wissendes Feld" zu vermitteln, können beide die Verantwortung für ihr Tun diesem Feld zuschieben. Diesem Entlastungsvorteil steht der Nachteil entgegen, in einen auf Mystik basierenden und zur Dogmatik neigenden Denkstil zu verfallen. Zukunftsweisender erscheint es, die Methode konstruktivistisch zu wenden und ihr Potenzial in der Möglichkeit, anschlussfähige Irritationen zu erzeugen, zu sehen.

3.1 Realsystem und Aufstellung – feste oder lose Kopplungen?

In vielen Veröffentlichungen zu Aufstellungen – v. a. in der phänomenologischen Tradition – wird mit relativ einfachen Erklärungsmodellen gearbeitet. Man unterstellt vielfältige enge Verbindungen zwischen dem Dargestellten und der Darstellung: Die Aufstellung repräsentiert das Realsystem; die Repräsentanten können erspüren, wie es den Personen oder Elementen, für die sie stehen, ergeht; Verstrickungen, die in der Aufstellung auftauchen, muss es in Wirklichkeiten auch geben etc. Auch in umgekehrter Richtung soll es diese Verbindungen geben: Lösungen, die in der Aufstellung erarbeitet werden, sollen kurative Wirkungen auf das Realsystem ausüben, ohne dass ein Beteiligter der Aufstellung mit Vertretern des dargestellten Systems kommuniziert hätte. Die Überzeugungskraft dieses Erklärungsmodell liegt somit in der Unterstellung, es gebe direkte Kopplungen (siehe Abb. 1).

Abb. 1: Die Aufstellung als Abfolge kausaler Kopplungen?

Die Semantik der Aufstellung ist durchzogen mit Kausalitäten, also mit quasi objektiven Bedingungsgefügen. Beispielhaft formulieren GROCHOWIAK und CASTELLA (2002, S. 20): „Die Stellvertreter agieren als unvoreingenommene Medien, die die Interaktionsmuster des zu beratenden

Systems widerspiegeln. Die Wahrnehmungen der Stellvertreter spiegeln die Realität des Systems wider." Auffallend ist – und dies gilt für fast alle Veröffentlichungen –, dass nicht die Kausalitäten angezweifelt werden, vielmehr wird darauf hingewiesen, dass es (noch) keine Erklärung für die Art des Zusammenhanges zwischen Realität und Repräsentation gibt. Wie ein Parasit (SERRES 1981) nistet sich das Kausalitätsschema in das Erklärungsmodell ein und lässt sich nicht mehr vertreiben.

Wenn man jedoch eine systemisch-konstruktivistische Perspektive einnimmt, werden die festen Erklärungsmuster gelockert. Man bekommt statt objektiver Kausalität eine konstruierte Kausalität zu Gesicht und kann sich (versuchsweise) fragen, wie anders sich das Phänomen Aufstellung darstellt, wenn man von losen Kopplungen (WEICK 1976) zwischen den Elementen ausgeht? Hierzu zunächst ein kurzer Exkurs in die Luhmann'sche Systemtheorie mit ihrer Systemdifferenzierung. Grundsätzlich kann die Aufstellung als Interaktion und damit als eine Sonderform eines sozialen Systems verstanden werden, das die Anwesenheit von Personen voraussetzt (LUHMANN 1975; KIESERLING 2000). In der Aufstellungsinteraktion sind mehrere Personen mit ihren jeweiligen Bewusstseinssystemen und ihren Körpern beteiligt. Allen beteiligten Systemen können Selbstreferenz und operative Geschlossenheit unterstellt werden (LUHMANN 1995): In der Interaktion wird kommuniziert und in der Psyche gedacht, zugleich passieren im Körper unendlich viele neuronale und biochemische Prozesse. Aufgrund ihrer unterschiedlichen Eigenlogiken entziehen sich alle drei Systemtypen einer direkten gegenseitigen Beeinflussung. Damit geht zwar keine kausale Isolierung einher, jedes System bestimmt aber selbst, wodurch es sich beeinflussen lässt – und wodurch nicht. Beispielsweise bleibt der Interaktion(-skommunikation) ein Großteil dessen, was in den Bewusstseinssystemen vorgeht, verborgen. Die Lüge ist das beste Beispiel hierfür. Auch das psychische System ist selten bereit, auf den Körper oder die Kommunikation zu hören; Ärzte und Therapeuten mühen sich permanent an diesem Problem ab. Gleiches gilt für den Körper, auch er entzieht sich direkten psychischen und kommunikativen Steuerungsversuchen und versteht es immer wieder, gerade dann auf sich aufmerksam zu machen, wenn er es nicht soll.

Damit ergibt sich schon in der Grundanlage ein vollkommen unterschiedliches Bild, denn überall dort, wo die soziologische Systemtheorie sich fragt, wie getrennt operierende Systeme zusammenwirken und wie es zu nicht-direktiven Beeinflussungsmöglichkeiten (Irritationen, Pertubationen) kommt, hat die Aufstellungssemantik schon eine Lösung, die auf Verbundenheit und Transitivität basiert. Der Prozess des Entäußerns verschütterter und manchmal auch Jahrzehnte alter Wahrheiten des Realsystems wird als unproblematischer Durchgang durch Körper und Psyche (des Repräsentanten) und Kommunikation (in der Aufstellungsinteraktion) rekonstruiert.

Wenn man jedoch der These anhängt, es gebe keine – wie auch immer dubiosen – Verbindungen zwischen dem Realsystem und dem Körper bzw. der Aufstellung, muss man die Frage beantworten, wie und warum Aufstellungen trotzdem funktionieren und wirkungsvolle Interventionen sein können. Unsere These bzw. unser Gegenentwurf zu den vielen bisher gebotenen Erklärungen lautet, dass die Aufstellungen gerade deshalb so hilfreich sind, weil mit ihnen spezifische anschlussfähige Irritationen eingespielter Weltsichten gelingen.

3.2 Irritation im Klären des Anliegens

Schon der Start einer Aufstellung ist ungewöhnlich, liefert aber gerade deshalb zusätzliche Informationen. Der Klient muss sich vor und während der Formulierung seines Anliegens fragen:

- Was ist mein wichtigstes Problem?
- Wie sieht (sic!) das Problem konkret aus?
- Wer ist beteiligt? Welche Personen, welche Sachzwänge etc. müssen aufgestellt werden?
- Wie stehen die Beteiligten zueinander?

Ohne Beantwortung dieser oder ähnlicher Fragen kann keine Aufstellung starten – und allein damit wird vieles erreicht. Der Leiter hat in diesem Prozess der Komplexitätsreduktionen und Problemfokussierungen eine enorm wichtige Funktion inne. Mit seinen zumeist lösungsorientierten Fragen fokussiert er während der Klärung sachlich auf das dringlichste Anliegen, zeitlich auf das gegenwärtige Problem mitsamt dessen zukünftigen Lösungen und sozial auf die relevanten Beteiligten. Dieses in der systemischen Beratung bestens erprobte Vorgehen (SIMON/RECH-SIMON 2004) hilft, diffuse Problemstellungen – „Im Team stimmt's nicht mehr",

„Die Kunden bleiben weg" – zu strukturieren. Allein schon auf diese Weise kommen Klienten zu andersartigen Problembeschreibungen, die dann auch mit neuen Lösungsoptionen versehen werden können.

3.3 Irritation durch Aufstellen im Raum

Beim anschließenden Aufstellen tritt der zweite Irritationseffekt auf. Eine Aufstellung kann als eine Form der Visualisierung von Strukturen eines Systems, wie man sie auch vom Mindmapping oder auch von St. Galler Netzwerktechniken (PROBST/GOMEZ 1991) her kennt, gesehen werden. Man visualisiert einen komplexen Sachverhalt und verschafft sich damit einen anderen Zugang zur Wirklichkeit. Die Besonderheit der Aufstellung liegt nun darin, dass dem Klienten hierbei einzig die Dimensionen

- Entfernung (nah – fern) und
- Ausrichtung (abgewandt – zugewandt)

zur Verfügung stehen. Auf diese Weise wird eine auf wesentliche Elemente reduzierte Abbildung erzeugt. Die Form der Irritation wird deutlich, wenn man bedenkt, was außerhalb des Möglichkeitsraumes einer Aufstellung bleibt. Es können weder Kausalitäten noch Schuldige oder Verstrickungen dargestellt werden. „All das also, was Konflikte in ihrer kommunikativen Reproduktion ‚auszeichnet', und was beim Klienten im gewissen Sinne schon zur Routine geworden ist, ist nicht aufzustellen. Zwangsläufig muss der Klient sein Anliegen anders kreieren. Die Aufstellung macht damit ‚einen Unterschied, der einen Unterschied macht' (Bateson), sie liefert neue Informationen" (GROTH 2004, S. 175).

3.4 Irritation durch Aufstellen von abstrakten Strukturen

Ein weiterer möglicher Irritations- und Verfremdungseffekt tritt ein, wenn statt der Personenkonstellationen spezifische abstrakte Strukturen aufgestellt werden. Dieses Vorgehen stellt eine Sonderform der Aufstellungspraxis dar und wurde von SPARRER und VARGA VON KIBÉD (2000) entwickelt. Beispielhaft aus der Vielzahl bisher entwickelter Aufstellungsformen sind Tetralemma- und Problemaufstellungen zu nennen.

Beim *Tetralemma* handelt es sich um ein Prozessschema, mit dessen Hilfe eine Erstarrung im Denken überwunden werden kann. Es findet seinen Einsatz, um Dilemma-Situationen zu entkommen (SPARRER/VARGA VON KIBED 2000, S. 75ff.). Wie schon der Name vorgibt, finden sich im Tetralemma vier Positionen. Die zwei gegensätzlichen Positionen – „das Eine" und „das Andere" –, die das typische Dilemma ausmachen, werden um zwei weitere – „Beides" und „Keines von beiden" – erweitert:

- *Position 1:* „Das Eine" ist in der Regel dasjenige, woran man denkt, wenn eine Aufgabe zu lösen oder ein Problem zu beheben ist.
- *Position 2:* „Das Andere" kommt als Gegenposition ins Spiel, v. a. wenn „das Eine" die Erwartungen enttäuscht hat.
- *Position 3:* „Beides" ist die Position, in der bisher nicht gesehene Vereinbarkeiten ausprobiert werden. Dies kann auf vielfältige Art und Weise geschehen. Sachlich denkt man an Kompromisse, mit denen die Verbindung beider Gegensätze gelingt. Sollte dieses nicht möglich sein, kann man oszillieren, also ein iteratives Vorgehen wählen. Wer sich auf die Suche nach den Verbindungsmöglichkeiten begibt, nimmt eine interne Kontexterweiterung vor (SPARRER/VARGA VON KIBÉD 2000, S. 84).
- *Position 4:* Die Position „Keines von beiden" führt eine Distanz zu dem Konflikt ein. Sie kann auch als externe Kontexterweiterung gesehen werden, da es nun darum geht, einen Blick auf den Kontext zu werfen, in dem beispielsweise die Unterscheidung „Innovation" oder „Routine" Wichtigkeit erlangte.

Grafisch veranschaulicht sieht der Prozess dann folgendermaßen aus (siehe Abb. 2):

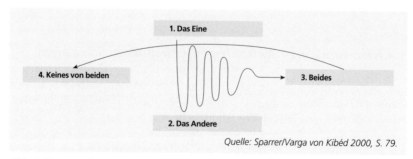

Quelle: Sparrer/Varga von Kibéd 2000, S. 79.

Abb. 2: Das Tetralemma

Diese vier Positionen können aufgestellt werden. Ein Klient stellt einen Repräsentanten für den Fokus und vier weitere Repräsentanten für die benannten Positionen auf. Hinzu kommt dann noch eine fünfte Position mit der Bezeichnung: „All dies nicht – und selbst das nicht!". Sie wird als freies Element gestellt, hat damit die Möglichkeit, sich nach freiem Ermessen innerhalb der Aufstellung zu bewegen.

Eine weitere von vielen möglichen Strukturaufstellungen ist die *Problemaufstellung*. Mit ihr wird der Klient angehalten, sein Anliegen unter folgenden Gesichtspunkten aufzustellen:

* Fokus,
* Ziel,
* Hindernisse (Schutzwälle),
* (ungenutzte) Ressourcen,
* verdeckter Gewinn und
* künftige Aufgabe (Sparrer/Varga von Kibéd, 2000, S. 45ff.).

Es würde zu weit führen, diese elaborierten Aufstellungsformen detailliert darzustellen, dennoch sollte allein über die Nennung der jeweils für relevant erachteten Elemente deutlich werden, wie es gelingt, Problembeschreibungen auf Strukturbesonderheiten zu reduzieren, und wie über die Befragung und Bewegung der Strukturelemente beim Klienten kreative Denkprozesse angestoßen werden.

3.5 Irritation durch Körperwahrnehmungen

In der Körperwahrnehmung sehen viele Aufsteller den wesentlichen Bestandteil der Aufstellung. Mit ihr soll es gelingen, das Informationsfeld eines Unternehmenssystems „anzuzapfen" und sich in das Netzwerk einzuwählen, in dem alle relevanten Informationen über das Beziehungsgefüge im Unternehmen fließen (Horn/Brick 2001, S. 21). Der Körper stellt sozusagen das Medium dar, über das die Verbindung zum dargestellten System hergestellt wird. Für uns ist es „nur" eine weitere Form der Irritation. Über die Befragung der Repräsentanten zu ihrer körperlichen Befindlichkeit wird eine vermeintliche Außensicht präsentiert, die dem Leiter wichtige Anhaltspunkte für sein weiteres Vorgehen liefert und die dem Klienten, der zu diesem Zeitpunkt des Aufstellungsprozesses in

die Position des Außenbeobachters gerückt ist, mögliche, kontingente Be-
schreibungsmöglichkeiten seines Problems aufzeigt.

Zu erklären bleibt dennoch, wieso die Äußerungen der Repräsentanten,
die sie vermeintlich mit Hilfe ihres Körpers tätigen, auf so große Resonanz stoßen. Hierzu zunächst ein Exkurs zum Verhältnis Körper-Be-
wusstsein-Kommunikation: Geht man davon aus, dass Körperprozesse
sinnfrei verlaufen (HAHN/JACOB 1994, S. 154), könnte man die Prämissen der Aufsteller auch verkehren: Die Frage lautet dann nicht mehr, wie
der Körper wahrnimmt, sondern eher, wie das Bewusstsein den Körper
„in Szene setzt" und wie die Kommunikation diese Inszenierung sank-
tioniert. Aus einer Kausalkette (der Körper nimmt wahr und der Repräsentant spricht aus, was er stellvertretend empfindet ..., siehe auch
Abb. 1) wird ein doppelter Selektionsprozess, nämlich das bewusste
sinnhafte Wahrnehmen des Körpers durch die Psyche und die Kommunikation der wahrgenommenen Körperempfindungen unter besonderen
Interaktionsbedingungen (GROTH 2004, S. 176). Jeder Repräsentant
wird dezidiert zur Introspektion aufgefordert. Auf den Körper zu achten,
stellt eine der stärksten Erwartungsstrukturen dar, zugleich wird alles
„Erfühlte" mit Bedeutung aufgeladen: Jedes Kribbeln sagt etwas aus, jedes Kältegefühl hat eine Bedeutung, keine Regung passiert zufällig, alles
wird in einen direkten Zusammenhang mit der Aufstellung und dem Re-
präsentierten gebracht.

Kann man unter diesen Umständen noch davon ausgehen, dass der Körper unvermittelt an uns herantritt? Erst das Setting der Aufstellung stili-
siert den Körper zur sozialen Tatsache. „Niemals ‚spricht' der Körper
selbst. Vielmehr wählt das soziale System aus der virtuell unendlichen
Menge körperlicher Veränderungen bestimmte aus und behandelt sie als
bedeutungsträchtig" (HAHN 1988, S. 670). Damit kommen die Besonderheiten des Interaktionssystems Aufstellung nochmals in den Blick:
„Ob und wenn ja welchen unwillkürlichen Veränderungen des Körpers
eine Bedeutung zugemessen wird, hängt von den Sinninvestitionen des
Bewusstseins oder des jeweiligen sozialen Systems ab" (HAHN 1988,
S. 670f.).

Wie immens die Sinninvestitionen sind, zeigt sich vor allem im Kontrast
zu alltäglichen Interaktionen. Niemand käme auf die Idee, seinem Körper ein so hohes Maß an Relevanz beizumessen. Wo, wenn nicht inner-

halb einer Aufstellung, trauen sich erwachsene Menschen, von einschlafenden Armen, Kälteschauern über den Rücken, Wut auf den Gegenüber, Liebe zur Nachbarin etc. zu reden, und wo, wenn nicht in einer Aufstellung, käme man auf den Gedanken, dass dies unternehmensrelevante Informationen sein können? Doch diese Verfremdung funktioniert und sie funktioniert auch deshalb, weil der Körper auf eine ganz bestimmte Art und Weise inszeniert wird, die es kaum zulässt, dass körperliche Regungen nichts mit der Aufstellung und dem dargestellten Zusammenhang zu tun haben könnten.

Erleichtert wird die Inszenierung, weil jede aufgestellte Person „nur" als Repräsentant agiert, und damit befreit wird von der Sorge um Gesichts- oder Statusverlust, sobald er seine Eingebungen äußert. In die Rolle eines Repräsentanten gesetzt, kann man alles äußern, was einem irgendwie in den Sinn kommt und muss sich keine Sorge um sein Image in der Gruppe machen (GOFFMANN 1986, S. 15ff.). Mehr noch: Derjenige, der besonders intensiv empfindet und eine ausschweifende Theatralik an den Tag legt, kann mit Anerkennung rechnen. Glaubhaft bezweifeln kann dies sowieso niemand. Körperempfindungen sind per se authentisch, sie sind sozusagen mit einem Realitätsbonus ausgestattet.

3.6 Zur Anschlussfähigkeit der Irritationen

Wären die hier genannten Irritationen nicht anschlussfähig, käme kein Beratungserfolg zustande. Die Klienten würden die Aus- und Aufführungen für Humbug halten und sich abwenden. Worauf es ankommt, um die Anschlussfähigkeit zu sichern, zeigt KARL WEICK mit seinem Bericht über einen Aufklärungstrupp, der von einem jungen Leutnant in die Alpen geschickt wurde. Als es stark zu schneien begann, fand dieser Trupp den Rückweg nicht mehr. Verzweifelt und entkräftet dachten die Männer schon, sie seien verloren. Die Stimmung änderte sich schlagartig, als einer von ihnen eine Landkarte in seinem Rucksack fand. Sobald sich der Schneesturm legte, marschierten sie los und fanden – sich stets gemeinsam an der Karte orientierend – den Weg zurück. Glücklich, seine Männer wieder zu sehen, ließ sich der Leutnant die rettende Karte zeigen und stellte zu seinem Erstaunen fest, dass es sich um eine Karte der Pyrenäen handelte (WEICK 1995, S. 54).

Es kam in diesem Fall nicht darauf an, ob es die „richtige" Karte war. Sie musste nur irgendwie die Funktion erfüllen, aus einer verfahrenen Situation herauszuführen. "When you're lost, any old map will do", so das Resümee von Weick (1995, S. 54). Auch wenn die Geschichte nicht alles erklären kann, was in Aufstellungen vonstatten geht, so weist sie doch auf den wesentlichen erfolgskritischen Aspekt hin. Vor allem scheint das Framing der verwendeten Instrumente von Bedeutung für deren späteren Erfolg zu sein. Folgt ein Klient dem Erklärungsmodell des Aufstellungsleiters und glaubt daran, dass man über Aufstellungen Systemzusammenhänge inszenieren kann, wird er das Geschehen unter dem Gesichtspunkt betrachten, was an der Aufstellung stimmen könnte, bzw. was er selbst noch nicht gesehen hat. Unterstützt wird dieses auch dadurch, dass schließlich nicht eine vollkommen beliebige Struktur gestellt wird. Genau so, wie auch die „falsch-richtige" Pyrenäen-Karte Berge und Täler, also Strukturähnlichkeiten aufwies zur Situation des Bergtrupps in den Alpen, muss es auch in der Aufstellung gelingen, die *Illusion* einer Kopie des Originals zu erzeugen.

Gelingt die Inszenierung, bewirken Aufstellungen etwas, das mit anderen, klassischen Beratungsformen kaum möglich ist: Sie leisten Bewusstseinsirritationen. Fast immer sind die Beteiligten berauscht, wie von einem Bild, einer Musik, einer Aufführung. Dies bringt die Beweglichkeit in die Beobachtung zurück (Baecker 1990; Baecker 1993), erzeugt ein Kontingenzbewusstsein und erreicht damit das, was als Ziel einer systemischen Beratung gesehen wird (Wimmer 1992; Groth 1999; Königswieser/Exner 2001). Hinzu kommt, dass die Intervention durch eine Aufstellung weitaus nachhaltiger wirkt als sonstige beraterische Interventionen. Während Worte und Folien eines Beraters schnell in Vergessenheit geraten, können sich Klienten sowohl visuell als auch körperlich noch über lange Zeit an einzelne Aufstellungen und Lösungsbilder erinnern.

4   Weiterer Professionalisierungsbedarf

Gerade ihre Wirkmächtigkeit macht einen verantwortungsvollen Umgang mit der Aufstellungsmethode notwendig. Doch genau die Wirkungsmacht scheint der Professionalisierung im Wege zu stehen. Wenn selbst Aufstellungslaien große Wirkungen erzielen können, fehlt die Einsicht, die Methode dosiert und differenziert einzusetzen. Nicht jedes Problem eignet sich für eine Aufstellung und nicht immer sind Aufstellungen angezeigt. Hierzu sieben kursorische Anmerkungen (GROTH 2004, S. 179ff.; GROTH/SIMON 2005):

1. Unter dem Titel „Organisationsaufstellung" wird jede Aufstellungspraxis subsumiert, in der es um Organisationsfragen geht. Diese (Sammel-)Bezeichnung lässt jedoch offen, ob ein persönliches Anliegen, ein Team oder ein Unternehmen aufgestellt wird. Auch wird nicht deutlich, ob die Aufstellung außerhalb, also mit Fremden, oder innerhalb eines Unternehmens, also unter Kollegen, stattfindet. Hier zu differenzieren ist von eminenter Wichtigkeit, denn in Abhängigkeit von der Fragestellung und dem Setting ergeben sich vollkommen unterschiedliche Chancen und Risiken.

2. Aufstellungen finden oft unter Fremden in so genannten „stranger groups" statt. Die Teilnehmer eines Seminars stehen jeweils füreinander als Repräsentanten zur Verfügung; sie haben kein Vorwissen von dem dargestellten System und können glaubwürdig aus ihrer Position heraus (und nicht auf der Basis von Erinnerungen) Auskunft geben. Dieses Setting bietet sich vor allem für das Coaching oder die Supervision an. Einzelne Personen erhalten Anregungen für ihr Anliegen, es bleibt ihnen überlassen, ob und wie sie die Impulse aufgreifen. In dieser Form kann die Aufstellung ihre Stärken am ehesten ausspielen.

3. Schließt das Anliegen des Fallbringers sein Unternehmen ein, verliert das Instrument an Wirkung. Die Erkenntnisgewinne einzelner Personen, so richtig und wichtig sie auch sein mögen, reichen allein nicht aus, um ein Unternehmen zu ändern. Die Aufstellung muss hierzu in ein breiteres Beratungssetting eingepasst werden. Es bietet sich beispielsweise an, mit Aufstellungen punktuelle Anregungen für einen Veränderungsprozess einzuholen. Umfassende Reorganisationen lassen sich mit Aufstellungen allein sicher nicht bewerkstelligen.

4. Aufgrund der Problematik, Aufstellungsergebnisse, die mit fremden Repräsentanten erzielt wurden, nicht wirksam übertragen zu können, ist der Anreiz groß, direkt im Unternehmen aufzustellen. Dieses Vorgehen führt bestimmte Begrenzungen und Risiken mit sich. Denkbar ist, dass nur Scheinprobleme aufgestellt werden, weil zu viele Betrof-

fene im Raum sind, weil man Vorgesetzte nicht bloßstellen möchte etc.
Ebenso vorstellbar ist es, dass Probleme eskalieren. Dies hängt auch
damit zusammen, dass in Organisationen Mehrdeutigkeiten gepflegt
werden, die z. B. jeder Abteilung die Selbstbeschreibung ermöglicht,
dem Unternehmensziel am stärksten zu dienen, oder auch jedem Mitarbeiter das Gefühl lässt, ein gleichberechtigtes Mitglied im Team zu
sein. Hier über Aufstellungen Eindeutigkeiten einzuführen, hätte nachhaltig negative Auswirkungen. Bei Aufstellungen in Unternehmen ist
die Kunstfertigkeit des Beraters gefragt, die Prozesse so zu steuern,
dass die angedeuteten Dynamiken nicht auftreten. Verdeckte Aufstellungen oder auch Strukturaufstellungen können hierbei gute Dienste
leisten.

5. Ein weiterer Aspekt, den es anzumerken gilt, ist die grundlegende Differenz von Organisationen und Familien (SIMON 1999). Viele Aufsteller sind hierauf wenig sensibilisiert. Sie übertragen ihre zumeist
aus der Familienaufstellung gewonnenen Erfahrungen und Praktiken,
ohne zu sehen, dass in Familien jede einzelne Person mit ihren Beziehungen, Emotionen und langfristigen Entwicklungsprozessen im Vordergrund steht, während Unternehmen eher auf der Basis von formalen Funktionen, personenunabhängigen Regeln und kurzfristigen Ge-
winnerwartungen operieren. Während es in Familienaufstellungen
ratsam sein kann, allen Beteiligten zu einer ihnen genehmen Position
zu verhelfen, kann gerade dies bei Organisationen dazu führen, dass
der Markt oder die Kunden noch weiter außerhalb des Sichtfeldes gelangen.

6. Organisationsaufstellungen beschränken sich oftmals darauf, Team-
strukturen abzubilden. RUPPERT (2000) präferiert deshalb die Bezeichnung „Arbeitsbeziehungsaufstellung". Auch hierbei spielt die
Herkunft der Methode aus der Arbeit mit Familien eine erhebliche
Rolle. Aufsteller bleiben in ihren Denkmustern verhaftet und rekon-
struieren eine Organisation als Ansammlung Einzelner in Teams. Besonders deutlich wird diese Auffassung in den an Hellingers Ord-
nungsprinzipien orientierten Umstellungen durch den Aufstellungsleiter (HELLINGER 2000a/b). Wenn am Ende hauptsächlich Alter, Zugehörigkeit und Wichtigkeit der Person als Indizien für eine „gute
Ordnung" genommen werden, ist es zweifelhaft, ob dies der Komplexität einer Organisation gerecht wird.

7. Zudem ist immer wieder zu beobachten, dass Organisationsaufstellungen zu Familienaufstellungen werden. Statt an den Problemen einer Organisation zu arbeiten, wird in der Familie des Fallbringers geforscht. Zwangsläufig hat die Herkunftsfamilie einen bestimmenden Einfluss auf den Einzelnen, doch bei Inhouse-Aufstellungen birgt das Hinzustellen familiärer Verhältnisse die Gefahr, den Mitarbeiter vor seinen Kollegen, Vorgesetzten und Untergebenen bloßzustellen. Zum anderen führt die Fokussierung auf die Person mitsamt ihrer Herkunftsfamilie die Suggestion mit sich, sie selbst sei schuld an dem Problem und somit auch diejenige, die es, also sich, ändern müsse. Mit diesem Vorgehen wird die Zurechnungspraxis gedoppelt, die Organisationen pflegen, um von ihren eigenen strukturellen Problemen abzulenken.

5 Die Zukunft der Organisationsaufstellung

Auch wenn das Anleiten einer Aufstellung voraussetzungsvoll ist und das Setting bestimmten Begrenzungen in der Anwendung unterliegt, hat die noch junge Methode der Organisationsaufstellung ein großes Potenzial, das bei Weitem nicht ausgeschöpft ist. Erfolgsentscheidend wird sein, ob es gelingt, eine für Unternehmenskontexte anschlussfähige Konzeption und Sprache zu entwickeln. Die vorliegende Arbeit versteht sich als Beitrag dazu. Mit mystischen Anklängen, Heilsversprechen oder auch Vorstellungen einer guten Ordnung, die bisher hauptsächlich in der Arbeit mit Einzelpersonen und Familien fruchteten, werden Organisationsaufstellungen ihre bisherige Nischenexistenz nicht verlassen können.

Dabei besitzen Aufstellungen über die kreative Nutzung des Raums (zur Visualisierung komplexer Strukturen) und der Repräsentanten (zum Einbringen neuer Wirklichkeitsbeschreibungen) Alleinstellungsmerkmale auf dem Beratungsmarkt. Dass es hierzu – wie aufgezeigt wurde – keiner Verbindungen zum Dargestellten bedarf, die Aufstellung eher als eine sich selbsttragende Inszenierung zu verstehen ist, muss nicht von Nachteil sein – im Gegenteil. Wer behauptet, er würde Wahrheiten, Geheimnisse oder auch Verborgenes ans Licht bringen, bürdet sich Beweislasten auf, die er nur über das Abdriften ins Unbeweisbare (Mystik) schultern kann. Aufstellungen, verstanden als Lieferanten möglicher andersartiger Wirklichkeiten, können einen Beitrag leisten, dass Organisationen einen kreativeren Umgang mit sich und ihren Umwelten pflegen. Kunden-, Marken-, Strategieaufstellung etc. zeigen neue Businessfelder auf. Dort können Aufstellungen in genau die Lücken stoßen, die sich auftun, da die vielen sich rational gebenden Tools ihre großen Versprechen nie einzulösen vermögen.

Literatur

BAECKER, D. (1990): Die Kunst der Unterscheidungen. In: Baecker, D. et al.: Im Netz der Systeme. Merve Verlag, Berlin, S. 7-39.

BAECKER, D. (1993): Kommunikation über Wahrnehmung. Manuskript Bielefeld.

BAECKER, D. (2005): Therapie für Erwachsene. Zur Dramaturgie der Strukturaufstellung. In: Groth, T./Stey, G. (Hrsg.): Systemaufstellung als Intervention in Organisationen – Von der Praxis zur Theorie und zurück. Carl-Auer-Systeme Verlag, Heidelberg. (Im Erscheinen)

GOFFMANN, E. (1986): Interaktionsrituale. Über Verhalten in direkter Kommunikation. Suhrkamp, Frankfurt a. M.

GROCHOWIAK, K./CASTELLA, J. (2002): Systemdynamische Organisationsberatung. Ein Handlungsleitfaden für Unternehmensberater und Trainer (2. überarb. Aufl.). Carl-Auer-Systeme Verlag, Heidelberg.

GROTH, T. (1999): Wie systemtheoretisch ist ‚Systemische Organisationsberatung'? – Neuere Beratungskonzepte für Organisationen im Kontext der Luhmannschen Systemtheorie (2. Aufl.). Lit-Verlag, Münster.

GROTH, T. (2004): Organisationsaufstellung – ein neues Zauberinstrument in der Beratung? In: Gruppendynamik und Organisationsberatung (35), H. 2, S. 171-184.

GROTH, T./SIMON, F. B. (2005): Organisationsaufstellung – jenseits von Mystik und Zauberei. In: Personalführung 5/2005, S. 56-63.

GROTH, T./STEY, G. (2005, Hrsg.): Systemaufstellung als Intervention in Organisationen - Von der Praxis zur Theorie und zurück. Carl-Auer-Systeme Verlag, Heidelberg. (Im Erscheinen)

HAHN, A. (1988): Kann der Körper ehrlich sein? In: Gumbrecht, H. U./Pfeiffer, K. L. (Hrsg.): Materialität der Kommunikation. Suhrkamp, Frankfurt a. M., S. 666-679.

HAHN, A./JACOB, R. (1994): Der Körper als soziales Bedeutungssystem. In: Fuchs, P./Göbel, A. (Hrsg.): Der Mensch, das Medium der Gesellschaft. Suhrkamp, Frankfurt a. M., S. 146-188.

HELLINGER, B. (1994): Ordnungen der Liebe. Ein Kursbuch. Carl-Auer-Systeme Verlag, Heidelberg.

HELLINGER, B. (2000a): Organisationsberatung und Organisationsaufstellung. 26 Fragen an Bert Hellinger von Johannes Neuhauser. In: Weber, G. (Hrsg.): Praxis der Organisationsaufstellung – Grundlagen, Prinzipien, Anwendungsbereiche. Carl-Auer-Systeme Verlag, Heidelberg, S. 307-319.

HELLINGER, B. (2000b): Loyalität durch Ordnung – Erfolg durch Loyalität. Ein Interview von Humberto del Pozo mit Bert Hellinger. In: Weber, G. (Hrsg.): Praxis der Organisationsaufstellung – Grundlagen, Prinzipien, Anwendungsbereiche. Carl-Auer-Systeme Verlag, Heidelberg, S. 320-329.

HORN, K.-P./BRICK, R. (2001): Das verborgene Netzwerk der Macht. Systemische Aufstellung in Unternehmen und Organisationen. Gabal, Offenbach.

KIESERLING, A. (1999): Kommunikation unter Anwesenden. Studien über Interaktionssysteme. Suhrkamp, Frankfurt a. M.

KÖNIGSWIESER, R./EXNER, A. (2001): Systemische Intervention. Architekturen und Designs für Berater und Veränderungsmanager (6. Aufl.). Klett-Cotta, Stuttgart.

KUTTER, P. (1992): Das direkte und indirekte Spiegelphänomen. In: Pühl, H. (Hrsg.): Handbuch der Supervision. Edition Marhold, Berlin, S. 291-301.

LAKOTTA, B. (2002): „Danke, lieber Papi". In: Der Spiegel Nr. 7 v. 9.2.2002, S. 200-202.

LUHMANN, N. (1975): Einfache Sozialsysteme. In: Ders.: Soziologische Aufklärung 2. Aufsätze zur Theorie der Gesellschaft. Westdeutscher Verlag, Opladen, S. 21-38.

LUHMANN, N. (1995): Probleme mit operativer Schließung. In: Ders.: Soziologische Aufklärung 6. Die Soziologie und der Mensch. Westdeutscher Verlag, Opladen, S. 12-24.

PROBST, G. J. B./GOMEZ, P. (1991): Vernetztes Denken: Ganzheitliches Führen in der Praxis. Gabler, Wiesbaden.

RUPPERT, F. (2000): Die unsichtbare Ordnung in Arbeitsbeziehungssystemen – Konflikthafte Strukturen und Hilfestellungen für ihre Auflösung. In: Weber, G. (Hrsg.): Praxis der Organisationsaufstellung – Grundlagen, Prinzipien, Anwendungsbereiche. Carl-Auer-Systeme Verlag, Heidelberg, S. 156-174.

RUPPERT, F. (2001): Berufliche Beziehungswelten. Das Aufstellen von Arbeitsbeziehungen in Theorie und Praxis. Carl-Auer-Systeme Verlag, Heidelberg.

SERRES, M. (1981): Der Parasit. Suhrkamp, Frankfurt a. M.

SHELDRAKE, R. (1993): Das schöpferische Universum – die Theorie des morphogenetischen Feldes. Ullstein, Frankfurt a. M.

SIMON, F. B. (1999): Organisationen und Familien als soziale Systeme unterschiedlichen Typs. In: Baecker, D./Hutter, M. (Hrsg.): Systemtheorie für Wirtschaft und Unternehmen. Leske + Budrich, Leverkusen, S. 181-200.

SIMON, F. B./ RECH-SIMON, CHR. (2004): Zirkuläres Fragen: Systemische Therapie in Fallbeispielen (6. Aufl.), Carl-Auer-Systeme Verlag, Heidelberg.

SCHLÖTTER, P. (2005): Vertraute Sprache und ihre Entdeckung. Carl-Auer-Systeme Verlag, Heidelberg.

SPARRER, I./VARGA VON KIBÉD, M. (2000): Ganz im Gegenteil. Tetralemmaarbeit und andere Grundformen Systemischer Strukturaufstellung – für Querdenker und solche, die es werden wollen. Carl-Auer-Systeme Verlag, Heidelberg.

SPARRER, I. (2000): Vom Familien-Stellen zur Organisationsaufstellung. Zur Anwendung Systemischer Strukturaufstellungen im Organisationsbereich. In: Weber, G. (Hrsg.): Praxis der Organisationsaufstellung – Grundlagen, Prinzipien, Anwendungsbereiche. Carl-Auer-Systeme Verlag, Heidelberg, S. 91-126.

SPARRER, I. (2001): Konstruktivistische Aspekte der Phänomenologie und phänomenologische Aspekte des Konstruktivismus. In: Weber, G. (Hrsg.): Derselbe Wind lässt viele Drachen steigen. Systemische Lösungen im Einklang. Carl-Auer-Systeme Verlag, Heidelberg, S. 68-97.

WEBER, G. (2000a): Vorwort. In: Weber, G. (Hrsg.): Praxis der Organisationsaufstellung – Grundlagen, Prinzipien, Anwendungsbereiche. Carl-Auer-Systeme Verlag, Heidelberg, S. 7-8.

WEBER, G. (2000b): Organisationsaufstellungen: Basics und Besonderes. In: Weber, G. (Hrsg.): Praxis der Organisationsaufstellung – Grundlagen, Prinzipien, Anwendungsbereiche. Carl-Auer-Systeme Verlag, Heidelberg, S. 34-90.

VARGA VON KIBÉD, M. (2000): Unterschiede und tiefere Gemeinsamkeiten der Aufstellungsarbeit mit Organisationen und der systemischen Familienaufstellung. In: Weber, G. (Hrsg.): Praxis der Organisationsaufstellung – Grundlagen, Prinzipien, Anwendungsbereiche. Carl-Auer-Systeme Verlag, Heidelberg, S. 11-33.

WEICK, K. E. (1976): Educational Organizations as Loosely Coupled Systems. In: Administrative Science Quarterly (21), S. 1-19.

WEICK, K. E. (1995): Sensemaking in Organizations. Sage Publications, Thousand Oaks.

WIMMER, R. (1992): Was kann Beratung leisten? Zum Interventionsrepertoire und Interventionsverständnis der systemischen Organisationsberatung. In: Wimmer. R. (Hrsg.): Organisationsberatung: Neue Wege und Konzepte. Gabler, Wiesbaden, S. 59-112.

ASTRID SCHREYÖGG

Coaching

1 Einleitung

Coaching hat im letzten Jahrzehnt einen unvergleichlichen Siegeszug angetreten (BÖNING 2002; BÖNING/FRITSCHLE 2004). Es wird heute in vielen Unternehmen, Behörden und sozialen Dienstleistungssystemen praktiziert. Trotzdem bestehen immer noch Unsicherheiten, was unter Coaching zu verstehen ist, welche Funktionen und Zielgruppen, welche Themen oder welche Ziele mit Coaching angegangen werden. Der vorliegende Beitrag nimmt dies zum Ausgangspunkt und liefert einen Überblick über die aktuelle Coaching-Landschaft.

2 Der Begriff „Coaching"

Der Begriff „Coaching" ist uns allen im Zusammenhang mit dem Sport geläufig. Dort erfreut er sich seit mindestens zwei Jahrzehnten großer Beliebtheit. Das Wort entstammt Begriffen wie „Kutsche" oder „Kutscher". Eigentlich geht es um einen „kuscheligen" Ort, an dem ein Mensch alle seine Gefühle, Fragen oder Sorgen ausbreiten kann. Der Sport-Coach, als bekannteste Variante, erhält bei Spitzensportlern wie etwa Tennisstars, die durch ihre Lebensumstände oft stark vereinsamt sind und trotz vielfältiger mentaler Belastungen Höchstleistungen erbringen wollen, die Bedeutung eines intimen Solidarpartners für alle fachlichen und emotionalen Anliegen. Die zentrale Funktion von Coaching besteht in diesen Milieus in der Vorbereitung des Sportlers auf extreme Leistungssituationen.

Seit Beginn der achtziger Jahre taucht der Begriff in der modernen Managementliteratur auf. Was besagt er hier? Bei Durchsicht einschlägiger Publikationen fällt immer noch eine gewisse Uneinheitlichkeit in der Begriffsverwendung auf (RAUEN 2002). Von manchen Autoren wird Coaching wie eine Wunderdroge angepriesen: Es kann angeblich Führungskräfte von Alkoholismus und Depression befreien. Andere scheinen den Begriff lediglich als modische Worthülse zu bemühen, indem sie unterschiedlichste Arten von interner und externer Weiterbildung, Nach-

beschulung und selbst konventionellste Seminaraktivitäten unter dem Begriff „Coaching" fassen (HARTZ 1994). Von wieder anderen wird „Vor-
gesetztencoaching" als ideale Beratungsform für unterstellte Mitarbeiter
propagiert. Hier steht Coaching lediglich als Synonym für einen besonders sorgfältigen Führungsstil, der Nähe zu therapeutischen Interak-
tionsformen aufweist (z. B. DEHNER 2004). Diese Begriffsverwendung
stellt schon terminologisch einen Widerspruch dar; denn die Relation
zwischen Vorgesetzten und Mitarbeitern beinhaltet niemals vollständige
Freiheit im Hinblick auf die Wahl des Beraters, die Wahl der Themen
usw., durch die Beratung im eigentlichen Sinn definiert ist (KÖNIG/
VOLMER 1993). Im Übrigen würde sich ein Vorgesetzter, der laufend
seine unterstellten Mitarbeiter zu „coachen" versucht, wie eine Glucke
benehmen, die ihre Jungen nicht aus ihrer Obhut entlassen kann.
Coaching hätte hier geradezu kontraproduktive Effekte, nämlich die
Verhinderung der Selbständigkeit von Mitarbeitern.

3   Die Funktionen von Coaching

Welche Bedeutung des Wortes „Coaching" ist in der Managementliteratur wirklich neu und welche ist sinnvoll? Im Gegensatz zu allen sonstigen Begriffsverwendungen lässt sich von einer Innovation sprechen,
wenn Coaching als professionelle Form der Managementberatung verstanden wird. Dabei verhandeln Führungskräfte unter „vier Augen"
(LOOS 1999) oder in einer Kleingruppe (z. B. WALLNER 2004) alle für
sie aktuell relevanten Fragestellungen mit einem Berater, hier eben
als „Coach" benannt. Daraus ergeben sich auch die Funktionen von
Coaching:

1. Coaching stellt zunächst eine *innovative Maßnahme der Personalent-
   wicklung* dar. Im Gegensatz zu bis dato üblichen Trainings- oder
   Seminaraktivitäten können Führungskräfte hier alle für sie wichtigen
   Fragestellungen ganz gezielt mit einem professionellen Gesprächs-
   partner verhandeln. Coaching dient dann einer Verbesserung der
   Funktionsfähigkeit von Führungskräften mit der Hoffnung auf eine
   Optimierung in der Organisation.

2. Außerdem dient Coaching als *Dialogform über Freud und Leid im
   Beruf.* Hier erhalten alle beruflichen Krisenerscheinungen und Kon-

flikterfahrungen, aber auch alle Bedürfnisse nach beruflicher Fortentwicklung den ihnen gebührenden Raum. Dabei dient Coaching einerseits zur Bewältigung von Krisen und Konflikten. Andererseits dient
es zur generellen Fortentwicklung von Einzelnen, aber auch von
ganzen Kollektiven. In diesem Verständnis fungiert Coaching auch als
Maßnahme der „Personenentwicklung". Denn in vielen Fällen können Führungskräfte erst dann wieder ihre Aufgaben optimal wahrnehmen, wenn sie sich als Mensch angesprochen und entsprechend unterstützt fühlen. So erweist sich beispielsweise das Thema „Work-
Life-Balance" für Führungskräfte zunehmend als bedeutsam, weil viele von ihnen keinen ausreichenden Ausgleich mehr zu ihren „Hoch-
leistungsprogrammen" haben.

In vielen Coachings sind wie im nachfolgenden Beispiel beide Funktionen relevant.

4   Ein Fallbeispiel

Eine männliche Führungskraft von 35 Jahren, die ich hier Peter Frank
nenne, fragte nach Absprache mit ihrer Personalentwicklungsabteilung
um Coaching an, weil sie sich „grundsätzlich verunsichert" fühlte. Sie
hatte kürzlich in einer Bank die Position eines Vertriebsdirektors übernommen, d. h. des Vorgesetzten aller Filialleiter einer größeren Stadt.
Da sie in dem entsprechenden Bankhaus bislang außerordentlich gut
reüssieren konnte, nahm sie auch ihre neue Tätigkeit mit viel Schwung
und Energie auf. Sie richtete sofort ein wöchentliches Treffen mit allen
Filialleitern ein, „um alle kennen zu lernen, um von ihnen zu hören, was
sich in ihren Filialen aktuell so tut, aber auch, um mit ihnen über ihre
Kompetenzen und eventuellen Defizite im Managementbereich zu sprechen." In der Bank war soeben ein 360-Grad-Feedback-System eingerichtet worden, bei dem jeder Mitarbeiter in relativ kurzen Intervallen auf
jeder Hierarchieebene von oben, von unten und von der Seite beurteilt
werden sollte (NEUBERGER 2000).

In den ersten beiden Wochen nahmen alle an den Meetings teil, „um ihn
zu beschnuppern", wie er meinte. Ihm fiel aber auf, dass sie ihm als Vorgesetzten gegenüber wenig mitteilsam waren. In den nächsten drei Wochen bröckelte die wöchentliche Sitzung aber erheblich. Zunächst fehl-

ten drei, dann vier, in der dritten Woche sogar fünf, von denen sich jeweils nur zwei für ihre Abwesenheit entschuldigt hatten. Jetzt fühlte sich der junge Vertriebsdirektor aber doch erheblich verunsichert und auch verärgert. Er wies seine Sekretärin an, eine Rundmail an alle zu richten, damit sie am kommenden Treffen auf jeden Fall teilnähmen. Und tatsächlich, jetzt erschienen alle bis auf eine Filialleiterin, die sich allerdings wegen Krankheit entschuldigen ließ. Jetzt polterte Peter Frank aber regelrecht los, dass es geradezu unglaublich sei, dass sie die wöchentlichen Treffen einfach „schwänzen", dass sie sich ihm entziehen würden, dass er sich jetzt auch die Zahlen ihrer Filialen angesehen habe, dass da manches im Argen liege, dass sie überhaupt viel zu lahm seien, gar nicht gerüstet für das neue Beurteilungssystem usw.

Zuerst waren die Filialleiter schockiert, dann empört. Besonders eine Gruppe von fünf Personen, vier Männer und eine Frau, teilte Peter Frank mit, dass sie sich über so einen Ton sofort beim Personalchef beschweren wolle. Nun fühlte er sich erheblich in der Defensive. Als der Personalchef angesichts dieser Beschwerde auch noch einen Betriebssozialarbeiter beauftragte, „sich mal ein bisschen der Gruppendynamik in dieser Stadt anzunehmen", war er sehr irritiert. Der Betriebssozialarbeiter berief dann eine Sitzung ein, an der nun plötzlich wieder alle anwesend waren und die sich zu einem regelrechten Tribunal gegen Peter Frank auswuchs. Bei dieser „Aussprache" wurde ihm aber plötzlich klar, dass er es mit spezifischen „Altlasten", nämlich mit Interaktionsmustern seines Vorgängers zu tun hatte, und ihm wurde klar, dass er die Personalentwicklung dringend um Coaching bitten wolle.

In diesem Stadium begannen wir mit der Beratung. In einem ersten Schritt rekonstruierten wir die aktuelle Situation. Ich ermunterte Peter Frank, sich bei seinem formalen Vorgesetzten, aber auch bei seiner Sekretärin (das ist nämlich die einzig legitime Vertraute eines Vorgesetzten) nach dem Vorgänger zu erkundigen, außerdem alle Informationen zu sammeln, die er zwischen Tür und Angel über „sein" System gewinnen konnte. Nun stellte sich heraus, dass sein Vorgänger, ein gemütvoller 65-jähriger Mann, bereits zehn Jahre auf seiner Position verbracht hatte und ungefähr zwei Jahre vor seiner Pensionierung „eigentlich mehr seinen Vorlieben als den Erfordernissen der Bank" entsprochen hatte. Es stellte sich außerdem heraus, dass besonders fünf Filialleiter, genau die, die sich jetzt auch über ihren neuen Chef beschwert hatten, „Lieblinge" des Vorgängers waren. Sechs andere Filialleiter dagegen, die bei den Sitzungen mit dem neuen Chef auch jeweils anwesend waren, hatten sich in der Vergangenheit viel zu wenig von ihrem Vorgesetzten beachtet und in ihrer Arbeit respektiert gefühlt. Der Vorgänger schien in den letzten Jahren weniger auf Leistung als vielmehr auf Geselligkeit Wert gelegt zu haben. Gesellige Events verbrachte er aber immer mit den ihm besonders genehmen fünf Filialleitern. Die anderen fühlten sich dagegen abgeschrieben. Besonders ein älterer Mann aus dem Kreis der „Fünfermafia", der mit seinem früheren Chef an den Wochenenden jeweils segeln ging, erwies sich als besonders „sperrig".

Als Fazit unserer Rekonstruktion ließ sich sagen, dass Peter Frank als neu installierte Führungskraft, die noch dazu das neue Leistungsbeurteilungssystem einführen musste und diesem auch selbst ausgesetzt war, sich mit einer massiven, durch seinen Vorgänger stark geförderten, informellen Gruppierung konfrontiert sah. Von dieser wurde er mit seinen Leistungsanforderungen geradezu boykottiert. Er selbst hatte aber dem interaktiven Charakter von Führung nicht ausreichend Rechnung getragen. In der Annahme, dass sich die Filialleiter allein aufgrund seiner formalen Position als Vorgesetzter von ihm zu mehr Leistung animieren ließen, hatte er gänzlich verkannt, dass er sich ihnen gegenüber auch als neuer, zumal junger Vorgesetzter überhaupt erst als würdig erweisen musste. Gleichlaufend mit seinen Leistungsanforderungen als „Agent der Bank", hätte er eine sozio-emotionale Hausmacht bei seinen Mitarbeitern aufbauen müssen. Da durch Eintritt eines neuen Vorgesetzten immer Verunsicherung entsteht und weil sich die Gruppendynamik als informelle Struktur dann auch jeweils neu formiert, hatte sich ein Teil der Filialleiter an dem bisherigen informellen Führer, nämlich am „Segelkameraden" des früheren Vorgesetzten orientiert. Je mehr nun der neue Chef auf Leistung drängte, noch dazu mit Hinweis auf das neue Leistungsbeurteilungssystem, als desto deutlicher erwies sich dieser als emotionaler Antipode mit Merkmalen von Leistungsboykott. So hatte sich unter der Hand eine Konkurrenz zwischen einer formalen und einer informellen Führungsperson ergeben.

Angesichts der Rekonstruktion wurde Peter Frank deutlich, dass er von Anfang an zu einseitig auf eine Rolle als „neuer Besen, der gut kehrt", gesetzt hatte. In dieser verfahrenen Situation entwickelten wir einen regelrechten „Schlachtplan", d. h. eine Strategie, mit der Peter Frank erst

einmal versuchen sollte, seine Mitarbeiter noch einmal neu für sich zu gewinnen. Bevor er nämlich Leistung fordern konnte, hatte er es versäumt,
die besagte „sozio-emotionale Hausmacht" aufzubauen. Als General-
linie schien es Peter Frank sinnvoll, zwar nicht auf die wöchentliche Sitzung zu verzichten, aber viel mehr Zeit in Einzelgespräche zu investie-
ren. Dabei schien es opportun, in einem ersten Schritt genau die Filialleiter aufzusuchen, die sich von seinem Vorgänger zu wenig gesehen fühlten. Wir entwickelten einen kleinen Leitfaden, was in diesen Gesprächen
thematisiert werden solle. Es schien sinnvoll, eher etwas allgemein nach
der bisherigen organisatorischen Entwicklung der Bank zu fragen.
Während dieser Gespräche konnten sich die Filialleiter „endlich einmal
ihren Ärger von der Seele reden über die vergangenen Jahre". Peter
Frank konnte auf diese Weise nicht nur die Beziehung zu dieser Gruppe
verdichten, er erhielt so auch viele Informationen. Wesentlich war allerdings, dass er sich in keiner Weise negativ über seinen Vorgänger äußerte und auch keine Koalition mit dem jeweiligen Gesprächspartner einging. Im Schonraum des Coachings experimentierten wir im Rollentraining mit einer angemessenen Form der Gesprächsführung.

Diese Gespräche dienten Peter Frank auch zur eigenen emotionalen Stär-
kung, da er nämlich bei diesen Mitarbeitern jetzt fast sofort als „passa-
bler Vorgesetzter" in Erscheinung treten konnte und von ihnen auch so
apostrophiert wurde. Im Verlauf der nächsten Wochen bat er auch die
anderen Mitarbeiter jeweils einzeln zu einem „persönlichen Gespräch".
Für die fünf „Lieblinge" des Vorgängers bereitete er sich noch gesondert
vor: Zu vieren von ihnen ging er in deren Büro, um ihnen durch diese
Geste sein Entgegenkommen zu dokumentieren. Trotzdem stellte er
freundlich aber bestimmt bei jedem Einzelnen von ihnen noch einmal
klar, dass sie nicht umhin kämen, ihre Leistung zu steigern. Alle vier ver-
hielten sich am Ende des Gesprächs entgegenkommend. Und während
der wöchentlichen Sitzungen konnte er nun eine höhere Kooperations-
bereitschaft und mehr Respekt ihm gegenüber feststellen. Das äußerte
sich in der Übernahme von Sonderaufgaben, in ihrem Interesse an seinen
Anregungen für die Mitarbeiterführung usw. Bei diesen Events trat er jeweils als moderierender Vorgesetzter in Erscheinung, so dass die Filialleiter nun auch mehr untereinander kommunizierten. Jetzt blieb nur
noch der „Segler" als Kontrahent, der in Reden und Gesten immer noch
eine demonstrative Contra-Haltung zur Schau stellte. Von diesem Mitarbeiter fühlte sich Peter Frank regelrecht genervt, so dass es ihm kaum

vorstellbar schien, mit diesem auf eine „positive Plattform", wie er es nannte, zu kommen. Diesem Mitarbeiter gegenüber wollte er am liebsten „alles auf eine Karte setzen", wie er sagte. Bei genauerem Nachdenken hieß das für ihn, „ihm klar ins Gesicht zu sagen, dass ich seine Boykotthaltung nicht mehr tolerieren werde und er in der Zukunft mit Abmahnungen" zu rechnen habe. Jetzt war Peter Frank über sich selbst erschrocken. „Ja, was soll ich sonst machen", meinte er zerknirscht, aber auch entschieden. Auch dieses Gespräch bereiteten wir sorgfältig im Rollentraining vor. In der realen Situation, als Peter Frank soeben sein Statement abgeben wollte, kam ihm der Mitarbeiter zuvor und erklärte ihm in einer geradezu abgeklärten Weise, dass er im Verlauf des nächsten halben Jahres in den vorgezogenen Ruhestand zu gehen beabsichtige. Peter Frank war jetzt sehr erleichtert, aber auch verblüfft. Er bat daraufhin so authentisch wie möglich den Mitarbeiter, ihm seine Arbeit nicht zu erschweren, sondern mitzutun, dass eine „neue Ära" beginnen könne. Im weiteren Verlauf ergaben sich in der Bank tatsächlich ein besserer Output und eine weitaus bessere Stimmung als bisher.

Im Sinne von Personalentwicklung fand Peter Frank ein neues Verhältnis zu Führungsphänomenen, und er fand ein neues Selbstverständnis für seine Rolle als formaler Vorgesetzter. Außerdem gelang es ihm, seine Mitarbeiter gemäß ihrem organisatorischen Auftrag zu mehr Arbeitsmotivation und Leistungsbereitschaft zu führen. Es gelang ihm, alle Beteiligten besser als bisher zueinander in Beziehung zu setzen, d. h. die soziale Integration der Mitarbeiter zu fördern. Eine *Dialogform über Freud und Leid im Beruf* war Coaching hier insofern, als der Klient eine subjektive Verbesserung seiner ursprünglich als bedrängend erlebten Situation erfuhr. Er konnte wieder besser schlafen, seine Selbstzweifel wurden geringer und seine Skepsis gegenüber seinen Mitarbeitern legte sich.

5   Die Zielgruppen von Coaching

Die Zielgruppen von Coaching sind Menschen, die in Betrieben, Verwaltungssystemen oder sozialen Dienstleistungseinrichtungen mit Managementaufgaben betraut sind. Dabei dient es Führungskräften auf allen Hierarchiestufen, also Vorarbeitern ebenso wie Topmanagern. In der betriebswirtschaftlichen Literatur werden *Managementaufgaben* von *Sachaufgaben* differenziert. Bei Sachaufgaben handelt es sich um Akti-

vitäten, die der üblichen Zielerreichung einer Organisation dienen. In
Kliniken würde man beispielsweise die Aktivitäten von Pflegekräften als
Sachaufgaben definieren, Koordinationsaktivitäten von Stationsleiterin-
nen oder Stationsleitern dagegen als Managementaufgaben. Dabei ist allerdings zu beachten, dass viele Menschen in Führungspositionen durchaus auch Sachaufgaben zu erledigen haben. Das Verhältnis von Sach- zu
Managementaufgaben bestimmt sich im Allgemeinen nach der Hierar-
chiestufe, auf der eine Position angesiedelt ist. Dabei gilt als Faustregel:
je höher der Status einer Managementposition in einer Organisation ist,
desto weniger Sachaufgaben sind mit ihr verbunden (STEINMANN/
SCHREYÖGG 2002). So hat etwa eine Stationsleiterin neben ihren Steuerungsfunktionen noch eine Vielzahl von „Sachaufgaben" an den Patienten zu erledigen, was bei einer Pflegedirektorin kaum mehr vorstellbar
ist. Deren Arbeitszeit ist ausschließlich mit Managementaufgaben ange-
füllt. Dementsprechend gibt es bei der Pflegedirektorin mehr zu coachen
als bei der Stationsleitung.

In der einschlägigen Literatur (STAEHLE 1999; STEINMANN/SCHREYÖGG
2002) werden traditionell fünf Managementfunktionen beschrieben: die
Planung, die Organisation, die Personalfunktion, die Führung und die
Kontrolle:

1. Bei der *Planung* handelt es sich um Reflexionen, was erreicht werden
   soll und wie es am sinnvollsten zu erreichen ist. Hier geht es um die
   Entwicklung von Zielvorstellungen, um ihre Selektion und die Festlegung von Zielen mit den entsprechenden Handlungsrichtlinien, Ver-
   fahrensweisen usw. Planung ist allerdings kein einmaliger Akt, sondern eine Aufgabe, die laufend zu leisten ist, um Organisationen flexibel und „lernfähig" zu halten. Während man unter „strategischer
   Planung" die grundsätzliche Zielorientierung einer Organisation versteht, bezeichnet „operative Planung" die konkrete Umsetzung der
   Ziele.
2. Während Planung noch zu großen Teilen in gedanklicher Arbeit besteht, wird mit der *Organisation* bzw. dem Organisieren die Umsetzung von Zielen im konkreten sozialen System angestrebt. Hierbei gilt
   es, eine angemessen arbeitsteilige und eventuell noch hierarchische
   Struktur zu entwickeln, die im Allgemeinen als „organisiertes System"
   bezeichnet wird. Sie ist idealerweise so gestaltet, dass sie die Planung
   zu realisieren vermag.

3. Die *Personalfunktionen* bestehen darin, die organisatorische Struktur, die ja immer aus realen Menschen besteht, angemessen auszugestalten. In diesen Bereich gehören Aktivitäten, die Führungskräfte ergreifen müssen, um einen qualifizierten und engagierten Personalbestand zu sichern, d. h. die Gewinnung, der Aufbau und die Erhaltung des Personals.
4. Dieses Personal müssen Manager nun führen. Unter *Führung* versteht man je angemessene Formen der Beeinflussung, damit die unterstellten Mitarbeiter im Sinne des Organisationsziels handeln. Bei „Führen und führen lassen" (NEUBERGER 2002) handelt es sich um komplexe Interaktionsprozesse, die durch eine Vielzahl von Variablen bestimmt sind.
5. Inwieweit durch Planung, Organisieren, Personaleinsatz und Führung die Organisationsziele tatsächlich erreicht wurden, oder ob vielleicht neue strategische Planungen entwickelt werden sollten, ob anders geführt werden muss usw., ist vom Manager zu kontrollieren. Bei der *Kontrolle* geht es also um einen Vergleich von Ist- und Soll-Daten.

Unter all diesen Managementfunktionen stellt „Führung" diejenige dar, die im Coaching am häufigsten thematisiert wird. Selbst in Strategieberatungsprozessen wie sie etwa die Mitarbeiter von Kienbaum durchführen, entsteht immer wieder die Notwendigkeit, Führungskräfte zu unterstützen, das Geplante umzusetzen. Und dabei sind in der Regel Führungsthemen relevant: wie die Mitarbeiter so zu beeinflussen sind, dass diese die Ziele der Organisation „wirklich" realisieren. Im Gegensatz zu traditionellen Führungskonzepten, die noch stark einer „great man"-Ideologie (NEUBERGER 2002) verpflichtet waren, begreift man Führung heute primär als Interaktionsphänomen (LÜHRMANN 2004; KOCH/LÜHRMANN 2001). Führungskräfte – wie in unserem Beispiel Peter Frank – können nicht etwa erwarten, dass ihre Anweisungen von Mitarbeitern sofort und nahtlos ausgeführt werden, sie benötigen dazu entsprechende Beeinflussungs- bzw. Machtpotenziale. Hier lassen sich fünf basale Arten der Beeinflussung nennen (STEINMANN/SCHREYÖGG 2002):

1. *Macht durch Belohnung.* In diesen Bereich fallen materielle oder immaterielle Zuwendungen. Sie wirken aber nur dann belohnend, wenn sie von denjenigen, die beeinflusst werden sollen, auch als attraktiv bewertet werden. Gehaltserhöhungen oder Höhergruppierungen werden

von den meisten Menschen als belohnend bewertet. Bei „anerken-
nenden Worten" oder bei Fortbildungsseminaren ist das aber keineswegs sicher.

2. *Macht durch Bestrafung.* Diese Quelle der Macht basiert auf dem Erleben unterstellter Mitarbeiter, dass der Vorgesetzte über Möglichkeiten verfügt, sie bei nicht-konformem Verhalten mit Entlassung, Ab-
mahnung usw. zu bestrafen oder ihnen bestimmte Privilegien zu entziehen.

2. *Macht durch Persönlichkeitswirkung.* Hier sind Machtmittel im Sinne von hoher sozialer Einfühlung oder noch allgemeiner, im Sinne von
„Charisma" gemeint. Wie ursprünglich WEBER (1921) und neuer-
dings STEYRER (1995) für formale Organisationen thematisieren, lassen sich Geführte auch beeinflussen, wenn sie den Führungskräften
„außeralltägliche", d. h. ungewöhnliche Persönlichkeitsmerkmale unterstellen.

4. *Macht durch Expertentum.* Bei dieser Machtquelle werden Führungskräften seitens ihrer unterstellten Mitarbeiter besondere fachliche
Kompetenzen oder ein besonderes Wissen zugeschrieben. Deshalb
sind sie bereit, sich von dem Vorgesetzten beeinflussen zu lassen.

5. *Macht durch Legitimation.* Das grundlegende Machtmittel in formalen Organisationen ist schließlich die Legitimation. Als Vorgesetzten-
macht berechtigt sie den Vorgesetzten Mitarbeiter zu beeinflussen,
umgekehrt nötigt sie dem Mitarbeiter die Verpflichtung ab, sich beeinflussen zu lassen. Im anderen Fall kann er aus der Organisation entfernt werden. Das Charakteristikum von formalen Doppelspitzen besteht übrigens darin, dass beide Partner über eine legitime Macht-
basis verfügen.

Nun ist der Arbeitsalltag von Managern keineswegs so klar geplant, wie
sich frühe Managementtheoretiker noch dachten. Ihr Alltag ist sogar ausgesprochen zerstückelt in viele kleine Kommunikationsakte und Handlungsmuster. 1975 legte MINTZBERG erstmalig eine Studie vor, in der er
anhand von Manager-Tagebüchern und Aufzeichnungen teilnehmender
Beobachter zeigen konnte, dass Manageraktivitäten sich wahrscheinlich
besser durch „Managementrollen" fassen lassen. Dabei unterschied er
drei Rollenbündel mit ihren jeweiligen Rollen:

1. *Interpersonale Rollen* wie Repräsentant, Vorgesetzter, Vernetzer,
2. *Informationale Rollen* wie Radarschirm, Sender, Sprecher,

3. *Entscheidungsrollen* wie Innovator, Störungsregler, Ressourcenzuteiler, Verhandler.

Zur Realisierung dieser Managementfunktionen und -rollen benötigen Führungskräfte spezifische Kompetenzen. Als „Schlüsselkompetenzen des Managements" (STEINMANN/SCHREYÖGG 2002) bestehen sie zum einen in *technischen Qualifikationen*, d. h. in faktischem Wissen und in faktischen Fertigkeiten, wie z. B. eine Personalbedarfsplanung zu erstellen ist. Sie bestehen zum anderen in *konzeptionellen Kompetenzen*, die es der Führungskraft erlauben, in größeren Zusammenhängen zu denken, einzelne Phänomene und einzelne Entscheidungen auf der Folie des organisatorischen Gesamtsystems und seiner relevanten Umwelt zu begreifen. Und jeder Mensch mit Steuerungsfunktionen benötigt *soziale Kompetenzen*, damit er mit anderen effektiv und konstruktiv zusammen arbeiten kann. Auch Managementkompetenzen werden im Coaching oft Thema (LENBET 2004).

Die beschriebenen Managementfunktionen, -rollen und -kompetenzen gelten in der Literatur als feldübergreifend. Das heißt, sie sind für Führungskräfte in Unternehmen, Verwaltungssystemen und sozialen Dienstleistungseinrichtungen relevant. In den letzten Jahren hat es sich allerdings durchgesetzt, dass Führungskräfte aus der öffentlichen Verwaltung unter dem Stichwort „New Public Management" (SCHEDLER/PROELLER 2000) modifizierte Formen des Managements entwickeln. Auch im Milieu der sozialen Dienstleistungen werden unter dem Begriff „Sozialmanagement" (FLÖSSER/OTTO 1992) und spezieller noch im Gesundheitsbereich im Sinne von „Management im Gesundheitswesen" feldspezifische Managementkonzepte kreiert.

Neben der Zielgruppe „Führungskräfte" nehmen heute auch viele freiberuflich tätige Menschen wie Rechtsanwälte oder Unternehmensberater Coaching in Anspruch. Sie haben in ihrer Berufssituation auch Managementfunktionen, -rollen und -kompetenzen zu realisieren. Auch diese Personengruppe hat laufend zu planen, für eine gute Organisation zu sorgen, bei Bedarf Personal zu engagieren, zu führen und dann ihren geschäftlichen Fortgang laufend zu kontrollieren.

6   Die Themen von Coaching

Thematisch ist Coaching auf sämtliche Steuerungsfunktionen von Führungskräften und Freiberuflern mit den entsprechenden Rollen und Kompetenzen gerichtet. Es unterstützt also bei der Planung, bei der Entwicklung angemessener Organisationsstrukturen usw. Schwerpunkte bilden im Coaching allerdings meistens die Personal- und die Führungsfunktionen, sowie die dafür besonders relevanten Rollen und sozialen Kompetenzen. Die von den Klienten faktisch vorgetragenen Anliegen bewegen sich auf allen Ebenen sozialwissenschaftlicher Paradigmatik. Das heißt, sie zentrieren sich teils auf

- *individuelle* Themen wie etwa eine bessere Work-Life-Balance oder die Karriereplanung, teils auf
- Themen der *Interaktion* wie etwa die Beziehung zu einem Mitarbeiter oder Vorgesetzten, und oft auch auf
- *systemische* Fragestellungen, die eine organisatorische Einheit, ein gesamtes organisatorisches System oder gar seine Umwelt betreffen.

Je nach dem Milieu, aus dem sich die Coaching-Klienten rekrutieren, lassen sich unterschiedliche thematische Akzente feststellen. Führungskräfte aus Betrieben, in denen technische oder betriebswirtschaftliche Grundberufe dominieren, thematisieren oft Fragestellungen mit einem individuellen oder interaktiven Gehalt. Bei Sozialmanagerinnen und Sozialmanagern, also bei Personen, die soziale Dienstleistungssysteme leiten, stehen im Coaching vielfach Themen im Vordergrund, die den organisatorischen Kontext und dessen Umfeld betreffen. Im Prinzip lässt sich postulieren, dass eine jeweilige Gruppierung genau das zu verhandeln sucht, was in ihrem Grundberuf zunächst nicht thematisiert wurde, was sie aber als Führungskraft in ihrem Gebiet dringend benötigt.

Bei Freiberuflern lassen sich die Themenpräferenzen weniger leicht typisieren, denn Grundberuf und Tätigkeitsfeld variieren stark. Als feld- und berufsgruppenübergreifende Themen lassen sich eher solche benennen, die mit der Dauer des Status als Freiberufler in Beziehung stehen.

1. In den ersten Jahren ist diese Personengruppe meistens mit der Organisation ihrer Arbeit beschäftigt,
2. im weiteren Verlauf mit ihrer sozialen Verankerung und

3. in späteren Stadien mit Fragen, wie sie ihre berufliche Fortentwicklung plant.

7 Die Ziele von Coaching

Das grundlegende Ziel von Coaching besteht in der Förderung beruflicher Selbstgestaltungspotenziale, also des Selbstmanagements von Führungskräften und Freiberuflern. In diesem Punkt ähnelt das Management-Coaching dem im Sport. Hier wie dort spielen Höchstleistungen eine Rolle, auf die der Coach seine Klienten vorbereiten soll. Wie im Sport verfolgt das Coaching von Managern immer das Ziel der *Effizienzerhöhung*. Das heißt, Führungskräfte sollen unterstützt werden, alle ihre Aufgaben möglichst zielgerecht und mit möglichst sparsamem Ressourcenaufwand wahrzunehmen. Dabei beabsichtigt Coaching eine Förderung aller Managementkompetenzen.

Außerdem zielt Coaching idealerweise auf *Humanisierung*. Führungskräfte sollten unterstützt werden, die von ihnen geleitete Organisation oder Abteilung möglichst menschengerecht auszugestalten. Auf diesem Weg kann Coaching auch einen Beitrag zur konstruktiven Fortentwicklung von Organisationen und zur Unternehmensethik (KUMAR et al. 1999) leisten.

8 Die Rollen von Coaches

Als Coaches kommen entweder freiberufliche Berater oder Mitarbeiter aus Personal- bzw. Personalentwicklungsabteilungen in Frage, die sich auf Coaching spezialisiert haben. Die im deutschsprachigen Raum ursprünglich propagierte Rolle des freiberuflichen Coachs wird bis heute von hochrangigen Führungskräften bevorzugt, denn sie legen meistens gesteigerten Wert auf maximale Intimität in der Beratung. Außerdem käme es bei der Inanspruchnahme von organisationsinternen Coaches zu Rolleninterferenzen. Hausinterne Personalentwickler nehmen ja als Inhaber von Stabsstellen niemals eine vergleichbar hohe Position in Unternehmen ein, die Topleuten adäquat wäre. Diese Gruppe von Coaches erfreut sich aber wachsender Beliebtheit bei Managern auf mittleren und unteren Führungsebenen. Sie unterstützen in Industriebetrieben vielfach

Meister (GRÜN/DORANDO 1993; SCHICHTERICH 2004) bei der Etablierung neuer Organisations- und Führungskonzepte, oder sie beraten Manager auf mittleren hierarchischen Ebenen bei der Übernahme neuer
Funktionen oder auch bei Fusionen (WALLNER 2004; WESTERWELLE
2004).

Einen Vorteil des organisationsinternen Coachings stellt sicher die zumeist hohe Feldkompetenz der Berater dar. Sie sind nicht nur mit den jeweiligen Formalien eines Systems, d. h. den Strukturen oder Funktionen,
vertraut, sie sind auch „Kulturkenner" und durchschauen das Symbol-
system einer Organisation sowie ihre Normen und Standards mit den entsprechenden Basisannahmen (SCHEIN 1995). Ein Nachteil besteht allerdings häufig in der automatisch erworbenen „Betriebsblindheit". Das
heißt, manche organisatorischen Phänomene können sie gar nicht mehr
aus exzentrischer Position erfassen und kritisch reflektieren. Durch kritische Analysen würden organisationsinterne Berater allerdings ohnedies
leicht in Loyalitätskonflikte gegenüber ihrem Arbeitgebersystem geraten,
so dass in diesem Punkt eine gewisse Zurückhaltung für sie empfehlenswert ist.

Bei der Etablierung und Fortentwicklung von organisationsinternen
Coachingabteilungen müssen vor allem Imagekomponenten sorgsam
bedacht werden (RAUEN 2004). Im ungünstigsten Fall werden die
Coaches als „Nachhilfelehrer" für diejenigen begriffen, „die noch nicht
kapiert haben, wie man es macht." Aus diesem Grund empfiehlt es sich,
Coaching in der Einführungsphase als Angebot für regelmäßig auftretende organisatorische Geschehnisse anzubieten wie etwa die Einführung
von neu ernannten Führungskräften. Erst im weiteren Verlauf sollte es
als Unterstützung bei Krisen und Konflikten offeriert werden. So ist es
auch wenig empfehlenswert, Coaching erstmalig bei Restrukturierungen
eines Systems anzubieten. Der in solchen Situationen regelmäßig auftretende Änderungswiderstand im Sinne von „resistance to change", der für
die Organisationsmitglieder mit vielfältigen Krisen- und Konflikterfah-
rungen einhergeht, befördert sonst eher aversive Assoziationen im Hinblick aufs Coaching.

9   Die Settings von Coaching

In den letzten Jahren lässt sich auch eine zunehmende Variationsbreite bei den Settings, d. h. den äußeren Anordnungen von Coaching beobachten. Während in früheren Jahren das Einzelcoaching dominierte (LOOSS 1999), finden derzeit viele Coachingaktivitäten im Gruppensetting statt. Bei diesem werden meistens hierarchie- und funktionsgleiche Führungskräfte von fünf bis sieben Personen zusammengefasst (GRÜN/ DORANDO 1993; BERGER/WILHELM 2003; WALLNER 2004; SCHICHTERICH 2004).

Die neueste Variante ist sicher das Teamcoaching, bei dem ein ganzer Führungskader Coaching erhält. Dieses Setting beobachten wir nicht nur in Betrieben, sondern zunehmend auch in Kliniken mit Pflegedirektorinnen und Pflegedienstleitern oder mit Pflegedienst- und Stationsleitungen. Hier wie in anderen Milieus erhält es oft einen zentralen Stellenwert bei der Neugestaltung von Organisationen. Bei hochrangigen Führungsteams hat es anfangs oft die Funktion von Strategieberatung, bei nachfolgenden gezielten Wandlungsprozessen wird es zur Begleitung des Veränderungsmanagements. Solche Funktionen hat es beispielsweise auch beim Fusionsmanagement.

10 Anforderungen an den Coach und sein Konzept

Die Anforderungen lassen sich zwei Kategorien zuordnen:

* Anforderungen an die Person des Coach und
* Anforderungen an seine konzeptionelle Kompetenz.

An die *Person* des Coachs werden im Allgemeinen hohe Anforderungen gestellt (vgl. Anforderungen von einschlägigen Verbänden wie dem DBVC). Sie lassen sich nach personenspezifischen und fachlichen Qualifikationen unterscheiden.

1. Als Persönlichkeit sollte ein Coach über breite Lebens- und Berufser-
fahrungen verfügen sowie über eine ansprechende persönliche Aus-
strahlung. Und er sollte einen reversiblen Interaktionsstil praktizieren.
Im Hinblick auf das Geschlecht lässt sich feststellen, dass beispielsweise weibliche Führungskräfte in männlichen Milieus gerne einen
weiblichen Solidarpartner als Coach bemühen, dass sie aber umgekehrt vielfach auch einen männlichen Coach bevorzugen. Von ihm erwarten sie nämlich eher, mit ihrer Rolle als weibliche Führungskraft
unter Männern angemessen konfrontiert zu werden. Daran wird
schon deutlich, dass menschliche Merkmale eines Coachs eher subjektiv und deshalb sehr unterschiedlich zu bewerten sind.

2. Über die fachlichen Qualifikationen lässt sich dagegen leichter Konsens herstellen: Da die Fragestellungen von Führungskräften oft eine
hohe Komplexität aufweisen, sollte der Coach über intellektuelle Flexibilität und über ein breites sozialwissenschaftliches Wissen verfügen.
Außerdem braucht er ideologische Offenheit und eine dem Klienten
entsprechende Feldkompetenz. Es ist allerdings nicht unbedingt erforderlich, oft auch gar nicht möglich, dass Berater über Intimkennt-
nisse der Arbeitssituation ihrer Klienten verfügen. Sie sollten sich aber
im Verlauf der gemeinsamen Arbeit zumindest einen vertieften Eindruck des jeweiligen Arbeitsfelds erwerben. Eine grundlegende Anforderung wäre allerdings, dass sich der Coach für die Arbeitssituation seines Klienten interessiert. Dieses Interesse kann übrigens in
Fällen, in denen der Coach maximal feldkompetent ist, also vielleicht
schon ähnliche Funktionen wie sein Klient bekleidet hat, eher gering
entwickelt sein. Vielleicht fühlt sich der Berater dann sogar schon verschlissen von diesem Milieu, das ihm nun in Person des Coaching-
Klienten erneut begegnet.

Von zentraler Bedeutung ist das *Konzept* des Coachs. Wenn Coaching
nicht im Dunst modischer Worthülsen versacken soll, bedarf es fachlich
kompetenter Berater, die ihre Arbeit auf ein ausformuliertes Coachingkonzept gründen. Dieses dient ihnen dann als Mind Map für alle diagnostischen und methodischen Fragen (SCHREYÖGG 2003).

Bei der Kreation eines solchen Konzeptes ist zu berücksichtigen, dass
die Fragestellungen von Führungskräften in diagnostischer wie metho-

discher Hinsicht fast unübersehbar vielgestaltig sind, und dass ein Coachingkonzept deshalb eine große Theorie- wie Methodenbreite aufweisen muss. Für die spezifische Konzeptentwicklung lässt sich Anleihe nehmen bei Anwendungsmodellen, die für andere Bereiche angewandter Sozialwissenschaft mit ähnlich breiter Thematik kreiert wurden. Wir finden sie in der Psychotherapie (PETZOLD 1993), in der Pädagogik (HERZOG 1984) und in der Supervision (SCHREYÖGG 2004).

Als basale Prämisse entsprechender Modellkonstruktionen gilt, dass Anwendungsfälle als Gesamtheit eine unendliche Vielfalt aufweisen, die nur mit theorie- und methodenpluralen Modellkonstruktionen abzudecken ist. Doch Psychotherapie, Pädagogik oder Beratung, die sich wahllos jeder verfügbaren Theorie und jeder verfügbaren Methode bedienen, münden leicht in unreflektierten Eklektizismus. Es entstehen kontraproduktive Effekte, und bei den Klienten wird Konfusion erzeugt. Zur Vermeidung solcher Phänomene empfehlen einschlägige Autoren die Kreation von Handlungsmodellen, bei denen Theorien und Methoden auf begründete Weise in eine so genannte *Wissensstruktur* integriert werden.

1. Die Basis solcher Wissensstruktur bildet regelmäßig ein *Metamodell*, das einen Satz von erkenntnistheoretischen und anthropologischen Prämissen enthält. Es dient als Maßstab für alle diagnostischen und methodischen Elemente des Ansatzes. Das heißt dann, die jeweils verwendeten Theorien zur Strukturierung von Praxisereignissen und die Methoden zu ihrer Bearbeitung werden nicht nach rein pragmatischen Gesichtspunkten ausgewählt, sondern sie müssen jeweils auch Anschluss an die Prämissen des Metamodells aufweisen.

In diesem Sinne schlage ich fürs Coaching eine Modellkonstruktion vor, die ebenfalls bei *erkenntnistheoretischen* und *anthropologischen* Setzungen ihren Ausgang nimmt. Wie sich der einschlägigen Literatur entnehmen lässt, bieten phänomenologische Ansätze im Anschluss an MERLEAU-PONTY (1976) oder COENEN (1985) derzeit die umfassendsten und „menschengerechtesten" Prämissen. So gründet sich auch das hier unterlegte Beratungskonzept, das ich an anderer Stelle ausführlich dargestellt habe (SCHREYÖGG 2003, 2004), auf entsprechende Positionen.

2. Eine dem Metamodell nachgeordnete Ebene stellt einen Satz von *Theorien* dar, die fürs Coaching besonders bedeutsame diagnostische Positionen enthalten. Das sind neben interaktionistischen Konzepten vor allem solche aus der Managementlehre und aus der Organisationstheorie, die auch systemische Phänomene zu erhellen vermögen. Hier sind allerdings jeweils die Ansätze zu präferieren, die den Prämissen des Metamodells möglichst nahtlos entsprechen.

3. Die dritte Ebene eines ausformulierten Coachingkonzeptes besteht in *grundlegenden methodischen Anweisungen*. Sie beinhalten Aussagen, welche Ziele mit dem Modell verfolgt, welche spezifischen Wirkungen ihm zugeschrieben und wie Praxisereignisse rekonstruiert werden. Darüber hinaus sind Anweisungen enthalten, welchen Interaktionsstil der Coach praktizieren sollte und schließlich, wie unterschiedliche Settings in welcher Weise vom Coach zu handhaben sind. Auch diese Ebene des Coachingkonzeptes muss an den Prämissen des Metamodells orientiert sein.

4. Die allergrundlegendste Ebene des Konzeptes stellt die *Praxeologie* dar, die auch wieder Bezüge zum Metamodell aufweisen muss. Wie bei allen Beratungsformen gründet sich auch die Praxeologie des Coachings auf Formen professioneller Gesprächsführung. Wenn es allerdings um problemorientierte Fragestellungen mit prärationalen Gehalten geht, empfiehlt sich eine Integration erlebnisorientierter, psychotherapienaher Methodik etwa aus dramatherapeutischen Verfahren wie der Gestalttherapie. Manchmal geht es auch darum, Ressourcen der Klienten zu mobilisieren, dann müssen eben ressourcen-orientierte Ansätze verwendet werden. Und in Fällen, die vorbereitendes Üben erfordern, lässt sich auf handlungsorientierte Arbeitsformen zurückgreifen, wie es die psychodramatische Methodik ermöglicht. In vielen anderen Coachingsituationen ist es unumgänglich, zur Veranschaulichung von komplexen Ist-Situationen oder von komplexen Prozessen mit Medien zu arbeiten. Dann werden entsprechende Phänomene gemalt oder durch bunte Magnetplättchen oder Bausteine veranschaulicht.

11 Die Anlässe von Coaching

Wer nimmt nun wann Coaching in Anspruch? In den letzten Jahren lässt sich eine zunehmende Breite von Anlässen wie etwa die Karriere- oder die Rollenberatung beobachten. Noch häufiger wird Coaching in beruflichen Krisen angefragt. Hier ist eine große Palette zu nennen. Wie obiges Beispiel zeigt, ist ein typischer Anlass für Coaching der Eintritt in eine neue Organisation oder die erstmalige Übernahme einer Führungs- position. Bei diesen regelmäßig als krisenhaft erlebten Schritten kann Coaching Unterstützung bieten, die anfänglich bestehende Isolation zu überwinden, neue Beziehungen anzubahnen oder die spezifischen kultu- rellen Muster des noch fremden Systems besser zu erfassen. Manchmal werden auch „schleichende Krisen" wie Jobstress, Burnout oder berufli- che Deformationen thematisiert. Diese entwickeln sich zwar langfristig, werden aber vom Einzelnen meistens erst dann als Krise wahrgenommen, wenn noch ein zusätzliches, aktuell krisenhaftes Ereignis „das Fass zum Überlaufen" bringt.

Neben individuellen Krisen werden allerdings auch kollektive themati- siert. Sie können durch Fusionen, durch Marktveränderungen, durch Modifikationen von Finanzierungsstrategien seitens der Finanzgeber bzw. Leistungsträger oder sogar durch politische Entwicklungen wie den Transformationsprozess von der Plan- zur Marktwirtschaft verursacht sein. Durch kollektive Krisen sind dann ganze Abteilungen, ganze Firmen oder ganze Verwaltungssysteme in Mitleidenschaft gezogen. Die Orga- nisationsmitglieder – und natürlich auch die Führungskräfte – erleben im Verlauf solcher Krisen manifeste soziale Konflikte (SCHREYÖGG 2002).

Literatur

BERGER, H./WILHELM, F. (2003): „Zwischen allen Stühlen oder überall dabei?" Grup- pencoaching für Stellvertreter/innen in der Schulleitung von Grund-, Haupt- und För- derschulen. In: Schreyögg, A./Lehmeier, H. (Hrsg.): Personalentwicklung in der Schule. Deutscher Psychologen Verlag, Bonn.

BÖNING, U. (2002): Der Siegeszug eines Personalentwicklungs-Instruments. Eine 10-Jah- res Bilanz. In: Rauen, C. (Hrsg.): Handbuch Coaching. 2. Aufl. Hogrefe, Göttingen.

BÖNING, U./FRITSCHLE, B. (2005): Coaching fürs Business. Was Personaler und Manager über Coaching wissen müssen. managerSeminare Verlags GmbH, Bonn.

BOURDIEU, P. (1997): Kritik der gesellschaftlichen Urteilskraft. 9. Aufl. Suhrkamp, Frank- furt a. M.

COENEN, H. (1985): Diesseits von subjektivem Sinn und kollektivem Zwang. Wilhelm Fink, München.

DEHNER, U. (2004): Coaching als Führungsinstrument. Campus, Frankfurt a. M./New York.

FLÖSSER, G./OTTO, H.-U. (1992, Hrsg.): Sozialmanagement oder Management des Sozialen? Böllert, Bielefeld.

GRÜN, J./DORANDO, M. (1993): Coaching mit Meistern. Personalentwicklung konkret vor Ort. Personalführung 27 (6), S. 930-936.

HARTZ, P. (1994): Jeder Arbeitsplatz hat ein Gesicht. Campus, Frankfurt a. M./New York.

HERZOG, W. (1984): Modell und Theorie in der Psychologie. Hogrefe, Göttingen.

KOCH, J./LÜHRMANN, T. (2001): Die Identitätstheorie der Führung. Organisationsberatung, Supervision, Coaching 8 (4), S. 301-314.

KÖNIG, E./VOLMER, G. (1993): Systemische Organisationsberatung. Juventa, Weinheim.

KUMAR, B. N./OSTERLOH, M./SCHREYÖGG, G. (1999): Unternehmensethik und die Transformation des Wettbewerbs. Schäffer-Poeschel, Stuttgart.

LENBET, A. (2004): Zur Aktualität des Kompetenzbegriffs und zur Bedeutung der Kompetenzentwicklung für das Coaching. Organisationsberatung, Supervision, Coaching 11 (3), S. 221-232.

LOOS, W. (1999): Unter vier Augen. Verlag moderne Industrie, Landsberg/Lech.

LÜHRMANN, T. (2004): „Leadership is like catching a cold." Zur (sozialen) Konstruktion von Führung. Organisationsberatung, Supervision, Coaching 11 (1), S. 79-93.

MERLEAU-PONTY, M. (1976): Die Struktur des Verhaltens. De Gruyter, Berlin/New York.

MINTZBERG, H. (1975): The Manager's Job: Folklore and Fact. Harvard Business Review 53, S. 49.

NEUBERGER, O. (2000): Das 360-Grad-Feedback. Hampp, München, Mehring.

NEUBERGER, O. (2002): Führen und Führen lassen. 6. Aufl. Lucius, Stuttgart.

PETZOLD, H. (1993): Integrative Therapie. Junfermann, Paderborn.

RAUEN, C. (1999): Coaching. Innovative Konzepte im Vergleich. Hogrefe, Göttingen.

RAUEN, C. (2002, Hrsg.): Handbuch Coaching. Hogrefe, Göttingen.

RAUEN, C. (2004): Implementierung von organisationsinternen Coaching-Programmen. Organisationsberatung, Supervision, Coaching 11 (3), S. 209-221.

SCHEDLER, K./PROELLER, I. (2000): New Public Management. Haupt, Bern, Stuttgart, Wien.

SCHEIN, E. (1995): Organisationskultur. Campus, Frankfurt a. M./New York.

SCHICHTERICH, W. (2004): Entwicklung zur Handlungskompetenz durch Supervision in der Automobilindustrie. Organisationsberatung, Supervision, Coaching 11 (3), S. 253-267.

SCHREYÖGG, A. (2002): Konfliktcoaching. Anleitung für den Coach. Campus, Frankfurt a. M./New York.

SCHREYÖGG, A. (2003): Coaching. Eine Einführung für Praxis und Ausbildung. 6. Aufl. Campus, Frankfurt a. M./New York.

SCHREYÖGG, A. (2004): Supervision. Ein integratives Modell. Lehrbuch zu Theorie und Praxis. 4. Aufl. VS Verlag für Sozialwissenschaften, Wiesbaden.

STAEHLE, W. (1999): Management. Vahlen, München.

STEINMANN, H., SCHREYÖGG, G. (2002): Management. Gabler, Wiesbaden.

STEYRER, J. (1995): Charisma in Organisationen. Campus, Frankfurt a. M./New York.

WALLNER, I. (2004): Gruppencoaching für Führungskräfte. Organisationsberatung, Supervision, Coaching 11 (3), S. 275-282.

WEBER, M. (1921): Wirtschaft und Gesellschaft. Grundriss der verstehenden Soziologie. Ausgabe 1976, Mohr, Tübingen.

WESTERWELLE, G. (2004): Supervision und Coaching als interne Beratungsangebote in einer großen öffentlichen Verwaltung. Organisationsberatung, Supervision, Coaching 11 (3), S. 267-274.

Kurt Buchinger

Supervision

1 Wie hat sich die Beratungsform „Supervision" entwickelt?

Supervision hat in zweifacher Hinsicht eine bemerkenswerte Entwicklung genommen. Erstens in ihrer Entstehung als eigenständige Beratungsform, zweitens in ihrer Verbreitung.

1.1 Die Entstehung der Beratungsform

Als eigenständige professionelle Beratungsform hat Supervision sich nicht dort entfaltet, wo sie ursprünglich beheimatet ist und immer schon ausgeübt wurde, in den prozessorientierten Beratungsformen, wie sie etwa durch die Psychotherapie, die Gruppendynamik und später durch die Organisationsberatung repräsentiert sind. Ihre ersten professionellen Schritte machte sie in einem Beruf, in dem sie zunächst nichts zu suchen hatte und der erst mit seiner eigenen Professionalisierung, mit der er sein Gesicht völlig verändert hat, supervisionsanfällig geworden ist: in der Sozialarbeit.

Wenn wir Supervision in einem ersten Anlauf als *Beratung beruflicher Tätigkeit* definieren, so unterscheidet sie sich von Fachberatung dadurch, dass es in ihr nicht um Anweisungen und die Einübung beruflicher Fertigkeiten, sondern um die Reflexion beruflicher Interaktionen geht. Genau genommen, ist sie in den meisten Fällen eine Reflexion von Reflexionen. Außer in der Life-Supervision ist ihr Gegenstand der Bericht des Klienten über seine Arbeit. Sie beobachtet mit ihm seine Beobachtungen. Sie tut das nicht deshalb, weil es so schön ist, Reflexionen gemeinsam zu reflektieren, Beobachtungen zu beobachten, sondern weil es für die Ausübung der beruflichen Tätigkeit des Klienten von großer Bedeutung und von Nutzen ist. Das trifft nicht für alle Berufe zu, sondern primär für reflexive Berufe, wie es die genannten prozessorientierten Beratungsformen sind. Es handelt sich um Berufe, die sich durch ein besonderes Verhältnis von Tun und Reflektieren auszeichnen. Tun und Reflektieren des

Tuns sind in ihnen so miteinander verzahnt, dass eines ohne das andere nicht gut möglich ist (BUCHINGER 1999, S. 19). Reflektieren ist dort nicht einfach so etwas wie Begleitmusik von Tätigkeit, die ohne diese Begleitmusik genauso ablaufen würde. Jeder Handlungsschritt baut vielmehr auf einer Reflexion des vorangegangenen auf, in der verschiedene Alternativen der Fortsetzung erwogen werden. Die Entscheidung, die dann für eine der Alternativen getroffen wird, ist immer eine riskante Entscheidung, denn ob und wofür sie brauchbar war (von richtig oder falsch kann nicht mehr die Rede sein), stellt sich immer erst nach der Durchführung heraus. Mit ihr ist ein neuer Sachverhalt geschaffen, an den es in gleicher Weise anzuschließen gilt.

Reflexive Berufe sind daher charakterisiert durch eine strukturell dem professionellen Tun innewohnende Unsicherheit, die sich in jedem Handlungsschritt aufs Neue zeigt. Es sind Berufe, die über keine technischen Rezepte oder Reglements verfügen, die eindeutig sagen würden, was richtig oder falsch bzw. was überhaupt zu tun wäre. Es finden sich in ihnen kaum reglementierte Abläufe, die man bloß einüben und routinemäßig befolgen bräuchte, um ans berufliche Ziel zu gelangen – und in Bezug auf welche eine einzige Form von Reflexion erlaubt und nötig ist: die Kontrolle von Abweichungen. Die reflexiven Berufe verfügen über keine derartige Sicherheit beruflichen Handelns. Ganz ohne Sicherheit geht es aber nicht. Worin liegt sie? Die Sicherheit in der unvermeidlichen Unsicherheit der reflexiven Berufe ist eine Prozess-Sicherheit. Sie beruht auf der Professionalisierung dieses Zirkels von Tun und Reflektieren. Es leuchtet ein, dass dazu selbst Reflexion hilfreich ist. Diese Reflexion beruflichen Tuns ist es, die Supervision zum Inhalt hat.

In den primär reflexiven Berufen wurde Supervision daher immer schon in Anspruch genommen – als Lehrsupervision zum Erwerb der professionellen Handlungskompetenz; als berufsbegleitende Supervision zu ihrer Aufrechterhaltung; als Supervision akuter beruflicher Schwierigkeiten zur Wiederherstellung der Handlungskompetenz; und generell zum Zweck der Professionalisierung beruflicher Selbstreflexion als einer zentralen Kompetenz in diesen Berufen.

Es leuchtet ein, dass das alles für die Supervision selbst auch gilt, dass sie ihrerseits als reflexive professionelle Tätigkeit der Supervision bedarf –

wenn sie sich einmal als eigenständige Beratungsform etabliert hat. Das geschieht aber eigenartiger Weise nicht im Zusammenhang mit diesen primär reflexiven Berufen, in denen sie von Anfang an zu Hause ist. Andererseits ist es nicht verwunderlich, dass die Supervision dort, wo sie bis heute am intensivsten in Anspruch genommen wird, keiner Professionalisierung bedarf. Denn ein Psychotherapeut, der seine Arbeit supervidieren lassen will, wird zu diesem Zweck einen hervorragenden Vertreter seines Faches aufsuchen, egal ob dieser über eine Ausbildung zum Supervisor verfügt oder nicht. Er wird sich nicht an einen anerkannten Supervisor wenden, der kein Psychotherapeut ist. Analoges gilt für einen Gruppendynamiker oder einen Organisationsberater.

Zur Entwicklung der Supervision als eigenständiger Beratungsform braucht es also noch etwas anderes als die Reflexion beruflicher Interaktion – etwas das mit der Professionalisierung der Sozialarbeit erstmals in einem Beruf so deutlich aufgetreten ist:

- Bevor die Sozialarbeit als eigenständiger Beruf entstanden ist, der durch entsprechende Ausbildung, wissenschaftliche Grundlage und methodische Fundierung des Handelns wichtige Schritte der Professionalisierung getan hatte, war sie als Fürsorge ein Tätigkeitsbereich, der bei uns hauptsächlich in Ämtern ausgeübt wurde. Es handelte sich um eine Tätigkeit, die vorwiegend Kontrollaufgaben wahrzunehmen hatte. Mit seiner Professionalisierung erhielt der Beruf einen starken *beraterischen Schwerpunkt,* also eine reflexive Komponente auf der Ebene der Gestaltung beruflicher Interaktion (und war damit der Supervision zugänglich wie jeder andere reflexive Beruf).

- Damit entstand ein Problem auf einer anderen als der unmittelbaren Handlungsebene: Es entstand ein *Rollenkonflikt* durch einen Widerspruch, der nun in die berufliche Identität eingebaut war. Denn der kontrollierende Teil der Tätigkeit blieb erhalten, ihm gesellte sich der beratende Anteil hinzu. Beide stehen zueinander in scharfem Gegensatz, müssen dennoch beide gleicherweise zum Zug kommen. Sie verlangen zu ihrer Bewältigung konträre Haltungen, die miteinander in einer beruflichen Identität vereint werden müssen. Dazu braucht es eine allgemeine Anerkennung und Wahrnehmung dieses Widerspruchs und ein Verständnis für seine strukturelle Dimension, genauso wie seine laufende situative Gestaltung in der täglichen Arbeit. Das bedarf einer anderen Ebene der Reflexion: Es geht um praxiswirksame Fragen der Identität, basierend auf einem Verständnis struktureller Widersprüche und Rollenkonflikte.

• Aber auch damit ist es nicht getan. Dieser Rollenwiderspruch und -Konflikt – selbst eine ungeplante Auswirkung der Professionalisierung des Berufs – hat ebenso ungeplante *Auswirkungen auf die Organisation*. Haben die Institutionen der sozialen Arbeit bisher hierarchischen Prinzipien gehorcht, so greift mit der beraterischen Haltung der Sozialarbeiter eine eher hierarchiefremde bis -feindliche Haltung um sich. Dies wird z. B. in den Sozialämtern um so mehr der Fall sein, je mehr die Sozialarbeiter ihr berufliches Selbstverständnis aus denjenigen Teilen ihrer Arbeit beziehen, die ihrer neuen Rolle entsprechen. Als Beratungsprofis werden sie in Konflikt mit ihren Vorgesetzten geraten, welche sich als Repräsentanten des Amts weiterhin primär für Kontrollorgane halten. Die Reflexion organisatorischer Zusammenhänge und Widersprüche ist angesagt.

Die Professionalisierung der Supervision als eigenständiger Beratungsform setzt erst mit dem gemeinsamen Auftreten dieser drei Aspekte der Reflexivität beruflicher Tätigkeit ein, die auf unterschiedlichen Ebenen liegen und interdependent sind:

1. Die Reflexion beruflicher Interaktion in der beratenden Tätigkeit. Sie ist von Bedeutung, hätte aber für sich die Professionalisierung der Supervision nicht nötig gehabt. Es hätte so wie in den anderen primär reflexiven Berufen gereicht, ein hervorragender Berater zu sein, um Beratungsinteraktionen kompetent und hilfreich mit dem Klienten zu reflektieren.
2. Die Reflexion von Rollenwidersprüchen im Beruf. Sie bedarf zusätzlicher Kompetenzen wie etwa ein Verständnis struktureller Widersprüche beruflicher Tätigkeit, Einsicht in das Verhältnis von Rolle und Identität, die Gegenüberstellung und Abgrenzung von Kontexten und die Auswirkung von all dem auf das berufliche Selbstverständnis.
3. Das wird erst fassbar in Zusammenhang mit der dritten Ebene, mit der Eigendynamik organisatorischer Sachverhalte, dem Verständnis ihrer Funktionsorientierung und der internen Ausdifferenzierung ihrer Funktionen. Die Auswirkung der Organisation auf die Arbeit, auf die

Menschen und ihre beruflichen Interaktionen bedarf eigenen Wissens und eigener Diagnosefähigkeit. Supervision ist von Anfang ihrer Professionalisierung als Beratungsform an, Supervision organisationsbezogener Sachverhalte. (Insofern kann man heute sagen, dass die Rede von Supervision in Organisationen – so als würde es sich um eine eigenständige Form von Supervision handeln – zumindest missverständlich ist.)

Nur die erste dieser drei Ebenen war in der Professionalisierung der Sozialarbeit geplant. Die beiden anderen Ebenen, die Identitäts- und Rollenfrage einerseits, und die Frage der Eigendynamik organisatorischer Sachverhalte und ihrer Auswirkung auf die berufliche Interaktion und die individuelle berufliche Tätigkeit andererseits, stellen ungeplante Folgen der Einführung der ersten Ebenen dar. Und obwohl das Zusammentreffen aller drei für die Entwicklung der Supervision als eigener Beratungsform verantwortlich ist, so bleibt der Fokus ihrer Aufmerksamkeit die längste Zeit auf die erste Ebene gerichtet: auf Verständnis und Gestaltung beruflicher Interaktion und die dabei ablaufende menschliche Kommunikation. Die beiden anderen fristen zunächst ein Schattendasein. Soweit die zweite Ebene der Rollenwidersprüche und der beruflichen Identität überhaupt explizit beachtet wird, wird sie eher in Richtung psychischer Befindlichkeit der Person in ihrer Arbeit zum Thema. Für die kompetente Reflexion der dritten Ebene fehlten damals noch weitgehend die Theorien zum Verständnis der Organisationsdynamik und die Methoden der Intervention. Es ist daher nicht verwunderlich, dass die Supervision längere Zeit als therapienahe Beratungsform missverstanden wurde – trotz der skizzierten Komplexität der Aufgabenstellung, die zu ihrer Professionalisierung den Anstoß gegeben hatte.

1.2 Die Verbreitung der Supervision

Das Zusammenspiel der drei heterogenen Aspekte beruflicher Selbstreflexion war auch verantwortlich für die Verbreitung der Supervision in immer weitere gesellschaftliche Felder. Denn immer mehr berufliche Tätigkeiten finden sich mit einer vergleichbaren Problematik konfrontiert, wie wir sie in der Sozialarbeit kennen gelernt haben (siehe auch BECK et al. 1996):

- Nicht primär reflexive Berufe wie Ärzte, Lehrer, Führungskräfte, werden um eine reflexive Komponente angereichert, deren Bewältigung ganz neue, in diesen Berufen ursprünglich nicht verankerte Kompetenzen verlangt. Die professionelle Gestaltung der Interaktion zwischen dem Berufstätigen und seinem Klienten wird zum wesentlichen Bestandteil der beruflichen Tätigkeit und zu einer zentralen Bedingung des Erfolgs der primär nicht reflexiven Tätigkeit. (GIESECKE/RAPPE-GIESECKE 1997, Kap. 1)
- Rollenwidersprüche entfalten sich in einer Weise, die unter Umständen neue berufliche Identitäten entstehen lässt, in denen die ursprüngliche berufliche Identität nur mehr eines der widersprüchlichen und reflexiv miteinander zu verbindenden Elemente darstellt. Ihre Gestaltung wird zur reflexiven Daueraufgabe und ebenso zu einer Bedingung beruflichen Handelns (KEUPP et al. 1997).
- Die Organisationen, in denen diese Berufe meist ausgeübt werden, geraten in eine unberechenbare Bewegung, die ihrerseits völlig neue reflexive Anforderungen an die Berufstätigen stellt (WIMMER 2004, BAECKER 1999).

Einerseits wirken sich die organisatorischen Veränderungen auf die berufliche Tätigkeit aus. Die berufliche Interaktion, die nun ebenfalls zur reflexiven Daueraufgabe geworden ist, wird davon fundamental beeinflusst, auch wenn es oft gar nicht unmittelbar wahrnehmbar ist. Es braucht daher nicht nur entsprechende kommunikative Kompetenzen, sondern ein ausgeprägtes Organisationsbewusstsein – eine relativ junge Anforderung (SENGE 1990). Andererseits wird im Laufe der stattfindenden Entinstitutionalisierung von den Mitarbeitern die Bereitschaft verlangt, ihre berufliche Identität an die Anforderungen der Organisation anzupassen und zu verändern bzw. ganz neu zu entwerfen. Ebenso wird von ihnen verlangt, an der Veränderung der Organisation dauerhaft mitzuarbeiten. Auch dafür bedarf es organisatorischer Kompetenz. Dazu einige Beispiele aus den verschiedenen Berufsfeldern.

Management
Führen und Managen wird zu einer hoch komplexen Tätigkeit. Waren die Führungskräfte zu Zeiten der intakten Hierarchie Vorgesetzte, die vorwiegend Delegations-, Anweisungs- und Kontrollaufgaben wahrzunehmen hatten, so sind heute Leadership-Persönlichkeiten gefordert. Sie haben zwar weiterhin die alten Aufgaben zu erfüllen und tragen wie

früher die Ergebnisverantwortung, aber dazu erhalten sie neue Aufgaben, die nicht leicht vereinbar mit den bisherigen sind. Sie müssen Mitarbeiter professionell führen und entwickeln, Teams aufbauen und steuern, sie mit anderen Arbeitsformen der Organisation integrieren, dabei ihre jeweils in Aktion befindliche Rolle bewusst formulieren und den vorliegenden Arbeitskontext korrekt markieren, und auch sonst organisatorische Widersprüche verstehen und managen, Visionen entwickeln und an der Veränderung der Organisation mitarbeiten. Auf das entsprechende Management des Zusammenhangs von all dem nicht zu vergessen. Um diese attraktive erscheinende Berufsgruppe wird am Beratungsmarkt heftig gekämpft.

Medizin
Ärzte waren früher eindeutig Fachexperten und mussten sich um die Beziehung zu den Patienten keine Sorgen machen, solange die Autoritätsverhältnisse hierarchisch intakt waren. Heute ist die professionelle Gestaltung der Arzt-Patient-Beziehung in vielen Fällen eine unabdingbare Voraussetzung des medizinisch-fachlichen Erfolgs. Der Aufbau eines Vertrauensverhältnisses ist bei schwindenden Abhängigkeiten und zunehmend gut informierten Patienten zur schwierigen Aufgabe geworden. Außerdem weiß man, dass die Arzt-Patient-Beziehung bei psychosomatischen Krankheiten selbst eine höchst wirksame Medizin ist. Darüber hinaus ist die Kooperation zwischen den medizinischen Fächern immer häufiger die Voraussetzung für erfolgreiches Agieren im eigenen Fach. Das verlangt eine um weitere Aspekte angereicherte kommunikative Kompetenz, die im Studium nirgends erworben wird, und auch sonst im Beruf nicht gut verankert ist. Darüber hinaus weiß man, dass die Organisation der Arztpraxis eine therapeutische Wirkung hat. Noch mehr trifft das für die Organisation des Krankenhauses und seiner einzelnen Abteilungen zu. Leitende Ärzte müssen daher neben ihrer fachlichen Expertise auch Management- und Organisations-Know-how erwerben. Auf allen diesen Ebenen findet man neue Rollenwidersprüche, die ganz allgemein in der beruflichen Identität untergebracht und im Alltag situativ wahrgenommen und gemanagt werden müssen.

Pädagogik
Auch Lehrer können sich längst nicht mehr als bloße Wissensvermittler verstehen, deren Erfolg sich per Prüfung der Schüler eindeutig messen lässt. Um überhaupt in die Lage zu kommen, Wissen vermitteln zu kön-

nen, bedarf es des Aufbaus von guten Arbeitsbeziehungen zwischen Lehrer und Schülern und des Managements der Klasse. Auch hier tritt eine reflexive Aufgabe zu einer nicht reflexiven hinzu und verlangt zu ihrer Bewältigung neben der Fachkompetenz eine geschulte soziale Kompetenz. Wieder müssen nicht deckungsgleiche Rollenanteile miteinander verbunden werden. Die reflexive Gestaltung der Kooperation unter den Lehrern und die Toleranz gegenüber einander widersprechenden Normen in der Gesamtorganisation (man denke an die Einführung von Projektunterricht) sind ebenbürtige Anforderungen.

Insgesamt kann man diese Entwicklung, die immer mehr Berufe erfasst, als Folge tief gehender gesellschaftlicher Veränderungen sehen. Die Hierarchie hat sich als Leitsystem gesellschaftlicher Ordnung aufgelöst. Die Institutionen verlieren ihre Kraft, grundlegende Widersprüche, von denen zentrale gesellschaftserhaltende Systeme durchzogen sind, so zu bändigen, dass sich die Beteiligten nicht weiter darum kümmern müssen. Vorgegebene Wahrheiten, die Handlungssicherheit vermittelt hatten, sind für die veränderten und sich rasant weiter verändernden Zustände nicht mehr brauchbar. In der Folge werden statt Regeln, Normen, festgelegten Abläufen die Kompetenz, Kreativität und flexible Handlungsfähigkeit der beteiligten Menschen verlangt. Das was zuvor für sie gestaltet gewesen war, müssen sie nun mit Augenmaß und der jeweiligen Situation entsprechend selbst gestalten. Die Reflexivität der Systeme entfaltet sich und bedarf einer professionellen reflexiven Kompetenz der interagierenden Personen und Systeme. Reflexionshilfen wie Supervision und andere Formen der Beratung sind auf allen Ebenen gesellschaftlichen Lebens gefragt.

2   Die wirtschaftliche Bedeutung der Supervision

Supervision ist auf Grund ihres Settings in mehrfacher Hinsicht ein sehr wirtschaftliches Geschäftsmodell der beratenden Begleitung von beruflicher Arbeit.

1. Sie beschränkt sich in ihrem Arbeitsumfang meist auf einige wenige Stunden der Beratung. Insofern ist sie im schlichtesten Sinn der Wirtschaftlichkeit wirklich billig.

2. Sie verursacht keine Zusatzkosten, wie sie in anderen unterstützenden Maßnahmen (Fortbildungsseminare, Workshops, Klausuren etc.) durch Vorbereitung, Arbeitsausfall, Reisen, Hotels anfallen.
3. Sie verursacht keine Transferkosten und -verluste, wie sie die besten Weiterbildungen, in Beratungsklausuren durchgespielte Übungen und Case Studies mit sich bringen. Dort lernt man überall wichtige Dinge, aber weder wird ihre Anschlussfähigkeit an den beruflichen Alltag ausreichend überprüft, noch werden ihre Umsetzung und die dabei schrittweise auftretenden Widerstände und Schwierigkeiten regelmäßig reflexiv begleitet. Supervision hingegen ist eine in kleinsten Dosen vorgenommene Bearbeitung überschaubarer Arbeitssituationen, deren praktische Auswirkung von einer Sitzung zur nächsten beobachtet, begleitet und immer wieder einer Reflexion zugeführt werden kann. Die laufende Umsetzungs- und Erfolgskontrolle ist in ihren Prozess eingebaut.
4. Supervision ist mit erfolgreicher Bewältigung einer vorgelegten Fragestellung ohne großen Aufwand abschließbar und kann ebenso leicht für eine neue Fragestellung wieder aufgenommen werden.

Wenn Supervision ein derart ökonomisches erfolgversprechendes Verfahren ist, warum hat man es dann nicht immer schon extensiv eingesetzt, sondern andere viel aufwendigere, in ihrem überprüfbaren Erfolg zweifelhaftere Verfahren der Fortbildung und Beratung in Anspruch genommen? Und warum geschieht das heute noch? Das hat zum einen mit den Grenzen dieser Beratungsform zu tun, die Thema des nächsten Punktes sind. Zum anderen hat es mit der soeben kurz skizzierten gesellschaftlichen Entwicklung zu tun, die in verschiedenen Schritten den heutigen Ausbildungs- und Beratungsmarkt hervorgebracht hat, als deren bislang letzter Schritt Supervision und Coaching zum Zug gekommen sind (BUCHINGER 1998).

Zu Zeiten intakter hierarchischer Strukturen in der Arbeitswelt hatte es keinen besonderen Aus- und Weiterbildungsbedarf (außer einen solchen fachlicher Art), geschweige denn einen Bedarf an Reflexion von Arbeitsprozessen und Organisationsstrukturen und -abläufen gegeben. Fortbildung hatte ein negatives Image, war ein Zeichen dafür, dass man sie nötig hatte, also etwas noch nicht so beherrschte, wie man es sollte. Reflexion war verpönt und mit einem Tabu belegt, weil sie die Gefahr der Destabilisierung festgelegter Verhältnisse mit sich brachte.

Mit der *Hierarchiekrise* und der *Einführung von Teamarbeit und Projektmanagement* zur Bewältigung komplexerer Arbeitsprobleme, für welche die hierarchischen Strukturen nicht mehr geeignet waren, entstand erstmals größerer Weiterbildungsbedarf. Teamarbeit und Teamsteuerung mussten gelernt werden. Die entsprechenden Dienstleistungen wurden von externen Instituten angeboten. Damit entstand auch die vorhin angesprochene Problematik des Transfers der erworbenen Kenntnisse und Fähigkeiten in die Organisation. Der Transfer gelang meist nicht ausreichend, weil die hierarchischen Strukturen, nach denen der Arbeitsalltag geregelt war, es nicht zuließen. Die Hierarchiekrise konnte durch solche Versuche, neue hierarchiefremde Arbeitsinstrumente einzuführen, nicht bewältigt werden, im Gegenteil, sie verschärfte sich.

Erst der zunächst widerwillig unternommene Versuch, *organisatorische Alternativen zur Hierarchie* zu entwickeln, brachte Abhilfe. Dafür entstanden neue Probleme, deren Lösung der Entwicklung von sozialer Kompetenz bedurfte. Denn mit der Matrixorganisation und den verschiedenen Formen der Dezentralisierung traten strukturelle Widersprüche auf, die von Mal zu Mal gelöst werden mussten. Aus den Vorgesetzten wurden Führungskräfte, die für die Bewältigung ihrer Aufgaben Management-Fortbildungen aller Art benötigten. Die Trainingsberufe differenzierten sich aus und boomten. Großflächig angelegte Organisationsentwicklungsprojekte wurden in Angriff genommen und meist von externen Organisationsberatern bedient.

In einem nächsten Entwicklungsschritt setzte sich langsam und mit vielen Widerständen die Erkenntnis durch, dass Organisationen aufgehört hatten, für die Ewigkeit geschaffene, durchreglementierte Gebilde zu sein. Sie lösten sich schrittweise in einen *permanenten Prozess des Organisierens* auf. Stichworte dafür sind etwa: Lernende Organisation und Netzwerkorganisation. Fortbildung einerseits, und Entwicklung und Veränderung der Organisation andererseits, wurden als genuine organisationsinterne Aufgabe angesehen und immer weniger nach außen delegiert. Die Durchführung und Begleitung organisationsverändernder Maßnahmen wurde zu weiten Teilen zu einer Managementaufgabe: Nachdem in einem ersten Schritt aus den Vorgesetzten Führungskräfte geworden waren, mutierten sie jetzt zu Leadership-Persönlichkeiten. Natürlich blieb der Fortbildungs- und Organisationsberatungsbedarf weiterhin bestehen und differenzierte sich aus. Allerdings schrumpften die ehemals viele Jahre dauernden, von externen Beratern geleiteten großen Beratungsprojekte. Sie wandelten sich zu Projekten, in denen externe Berater die internen, in Eigenregie der Organisationen durchgeführten Veränderungs- und Entwicklungsmaßnahmen begleiteten. Die Seminare und Lehrgänge wurden kürzer, Learning-on-the-Job war angesagt. In beiden Fällen erschien Supervision eine attraktive Form der beratenden Unterstützung. Der Trend der organisationsinternen Übernahme zunächst extern angeboteter Dienstleistungen setzt sich auch hier fort: Es ist zunehmend die Rede von Führungskräften als Supervisoren und Coaches ihrer Mitarbeiter.

3 Welcher Leitidee folgt die Supervision?

Theoretisch herrscht Übereinstimmung, dass Supervision als eigenständige Beratungsform definiert ist durch ihren Gegenstand, nicht durch ihre Methoden (WEIGAND 1987).

3.1 Der Gegenstand der Supervision

Gegenstand der Supervision ist bislang berufliche oder ihr gleichkommende (etwa ehrenamtliche) Tätigkeit, die sich durch die oben dargestellten Merkmale auszeichnet (sekundäre Reflexivität, Rollenwiderspruch, Einfluss organisatorischer Rahmenbedingungen).

Das *Prinzip der durchgängigen Arbeitsbezogenheit* der Supervision ist grundlegend und zur Ausschaltung von gängigen Missverständnissen von nicht zu unterschätzender Bedeutung. Denn zum Verständnis der vorgelegten Arbeitssituation wird es wichtig sein, sich dem Beitrag, den die arbeitende Person auf Grund ihrer psychischen Verfasstheit, ihrem Rollenverständnis, ihrer Kompetenzen leistet, ausreichend zuzuwenden. Das ist ein weites Feld. Wenn man es betritt, bietet es dem Betrachter eine derartige Komplexität, dass die Verführung groß ist, darin zu verweilen – insbesondere wenn man als Supervisor aus einem primär psychotherapeutischen Beruf kommt.

Zum Verständnis der vorgelegten Arbeitssituation gehört ebenso die Beobachtung der Eigendynamik beruflicher Interaktion. Auch das ist ein

weites Feld, dessen Eigendynamik die Tendenz hat, die Reflexion ganz
für sich in Anspruch zu nehmen – insbesondere wenn der Supervisor aus
einem gruppendynamischen Beruf kommt. Es kann in solchen Fällen
auch geschehen, dass man bei der Reflexion der Arbeit beginnt und bei
rein gruppendynamischen Überlegungen endet, ohne den Weg zurück zur
Arbeit zu gehen.

Ähnlich kann es gehen mit der Beachtung der Eigendynamik der Organisation. Sie ist für sich genauso komplex, so dass man leicht bei dem
Versuch rein organisationsberaterischer Interventionen landet, womit
man in der Supervision nur pfuschen kann. Ihr Setting erlaubt keine
Organisationsberatung, auch wenn die Beobachtung der Auswirkung organisatorischer Sachverhalte auf die Arbeit für die Supervision von
großer Bedeutung ist. Auch die Isolierung der anderen Aspekte, also der
Person und der Interaktion, führt in der Supervision zu Pfusch, bloß fällt
in diesen Fällen der stillschweigende Wechsel des Kontexts der Beratung
von der Arbeit zu einer ihrer relevanten Bedingungen nicht so unmittelbar auf, weil das Setting der Supervision sehr wohl erlaubt, psycho-
therapeutisch oder (in der Teamsupervision) gruppendynamisch zu intervenieren.

Solange der Fokus auf die Arbeitssituation gerichtet bleibt, kann man
sich in die eine oder die andere Richtung etwas weiter bewegen – zentral
bleibt, dass die Funktion sichtbar wird, die dieser Ausflug für ein Verständnis der Arbeitssituation und für die Erweiterung der Handlungsfähigkeit des Klienten hat. Ebenso zentral muss die Bemühung sein, die
Interdependenz dieser drei Aspekte (Person, Interaktion und Organisation) in der supervidierten Arbeit zu erfassen. Das ist nicht immer leicht.
Am ehesten gelingt es, wenn man einen zusätzlichen Aspekt ins Zentrum
stellt, und die drei genannten Aspekte in ganz bestimmter Reihenfolge um
ihn herum gruppiert. Ich meine die *Eigendynamik der jeweiligen beruflichen Tätigkeit*, die in der Supervision häufig viel zu wenig beachtet
wird. Einem vorgelegten Konflikt zwischen Produktion und Verkauf in
einem Betrieb z. B. wird man erst dann gerecht werden können, wenn
man sowohl die einander entgegengesetzten Logiken der beiden Tätig-
keitsbereiche vor Augen hat, als auch über ein Verständnis ihrer Interdependenz verfügt. Der Verkauf verlangt von seinen Mitarbeitern eine
kommunikative Haltung, zu der die Bereitschaft gehört, immer ein bisschen mehr zu versprechen, als man halten kann, z. B. was Liefertermine

betrifft. In der Produktion braucht es ein hohes Qualitätsbewusstsein, Genauigkeit und einen klaren Zeitplan. Hat man nicht gelernt, auf solche Unterschiede in der Logik der Tätigkeiten zu achten, und versteht man nicht, dass sie aufeinander angewiesen sind, so wird man versucht sein, den unvermeidlichen Konflikt auf der Personen- oder Interaktionsebene zu erfassen, und man wird mit Sicherheit auch genügend Anhaltspunkte dazu finden, wenn man darauf aus ist. Aber man wird so zu keinem befriedigenden Verständnis des strukturellen Konflikts gelangen, und nicht helfen können, ihn nachhaltig zu managen.

Obwohl es im Zusammenhang der drei Aspekte (Person, Interaktion und Organisation) keine linearen Kausalitäten gibt, neigen wir immer dazu, solche zu konstruieren, um in unseren Erklärungen die Komplexität zu reduzieren. Diese Neigung nutzend, kann es aus pragmatischen Gründen hilfreich sein, in der Supervision folgendermaßen vorzugehen:

• Man sieht sich als erstes die Eigendynamik der Tätigkeit an, die zur Beratung ansteht, und versucht sie primär unter dem Aspekt organisatorischer Sachverhalte und Widersprüche zu verstehen. Die Phänomene, die auf der Personen- und Interaktionsebene wahrgenommen werden, können als abgeleitete Symptome begriffen werden.
• Nur wenn man auf diesem Weg zu keinem brauchbaren Ergebnis gelangt, versucht man als nächstes zu einer brauchbaren Diagnose auf der Interaktionsebene zu gelangen, sucht nach Mustern, Kollusionen und ähnlichem.
• Wenn man auch hier nicht fündig wird, und nur dann, zieht man die immer bereitliegenden psychischen Konstellationen der beteiligten Personen als Ursache für eine schwierige Konstellation in der Arbeit in Erwägung. Der Rückgriff auf die Personen empfiehlt sich sozusagen als Notlösung, wenn man auf den anderen Ebenen zu keinem brauchbaren Ergebnis kommt.

Da es sich hier um ein sehr komplexes und anspruchsvolles Geschäft handelt, ist es, wie angedeutet, nahe liegend, dass Supervisoren gelegentlich auf diejenige professionelle Kompetenz zurückgreifen, in der sie ihre primäre berufliche Sozialisation erhalten haben, insbesondere dann, wenn man auf Grund der Komplexität der Situation, die es zu supervidieren gilt, Gefahr läuft, die Orientierung zu verlieren – was zumindest vorübergehend immer wieder vorkommt.

Natürlich ist das hier vorgeschlagene Vorgehen geleitet von einer prag-
matisch ausgerichteten theoretischen Konstruktion, die der Interdependenz der genannten Aspekte nicht gerecht wird. Aber sie hat sich in
mehrfacher Hinsicht in der Erfahrung als eine brauchbare Konstruktion
erwiesen. Erstens entlastet sie die beteiligten Personen von Zuschreibungen, die leicht als Vorwürfe aufgefasst werden können und dementsprechend Verteidigungsmaßnahmen mobilisieren: Das vorgelegte Arbeits-
problem wird nicht als Folge von Mängeln und Defiziten ihren Leistungen, in ihrem Verhalten und ihren Interaktionen (wie etwa mangelnde
Einfühlung, Kampf und Konkurrenz) aufgefasst. Vielmehr wird der Versuch unternommen, ihr Verhalten (und vielleicht auch ihr Erleben) als
Niederschlag struktureller Verhältnisse in der Organisation zu verstehen.
Allein dadurch stärkt man die Motivation der Klienten zur Mitarbeit und
zur Selbstorganisation in der Bewältigung der in der Supervision vorgelegten Fragen. Sogar wenn, was immer anzunehmen ist, der entsprechende kommunikative Beitrag der Personen zur Entstehung und möglichen Eskalation einer Problematik vorhanden ist, verliert er durch eine
solche organisationsbezogene Konstruktion für die Zukunft praktisch an
Gewicht, und man kann der Verführung entgehen, sich in der Supervision zu viel mit der Psychologie der Personen zu beschäftigen.

Zweitens ist das hier vorgeschlagene Vorgehen ressourcenorientiert. Es
versucht, auftretende Arbeitsschwierigkeiten und Konflikte als Phänomene zu verstehen, die innerhalb der Organisation und aus ihrer Logik heraus einen Sinn ergeben. Sie werden als Lösungen wichtiger organisatorischer Fragestellung und oft unvermeidlicher struktureller Widersprüche gesehen, die auf der Personen- und Interaktionsebene meistens
Kosten verursachen. Die Frage stellt sich dann, wie man die Lösung derart optimieren kann, dass die Kosten geringer ausfallen.

Drittens trägt unser Vorschlag, mit einem organisationsbezogenen Verständnis der Arbeitssituation zu beginnen, und die auftretenden Schwierigkeiten auf den anderen Ebenen als Auswirkung organisatorischer
Sachverhalte zu begreifen, der meist größeren Macht der Organisationen
Rechnung. Die Pathologie von Personen kann sich erst dann in der Organisation entfalten, wenn ihre formellen Strukturen und arbeitsbezoge-
nen Abläufe nicht den zu lösenden Aufgaben angemessen ausgebildet und
abgesichert sind. Das ist oft der Fall. Aber gerade dann gilt es, innerhalb
der Handlungskompetenz des Klienten an den Strukturen und Abläufen
anzusetzen, um nachhaltige Lösungen zu finden.

3.2 Die Methoden

Supervision hat nie eigene Methoden der Beratung entwickelt, sondern sich immer der Methoden bedient, welche die anderen Beratungsformen zur Verfügung gestellt haben. Sie ist insofern zwar einerseits abhängig vom jeweiligen Stand der Entwicklung der anderen Beratungsformen. Andererseits beeinträchtigt das nicht ihre Eigenständigkeit.

Die Abhängigkeit hatte sie lange Zeit in Fragen der Organisation schmerzlich erlebt. In der Supervision war immer schon von der Beachtung der organisatorischen Rahmenbedingungen die Rede. Sie konnte allerdings die längste Zeit nur hilflos darauf hinweisen, ohne dem praktisch Rechnung tragen zu können. Erst nachdem die Organisationsberatung ihr begriffliches Repertoire zum Verständnis der Eigendynamik organisatorischer Strukturen und Prozesse, ihre Analysemethoden und entsprechende Interventionsformen zur Verfügung gestellt hatte, konnte die Supervision ihrem Anspruch auch praktisch gerecht werden.

Wegen dieser methodischen Abhängigkeit von anderen Beratungsformen und wohl auch deshalb, weil sie auf keiner der Ebenen, weder der Person, noch der Interaktion, noch auch der Organisation ausreichend elaboriert und in die Tiefe gehend arbeiten kann, hat man der Supervision oft Oberflächlichkeit und Eklektizismus vorgeworfen. Sie wäre eine Beratungsform, die in die anderen Bereiche „hinein grase", ohne das ausreichend profund tun zu können. Solche Vorwürfe gehen am Wesen der Supervision vorbei. In Bezug auf ihre ganz eigene Aufgabe könnte man ihr, im Gegenteil, dann Oberflächlichkeit vorwerfen, wenn sie nur auf einer der Ebenen, sagen wir der Person, auf dieser aber dann in aller psychotherapeutischen Tiefe, arbeiten würde. Nur wenn sie bei ihrem Fokus, dem Verständnis und der Reflexion von Arbeitssituationen bleibt, und – gerade wegen ihres Fokus – alle beteiligten Aspekte nur soweit beleuchtet, als es für ihre Aufgabe nötig ist, geht sie dieser Aufgabe entsprechend fundiert vor.

Aus diesem Grund scheint mir auch eine Schulzugehörigkeit für die Supervision nicht angemessen (Buchinger 2003). Das würde auf die Dominanz eines der ihr zur Verfügung stehenden Instrumente hinauslaufen, und wahrscheinlich würde es gute supervisorische Arbeit behindern. Denn jede der Schulen ist in ihrem Schwerpunkt auf eine, bestenfalls auf zwei der genannten Ebenen supervisorischer Arbeit spezialisiert.

4   Grenzen der Supervision

Von Grenzen kann in mehrfacher Hinsicht die Rede sein. Offensichtlich
bedeutet Grenze eine Einschränkung. Sie definiert, was zu einer Sache
gehört und was nicht. In diesem Sinne ist es wichtig, die Grenzen der Supervision zu bestimmen, denn sie bewegt sich in einem dicht besetzten
und heiß umkämpften Markt der Beratung. Und wenn sich die vielen Beratungsformen wirklich sinnvoll voneinander unterscheiden, dann tut es
keiner gut, sich aus Unklarheit über ihre Grenzen im Gebiet der anderen
zu tummeln.

Über ihre Limitation schaffen Grenzen auch Identität. Erst durch ihre
Grenze erhält eine Sache ihre charakteristische Form, an der sie sich zu
erkennen gibt. Paradox formuliert: Dort wo etwas aufhört zu sein, fängt
es an, es selbst zu sein. Auch in diesem Sinn ist es brauchbar, sich über
die eigenen Grenzen klar zu sein. Schließlich besorgen Grenzen gleichzeitig mit der Trennung, die sie herstellen, das Gegenteil von Trennung,
sie verbinden mit der angrenzenden, für die eigene Gestalt Form gebenden Umgebung.

Obwohl diese drei Funktionen von Grenze nicht voneinander zu trennen
sind, unterscheiden sie sich doch erheblich voneinander und erhalten im
Prozess der Entwicklung einer Sache jeweils einen anderen Stellenwert.
Solange eine Sache erst dabei ist, sich in ihrer Identität herauszubilden,
wird die Abgrenzung von der Umgebung im Vordergrund stehen. Entdeckt sie dann, dass ihr Gebiet im Vergleich zu den Nachbarn relativ
klein ausgefallen ist, so wird sie wahrscheinlich versuchen, sich etwas
auszudehnen und über die noch nicht ganz klaren Grenzen in die Nach-
bargebiete einzufallen. Erst wenn solchen Unternehmungen der Erfolg
versagt bleibt – sie es durch Gegenwehr der Nachbarn, sei es durch Überforderung – ist man gezwungen, die Identität innerhalb der eigenen Grenzen zu festigen. In der Folge schließlich zeigt sich die Grenze in ihrer Bedeutung als Kontakt- und Verbindungslinie, und man kann beginnen, sie
als solche zu pflegen.

Man kann diese Entwicklung in der Geschichte der Supervision schön
verfolgen. Das soll hier nicht geschehen. Dennoch können die verschiedenen Funktionen der Grenze beleuchtet werden. Ihre dritte Funktion als
Verbindungslinie wird uns im letzten Punkt unter den Zukunftsperspek-

tiven beschäftigen. Sehen wir uns hier die Grenzen der Supervision im Sinne der identitätsbildenden Limitation an. Sie sind vielfältig.

4.1 Der Gegenstand

Die für die Identität der Supervision bemerkenswerteste Grenze liegt in der Definition ihres Gegenstandes. Man kann es nicht oft genug betonen: Gegenstand der Supervision ist nicht die Person in ihrer ganzen psychischen Komplexität, Entwicklung, Pathologie, ihren Lebenszielen, ihrem Glück oder Leid – auch wenn es die Person ist, deren Arbeit der Supervision vorgelegt wird. Gegenstand der Supervision sind ebenso wenig die Interaktionen zwischen Personen in deren kommunikativen und gruppendynamischen Besonderheiten. Sogar wenn sie für ein Verständnis der Arbeit, die im Zentrum der Supervision steht, von großer Bedeutung sind. Gegenstand der Supervision ist auch nicht die Organisation in ihrer Eigendynamik oder ein Subsystem der Organisation, wie eine Abteilung, ein Institut, ein Team in seiner organisatorischen Komplexität. Dies auch dann nicht, wenn es ein solches Subsystem ist, das sich der Supervision unterzieht. Und auch dann nicht, wenn wir wissen, dass die Organisation in der Supervision einen zentralen Stellenwert hat.

Gegenstand der Supervision ist und bleibt die Arbeit. Zieht man diese Grenze nicht ganz scharf, dann wird der Übergang zur Psychotherapie, zur Gruppendynamik, zur Organisationsberatung, gelegentlich zur Fortbildung fließend. Das dient keiner der hier in Frage stehenden Beratungsformen. Erst wenn die Grenze scharf gezogen wird, kann ein sinnvoller Übergang hergestellt werden. Etwa indem der Supervisor feststellt, dass die vorgelegte Fragestellung eher in der Psychotherapie, oder in der Gruppendynamik, oder der Organisationsberatung zu behandeln wäre. Es wurde oben schon ausgeführt, warum die Grenzziehung schwierig ist: weil zum Verständnis der Arbeit alle drei Dimensionen von Bedeutung sind.

4.2 Die Methoden

In ihrer methodischen Abhängigkeit von den anderen Formen der Beratung und deren Schulen liegt eine weitere Grenze der Supervision. Davon

war auch schon die Rede. In ihrer methodischen Differenzierung ist sie
limitiert durch den Stand der Entwicklung der anderen Beratungsformen.
Natürlich profitiert sie auch von deren methodischer Weiterentwicklung,
aber das ist die andere Seite.

Supervision muss methodisch noch eine andere Begrenzung in Kauf nehmen, die mit der Komplexität ihres Gegenstandes zu tun hat. Kein
Supervisor kann das gesamte, in den verschiedenen Beratungsformen
bereitliegende methodische Repertoire beherrschen – nicht einmal dann,
wenn er in seiner primären Profession ein Vertreter einer dieser Formen
in einer ihrer Schulen ist, sagen wir ein systemischer Organisationsberater oder ein Psychoanalytiker. Er steht unter der hohen Anforderung, aus
den Beratungsformen und am besten auch aus den verschiedenen Schulen Methoden gezielt auszuwählen – unter dem Primat der Bedeutung für
seinen Gegenstand. Daraus muss er sich sein Methodenmix basteln. Am
geeignetsten dafür scheint mir eine nicht schulbezogene Ausbildung, wie
sie unser Kasseler Studium zur Verfügung stellt. Auch für diese schwierige Aufgabe darf die Bedeutung des Gegenstandes der Supervision und
seine genaue Fassung nicht unterschätzt werden. Erst das klare Bewusstsein der Eigenständigkeit des Gegenstandes der Supervision erlaubt es, die
geeignete Auswahl eines Methodenmixes als Anforderung zu sehen, mit
der die Identität der Supervision gefestigt wird und die jeder Supervisor
individuell zu treffen hat, um seine supervisorische Identität zu konstruieren.

4.3 Der Wirkungsbereich

Die Limitation des Wirkungsbereichs der Supervision durch Gegenstand
und Methoden ist konstitutiv für die Identität der Beratungsform, und
braucht hier nicht weiter behandelt werden. Darüber hinaus ist die
Supervision noch einer anderen Begrenzung unterworfen, die auf Grund
ihres Gegenstandes besonders sensibel ist, und die durch ihr Setting gezogen wird. Ihr Setting sieht eine zeitlich limitierte Beratung von Arbeit
vor, die sich auf Einzelpersonen oder auf Teams beschränkt. Wobei die
Rede von Teamsupervision immer heikel ist, weil die Abgrenzung gegenüber Teambuilding und anderen Formen der Teamberatung nicht so
eindeutig zu ziehen ist, wie die Abgrenzung der Einzelsupervision von der
Psychotherapie. Ziel und Ergebnis der Beratung müssen sich auf die Ar-

beitsfähigkeit der Einzelpersonen oder des Teams beschränken, die Problematik der vorgelegten Arbeit würde aber zu ihrer angemessenen Lösung häufig koordinierte Aktivitäten in größeren Einheiten und Zusammenhängen in der Organisation erfordern.

Nehmen wir an, eine Führungskraft legt in der Supervision ihr Problem mit der Faulheit eines qualifizierten Mitarbeiters vor, die organisationsbezogene Analyse bringt zu Tage, dass die so genannte Faulheit des Mitarbeiters der Niederschlag eines organisatorischen Widerspruchs ist, der auf der Personenebene in Erscheinung tritt. Der Mitarbeiter sollte kleine überschaubare Projektteams für zeitlich limitierte Aufgaben autonom zusammenstellen, scheitert aber dabei am hierarchischen Widerstand, der ihm von allen Seiten entgegen gebracht wird. Also versucht er so zu arbeiten, dass er nicht an die Grenzen der Organisationskultur stößt. Er versucht alles allein zu machen und kommt damit nicht zu Rande. Was als individuelle Faulheit erscheint, ist nicht nur kein Defizit, sondern der Versuch, den Widerspruch zwischen Arbeitsauftrag und hierarchischer Kultur der Organisation zu lösen. Eine solche organisationsbezogene Analyse des Problems könnte eine Beratung der Organisation mit dem Versuch, die Organisationskultur zu verändern, nahe legen. Das ginge aber weit über die Handlungsfähigkeit der Führungskraft und auch über die Möglichkeiten der Supervision hinaus. Es würde ein anderes Setting und Design der Beratung verlangen, könnte Aufgabe einer Organisationsberatung sein, zu der es im Rahmen der Supervision keinen Auftrag gibt.

Derartige Limitationen ihres Wirkungsbereichs können in der Supervision häufig erlebt werden. Der Hinweis auf die Grenzen der Beratungsform, auf die Ohnmacht des Klienten, oder auf die Brauchbarkeit einer Organisationsberatung reichen dann nicht aus. Es gilt in der Supervision die Grenzen der beschränkten Handlungsfähigkeit des Klienten auszuloten und seine Handlungsmöglichkeiten zu entwickeln, auch wenn sie von geringerer Reichweite sind als erwünscht. Oft sind sie größer als vermutet.

Stößt man in der anderen Richtung auf Grenzen, welche die supervisorische Arbeit der Reflexion psychischer Probleme steckt, so liegt es wenigstens im Entscheidungsbereich des Klienten, sich in psychotherapeutische Behandlung, die man ihm empfehlen könnte, zu begeben oder nicht.

4.4 Das Image

Die Herkunft der Supervision aus dem Bereich der Sozialarbeit hat sie im
Verlauf ihrer Ausbreitung in andere gesellschaftliche Felder nicht überall
mit einem positiven Image ausgestattet. Nun ist zwar, wie beispielhaft
ausgeführt, in immer mehr gesellschaftlichen Feldern der Bedarf an Reflexion von Arbeit gestiegen, und die Supervision könnte die erforderli-
chen professionellen Dienstleistungen dort ebenso erbringen wie in ihrem
Ursprungsgebiet. Aber sie stößt in manchen Bereichen auf Kulturen, an
die sie mehr wegen ihres Images als wegen ihrer Leistungsfähigkeit und
ihrer fachlichen Grenzen nur schwer anschlussfähig ist. Das gilt besonders für die Wirtschaft. Dort haftet ihr das Image der helfenden Berufe
an, das in der Wirtschaft Abwehr hervorruft. Weder will man dort helfen, noch hilfsbedürftig sein. Führungskräfte und Manager, die einen hohen Bedarf an Supervision aufweisen, erleben sich eher als Hochleis-
tungssportler. Also hat man zur Antwort auf den Bedarf einen Begriff
übernommen, der aus dem Sport stammt und in der Wirtschaft an-
schlussfähiger ist: Coaching. Die Assoziationen, die der Begriff weckt, erleichtern es den Führungskräften, sich einer Beratung zu unterziehen: Sie
sollen dort topfit gemacht und zu noch höheren Höchstleistungen ange-
spornt werden.

Auch die Betonung der Reflexion von Arbeit, welche mit der Supervision verbunden ist, kommt in der Wirtschaft nicht so gut an. Arbeit muss
dort stromlinienförmig ergebnisorientiert sein. Sie unterliegt im wachsenden Wettbewerb einer laufenden Beschleunigung. Reflexion hingegen
wird nicht als Arbeit erlebt, suggeriert außerdem Verlangsamung und
Verzögerung. Verstärkend wirkt hier noch das zwar nicht mehr brauchbare, aber immer noch wirksame, tief verankerte Tabu der Reflexion organisatorischer Zusammenhänge aus den Zeiten der intakten Hierarchie.
Coaching propagiert daher Lösungsorientierung – obwohl es sich im
Vorgehen und in den Methoden kaum von der Supervision unterscheidet. Und damit die Abgrenzung zur Supervision nicht nur aus Gründen
der Marktlogik geschieht, sondern auch inhaltlich Hand und Fuß hat,
nimmt sich Coaching sehr intensiv der neuen Themen an, die durch die
Veränderung der Arbeitswelt virulent geworden sind und im nächsten
Punkt benannt werden sollen.

5 Entwicklungsperspektiven

5.1 Neue Themen, die der Supervision besondere Kenntnisse abverlangen

Zwar muss ein Supervisor jedes Thema, das für seinen Gegenstand relevant ist, aufgreifen können, dennoch treten mit der Veränderung der Arbeitswelt neue Themen in den Vordergrund, die gesteigerte Aufmerksamkeit verlangen. Man muss sich gelegentlich auch theoretisch in sie vertiefen, damit man ihnen in der Supervision ausreichend Beachtung schenken kann. Die wichtigsten dieser Themen sollen kurz vorgestellt werden.

Stress und Gesundheit

Der in der Arbeitswelt zunehmende Rationalisierungsdruck erzeugt auf allen Gebieten die Anforderung, in immer kürzerer Zeit immer mehr zu leisten. Verbunden mit der ebenfalls zunehmenden Arbeitsplatzunsicherheit und dem Anspruch, jederzeit zu einschneidenden beruflichen Veränderung bereit zu sein, wächst der Stress. Burn-out und psychosomatische Erkrankungen nehmen zu. Das Thema ist inzwischen so aktuell, dass viele Betriebe im Dienste der Erhaltung der Arbeitsfähigkeit ihrer Mitarbeiter Gesundheitsvorsorge betreiben. Auch in der Supervision tritt das Thema vermehrt auf. Es ist daher sinnvoll, über Zusammenhänge von Arbeit und Gesundheit differenziert Bescheid zu wissen, den Beginn von Burn-out-Prozessen diagnostizieren zu können, oder darauf zu achten, dass in sehr belastenden Arbeitssituationen ausreichend Gegengewichte zur Arbeit aufgebaut werden (LINNEWEH 2002).

Identität

Berufliche Identitäten sind aus mehrfach schon angedeuteten Gründen derart in Bewegung geraten, dass sie zur reflexiven Daueraufgabe werden und damit ein zentrales Thema in der Supervision darstellen. Auch das Verhältnis von beruflicher und „privater" Identität verschiebt sich in der Folge. Die Distanz zur beruflichen Identität, die wichtig geworden ist, um beruflich flexibel sein zu können, braucht einen Fixpunkt, von dem her das ohne Verwahrlosung möglich ist (siehe dazu KEUPP et al. 1997, KEUPP 2004).

Selbstorganisation oder das Verhältnis von Autonomie und Vorgabe

Das soeben Gesagte setzt – zum Zweck des Überlebens im beruflichen
Alltag – die Entwicklung von Autonomie in einem bisher unbekannten
Ausmaß voraus. Gleichzeitig ist man mit immer mehr Vorgaben kon-
frontiert. Zur Selbstorganisation gehört es hier, dass man sich nicht der
Illusion hingibt, man könne sich täglich neu, sozusagen aus dem Nichts
hervorbringen, wie es die Power-Seminare gelegentlich nahe legen.
Selbstorganisation und Autonomie heißt, unter genauer Beachtung
der Realität und der mehr oder weniger verbindlichen Vorgaben, eigene
Lösungen für sich selbst und für die Arbeit zu schaffen – eine hoch
reflexive Aufgabe.

Gegenwelten gegen die Dominanz funktionsorientierter Systeme:
Die Produktion von Sinn

Das Ziel der Supervision liegt ganz im Trend unserer Gesellschaft: Die
Arbeitsfähigkeit des Klienten zu vermehren, heißt auch, sich um die
Bedingungen für besseres Funktionieren zu sorgen. Damit kann es geschehen, dass die Supervision der Tendenz folgt, alles auf seine Funktionalität für anderes hin, das wiederum eine Funktion hat, zu betrachten,
und wenn möglich, darauf zu reduzieren. Das Paradox dieser Perspektive besteht darin, dass sie, einmal absolut gesetzt, sich ad absurdum
führt, und mittel- oder langfristig das Gegenteil von dem bewirkt, worauf sie aus ist. Die Reduktion auf Funktionalität zerstört Sinn, und das
Fehlen von Sinn behindert seinerseits auf Dauer das Funktionieren. Ein
Ziel, mit dem man sich identifizieren kann, und das nicht wieder nur Mittel zu einem weiteren Zweck ist, also Sinn – altmodisch gesagt – mobilisiert Energie, ist das beste Zugpferd für Leistung. Auch ein Paradox: Sinn
ist nur dann Zugpferd, wenn er nicht zu diesem Zweck produziert wird.
Sinn als Mittel zum Zweck ist keiner.

Wegen dieser Tendenz der Reduktion von allem auf seine Funktionalität
wächst das Bedürfnis, Sinn zu produzieren und Gegenwelten gegen eine
bloß funktionsorientierte Arbeitswelt aufzubauen. Fragen der Ethik tauchen überall auf. Dies allerdings nicht im Sinne einer Tugendlehre, oder
gar eines nach Prioritäten gereihten Wertekatalogs. Vielmehr ist die Frage der Werte und der ethischen Entscheidungen im beruflichen Handeln
situationsangemessen zu beantworten. Ethik ist eine reflexive Angele-

genheit. Daher werden Werte in der Supervision mehr und mehr Thema, wobei vor allem Konflikte zwischen Werten in beruflichen Entscheidungen eine Rolle spielen. (Ist es „sinnvoll", im Dienste der Erhaltung von Arbeitsplätzen auf Gewinn zu verzichten? Oder ist es ethisch, menschliche Schicksale zu produzieren, um den Betrieb am Leben zu erhalten und damit längerfristig noch mehr menschliche Schicksale zu vermeiden? Solche und ähnliche Fragen gehören zum Führungsalltag.)

Widersprüche als Ressource

Von Beginn der Entwicklung der Supervision war das Verständnis von Rollenwidersprüchen in der Arbeit von zentraler Bedeutung. Inzwischen haben sich die strukturellen Widersprüche auf allen der Supervision zugänglichen Ebenen vielfältig ausgebreitet – nicht zuletzt in den Fragen der Werte. Supervision muss ihre Aufmerksamkeit gezielt darauf lenken. Ein fundiertes Konzept von Widersprüchen als Ressource ist gefragt; ein Verständnis dafür, dass das Auftreten von Konflikten in einer gesellschaftlich ausdifferenzierten Situation häufiger ein Zeichen dafür ist, dass alles in Ordnung ist, als das Gegenteil; und die geschulte Fähigkeit, im Einzelfall eine korrekte Diagnose zu stellen und an der Entwicklung von Lösungsphantasie und -methoden mit dem Klienten zu arbeiten (SCHWARZ 1999). In diesem Zusammenhang lässt sich ohne großen Aufwand eine allgemeine Ressourcenorientierung einüben.

5.2 Multiprofessionelle Kooperation: Die Organisation von Kooperation sticht die Eigenständigkeit der Profession

Mit ihrem Gegenstand und den limitierten Möglichkeiten ihres Settings ist die Supervision eine hoch spezialisierte Beratungsform. Damit ergeht es ihr wie den meisten Professionen in unserer Gesellschaft. Sie verfügt über einen sehr beschränkten Bereich professionellen Handelns, wird aber mit Fragestellungen konfrontiert, die sich nicht an die Grenzen des Geschäftsfelds halten. Die Anliegen des Klienten sind häufig umfassender als das, was die Supervision mit ihrem Handwerkszeug bearbeiten kann. Ganz analog geht es den anderen Professionen. Damit erscheint mir eine grundsätzliche Grenze der Professionalisierung erreicht. Nicht dass die Professionalisierung keine Fortsetzung erfahren, keine weiteren Spezialisierungen in allen Disziplinen hervorgebracht würden, aber damit die Professionalität in der Spezialisierung erhalten bleiben kann, muss ihr ein neues Prinzip hinzugefügt oder vorangestellt werden: Multiprofessionelle Kooperation (BUCHINGER 1999). Das soll etwas genauer ausgeführt werden.

Man kann die soeben genannte Diskrepanz zwischen den Möglichkeiten der eigenen Profession und den Fragestellungen des Klienten verschieden beantworten.

- Entweder man geht nach der Methode vor: „Wer einen Hammer hat, für den ist alles ein Nagel", und kümmert sich nicht um eine klare Auftragsgestaltung. Man tut einfach so, als wäre jedes Anliegen, das einem eröffnet wird, eines für die eigene Profession, und sieht, wie man damit zu Rande kommt. Das wäre zwar eine Antwort, die häufiger gewählt wird, als selbst die Supervisoren meinen, die sie wählen. Aber sie wäre nicht professionell.
- Man kann auch die Einsicht haben, dass es sich nicht um einen Fall für Supervision handelt, und den Klienten einfach weiter schicken. Er soll sehen, wo er landet. Das wäre zwar unfreundlich, aber man würde sich in einem solchen Fall wenigstens auf seine Professionalität beschränken, sich davor hüten zu pfuschen. Doch professionell wäre die Antwort auch nicht. Man hätte den Klienten zumindest in Bezug auf die Frage, was seinem Anliegen dienen könnte, nicht professionell beraten.
- Die dritte und, wie mir scheint, einzig professionelle Antwort läge darin, in einem ersten, der Supervision vorgelagerten Schritt – von dem manche meinen, es wäre der erste *in* der Supervision – eine brauchbare Differenzialdiagnose zu stellen. Dabei wäre nicht nur zu klären, ob sein Anliegen eines für die Supervision ist oder nicht, sondern wenn es das nicht ist, auch eine brauchbare Indikation zu stellen, also herauszuarbeiten, in welcher Profession das Anliegen gut aufgehoben wäre.

Nun stellt sich die Frage, ob ein Supervisor, der weder Psychotherapeut ist, noch Organisationsberater, noch Fortbildner und Trainer, den Klienten darin qualifiziert beraten kann, welches Verfahren für sein Anliegen indiziert ist, wenn nicht Supervision. Will er das entsprechend der Ausdifferenzierung des Beratungsfeldes heute professionell tun, so muss das in drei Schritten geschehen.

- Erster Schritt: Gespräch des Supervisors mit dem Klienten, Exploration des Anliegens.
- Zweiter Schritt: Einberufung einer Teamkonferenz mit Vertretern der in Frage kommenden angrenzenden Beratungs- bzw. Fortbildungsprofessionen mit dem Ziel, eine Differenzialdiagnose und eine Indikation möglichst im Konsens zu erstellen.
- Dritter Schritt: Besprechung des Supervisors mit dem Klienten zur Entwicklung eines angemessenen Beratungsvorschlags und, wenn angesagt, Überweisung an eine benachbarte Profession.

Ein solches Vorgehen ist nur möglich bei gut organisierter multiprofessioneller Kooperation. Gut organisiert heißt hier, sie darf nicht dem einzelnen Fall überlassen werden, sondern bedarf einer Form der Institutionalisierung, etwa der Zusammenarbeit in kleinen entsprechend zusammengesetzten Instituten, Netzwerken oder Firmen.

Das scheint auch aus einem anderen Grund nötig: Immer mehr Klienten aus dem Umfeld der Supervision, also dort, wo Arbeit der Beratungsgegenstand ist, präsentieren dem Berater Anliegen, die ein gut organisiertes Zusammenspiel verschiedener professioneller Dienstleistungen zu ihrer Bewältigung brauchen. Vor allem Fragestellungen der Organisationsberatung sind häufig derart komplex, dass ihre Beantwortung den koordinierten Einsatz verschiedener professioneller Instrumente verlangt, wie etwa Fortbildung, Supervision und Coaching, Mediation, Teambuilding, Krisenintervention, Projektsteuerungsklausuren usw. In solchen Kontexten ist Supervision eines von mehreren Instrumenten der Organisationsberatung.

Man kann folgenden Schluss ziehen: Die Professionalität jedes auch noch so qualifizierten Beratungsprofis ist heute nur mehr in gut organisierter multiprofessioneller Kooperation gewährleistet. Ohne sie kann der beste Professionelle nicht einmal mehr sein eigenes Geschäft ausreichend professionell ausüben. (Man denke an den besten Chirurgen, der ohne Internisten, Pathologen, Anästhesisten zu operieren versuchte. Es wäre seine letzte Operation vor dem Berufsverbot.)

Praktisch heißt das für die meisten Beratungsprofessionen und insbesondere für die Supervision: Ende des bestenfalls lose vernetzten Einzelkämpfertums, Ende des Freelancer-Daseins aus Gründen der Aufrechterhaltung der eigenen Professionalität. Gründung kleiner, mittlerer oder auch großer multiprofessionell zusammengesetzter Beratungsfirmen zur Erhaltung der Professionalität und Arbeitsfähigkeit jedes einzelnen ihrer Mitglieder und zur Erbringung professioneller Dienstleistungen am Markt. Damit entsteht ein neuer Reflexions- und Supervisionsbedarf von beruflicher Zusammenarbeit. Das wäre doch eine schöne Kompensation, welche die Supervision für den Verlust ihrer Schein-Selbständigkeit erhielte.

Literatur

BAECKER, D. (1999): Organisation als System. Suhrkamp, Frankfurt a. M.

BECK, U./GIDDENS, A./LASCH, S. (1996): Reflexive Modernisierung. Suhrkamp, Frankfurt a. M.

BUCHINGER, K. (1998): Organisation und die „Expertise des Nicht-Wissens". In: Dalheimer, V./Krainz, E./Oswald, M. (Hrsg.): Change Management auf Biegen und Brechen. Gabler, Wiesbaden.

BUCHINGER, K. (1999): Die Zukunft der Supervision, die Zukunft der Arbeit. Carl-Auer-Systeme Verlag, Heidelberg.

BUCHINGER, K. (2003): Identität in der Supervision: Der Einfluss der neuen Methoden und Verfahren. In: Supervision, H. 2/2003.

GIESECKE, M., RAPPE-GIESECKE, K. (1997): Supervision als Medium kommunikativer Sozialforschung. Suhrkamp, Frankfurt a. M.

KEUPP, H./HÖFER, R., (1997, Hrsg.): Identitätsarbeit heute. Suhrkamp, Frankfurt a. M.

KEUPP, H. (2004): Identitätsarbeit und Wertorientierung in einer globalisierten Netzwerkgesellschaft. In: Supervision H. 3/2004, S. 28-41.

LINNEWEH, K. (2002): Stresskompetenz. Beltz, Weinheim.

SENGE, P. M. (1996): Die fünfte Disziplin. Klett-Cotta, Stuttgart.

WEIGAND, W. (1987): Zur beruflichen Identität der Supervision. In: Supervision, H. 11/1987.

WIMMER, R. (2004): Organisation und Beratung. Carl-Auer-Systeme Verlag, Heidelberg.

HARALD PÜHL

Organisationsmediation

1 Einleitung und Definition

Ganz allgemein ist Mediation ein Verfahren, um Konfliktparteien in einem außergerichtlichen Verfahren zu helfen, zu einer Konsenslösung zu kommen, die allen Beteiligten gerecht wird. Bei der „Organisationsmediation" handelt es sich im deutschsprachigen Raum noch um ein relativ junges Verfahren. Wenn ich hier von Organisationsmediation spreche, dann meine ich *Vermittlungsprozesse innerhalb von Betrieben, Unternehmen und Verwaltungen.* Sind Konflikte zwischen Organisationen betroffen, halte ich den Begriff der Wirtschaftsmediation für angemessener.[1] Den Akzeptanzboden für die Organisationsmediation hat vermutlich die in Deutschland lange bewährte und professionalisierte Trennungs- und Scheidungsmediation bereitet. Die USA hingegen können auf eine längere Tradition der Konfliktvermittlung in und zwischen Organisationen verweisen: Treibende Kraft für diese Entwicklung waren unter anderem die desaströs hohen Rechtskosten. „Über 700 respektable Wirtschaftsbetriebe verpflichteten sich vertraglich gegenseitig, bei Streitfällen zunächst Mediation zu versuchen, bevor in gerichtliche Verfahren eingestiegen wird" (FALK/HEINTEL 2004, S. 58).

Schon bald zeigten sich daneben ungeahnte Effekte wie höhere Arbeitszufriedenheit und besserer Informationsaustausch (FISCHER et al. 2004). Das Unternehmen Motorola gibt an, seine Konfliktkosten um 80 Prozent gesenkt zu haben (Personalwirtschaft 2003). In Deutschland hängt die enorme Zunahme an Konfliktvermittlungsprozessen mit dem wachsenden Veränderungsdruck zusammen, der zu vermehrten Konflikten und Verunsicherungen auf allen Ebenen der Organisationen führt. Letztlich wird es darum gehen, wie eine Organisation mit ihren Konflikten umgehen möchte: Werden sie als Motor für Veränderung und Entwicklung begriffen, stehen die Chancen gut, Mediation als Möglichkeit der Klärung einzusetzen. Im besten Falle gelingt es sogar, ein komplexeres Konfliktmanagement zu etablieren (BUDDE 2003).

Mediation in Organisationen zeichnet sich durch folgende Punkte aus:

1. Es ist ein außergerichtliches Verfahren zur Lösung von Konflikten.
2. Ziel ist nicht die Realisierung von Rechtsansprüchen, sondern das Erarbeiten von Lösungen, die für alle beteiligten Konfliktparteien be-
   friedigend sind: so genannte Win-Win-Lösungen. Für sie ist charakteristisch, dass es keine Verlierer gibt und damit keinen Gesichtsverlust.
   Es geht darum, verhärtete Positionen wieder flexibler zu machen und
   eigene Interessen, Ziele und Wünsche zu formulieren. Dies ebnet den
   Weg, arbeitsbezogene Kontakte und Kommunikation wieder aufzunehmen.
3. Eine unbedingte Voraussetzung dafür ist die freiwillige Teilnahme der
   Konfliktparteien an dem Verfahren. Damit einher geht der Wunsch
   der Konfliktbeteiligten, eine gemeinsame Lösung zu finden.
4. Das Verfahren wird von einem neutralen Experten geleitet, der in den
   meisten Fällen ein organisationsexterner Mediator sein wird.
5. Der Mediator beziehungsweise das Mediatorenteam sind für die optimale Durchführung des strukturierten Verfahrens verantwortlich,
   während die Konfliktparteien weitgehend für die Lösung verantwortlich sind.
6. Organisationsmediation hilft, gestörte Arbeitsbeziehungen schnell
   und effektiv wieder in Kontakt zu bringen und bereitet dadurch anderen organisationsbezogenen Interventionsverfahren – wie Team-
   supervision und Organisationsentwicklung – die Grundlage, ihre
   Ziele effektiv zu erreichen.
7. In diesem Sinne zeichnet sich Organisationsmediation durch ein
   hohes Maß an Kompatibilität mit anderen Interventionsverfahren aus
   (z. B. Supervision, Moderation).
8. Mit allen organisationsbezogenen Interventionsverfahren teilt
   Mediation das Los der Auftragsklärung sowie der Ziel- und Konfliktdiagnose als ersten Schritt des Tätigwerdens.

2 Konfliktverständnis

Es ist und bleibt eine Utopie, dass Organisationen ohne Konflikte existieren können. Folgende Konfliktarten sind vielfach im Gespräch: Bezie-
hungs-Konflikte, Informations-Konflikte, Struktur-Konflikte, Interessen-
Konflikte, Entscheidungs-Konflikte, Ziel-Konflikte, Werte-Konflikte

usw. Diese „Bindestrich-Konflikte" laden regelrecht zur Omnipotenz ein, so als könne man alles mit Mediation lösen, denn ein Definitionsetikett lässt sich auf jeden Konflikt kleben. Damit verbindet sich jedoch die Gefahr, eine gründliche Konfliktanalyse zu umgehen und ebenso andere Interventionsverfahren nicht in Betracht zu ziehen.

Konflikte entstehen immer da, wo sich etwas bewegt. Organisationen sind ständig in Bewegung, verändern sich, müssen sich umstellen und entwickeln. Gerade in Zeiten, in denen die Verantwortungsstrukturen auf untere Hierarchieebenen heruntergebrochen werden – und ebenso wieder aufgebaut werden, entstehen Verunsicherungen, Überforderungen und Kommunikationsprobleme an den Schnittstellen. Mögliche Konfliktebenen in Organisationen sind Konflikte:

- zwischen Kollegen
- im Team
- mit den Vorgesetzten
- zwischen den Vorgesetzten
- zwischen Leitung und Betriebsrat
- zwischen mehreren Subsystemen (Abteilungen, Teams)

Betriebliche Konflikte werden von den meisten Autoren als *soziale Konflikte* bezeichnet. Zurückgegriffen wird meist auf die Definition von GLASL (1997, S. 14f.), der den sozialen Konflikt definiert als eine Interaktion

- zwischen Akteuren (Individuen, Gruppen, Organisationen usw.),
- wobei wenigstens ein Akteur
- Unvereinbarkeiten im Denken/Vorstellen/Wahrnehmen und/oder Fühlen und/oder Wollen
- mit dem anderen Akteur (anderen Akteuren) in der Art erlebt,
- dass im Realisieren eine Beeinträchtigung
- durch einen anderen Akteur (die anderen Akteure) erfolgt.

Ich selber erlebe Konflikte wie zwei versteinerte Betonblöcke (siehe Abb. 1). Die Positionen und gegenseitigen Bilder sind so verhärtet und erstarrt, dass über den jeweiligen Standpunkt hinaus nicht mehr kommuniziert werden kann.

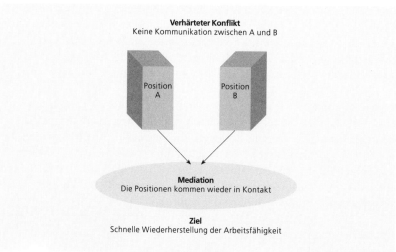

Abb. 1: Verhärtete Positionen

1 Verhärtung	**2 Debatte**	**3 Taten**	**4 Images Koalitionen**
Standpunkte verhärten zuweilen, prallen aufeinander	Polarisation im Denken, Fühlen und Wollen	Reden hilft nichts mehr – also: Taten! Strategie der vollendeten Tatsachen	Stereotypen, Klischees, Image-Kampagnen, Gerüche
zeitweilige Ausrutscher und Verkrampfung	Schwarz-Weiß-Denken		
	Taktiken: quasi-rational, verbale Gewalt	Diskrepanz verbales – non-verbales Verhalten, non-verbales Verhalten dominiert	einander in negative Rollen manövrieren und bekämpfen
Bewusstsein der bestehenden Spannung erzeugt Kampf	Reden zur Tribüne, über Dritte Punkte gewinnen		
Überzeugung: Spannungen durch Gespräch lösbar	zeitliche Subgruppen bilden sich um Standpunkte herum	Gefahr: Fehlinterpretationen der Taten	Werben um Anhäng Bedarf an Stütze aus Schwäche
noch keine starren Parteien oder Lager	Diskrepanz „Oberton und Unterton"	Pessimistische Antizipation: Misstrauen, Akzeleration	self-fulfilling prophec durch Fixierung auf Bilder
Koperation (noch) größer als Konkurrenz	Kampf um Überlegenheit	Empathie verloren	verdecktes Reizen, Sticheln, Ärgern
	Kooperation größer gleich Konkurrenz	Kooperation kleiner als Konkurrenz	doppelte Bindungen durch paradoxe Aufträge

Abb. 2: Eskalationsstufen nach Glasl (1997)

Das Bild macht deutlich, was Aufgabe der Mediation ist, nämlich zwischen den Positionen bzw. den Menschen, die sie vertreten und die selbst nicht mehr dialog- und verhandlungsfähig sind, einen Kontakt herzustellen. Mediation in Organisationen ist zuallererst eine äußerst effektive Methode, um gefährdete oder gar zerrüttete Arbeitsbeziehungen wieder arbeitsfähig zu machen.

Viele Konflikte eskalieren nur, weil schon frühere nicht geregelt wurden, oder gar weil sie stellvertretend geführt werden. In der Realität wird ein Konflikt nur virulent, wenn er gerade nicht einzeln und linear verläuft, sondern vielmehr gebündelt, verwoben und springend. Meine Erfahrung zeigt immer wieder, dass hinter den verhärteten Positionen Kränkungen, Enttäuschungen oder Verletzungen verborgen sind. Erst wenn es dem Mediator gelingt, in der Phase der Konfliktbearbeitung bzw. -erhellung ein Licht auf diese verborgenen Gefühle zu werfen, können die Konfliktparteien ihre Interessen, Ziele oder Wünsche erkennen und artikulieren.

Bekannt sind die neun Eskalationsstufen von GLASL, die dem Berater eine Ahnung von der Schwere des Konfliktes geben können (siehe Abb. 2).

	6 Drohstrategien	7 Begrenzte Vernichtungsschläge	8 Zersplitterung	9 Gemeinsam in den Abgrund
esichtsverlust	Drohung und Gegendrohung	Denken in „Dingkategorien"	Den Zusammenbruch des feindlichen Systems bewirken	kein Weg mehr zurück!
fentlich und direkt: esichtsangriffe!	Forderung mit Sanktion und Sanktionspotenzial, Glaubwürdigkeit durch Proportionalität von Drohung und Gegendrohung	keine menschliche Qualität mehr gültig	Abschnüren der „Frontkämpfer vom Hinterland"	totale Konfrontation
szenierte emaskierung		begrenzte Vernichtungsschläge als „passende Antwort"	Gänzliche Zerstörung: physisch-materiell oder/und seelischsozial und/oder geistig	Vernichtung zum Preis der Selbstvernichtung
tlarvung führt zu :nttäuschung", ckwirkendes ʰa-Erlebnis		Umkehren der Werte ins Gegenteil: relativ kleiner eigener Schaden ist gleich Gewinn		Lust an Selbstvernichtung, wenn nur der Feind zu Grunde geht!
gel-Teufel als Bild, oppelgänger	Selbstbindungsaktivitäten (Stolperdrähte)			Bereitschaft mit eigenem Untergang auch die Umgebung bzw. die Nachkommen nachhaltig zu schädigen
usstoßen, Verbannen	Stress gesteigert			
olation, Verlust der ußenwahrnehmung, :el, Ideologie, Werte, inzipien	Beschleunigung			
ehabilitierung ʰgestrebt				

Die Konflikteskalation vollzieht sich nach GLASL idealtypisch durch die
folgenden fünf Stufen:

1. *Zunehmende Projektion bei wachsender Selbstfrustration*
   Alles Negative wird auf die Gegenseite projiziert, aber auch die eigenen unbeherrschten Aktionen sind frustrierend und verstärken das Un-
   behagen.

2. *Ausweitung der strittigen Themen bei gleichzeitiger kognitiver Kom-
   plexitätsreduktion*
   Es werden immer mehr Punkte in den bestehenden Konflikt aufgenommen, was zu einer Überforderung führt. Auf diese Überforderung
   wird dann wiederum mit radikalen Vereinfachungen reagiert.

3. *Wechselseitige Verflechtung von Ursachen und Wirkungen bei gleichzeitiger Simplifizierung der Kausalitätsbeziehungen*
   Streitpunkte aus der subjektiven und aus der objektiven Sphäre werden miteinander vermischt. Die Ursache-Wirkungs-Zusammenhänge
   sind nicht klar zu erkennen, wobei die Parteien zu stark vereinfachten
   Erklärungsmustern neigen.

4. *Ausweitung der sozialen Dimension bei gleichzeitiger Tendenz zum
   Personifizieren des Konflikts*
   Unterstützer für die eigene Position werden gesucht und gefunden. Damit wird der Konflikt personalisiert, während gleichzeitig der „face-
   to-face-Kontakt" abnimmt.

5. *Beschleunigung durch Bremsen*
   Das Drohpotenzial wird erhöht, Gewaltbereitschaft wird signalisiert
   in der Hoffnung, die andere Seite möge nachgeben und der Konflikt
   gebremst werden. Die tatsächliche Wirkung jedoch ist genau umgekehrt.

3 Phasen des Mediationsverfahrens

Das Mediationsverfahren gliedert sich in fünf Phasen:

1. Vorphase: Einleitung, Konfliktdiagnose und Auftragsklärung
2. Klärungsanliegen herausarbeiten (Konfliktagenda)
3. Klärung der Interessen und Ziele
4. Erarbeitung von Lösungsoptionen
5. Abschluss einer Vereinbarung

3.1 Vorphase

Einleitung: Kontaktaufnahme der Beteiligten mit dem Mediator

Es gibt zwei Zugänge zu einem Mediationsverfahren: Entweder die Konfliktparteien haben sich vorher geeinigt, eine Mediation in Anspruch zu nehmen oder eine Konfliktpartei nimmt den Druck besonders wahr und wendet sich – weil das Gespräch mit der anderen Konfliktpartei nicht mehr möglich ist – an einen Mediator. Dieser kann sich dann an die andere Konfliktpartei wenden, über den Wunsch der anderen Seite berichten und dabei erläutern, um was es sich bei Mediation handelt. Aber auch in den Fällen, in denen sich die Streitparteien hinsichtlich einer Mediation einig sind, können getrennte Vorgespräche sinnvoll sein. Dieses Vorgehen besitzt den Vorteil, dass der Mediator einen besseren emotionalen Kontakt zu den jeweiligen Konfliktparteien bekommt, weil die Streitthemen noch nicht im Vordergrund stehen. Außerdem ist es in dieser Situation auch leichter abzuklären, ob beide Seiten sich wirklich auf die Mediation einlassen möchten. Unter dem Druck der Gesamtgruppe kann die Entscheidung schwer fallen.

Im Vorgespräch werden zudem die Regeln der Mediation besprochen. Dabei handelt es sich insbesondere um die folgenden Punkte:

- Einbezug der Führungskraft

  Die Führungskraft wird bei Vertragsverhandlungen für betriebliche Mediationen noch häufig nicht einbezogen. Dabei ist im institutionellen Rahmen beispielsweise eine Team-Mediation nicht vorstellbar, wenn das Einverständnis des Vorgesetzten fehlt. Der Leiter muss vorab auch darauf hingewiesen werden, dass durch die Mediation für ihn Unangenehmes zu Tage treten könnte. Deshalb muss der Verantwortliche mit der Mediation einverstanden und bereit sein, sich mit dem Ergebnis auseinander zu setzen. Wenn sich aus der Vereinbarung der Konfliktparteien für ihn selbst ein Konflikt ergibt, ist die Vereinbarung nicht haltbar, denn in diesem Falle wird der Leiter mit zum Konfliktpartner und könnte in die Mediation aktiv einbezogen werden. Oberstes Prinzip ist immer: Alle müssen mit dem Ergebnis zufrieden sein.

Die Bereitschaft der Führungskraft, das Feedback der Konfliktparteien zu organisatorischen Fragen entgegenzunehmen, beeinflusst die Ausgangslage der Mediation von Anfang an positiv. So erfahren die Konfliktparteien bereits in der ersten Kontaktaufnahme mit dem Mediator, dass die Führungskraft ein grundsätzliches Interesse am Feedback zu strukturellen Belangen hat. Für die Beteiligten hat dies insofern eine entlastende Funktion, da signalisiert wird, dass die aktuelle Konfliktdynamik möglicherweise kein persönliches Problem ist, sondern strukturelle Faktoren mit im Spiel sind (KERNTKE 2004).

Zu den Stakeholdern zählen außerdem nicht direkt betroffene Mitarbeiter, solche, die ihre Aktien im Spiel haben und sich positive oder negative Auswirkungen vom Mediationsverfahren erhoffen oder befürchten (KERNTKE 2004). SCHEIN (2000) nennt diese Mitarbeiter die mittelbaren Klienten, die hinter der Bühne des offiziellen Geschehens beobachtend teilnehmen. Sie in angemessener Weise in den Prozess einzubeziehen, scheint mir ein neues Thema in der Organisationsmediation. Gelingen kann dies, indem nach jeder Mediationssitzung gefragt wird, wer welche Informationen des Verfahrens benötigt, und in welcher Form diese Informationen weitergegeben werden. Ziel dieses erweiterten Vorgehens ist es, dass die erreichte Konsenslösung von vielen getragen wird – und zwar indem sie verstanden wird.

● Machtausgleich

Häufig setzen sich die Konfliktbeteiligten aus verschiedenen Hierarchieebenen zusammen (z. B. ein Team mit seinem Vorgesetzten). In diesen Fällen ist es besonders wichtig, dass der Mediator schon im Vorgespräch dem Vorgesetzten zusichert, dass die Hierarchieebenen nicht durch „Gleichmacherei" nivelliert werden, sondern dass er in seiner Rolle als Vorgesetzter bleibt. Die Vorgesetztenrolle wird im Mediationsverfahren nicht in Frage gestellt. Darauf zu achten, ist Aufgabe des Mediators, denn erfahrungsgemäß haben besonders Leitungskräfte Angst vor Gesichtsverlust, da sie allein einer Gruppe von Mitarbeitern gegenüber stehen. Daraus darf allerdings auch nicht der Impuls des Mediators erwachsen, einen vermeintlichen Schwächeren zu schützen.

- Beteiligung bei Gruppenkonflikten

In Organisationen haben Mediatoren es oft mit großen Gruppen wie Teams oder Abteilungen zu tun. Nicht immer ist es möglich und sinnvoll, dass alle Beteiligten teilnehmen. In diesen Fällen muss geklärt werden, wer teilnimmt, und gleichzeitig sichergestellt werden, dass auch die Nichtanwesenden durch entsprechend gestaltete Rückkoppelung ausreichend am Prozess beteiligt sind und die Vereinbarung mittragen können. Der Einbezug aller Beteiligten bei komplexen Gruppenmediationen kann allerdings nicht so weit gehen, dass eine Minderheit durch ihr Nichtmitwirken das ganze Verfahren blockiert. In diesem Fall müssen die Partialinteressen hinter dem Gesamtinteresse zurücktreten.

- Freiwilligkeit

Freiwilligkeit ist ein wichtiges Kriterium einer Mediation. Eingeschränkt wird sie unter Umständen durch den Druck, etwas verändern zu müssen. Auch wenn die Teilnahme freiwillig sein muss, zeigt sich in der Praxis oftmals die Alternative Mediation oder gerichtliche Auseinandersetzung. Wenn die Konfliktbeteiligten voneinander abhängig sind und sie ihre Beziehung unter vernünftigen Bedingungen fortsetzen wollen, entschließen sie sich zur Mediation.

Im Widerspruch mit dem Freiwilligkeitsprinzip steht die verordnete Mediation. Immer häufiger erreichen mich in letzter Zeit Anfragen von Geschäftsführern zur Durchführung einer Mediation. In solchen Fällen schlage ich dann eine umfassende Information über die Möglichkeiten, Prinzipien und Vorgehensweisen vor. Diese Information kann „verordnet" werden (z. B. im Rahmen einer Teambesprechung). Al-

lerdings müssen sich die Beteiligten dann von sich aus für oder gegen
ein Mediationsverfahren entscheiden.

● Vertraulichkeit

Der Mediator vereinbart zu Beginn des Verfahrens, dass alle Informationen im Kreis der Beteiligten bleiben.[2] Damit wird der Rahmen
sichergestellt, der persönliche Beiträge zulässt. Wenn es sich um zwei
Konfliktbeteiligte handelt, ist diese Einhaltung relativ unproblema-
tisch. Schwieriger wird es bei Gruppenkonflikten und bei nicht auszu-
schließenden Gerichtsverfahren. Bei Gruppenkonflikten sollte gleichzeitig darauf hingewiesen werden, dass der Kreis der Beteiligten (zu)
groß ist, um die Einzelnen in ihrer Selbstoffenbarung zu schützen. Um
dennoch über heikle Dinge sprechen zu können, sollte eine *Option für
Einzelgespräche* mit dem Mediator vereinbart werden. Ferner wird
vereinbart, dass der Mediator im Falle eines anschließenden (Arbeits-)
Gerichtsverfahrens nicht als Zeuge benannt werden kann. Auch wenn
es in Deutschland – anders als in Österreich – keine Schweigepflicht für
Mediatoren gibt, sollten sich Mediatoren zu einer solchen Regelung
verpflichten (NEUHAUS 2002).

● Jederzeitige Beendigung des Mediationsverfahrens

Die Schwelle zur Teilnahme an einer Mediation ist bewusst niedrig
gelegt. Dazu gehört zu Beginn die Absprache, dass jederzeit nach einer
Mediationssitzung das Verfahren beendet werden kann, und zwar
ohne, dass dies einer besonderen Erklärung bedarf.

● Programme

Drei „Programme" können am Beginn stehen (PÜHL 2004a, S. 174ff.):

Das Erste-Hilfe-Programm. Für einen fest umrissenen Konflikt wird
eine Mediation durchgeführt. Der anfängliche Konflikt kann so weit
geklärt werden, dass die Arbeits- und Kooperationsfähigkeit der
Beteiligten wieder hergestellt wurde.

Das Eisbergmodell. Der vordergründige Konflikt kann durch Mediation zwar bearbeitet werden; es zeigt sich aber, dass der Konflikt nur

die bekannte Spitze des Eisbergs ist. Gerade bei betrieblichen Konflikten zeigt sich häufig, dass für die Konfliktdynamik strukturelle Gründe mitverantwortlich sind. Typisch für Organisationen ist, dass aufgrund ihrer komplexen Dynamik Konflikte oftmals da auftauchen, wo sie gar nicht entstanden sind. Sie suchen sich einen Aufhänger, an dem der Konflikt sich manifestieren kann. Durch die gelungene Konfliktlösung wird es möglich, tiefer greifende Strukturprobleme zu thematisieren.

Das Patchworkmodell. Mediation in Organisationen (gleich welcher Couleur) ist natürlich kein Allheilmittel zur Lösung aller auftretenden Konflikte. Der „Platz" der Mediation in organisationellen Konfliktdynamiken kann sehr unterschiedlich sein. Zwei idealtypische Konstellationen bieten sich an:

– Mediation im Rahmen eines Teamentwicklungsprozesses
– Mediation im Rahmen eines Organisationsberatungsprozesses

Konfliktdiagnose

Die Frage, unter welchen Bedingungen Mediation die Methode der Wahl ist, ist wohl am schwersten zu beantworten. Und dies nicht nur, weil andere organisationsbezogene Interventionsverfahren wie Organisationsberatung und Supervision Konfliktbearbeitung verständlicherweise ebenfalls zu ihren Standardrepertoire zählen.

Der Gedanke der optimalen Konfliktbearbeitung zum optimalen Zeitpunkt mit dem optimalen Ziel hat etwas Reizvolles, er führt heraus aus dem Gefühl der Ohnmacht, welche sowohl Konfliktparteien als auch Konfliktregulierer nicht selten empfinden.

Auftragsklärung

Die Suche nach den Auftraggebern ist für Beratung im institutionellen Kontext immer von Bedeutung. Auch für fast alle Organisationsmediationen (außer es handelt sich wirklich um einen sehr begrenzten Konflikt zwischen zwei Personen) ist diese Vorphase von entscheidender Bedeutung. Wir sprechen hier unterschiedlich von Pre-Mediation (LENZ 2004, HEINTEL/FALK 2004) oder von Auftragsklärung. Zum einen geht es für

den Mediator darum, den Auftraggeber zu klären: Für wen werde ich wie
tätig und welche Interessen werden an die Intervention geknüpft? Zum
anderen geht es um die Definition des Problems. In der Praxis sprechen
wir vom „Präsentierproblem" (PÜHL 2004a, S. 174). Gemeint ist damit,
dass die Ratsuchenden selbst nach Gründen für ihr Dilemma gesucht haben und vielleicht auch eine Idee haben, wie es gelöst werden könnte.
Hier hat der Mediator eine hohe Verantwortung. Aus lauter Freude über
den Auftrag sollte er nicht sofort zugreifen und seine Strategien zum Einsatz bringen. Wichtig ist es zu schauen, ob seine Methoden die geeigneten für die Problemstellung sind. Um nicht auf einem „institutionellen
Nebengleis" (WELLENDORF 2000) zu arbeiten, wird jeder Beratung eine
Sondierungsphase vorgeschaltet, um über das Präsentierproblem hinaus
einen sinnvollen Arbeitsfokus im Kontext der institutionellen Strukturen
mit den Beteiligten zu erarbeiten.

3.2 Klärungsthemen benennen (Konfliktagenda)

In dieser Phase haben die Konfliktparteien die Möglichkeit, den Konflikt
aus ihrer jeweiligen Perspektive darzustellen. Natürlich weichen die
Standpunkte voneinander ab, denn sonst gäbe es keinen Konflikt. Hilfreich und wichtig ist, dass jede Konfliktpartei den Raum hat, ihre Sicht
der Dinge darzustellen, ohne dass es zu einer Bewertung kommt. Der
Mediator hat die Aufgabe, als neutraler Dritter die jeweilige Sichtweise
zu respektieren. Einen Konflikt aus der subjektiven Sicht einer Konfliktpartei zu verstehen, heißt jedoch nicht, die jeweilige Sicht zu teilen.

Wenn bestimmte Konfliktträger aufgrund unterschiedlicher Zeit- und
Ortspläne manchmal nur kurz zusammen kommen und ein hoher Zeitdruck herrscht, kann es sehr hilfreich sein, die Möglichkeiten der elektronischen Datenübermittlung zu nutzen (z. B. indem beide Parteien
ihre Konfliktpunkte dem Mediator online mitteilen, der sie dann zusammen an die Beteiligten weiterleitet). Inzwischen gibt es dafür bereits
spezielle Softwareprogramme (FIETKAU et al. 2001; WACKER 2001;
RHODE-LIEBEAU 2003). Durch die Nutzung dieser Medien ließe sich
diese Phase erheblich abkürzen und für die wichtige nächste Phase mehr
Zeit und Ruhe gewinnen.

3.3 Klärung der Interessen und Ziele

Konflikte zeichnen sich gerade dadurch aus, dass hinter den verhärteten Standpunkten die eigenen Interessen und Wünsche verloren gehen. Über die Klärung der Standpunkte ist eine Konfliktvermittlung nicht möglich. In diesen Fällen kann es nur zu einer anspruchsorientierten Kompromisslösung mit den hinlänglich bekannten Folgen kommen. Der Lösungsweg ist nur über das Herausfinden der Interessen möglich, die hinter den Standpunkten verborgen sind.

Im Mediationsverfahren erlebe ich diese Phase immer als die schwierigste, aber auch als die wichtigste. Die Konfliktparteien müssen sich von ihren Standpunkten lösen, die auch ein Angstschutz sind. Der Mediator muss den Schutz zur Verfügung stellen, dass die Konfliktparteien sich trauen, ihre Interessen – häufig auch die Kränkungen und Verletzungen – zu äußern. Wie wir an den Konfliktstufen bei GLASL gesehen haben, konnten die Konflikte gerade deshalb eskalieren, weil die Verletzungen oder Kränkungen so lange im Untergrund schwelen mussten. Die Bearbeitung der Verletzungen ist kein therapeutischer Vorgang. In der Regel genügt es, wenn diese geäußert werden kann und die andere Konfliktpartei es hören konnte, wenn also die Verletzung den relevanten Adressaten gefunden hat. Perspektivwechsel in dieser wichtigen Phase bedeutet dann auch, dass die Beteiligten sowohl das Interesse des anderen als auch dessen Verletzung oder Kränkung verstanden haben (wobei Verstehen jedoch nicht Gutheißen meint). Je besser dies mit Hilfe des Mediators gelingt, umso leichter wird sich der Weg zu einer Einigung ebnen.

3.4 Erarbeitung von Lösungsoptionen

Auf der Grundlage der vorherigen Phasen entsteht gewöhnlich so viel Freiheit zur Kreativität, dass den Beteiligten Ideen kommen, die vorher blockiert waren. Alle Vorschläge werden zuerst unzensiert aufgenommen. Aus der gesamten Fülle destillieren die Beteiligten dann mithilfe des Mediators realistische Lösungsoptionen heraus. Wenn es zu einer Einigung kommt überprüft der Mediator, ob der Vorschlag zum einen realistisch ist und zum anderen, ob er wirklich beide Parteien zufrieden stellt.

3.5 Abschluss einer Vereinbarung

Die gefundene Lösung wird in Form einer schriftlichen Vereinbarung
festgehalten. Ein wichtiger Teil dieser Vereinbarung ist die Festlegung eines Termins, in dem die Umsetzung der Vereinbarung überprüft wird,
das so genannte Bilanzgespräch. Sollte sich hier herausstellen, dass die
Konflikte nicht beigelegt werden konnten, wird die Mediation an diesem
Punkt fortgesetzt. Sollten rechtliche Aspekte berührt werden, haben beide Seiten die Möglichkeit, mit ihren Anwälten Rücksprache zu halten
(Hierauf weist der Mediator hin, um die Beteiligten einerseits vor neuen
juristischen Konflikten zu schützen, und anderseits weil der Mediator
keine rechtlichen Beratungsaufgaben übernehmen darf).

4   Schnittstellen zu anderen organisationsbezogenen
       Verfahren

Im Kontext dieses Buches soll es auch darum gehen, verschiedene Interventionsverfahren genauer zu definieren, abzugrenzen und Überschnei-
dungen deutlich zu machen. Dabei ergibt sich die Frage, welche Folie
man dazu anlegt: Vergleicht man Verfahren in ihrem methodischen Vorgehen mit den dazugehörigen Voraussetzungen oder zieht man die Haltung des Beraters als Vergleichsmaßstab hinzu? Im Folgenden soll versucht werden, Mediation von anderen Interventionsverfahren der Moderation, Supervision und Coaching abzugrenzen (siehe ausführlicher dazu Pühl 2004a).

4.1 Mediation und Moderation

Bei der Moderation handelt es sich um eine spezielle Intervention, die in
erster Linie versucht, in größeren Gruppen die Kommunikation zu verbessern. Dabei kann es sich um einen einmaligen oder längerfristigen Prozess handeln. Wie bei der Mediation auch, ist der Moderator nicht für
den Inhalt verantwortlich, sondern für den themenrelevanten Einsatz der
Moderationsmethoden und die Strukturierung des Gruppenprozesses
(Seifert 1988). Moderation ist immer dann indiziert, wenn es sich um
Probleme handelt, bei denen die Beteiligten noch dialogisch im Kontakt

sind. Bezogen auf GLASLS Konfliktstufen trifft dies vor allem für die ersten beiden Stufen zu.

Im Gegensatz zur Mediation muss der Anlass der Moderation kein Konflikt sein, auch wenn sich im Prozess manchmal ein solcher herausschält. Selbst in diesen Fällen können wir nicht von Mediation sprechen, da wichtige Variablen dieses Verfahrens nicht erfüllt sind, wie beispielsweise der mediationsspezifische Verfahrensablauf und insbesondere die gerade für Organisationen wichtige Frage, ob alle Konfliktparteien in diesem Setting am Tisch sind. Im Gegensatz zur Mediation sieht es in der Praxis meist so aus, dass der Auftraggeber selbst die Runde zusammengestellt hat, um ein bestimmtes Thema zu bearbeiten, zum Beispiel die 10-Jahresfeier des Verbandes, die Planung der nächsten Arbeitsschwerpunkte oder die Durchführung eines Delegiertentreffens.

In der Diskussion zeigen sich dennoch häufig genug Unschärfen in der Begrifflichkeit. Mitverantwortlich dafür dürfte der verbreitete Begriff der Konfliktmoderation sein. Wenn wir REDLICH (1997) zugrunde legen, wird dies verständlich. An anderer Stelle habe ich versucht, die Gemeinsamkeiten und Unterschiede zu verdeutlichen (PÜHL 2002). Prägnanter Unterschied ist, dass die Konfliktmoderation nicht nach dem bekannten Phasenmodell arbeitet. Insbesondere die Phase der für die Mediation so zentralen Frage nach den Wünschen und Interessen (Konflikterhellung) fehlt in der Konfliktmoderation in dieser Klarheit, ebenso wie die letzte Phase der Vereinbarung, in der die Konsenslösung („win-win") festgehalten wird. Freilich ist nicht zu leugnen, dass der Mediator in weiteren Strecken auch Moderator ist und ihm diese Kompetenz bei der Umsetzung seines Verfahrens außerordentlich hilfreich ist – wie umgekehrt dem Moderator die Fähigkeit, aufkommende Konflikte zu deeskalieren, in schwierigen Situationen hilfreich sein kann.

4.2 Mediation und Supervision

In Diskussionen mit Fachkollegen taucht immer wieder die Frage auf, was denn nun Organisationsmediation eigentlich von Supervision – speziell Team-Supervision – unterscheide. Denn schließlich gehört es ja auch zu den Kompetenzen des Supervisors, Konflikte im Team zu bearbeiten. Dem kann nicht widersprochen werden. Tatsächlich können Team-

Supervision und Mediation kompatible Verfahren sein, und zwar in den
folgenden Fällen:

1. In der Diagnosephase einer anvisierten Team-Supervision schält sich
   ein massiver Konflikt zwischen dem Teamleiter und seinem Stellvertreter heraus. Anstatt hier mit dem ganzen Team zu arbeiten und den
   Konflikt dadurch vielleicht auf die anderen Teammitglieder zu übertragen oder diese zu Zuschauern einer Leitungsklärung zu machen,
   empfiehlt sich vorab eine Mediation der beiden Führungskräfte.
2. Im Sinne des Patchworkmodells lässt sich Mediation gut mit Team-
   Supervision kombinieren, wenn sich herausstellt, dass die Arbeitsfähigkeit durch massive Konflikte beeinträchtigt ist. In diesen Fällen
   würde Team-Supervision unter Umständen den massiven Konflikt
   noch mehr anheizen. Wenn die Mitarbeiter nach einer Mediation wieder so weit frei sind, sich auf die Teamthemen einzulassen, ist Supervision hilfreich.

Dennoch existieren auch Unterschiede, die nicht verwischt werden sollten. Nach meinen Erfahrungen ist es in der Team-Supervision nicht so,
dass von Anfang an ein manifester zu bearbeitender Konflikt steht. Vielmehr geht es beim Schwerpunkt Teamentwicklung unter anderem um
Folgendes:

- Die Kooperationsbeziehungen innerhalb des Teams und an den
  Schnittstellen klären
- Rollenklärung im Kontext der Arbeitsaufgabe
- Strukturelle Unschärfen deutlich machen

Konflikte im Team tauchen oft erst im Prozess der Arbeit auf, oft verbunden mit einer gewissen Eskalation, die im bestimmten Maße vom
Supervisor auch zugelassen werden. Demgegenüber ist es die Aufgabe des
Mediators, von Anfang an zu deeskalieren. Ferner ist der Radius der
Team-Supervision auf das Team und den Teamverantwortlichen (Leiter)
begrenzt. Hier suchen Supervisoren nicht nach Stakeholdern, und zwar
nicht nur im Sinne von Komplexitätsreduzierung, sondern auch weil dazu der Auftrag fehlt. Außerdem bearbeiten Supervisoren Teamkonflikte
in der Regel nicht nach dem Phasenmodell der Mediation.

4.3 Mediation und Coaching

Als spezifisches Beratungsverfahren für Führungskräfte – vorrangig im Einzelsetting – ergeben sich nur wenige Schnittpunkte zur Organisationsmediation. HERTEL (2004) schildert, wie in einer Mediation eines Familienunternehmens der Gründungsvater ein Coaching erhielt. Hier wurde der Mediationsprozess mit Zustimmung aller unterbrochen, um dem Gründer die Chance zu geben, für sich Perspektiven zu entwickeln, um besser loslassen zu können. Dann wurde die Mediation fortgesetzt und erfolgreich mit einer Vereinbarung abgeschlossen. Dies lässt sich dahingehend verallgemeinern, dass ein Coaching – vielleicht sogar im Rahmen der vorher vereinbarten optionalen Einzelgespräche – in besonders verhärteten Konflikten sinnvoll ist. Gerade um Führungskräften vor Gesichtsverlust zu schützen, scheint mir dies eine mediationsadäquate Möglichkeit zu sein.

KOLODEJ (2004) schlägt für die Mediation in Mobbingfällen Einzelgespräche zur Stützung des Mobbingopfers vor. Diese Gespräche haben sicherlich in weiten Bereichen den Charakter von Coaching, denn auch das Opfer muss sich seiner eigenen Beteiligung bewusst werden, muss sich in einen Veränderungsprozess begeben. Umgekehrt habe ich in Coachingprozessen von Einzelpersonen immer dann eine Mediation bzw. ein mediationsangelehntes Verfahren vorgeschlagen, wenn sich zeigte, dass sich eine Person als manifester Konfliktpartner herausgeschält hat.

5 Fallbeispiel: Ein unwillkommener neuer Leiter

Angefragt hatte die Vorsitzende der Mitarbeitervertretung eines kirchlichen Trägers. Sie schilderte folgenden Konflikt: In der Einrichtung gab es einen Leiterwechsel. Die Kollegen hatten mehrheitlich die bisherige stellvertretende Leiterin als Nachfolgerin vorgeschlagen. Die oberste Kirchenleitung überging dieses Votum und setzte einen Leiter von außerhalb ein. Dies war unüblich, denn bisher wurde immer auf die Vorschläge der Kollegen eingegangen. Auch wurde mit den Kollegen nicht über die Gründe des Vorgehens gesprochen. Die Stimmung im Kollegium sei seitdem äußerst angespannt, und die bisherige Stellvertreterin habe ihren

Posten daraufhin auch niedergelegt. Der neue Leiter wird geschnitten, eine Arbeitsbasis sei deshalb nicht herzustellen. Es gab lediglich monatliche Treffen aller Kollegen mit der Leitung, ansonsten meide man aber die Leitungsebene, so gut es eben gehe. Dies hatte auch für den Zusammenhalt der Kollegen Folgen: Man traf sich kaum noch, ein Austausch über die recht isolierte Arbeit der Einzelnen war nicht mehr möglich, neue Kollegen konnten nicht mehr integriert werden. Die Situation sei mehr als desolat. Aufgrund der Intervention der Mitarbeitervertretung sei es aber gelungen, bei der Kirchenleitung Gelder für eine Beratung zu akquirieren. Doch die zur Verfügung stehenden Beratungsressourcen seien sehr knapp, zum einen durch die begrenzten finanziellen Mittel und zum anderen, weil sich die Kollegen nur alle zwei Wochen für zwei Stunden treffen. Mehr sei auch nicht möglich, um die etwa dreißig Kollegen an einen Tisch zu bekommen.

So weit die Ausgangssituation. Die Vorsitzende hatte Supervision angefragt, doch meine spontane Befürchtung war, dass in diesem komplizierten Arbeitskonstrukt nur ein sehr klares Vorgehen zu einem Ergebnis führen kann. Supervision als Methode hätte vielleicht dazu geführt, sich kollektiv vor Augen zu führen, dass man an der Situation sowieso nichts ändern kann und der Ärger auf die Oberen auf diesem Wege neue Nahrung bekommt. Deshalb schlug ich der Anfragerin eine Mediation vor. Ein Klärungsprozess sollte die Chance bieten, eine kleine, aber wichtige Perspektive zu eröffnen.

An diesem Beispiel eines betrieblichen Konfliktes lassen sich mehrere Fragen exemplarisch beantworten:

1. Wer ist der Auftraggeber und wie heißt der Auftrag?
2. Für welches methodische Vorgehen bzw. welchen Methodenmix entscheide ich mich als gerufener Experte?
3. Wie definiert sich der Konflikt und wofür steht er unter Umständen?
3. Auf welche Vorgaben kann ich mich einlassen?

Zur Beantwortung einiger dieser Fragen, ist die Schilderung des Fortgangs des Falls erforderlich. Nach der Sommerpause rief mich der neue Leiter an und fragte, ob ich mir die Beratung des Kollegiums vorstellen könne. Die Gelder seien von der Kirchenleitung genehmigt worden und ich hätte durch die Mitarbeitervertretung ja schon gehört, worum es ginge. Als erster Schritt sei ein Vorgespräch mit Vertretern des Kollegiums geplant, der Mitarbeitervertretung, ihm und seiner Stellvertreterin, um das weitere Vorgehen zu besprechen. Aufgrund der Komplexität und der großen Zahl an Beteiligten (dreißig Kollegen und Kolleginnen) sowie der einbezogenen Instanzen, entschied ich, die Beratung zusammen mit einer Kollegin durchzuführen. In der ersten Zusammenkunft wurde die Enttäuschung der Mitarbeiter über das Vorgehen der obersten Kirchenleitung bei der Besetzung der Leiterstelle sehr deutlich.

- Man fühlte sich nicht ernst genommen; selbst solle man die Klienten demokratisch erziehen, werde aber wie unmündige Kinder behandelt. Gegen den Leiter habe man eigentlich nichts, aber ...
- Die ehemalige Stellvertreterin, nun wieder im Status einer normalen Mitarbeiterin, war extrem gekränkt und warf dem Leiter vor, er habe ja von dem Konflikt im Bewerbungsverfahren gehört und hätte deshalb auf seine Stelle verzichten können.
- Der Leiter versuche, zu allen Kontakt aufzunehmen und dort wo es nötig sei, sei die Zusammenarbeit auch gut gewesen.
- Die Einrichtung fühlte sich in ihren Rechten, Vorschläge machen zu können, durch die oberste Kirchenleitung verletzt. Es habe so etwas noch nie gegeben.

Häufig kommt es vor, dass die auftraggebende Partei nur De-jure-Auftraggeber ist. In diesem Fall hatten wir zumindest drei Auftraggeber:

- das Kollegium, vertreten durch die Einrichtung
- den neuen Leiter, der sich jetzt direkt gemeldet hat
- die nächst höhere Kirchenleitung, die die Gelder bereit gestellt hat.

Sehr deutlich wurde auch, dass wir es hier mit mehreren Konfliktparteien zu tun hatten:

- die ehemalige stellvertretende Leiterin
- der neue Leiter
- das gesamte Kollegium – einschließlich der Mitarbeitervertretung
- die nächst höhere Kirchenleitung
- und das oberste Kirchenorgan, in dem die Personalentscheidung gefallen ist (und in dem die nächst höhere Kirchenleitung auch vertreten ist).

Eine Konfliktpartei, an der sich der Ärger der Kollegen besonders fest-
machte, war das oberste Kirchenorgan, das die Personalentscheidungen
traf. Es wurde in dem Vorgespräch aber sehr deutlich, dass diese Repräsentanten auf keinen Fall zur Verfügung stehen würden. Da waren sich
alle Beteiligten einig. Man könne zumindest versuchen, die nächst höhere Ebene mit einzubeziehen. Mit dieser Instanz war bereits über die Be-
ratungshonorare verhandelt worden und es wurde signalisiert, dass man
an der Arbeitsfähigkeit der Abteilung sehr interessiert und bereit sei, das
seinige dazu beizutragen. Daher war damit zu rechnen, dass diese Ebene
an einer Konfliktbeilegung mitwirken würde.

Für die Berater war es wichtig, in diesem Gespräch mehr über die Strukturen zu erfahren, in denen solche Prozesse ablaufen: Wer sind die
Beteiligten, wie interagieren die Hierarchieebenen und wer kann wo
welchen Einfluss geltend machen? Ebenso wichtig ist eine Einschätzung
darüber, welchen Auftrag der Berater erhält. Er muss deutlich machen,
was unter den gegebenen Bedingungen möglich ist – und was nicht. So
war klar, dass eine Konfliktpartei, das oberste und verantwortliche Ent-
scheidungsorgan, nicht zu einer Mitwirkung zu bewegen war.

Aus der Beraterperspektive nannten wir das mögliche Verfahren „Kon-
fliktmoderation/Mediation" mit dem Ziel, die Arbeitsfähigkeit der Abteilung wieder herzustellen. Somit konnte im Vorgespräch Konsens darüber hergestellt werden, wie der Rahmen aussieht, was möglich ist und
was nicht geht. Als pragmatischen nächsten Schritt schlugen wir vor,
jeder solle an uns anonym seine Wünsche und Erwartungen schicken,
so dass wir daraus einen Vorschlag für das weitere Vorgehen basteln
können. Indem jeder seine Wünsche aufschrieb, konnte es gelingen, alle
Versammelten in ihrem Anliegen ernst zu nehmen. Alle waren sich einig,
dass jedem Kollegen und jeder Kollegin die Teilnahme an der Beratung
möglich sein sollte.

Als Fokus kristallisierte sich der Wunsch heraus, wieder konstruktiv zusammen arbeiten zu können. Dazu sollten Wege gesucht werden. Wir
spürten sehr deutlich die Kränkung der ehemaligen Stellvertreterin und
Favoritin für die Leitung und die Notwendigkeit klärender Fragen an die
Kirchenleitung, wie es zu dieser Personalentscheidung gekommen war.
Deshalb schlugen wir zwei Schritte vor und machten den ersten Schritt
zur Bedingung unserer weiteren Beratung:

1. Ein klärendes Gespräch in kleiner Runde mit der ehemaligen Stellvertreterin, dem jetzigen Leiter und den direkt vorgesetzten Kirchenvertretern. Ziel sollte es sein, Transparenz in den Entscheidungsvorgang zu bekommen und ein Forum für die Kränkung der nicht nominierten Stellvertreterin zu bieten.

2. Darauf folgen zwei Sitzungen mit dem Gesamtkollegium zu den Fragen: „Was fördert ein positives Verhältnis zwischen Vorgesetzten und Mitarbeitern? Wie soll die Kooperation in Zukunft aussehen?"

Es gab nur zwei Möglichkeiten: entweder sich auf die Bedingungen einzulassen oder abzubrechen. Von dem ersten Schritt versprachen wir uns, dass die Dynamik zwischen der nicht nominierten Stellvertreterin und dem neuen Leiter anschließend nicht das Plenum beherrscht und abweichende Meinungen ausschließt.

Nachdem die Vorbereitungsgruppe den Vorgehensvorschlag zurückgekoppelt hatte und die Zustimmung dafür bekam, konnte das Verfahren beginnen. Dazu haben wir uns an zwei Fragen orientiert:

1. Frage:
Wie lässt sich Transparenz in die getroffene Entscheidung bringen?

Dieses erste Konfliktgespräch fand zusammen mit dem neuen Leiter, der abgelehnten Favoritin und der Leiterin der nächsthöheren Ebene statt. Die Atmosphäre war zwar gespannt, aber zugewandt. Als Ergebnisse dieser Vorbesprechung konnten wir Folgendes festhalten:

• Die oberste Kirchenleitung war nicht erreichbar und schied somit als Konfliktpartei aus.
• Die nächsthöhere Leitung hat das Besetzungsverfahren nochmals ausführlich dargestellt und der ehemaligen Stellvertreterin gesagt, dass man ihre Bewerbung ausdrücklich befürwortet hatte, sich aber nicht durchsetzen konnte. Diese Mitteilung führte bei ihr zu einer sichtlichen Beruhigung.
• Auf einer der nächsten Sitzungen der obersten Leitung sollte über das Stellenbesetzungsverfahren eine eindeutige Klarheit erzielt werden, um Transparenz herzustellen und den Gremien ihre Möglichkeiten der Mitwirkung klarer aufzuzeigen.

2. Frage:
Was fördert ein positives Verhältnis zwischen Vorgesetzten und Mitarbeitern? Wie soll die Kooperation in Zukunft aussehen?

Zu diesem vorgeschlagenen zweiten Schritt fanden zwei Sitzungen mit der jetzigen Leitung, der Einrichtung und den Mitarbeitern statt. Die abgelehnte Favoritin war nicht gekommen, ließ aber durch eine Kollegin ausrichten, dass man über alles sprechen könne. Den Sitzungsverlauf verkürze ich hier auf zwei wichtige Ergebnisse: Erstmals wurde in diesem Kreise über zwei Tabus gesprochen. So fragte ein Mitarbeiter, ob denn der unter den Kollegen vereinbarte Boykott dem jetzigen Leiter gegenüber noch gelte. Der Leiter erfuhr jetzt erstmals davon und war sichtlich überrascht. Das zweite Tabuthema sprach eine Kollegin an: Sie traue sich gar nicht mehr, Kontakt in der Geschäftsstelle zum Leiter aufzunehmen, da sie dann das Gefühl habe, die abgelehnte Favoritin zu verraten. Und genauso umgekehrt: Wenn sie mit ihr spreche, habe sie das Gefühl den Leiter zu hintergehen. Nachdem diese beiden Tabuthemen angesprochen werden konnten, änderte sich das Klima merklich. Wir Mediatoren spürten die Erleichterung in der Kollegenschaft, dass „die Katze endlich aus dem Sack" gelassen worden war.

In der nächsten Sitzung konnte auf dieser neuen Basis des Miteinanders eine Vereinbarung getroffen werden, wie man in Zukunft mehr Transparenz herstellen kann, damit Entscheidungen im Hause nachvollziehbar sind. Folgendes wurde vereinbart:

- Von den monatlichen Sitzungen der Kollegenschaft sollten Ergebnisprotokolle angefertigt werden, damit auch verhinderte Kollegen Bescheid wissen.
- Über getroffene Entscheidungen sollen die Ergebnisse zahlenmäßig festgehalten werden.
- Die Einrichtung veröffentlicht ihre Briefe auf einem neuen einzurichtenden schwarzen Brett.
- Ein „Kummerkasten" wird eingerichtet.
- Die Leitung soll in den Sitzungen Mut machen, auch Unmut zu äußern.
- Jährlich findet eine Sitzung unter der Leitung einer externen Moderators statt. Die nächste Sitzung wird von den Mediatoren geleitet, auf der auch die Einhaltung der Vereinbarung überprüft wird.

Nun mögen dem Leser die Ergebnisse unter Umständen banal erscheinen. Sie sind es vielleicht auch. Für die Betroffenen aber haben sie eine große Bedeutung: Auf dem Wege dorthin wurde erlebt, dass heiße Themen (die einschränkenden Tabus) öffentlich angesprochen und damit aufgehoben werden können, und dass ein neuer Weg gefunden wurde, wie man in Zukunft miteinander die Kommunikation besser gestalten will. Außerdem ist ein weiterer Aspekt nicht zu unterschätzen: Das gemeinsame Erleben, dass es sich lohnt, Konflikte anzusprechen und dass es danach allen Beteiligten besser geht.

6   Fazit

Organisationsmediation als Verfahren der Prozessberatung in vielfältigen Arbeitskontexten wird sicher an Akzeptanz und Relevanz gewinnen – mit zunehmenden positiven Erfahrungen der Kunden. Ausschlaggebend dafür wird vor allem der sich verstärkende Druck sein, der auf fast allen Organisationen lastet, trotz aller Veränderungskonflikte die Arbeitsfähigkeit ihrer Mitarbeiter zu gewährleisten. Dabei wird es erhebliche Unterschiede geben: Entweder wird Mediation punktuell angefragt oder als fester Bestandteil eines komplexes Konfliktmanagements implementiert werden. In jedem Falle ist die Organisationsmediation ein gleichberechtigter Partner neben anderen Interventionsverfahren wie z. B. Supervision. Es ist an der Zeit, sich von Methodenegoismen zu verabschieden und im Interesse der Auftraggeber zu einem respektvollen Neben- und Miteinander zu kommen. Dabei werden Unterschiede nicht geleugnet, im Gegenteil: Je deutlicher sich die Verfahren konturieren, je klarer lassen sich Verbindungslinien ziehen, und je leichter lassen sich starre Grenzen zwischen den Verfahren wieder aufweichen, indem die Berater situationsspezifisch methodische Elemente kombinieren. Rein ist nur die Lehre – die Praxis erfordert, wie die Organisationen auch, Flexibilität und Kreativität in der Lösung ihrer Aufgaben.

Anmerkungen

1   Diese Begriffsdefinition hat sich bisher so nur teilweise durchgesetzt. So sprechen Heintel/Falk (2004) auch bei internen Unternehmenskonflikten von Wirtschaftsmediation. Stubbe (2003) schlägt für betriebsinterne Schwierigkeiten den Begriff Arbeitsmediation vor und, wenn „Ansprüche im Vordergrund" stehen, den Begriff Wirtschaftsmediation.

2 Eine in der Diskussion umstrittene Frage ist, inwieweit der Betriebs- oder Personalrat mediatorisch tätig werden kann. Als Repräsentationsorgan der Belegschaft kann ein ausgebildetes Mitglied dieses Organs Konflikte zwischen Arbeitnehmer und Arbeitgeber als Mediator lösen und genießt dabei auch den nötigen Vertrauensschutz (Lembke 2002).

Literatur

BUDDE, A. (2003): Mediation und Arbeitsrecht – Rahmenbedingungen für die Implementierung von Mediation im Betrieb. Simon & Leutner, Berlin.

FIETKAU, H.-J./RENZ, A./TRÉNEL, M. (2001): Online-Mediation in öffentlichen Konfliktlagen. In: ZKM-Ztr. für Konfliktmanagement, 3/2001, S. 132-138.

FISCHER, R./URY, W./PATTON, B. (2004): Das Harvard-Konzept. 22. Aufl., Campus, Frankfurt a. M./New York.

GLASL, F. (1997): Konfliktmanagement. Haupt, Bern, Stuttgart, Wien.

GLASL, F. (2004): Konfliktdiagnose in 3 Schritten. In: Perspektiven Mediation, 1/2004, S. 11-17.

HEINTEL, P./FALK, G. (2004): Personalumbau: Wirtschaftsmediation am Beispiel eines Bankenkonfliktes. In: Pühl, H. (Hrsg.): Mediation in Organisationen – Neue Wege des Konfliktmanagements. 2. Aufl., Simon & Leutner, Berlin, S. 32-63.

HERTEL VON, A. (2004): Wie Mediation und Coaching sich ergänzen. In: Wirtschaft & Weiterbildung 3/2004, S. 18-25.

KERNTKE, W. (2004): Mediation als Organisationsentwicklung. Haupt, Bern.

KOLODEJ (2004): Mediation bei Mobbing, in: Pühl, H. (Hrsg.): Mediation in Organisationen – Neue Wege des Konfliktmanagements. 2. Aufl., Simon & Leutner, Berlin, S. 80-96.

LEMBKE, M. (2002): Innerbetriebliche Streitigkeiten. In: ZKM-Ztr. für Konfliktmanagement, 3/2002, S 111-123.

LENZ, C. (2004): Pre-Mediation: Die Klärung vor der Mediation. In: Pühl, H. (Hrsg.): Mediation in Organisationen – Neue Wege des Konfliktmanagements. 2. Aufl., Simon & Leutner, Berlin, S. 180-188.

NEUHAUS, B. (2002): Vertrauen in Vertraulichkeit?, In: ZKM-Ztr. für Konfliktmanagement, 1/2002, S. 8-11.

OTTO, K.-S. (2002): Offen sein für viele Wege – Konfliktlösung in Unternehmen und Organisationen. In: ZKM-Ztr. für Konfliktmanagement, 1/2002, S. 19-22.

PÜHL, H. (2002): Wenn die Arbeitsfähigkeit gefährdet ist: Möglichkeiten institutioneller Konfliktbearbeitung. In: OSC, 4/2002, S. 307-317.

PÜHL, H., (2004, Hrsg.): Mediation in Organisationen – Neue Wege des Konfliktmanagements. 2. Aufl., Simon & Leutner, Berlin.

PÜHL, H. (2004a): Organisationsmediation im Kontext verwandter Beratungsverfahren – Supervision, Coaching und Organisationsberatung. In: Pühl, H. (Hrsg.): Mediation in Organisationen. 2. Aufl., Simon & Leutner, Berlin, S. 165-179.

REDLICH, A. (1997): Konfliktmoderation. Windmühle, Hamburg.

RHODE-LIEBENAU, B. (2003): Online-Mediation ist im Alltag angekommen. In: ZKM-Ztr. für Konfliktmanagement, 4/2003, S. 155-158.

SCHEIN, E. (2000): Prozessberatung – Für die Organisation der Zukunft. Edition Humanistische Psychologie EHP, Köln.

SEIFERT, J. W. (1988): Visualisieren, Präsentieren, Moderieren. 11. Aufl., Gabal, Offenbach.

STUBBE, CH. (2003): Was ist Wirtschaftsmediation? In: ZKM-Ztr. für Konfliktmanagement, 1/2003, S. 32-33.

WACKER, U. (2001): Online-Medaition. In: ZKM-Ztr. für Konfliktmanagement, 6/2001, S. 265-279.

WELLENDORF, F. (2000): Supervision als Institutionsanalyse und zur Nachfrageanalyse. In: Pühl, H. (Hrsg): Handbuch der Supervision 2, 2., akt. Aufl. Wissenschaftsverlag Spiess, Berlin, S. 30-40.

Johannes Cernota/Hans Jürgen Heinecke

Kunst als Intervention

1   Szenen einer Ehe

Die (Management-)Welt ist eine Bühne

Es ist Abend geworden in dem abgeschiedenen Seminarhotel. Eine typisch norddeutsche Idylle unter ländlichem Reet. Im Foyer haben sich Mitglieder des Managements eines großen Unternehmens versammelt. In Gruppen stehen sie zusammen und diskutieren noch einmal die wichtigsten Tagesfragen. Gelegentlich kommt auch die Sprache auf das bevorstehende Ereignis. Keiner weiß genau, worum es gehen soll. Alle sind eingeladen zu einer Aufführung, neudeutsch „Performance". Eingeladen hat eine Projektgruppe. Das ist neu in der Geschichte des Unternehmens und zweifellos ungewöhnlich. Manager sind neugierig und so sind fast alle gekommen.

Jetzt betreten die Zuschauer den kleinen Saal, in dem die Aufführung stattfinden soll. Der Raum ist abgedunkelt, bis auf das große helle Rechteck der Schattenbühne. Die Zuschauer werden stumm zu ihren Plätzen geleitet. Der Platzanweiser ist ganz in Silber gekleidet, er hat einen großen Spiegel und eine Kerze in den Händen. Er hält den Zuschauern den „Spiegel vor". Zu Anfang ist noch Belustigung und teilweise verständnisloses Kopfschütteln zu sehen, aber dann tauchen immer mehr Zuschauer in das Bild ein. Die Spannung wächst, als ein leiser Trommelwirbel beginnt und die ersten Bilder auf dem Schirm der Bühne erscheinen. Was dann passiert, versetzt die Zuschauer, aber auch uns, immer wieder in Erstaunen. Fast eine Stunde lang wird eine bunte Revue von faszinierenden Bildern und Tönen geboten: humorvoll, schrill in Slapstickmanier, dann wieder nachdenklich und poetisch.

Obwohl es ein Stück ohne Worte ist, erkennen die Zuschauer das Thema sofort. Es geht um die große Fusion, die im Unternehmen alles überstrahlt. Feinfühlig arbeiten die Schauspieler in insgesamt zwölf Szenen die Chancen und Risiken heraus. Mit selbst gefertigten Scherenschnitten, Folien, phantasievoller Lichtführung und akustischer Unterstützung set-

zen sie das abstrakte Thema eines globalen Mergers in eine szenische
Darstellung um. Szenen einer Ehe. Die Zuschauer werden von dieser Darstellung in den Bann gezogen. Nachdenklichkeit und schallendes Gelächter – die Intensität der Darstellung überträgt sich auf alle.

Am Abend davor

Entsetzen, ungläubiges Staunen und Belustigung macht sich in der
zehnköpfigen Projektgruppe breit. Gerade saß man noch gemütlich beim
Abendessen zusammen und nun dies. Was war passiert?

Die Gruppe besteht aus Managern eines Unternehmens, in dem gerade
ein globaler Merger bewältigt werden muss. Sie sollen ein übergreifen-
des Projekt bearbeiten. Knowledge Management, so das Stichwort, mit
dem Untertitel „Wie können wir wissen, was wir alles wissen". Ein komplexer Veränderungsprozess steht an, der Prozesse und Strukturen genauso berührt wie Gewohnheiten, Mentalitäten und Traditionen. Zehn
Nachwuchsmanager aus den beiden vom Merger betroffenen Unternehmen bilden den Kern der Projektgruppe. Das Projekt gehört zu ihrem
Qualifizierungsprogramm. Die gemischte Zusammensetzung soll das
Vertrauen untereinander verstärken. Letztlich hat sich die Projektgruppe damit selbst zum Thema. Denn auch in diesem Mikrokosmos geht es
darum, Erfahrungen auszutauschen, Wissen zu teilen und sich wechselseitig mit den kulturellen Besonderheiten der Unternehmensteile vertraut zu machen. Die Gruppe wird von einem internen und einem externen Prozessberater begleitet.

Eine fünftägige Klausurtagung wird anberaumt, um die Grundlagen des
Projekts zu erarbeiten und gleichzeitig die Gruppe als Arbeitsteam zu
festigen. Bereits im Vorfeld der Tagung tut sich die Gruppe schwer, eine
Arbeitsform zu finden, welche der komplexen Projektaufgabe gerecht
wird. Ideenwettbewerb, Rivalität und Abgrenzung sind die typischen
Verhaltensmuster. Die Berater entschließen sich, eine experimentelle
Lernphase in die Klausurtagung zu integrieren. Folgende Bedingungen
soll das Experiment erfüllen:

- Ein Thema aus dem Umfeld des Unternehmens
- Ein möglichst komplexer Sachverhalt als Analogie zur Projektaufgabe

- Ein möglichst „weiches" Thema als Analogie zum schillernden Begriff „Knowledge Management"
- Die Kooperation aller erfordern („Wenn die Gruppe nicht kooperiert, dann geht sie unter")
- Harte Rahmenbedingungen (Klare Zeit-, Budget- und Materialvorgaben)

Mitglieder des EOS-Ensembles gestalteten auf der Grundlage dieses „Lastenhefts" das folgende Experiment: Die Teilnehmer sollen auf der Schattenbühne ein Theaterstück ohne Worte aufführen. Das Stück muss mindestens 45 und darf maximal 60 Minuten lang sein. Es soll aus zehn bis 15 Bildern bestehen. Das Thema „Szenen einer Ehe – Wie unsere beiden Unternehmen in den nächsten Jahren zueinander finden" greift das Hintergrundthema des Mergers auf. Story, Dramaturgie, Inszenierung, technische Umsetzung, musikalische Untermalung und die Aufführung sind von den Teilnehmern selbst zu leisten. Die Teilnehmer haben genau 24 Stunden Zeit. Start ist an einem Dienstag um 20 Uhr. Die Premiere ist auf Mittwoch 20 Uhr angesetzt. Als Publikum werden Manager aus dem Unternehmen eingeladen. Die Teilnehmer sind allein verantwortlich für die Arbeitsorganisation, die Einteilung von Zeit und Kapazität erfolgt in Eigenregie. Zwei Mitglieder des EOS-Ensembles stehen als fachliche und künstlerische Berater für die ganze Zeitdauer zur Verfügung. Sie werden aber nur auf Anfrage der Gruppe aktiv. Die Bühne ist aufgebaut. Alles andere (Figuren, Beleuchtung etc.) muss von den Teilnehmern selbst erstellt werden. Material ist in ausreichendem Maße vorhanden. Dennoch kann es zu Engpässen kommen (es gibt nur eine begrenzte Anzahl Leuchten, nur einen OH-Projektor, nur einen Beamer etc.). Die Prozessberater beobachten die Gruppe bei der Bearbeitung der Aufgabenstellung und geben Rückmeldungen, wenn die Gruppe dies wünscht. Das Experiment wird am Donnerstag ausgewertet.

Wieder zurück zum Abend davor: Der Gruppe wird alles von einem Mitglied des EOS-Ensembles erklärt. Die Unruhe wächst mit jedem weiteren Punkt, den er auf das Flipchart schreibt. Man hatte zwar mit einem Experiment gerechnet, aber nicht mit so etwas „Weltfremden"! Andererseits reizen von Beginn an das Thema und die Herausforderung, sich vor anderen zu präsentieren. Schließlich überwiegt die Neugier. Die Gruppe nimmt die Aufgabe an. Danach ist alles wie im Alltag: Es wird gerauft,

gestritten und um die beste Lösung gerungen. Das EOS-Ensemble bietet
alle zwei Stunden eine kurze Reflexion an. Dies ist in der Management-
realität nach wie vor eher unüblich. Man gönnt sich keine Zeit, über das
nachzudenken, was abgelaufen ist, um daraus für die nächsten Schritte
zu lernen.

Der Tag danach

Die Projektgruppe sitzt mit den Prozessberatern und den beiden Mitgliedern des EOS-Ensembles zusammen. Welche Bedeutung kann das
Experiment für das eigene Projekt haben? Was ist sichtbar und deutlich
geworden? Welche Verhaltensmuster sind charakteristisch für das Team
und die Einzelnen?

Nach einigen zögerlichen Anfangsminuten wächst die Spannung im
Kreis. Die Parallelen zur Projektaufgabe und Alltagsarbeit werden sichtbar: Wie gelingt es, über einen Zeitraum von 24 Sunden den Span-
nungsbogen der Begeisterung zu halten? Wie gelingt es, einen Ausgleich
von planvollem Vorgehen (Berechenbarkeit) und spielerischem Experimentieren (Kreativität) herzustellen? Wie können alle Fähigkeiten in der
Gruppe wirklich genutzt werden? Wie kann sichergestellt werden, dass
jeder seinen Platz in der Gruppe findet? Wie kann man etwas planerisch
greifen, womit sich niemand auskennt? Diese und ähnliche Fragen werden diskutiert. Die Auswertung wird mit einer Feedbackrunde abgeschlossen. Die Begleiter ergänzen die Rückmeldungen, wenn es erforderlich erscheint.

Eine sorgfältige Auswertung ist unverzichtbarer Bestandteil des Experiments. Gerade bei künstlerischen Experimenten besteht die große Gefahr, dass sie emotionale Highlights ohne Folgen bleiben (nach dem
Motto: „Wir haben alle eine Menge Spaß gehabt und können jetzt den
Alltag wieder ertragen – ändern werden oder wollen wir ihn nicht.")
Durch eine gelenkte Reflexion wird hingegen sichergestellt, dass wesentliche Erfahrungen aus dem künstlerischen Experiment in den Arbeitsalltag transferiert werden. Ein Teilnehmer hat dies so auf den Punkt
gebracht: „Es ist zwar nicht alles besser, dafür aber vieles anders geworden. Eigentlich kann man nach einem solchen Experiment nicht mehr
nicht zusammenarbeiten."

2   Beratung, Beziehung und Kunst – ein Arbeitsmodell

Der Handel mit Beziehungen und das Beziehungsangebot von Kunst

Beratung ist primär ein Handel mit Beziehungen. Hilfreiche Beziehungen sollen entstehen, die es dem Kunden ermöglichen, Probleme gleicher oder sinnähnlicher Art in Zukunft selbst zu lösen. Dies ist im Kern ein emanzipatorischer Ansatz, der Handlungsspielräume erweitern soll (HEINECKE 2002).

Welche Beziehungsangebote kann die Kunst in diesen Prozess einbringen? Angebote, die den Interventionsraum erweitern und den Beratungsprozess unterstützen? BLANKE (2002, insbesondere S. 62ff.) stellt an vielen Stellen das Gemeinsame zwischen Unternehmen, Managementarbeit und Kunst heraus. Wenn aber die Realitätskonstruktionen von Managern, Beratern und Künstlern so nahe beieinander liegen, dann macht die Perspektive des Künstlers keinen Unterschied. Was könnte dann Kunst in einen Beratungsprozess zusätzlich einbringen? Welche Sichtweisen auf soziale Systeme, die Prozessberater nicht ohnehin zur Verfügung haben? (siehe dazu WIMMER 2004, S. 58ff., für die theoretische Begründung einer Professionalisierung von Beratung). Insofern führt uns auch die Gleichsetzung von Regeln der Kunst und Regeln der Beratung (BLANKE 2002, S. 70f.) nicht weiter. Sie zeigen zwar die hohe Anschlussfähigkeit der beiden Perspektiven, verstellen aber den Zugang zu dem Zusatznutzen und der Differenz einer künstlerischen Perspektive.

HOFMANN (1998) hat in seinem *Rückspiegelblick* auf die Moderne den Begriff „Polyfokalität" eingeführt, der Realitätsmischungen und das Nebeneinander verschiedener Wirklichkeitsgrade und Perspektiven verbindet. Multirealitäten und Stilmischungen entstehen, wie sie insbesondere für die Collagetechnik charakteristisch sind. „Alle diese Merkmale bewirken die Mehransichtigkeit, auf die der Begriff polyfokal abzielt. So bietet das formale Gefüge mehrere Ansichten (Fokusse) dar, die sich nicht nur auf verschiedene formale Sprachhöhen, sondern auch auf verschiedene Inhaltsebenen verteilen" (HOFMANN 1998, S. 16). Monofokalität stellt demgegenüber ein kohärentes, formal und inhaltlich geschlossenes System dar. Monofokal, dass ist für HOFMANN vor allen Dingen die Phase des klassischen Staffeleibildes, die Epoche des Illusionismus, eingeleitet durch die Renaissance. „Davor – grob gerechnet bis in ins 14. Jahrhundert – und danach – seit dem 19. Jahrhundert – sind wir Zeugen der Polyfokalität" (HOFMANN, 1998, S. 17).

Diese Perspektive des Künstlers der Moderne kann im Beratungsprozess hilfreich sein. Organisationen verengen im Verlauf ihrer Geschichte den Blickwinkel auf sich selbst und die sie umgebende Realität. Der favorisierte Blickwinkel wird durch die primären Aufgabenstellungen und die eigene Überlebens- und Erfolgsgeschichte geprägt. „Diese systemspezifische Blindheit ist ganz und gar unvermeidlich" (WIMMER 2004, S. 261). Sie kann aber in der Bewältigung von Zukunftsherausforderungen zu einem Problem werden. Eine Aufgabe von Beratungsinterventionen ist es daher, „die eingespielten Zuschreibungen und Erklärungsmuster zu irritieren" (WIMMER 2004, S. 265). Polyfokalität als Prinzip der Bildgestaltung kann diesen Irritationsprozess anregen und unterstützen. Das ist im Kern der Zusatznutzen, den eine künstlerische Perspektive in den Beratungsprozess einbringen kann.

Die Mächtigkeit von Bildern

„Eine Gruppe von Leuten ging bei einem schweren Schneesturm in den Schweizer Alpen verloren. Sie hatten sich verirrt, und als sie die Hoffnung fast ganz aufgegeben hatten, fand einer von ihnen in einer seiner Taschen eine Landkarte. Diese neuen Möglichkeiten waren so ermutigend, dass sie wieder frische Energie aufbrachten und einen Weg zurück in bewohnte Gegenden fanden. Stellen Sie sich ihre Überraschung vor, als man nach ihrer Rückkehr feststellte, dass es sich gar nicht um eine Karte von den Alpen, sondern von den Pyrenäen handelte" (Eine Geschichte von Karl Weick, zitiert nach GARETH MORGAN 1998, S. 41). Die Episode verdeutlicht die Kraft der Vorstellung. Handlungsleitend ist nicht die Karte selbst, sondern die entstandene Vorstellung über sie.

Dieser Gedankengang von MORGAN lässt sich auf prozessorientierte Organisationsberatung übertragen. Für die Gestaltung von Entwicklungs- und Veränderungsprozessen ist das Vorstellungsvermögen der Engpass. Nur das, was man sich vorstellen kann, findet auch statt. Das Vorstellungsvermögen prägt unsere Diagnosen, unsere Art und Weise, Entwicklungen einzuschätzen und es beeinflusst unsere Ziele. „Organisationen sind komplexe und paradoxe Phänomene, die sich aus ganz ver-

schiedenen Perspektiven betrachten lassen. Zahlreiche von uns für selbstverständlich gehaltene Vorstellungen von Organisationen sind Metaphern, auch wenn wir sie als solche nicht erkennen" (MORGAN 1997,
S. 16). Metaphorische Arbeit ist die Umsetzung von Vorstellungen in
kommunizierbare Bilder. Um ein gemeinsames Verständnis zu entwickeln, müssen diese Bilder ausgetauscht werden. Veränderungen brauchen neue Bilder, damit neue Vorstellungen entstehen können und damit
neue Handlungsmöglichkeiten. Mit neuen, einprägsamen Bildern die
festgelegten Bahnen verlassen, ist der Anspruch, der hinter MORGANS
„Imaginization" steht.

Künstlerische Experimente und der Realitätszugang des Künstlers
erschließen eine andere Weise des Sehens. Sie stimulieren die Kraft der
Imagination, und sie helfen bei der Ausgestaltung neuer Bilder. „Mein
Bild eines modernen Managers ist das eines Menschen, der mit einem
ausgeklügelten Seismographen ausgestattet ist, der es ihm erlaubt zu
‚spüren‘ und zu ‚deuten‘, was passiert, und der diese Deutung benutzt,
um eine geeignete Antwort zu gestalten oder zu ‚zeichnen‘" (MORGAN
1998, S. 42f). Künstler reagieren anders, vielleicht auch sensibler, auf gesellschaftliche Erschütterungen. Ihr Realitätszugang kann Manager in-
spirieren, den Seismographen zu ergänzen, ihn empfindlicher einzustel-
len. Und künstlerische Experimente können helfen, die inneren Bilder
nach außen zu bringen, sei es durch Töne und Klangmalerei in einem
selbst komponierten Stück oder durch Sprache, Gestik und Mimik in
einer Theaterinszenierung.

Das methodische Angebot künstlerischer Experimente

Entdecken, Erobern, Experimentieren und Verführen – das sind die tragenden Elemente einer künstlerischen, schöpferischen Entwicklung.

Entdecken

Im künstlerischen Handeln steckt die Kraft und Gelegenheit, alles selbst
zu entdecken und herausfinden, was man für sich als wichtig bestimmt.
„Ich sage, wir brauchen keine Ziele, wir brauchen keine Visionen, sondern heute muss jeder sich selbst zum Ziel nehmen. Wenn jeder sich selbst
zum Ziel nimmt, muss er lernen, sich auszuhalten, und er muss lernen, in sich hineinzuhorchen" (JEAN-CHRISTOPHE AMMANN in einem

inspirierenden Interview bei BLANKE, 2002, S. 207). Das Instrument des
künstlerischen Entdeckers ist die Phantasie. Sie schließt keine Möglichkeiten aus, hält alle Wege offen und überraschende Ergebnisse bereit.
Bilder können entstehen. Das „Kino im eigenen Kopf" wird zugelassen
und im künstlerischen Experiment wird es in der Außenwelt inszeniert.
Künstlerisches Entdecken braucht den sanktionsfreien Raum. Bewer-
tungen, normative und ästhetische Einschränkungen verschließen die
Sinne. Entdecken setzt aber offenes Wahrnehmen mit allen Sinnen voraus. Fehler kann es in dieser künstlerischen Grundhaltung nicht geben.
„Künstler tun immer wieder Dinge, die mit dem Scheitern verbunden sind
[…]. Sie leben von den Abfallprodukten ihrer eigenen Forschung und des-
halb sind Künstler für uns so interessant, wenn wir richtig hinschauen"
(Ammann bei BLANKE 2002, S. 211f.).

Erobern

Etwas erreichen, das man selbst für wichtig hält, aus eigenem Antrieb
und Interesse; selbst Entdecktes ausbauen; die eigenen Fähigkeiten wachsen sehen; das sind die Grundhaltungen des künstlerischen Eroberns. Das
wertfreie Spiel mit Material, Fähigkeiten und der eigenen Fantasie. Die
„offene Werkstatt" als Programm: Wir probieren aus, erkunden künstlerische Methoden, die Geschicklichkeit, Sinnlichkeit und Fantasie gleichermaßen anregen. Es geht um Momente, in denen technische Schwierigkeiten überwunden scheinen oder gar keine Rolle spielen. Man
schwebt gerade zu auf seinem Können – ohne Druck, ohne Kritik, ohne
hemmende Einwände von außen. Künstlerische Experimente setzen
Kompetenzen frei. Sie führen zu Ergebnissen, die mit analytischer Wahrnehmung und rationalen Entscheidungsprozessen nicht erreichbar
wären. Künstlerische Experimente mobilisieren Energien, damit wir an
die Grenzen unserer aktuellen Möglichkeiten gehen können. Nach dem
Experiment steht das Erstaunen darüber, was man sich da zugetraut hat.
Und eben dies ist die Transferchance in den Managementalltag: Künstlerisches Erobern gibt die Kraft, auch im Alltag mit den Strukturmustern
zu brechen.

Experimentieren

In einem künstlerischen Kontext sind die Alltagserfahrungen ohne Bedeutung. Man kann sich in einer fremden Situation erleben. Handlungs-

routinen greifen nicht. Das Irritationspotenzial wächst. Trial and Error wird zur vorherrschenden Methode. Erkundungen setzen früher ein. Herantasten und Experimentieren sind die Grundhaltungen. Die Ungewissheit ist ein Dauerzustand, wo man doch im Alltag die Gewissheiten so liebt. Ein grundsätzlich anderes, experimentelles Vorgehen kann erlernt werden. Diese methodische Erfahrung wird durch inhaltliches Experimentieren ergänzt. Am Beispiel des Mitmach-Schattentheaters kann dies sehr gut demonstriert werden.

Das Mitmach-Schattentheater ist eine künstlerische Intervention für kreative Strategiearbeit, Change Management und Teamentwicklung. Es ist ein Mittel, kreative, anregende aber auch irritierende Entwicklungs- und Lernprozesse zu gestalten. Ein neuer Fokus und eine ungewöhnliche Perspektive werden eingeführt. Entscheidend sind die thematische Feinanpassung und der Zuschnitt der Aufgabenstellung: Elektrisiert das Thema? Bietet es ausreichend Freiheit, um die Phantasie anzuregen? Entsteht ausreichend Komplexität? Wird die Gruppe herausgefordert?

Das Schattentheater ist ein interessantes Hilfsmittel und erleichtert die Gestaltung von Lern- und Entwicklungsprozessen. Allein hat es aber keinen Wert. Es muss exakt und jeweils individuell in das Vorhaben des Unternehmens eingepasst werden. Eine enge Kooperation mit dem Management im Vorfeld ist unverzichtbar. Die Teilnehmer am Experiment gehen natürlich Risken ein, symbolisch muss das Management dabei vorangehen. Die aktive Beteiligung des Topmanagements am Experiment ist eine wichtige Rahmenbedingung. Das Schattentheater muss sorgfältig ausgewertet werden, sonst verpufft die Wirkung. Für die Auswertung muss im Tagungsablauf Zeit eingeplant werden. Experimente wie das Schattentheater setzen eine sorgfältige Prozessmoderation voraus. Dies gilt insbesondere für die Nachbereitung und Auswertung.

Solche Experimente geben den Teilnehmern die Möglichkeit etwas auszuleben, was noch gar nicht passiert ist. Ein Parallelfilm zur Wirklichkeit wird konstruiert. Künstlerische Experimente ermöglichen es, Chancen und Risiken in diesem Parallelfilm abzubilden. Das Unglaubliche und Tabuisierte kann plötzlich dargestellt werden. Durch die künstlerische Auseinandersetzung wirkt der Parallelfilm auf die Wirklichkeit zurück: Mehransichtigkeit entsteht, mit unterschiedlichen Wirklichkeitsebenen. Ein Spiel mit den Möglichkeiten, das im Alltag unmöglich wäre. Dennoch

ähnelt das künstlerische Experimentieren den Anforderungen bei Strate-
gieentwicklungen und komplexen Veränderungen: sich auf Unbekanntes einlassen, das Unwahrscheinliche in die Überlegungen einbeziehen,
der Ungewissheit souverän begegnen. Das künstlerische Experiment in
der offenen Werkstatt ist ein gutes Trainingslager für diese Herausforderungen.

Verführen

Kunst kann uns emotional berühren. Sie zieht uns an, stößt uns ab, ver-
zaubert uns und entzaubert die Welt – gleichgültig lässt sie uns selten. Sie
verführt uns zu Reaktionen. Künstler sind auch Verführer. „Wenn jeder
aufgefordert ist sich auszuhalten und in sich hineinzuhorchen, und der
Künstler dies exemplarisch tut, dann schafft er nicht irgendwelche blinden Objekte, sondern er entwickelt eine bildnerische Sprache. Und die
wird immer wichtiger. Denn sie transportiert Dinge, die in anderen Sprachen nicht transportierbar sind" (Ammann bei BLANKE 2002, S. 208).
Die Sprache der Kunst kann helfen, Inhalte zu vermitteln, ihnen eine
Gestalt zu geben und mit Emotionen aufzuladen. Beseelte Bilder, Klang-
und Erlebniswelten können entstehen, die Kommunikation und Ver-
ständigung erleichtern.

KJAERSTAD (1999, 2002, 2004) greift drei dieser vier künstlerischen Methoden auf und gestaltet daraus einen faszinierenden Romanzyklus über
das Leben von Jonas Wergelund, einem Medienkünstler und Fernsehstar.
Seine Geschichte wird jeweils mit einem anderen Vorzeichen gedeutet. In
einem Band ist er Eroberer, dann Verführer und dann Entdecker. Die
wechselnden Realitätskonstruktionen ermöglichen eine Mehransichtigkeit, Polyfokalität, der Person. KJAERSTAD experimentiert mit der Wirklichkeit und kommt ihr deswegen nahe. Die literarische Konstruktion
zeigt auch, dass die Methoden Entdecken, Erobern, Experimentieren und
Verführen nicht in einer klassischen sequentiellen Prozesslogik miteinander verknüpft sind, sondern lose verbunden nebeneinander stehen und
sich dennoch wechselseitig beeinflussen.

Kunst und der spielerische Umgang mit Widerstand

Veränderungen lösen bei den Beteiligten oft Widerstände auf drei
Ebenen aus:

- Nicht-Wissen – es fehlt das Verständnis für den Grund des geplanten Wandels
- Nicht-Können – das Verständnis ist zwar vorhanden, aber die Herausforderungen der neuen Situation werden (subjektiv) als Überforderung wahrgenommen; die Menschen erleben sich als nicht handlungsfähig
- Nicht-Wollen – die Beteiligten verstehen, worum es geht, bleiben auch handlungsfähig, aber die ganze Sache ergibt für sie persönlich keinen Sinn oder widerspricht ihren Erfahrungen und Lebenskonzepten

Alle drei Aspekte sind das Ergebnis fortschreitender funktionaler Differenzierung, die nach LUHMANN (1995, S. 10ff.) ein prinzipielles Merkmal moderner Gesellschaften ist. Menschen erleben sich mit ihren Aufgaben und Fertigkeiten isoliert vom Gesamtgeschehen im Unternehmen. Es werden zwar „tiefe Löcher gebohrt", aber immer weniger „Tieflochbohrer" wissen noch genau, warum dieses Loch genau an dieser Stelle und mit dieser Tiefe zu bohren ist. Experten wissen sehr viel über Weniges. Sie können auf ihrem Gebiet Großartiges leisten. Der Zugang zum Gesamtgeschehen kann ihnen jedoch versperrt bleiben und damit der Weg zu einem Verständnis komplexer Abläufe. Die skizzierten Widerstände sind eine fast zwangsläufige Folge.

Durch künstlerische Experimente können komplexe Zusammenhänge nachgebildet werden. Sie sind ein Lernlabor für den Umgang mit Komplexität. Mustererkennung wird geschult und komplexe Vorgänge werden mit wenigen Parametern beschrieben. Das ganze wird, trotz der unvermeidlichen Unschärfen, (meistens) richtig erkannt. Ein sehr schönes Beispiel dafür sind die Zeichnungen von FREDERICK FRANK. Wenige Striche nur, dabei sehr viele Unschärfen und dennoch sind der Zusammenhang, die Szene und die Grundaussagen klar. „Unsere Augen schauen tagtäglich unendlich viele Dinge an, wir schauen durch Linsen, durch Teleskope, in Fernsehröhren. Unser Anschauen wird mit jedem Tag perfekter – aber wir nehmen immer weniger wahr" (FRANK 1998, S. 29).

Wir sehen an dieser Stelle einen bemerkenswerten Zusammenhang zwischen den Ursachen von Widerständen und dem Kohärenzsinn der Salutogenese-Forschung von AARON ANTONOVSKY. Kohärenz ist nach ANTONOVSKY (1997) dann gegeben, wenn man von sich sagen kann, ich verstehe die Welt, ich betrachte sie als für mich sinnvoll und ich bin in ihr handlungsfähig. Der Kohärenzsinn gilt als entscheidend für Gesundheit und Lebenstüchtigkeit.

Abschlussplädoyer für das künstlerische Experiment

„Man kann einen Menschen nichts lehren, man kann ihm nur helfen, es in sich
selbst zu entdecken"   (Galileo Galilei)

Künstlerische Experimente ermöglichen neue Blickwinkel auf Problem-
und Aufgabenfelder. Sie schaffen eine hilfreiche Distanz zum Problem
und eröffnen neue Optionen. Irritationen sind dabei vorprogrammiert:
Standards versagen, bestehende Denk- und Erlebnismuster werden außer
Kraft gesetzt, gewohnte Verhaltensmuster und Rollenverteilungen durch-
brochen. Diese Herausforderungen können nur mit der ganzen Fülle der
menschlichen Problemlösungs- und Verarbeitungskapazitäten gelingen.
Analytisches Kalkül und Fantasie müssen sich die Hand reichen.

Intellekt, Intuition und Fantasie sind in künstlerischen Prozessen gleich-
berechtigte Partner. Durch künstlerische Aktionen sind kreative und
offene Entwicklungs- und Lernprozesse zu erreichen. Eingefahrene Strategien der Problemlösung werden aufgebrochen, es entsteht die Bereitschaft, Gedankensprüngen zu folgen und Unbekanntes auszuprobieren.
Künstlerische Experimente bedeuten Grenzerfahrungen. Sie sind eine
Wanderung durch unbekanntes Terrain. Kognitive Sicherheiten zählen
nicht mehr. Wer die Wanderung riskiert, bezahlt mit der Irritation der
alten Wahrnehmungsmuster. Der Lohn ist eine reichhaltigere Sicht auf
die umgebende Realität und auf sich selbst.

3   Künstlerische Interventionen –
   als Geschäftsmodell bedingt tauglich

Derivativ oder gleichberechtigt?

Ein verbindliches Geschäftsmodell gibt Antworten auf die folgenden
Fragen: Welche Wertschöpfung wird erbracht? Was sind die Nutzenver-
sprechen und was ist das Erlös- und Ertragsmodell? Im Kontext der
Wertschöpfung geht es um die erbrachten Leistungen, die benötigten
Partner und auch letztlich um die Frage, wie die Leistung distribuiert und
kommuniziert wird.

Zunächst zur Wertschöpfung: Ungewöhnliche Experimente werden als
Leistungen zur Verfügung gestellt und damit neue Sichtweisen auf die
Alltagsrealität ermöglicht. Ein erweitertes Beziehungsangebot steht zur
Verfügung, das die Prozessberatung sinnvoll ergänzt. Zusätzliche Werkzeuge werden bereitgestellt, mit denen Blockaden bearbeitet und Verän-
derungsanliegen unterstützt werden können. Der Wert für den Auftraggeber liegt in einer organischen und vielleicht auch schnelleren Umsetzung von Veränderungen. Manchmal besteht der Wert aber auch einfach
nur darin, „in" zu sein, so etwas einmal gemacht zu haben – oder auch,
einfach Spaß daran zu haben. Allerdings besteht auch die Gefahr, dass
solche Aktionen dann von den Betroffenen als Umweg oder Verzögerung
erforderlicher Veränderungen erlebt werden.

Das leitet zur besonders kritischen Frage der Distribution und Kommunikation dieser künstlerischen Leistung über. Für die Distribution künstlerischer Interventionen sind die Beraterkollegen wichtiger als die Kunden. Allerdings zeigt sich, dass selbst im Kreis der Prozessberater die Differenz der künstlerischen Perspektive nicht immer nachvollzogen wird.
Dies führt dazu, dass nach einmaligem Erleben von Experimenten die
nächsten künstlerischen Interventionen allein durchgeführt werden.
Künstlerische Interventionen stehen jedoch nicht für sich, ansonsten tendieren sie schnell in Richtung Klamauk. Sie können einen hohen Stellenwert bekommen und können viel bewegen, aber sie müssen sich auf
andere Interventionen stützen und in eine übergeordnete Prozessarchitektur eingebettet sein. So ist es wichtig, dass nach einer künstlerischen
Intervention der Transfer durch Coachinggespräche, Umsetzungsworks-
shops oder Kommunikationskampagnen flankiert wird. Künstlerische
Interventionen sollten auf einer Organisationsdiagnose basieren und die
diagnostischen Hypothesen mit einem maßgeschneiderten Experiment
umsetzen. Für die Vorbereitung und Nachbereitung einer künstlerischen
Intervention braucht es die Unterstützung von Prozessberatern, die den
Gesamtprozess begleiten. Damit wird dieses Geschäftsmodell zu einem
„second tier"-Konzept, einem Zulieferkonzept für Systemanbieter, die
einen Gesamtprozess begleiten. Leider führen diese sich jedoch nicht
immer wie Systemanbieter auf. Gerade Prozessberater agieren oft wenig
aufgeklärt, was die Fertigungstiefe der eigenen Beratungsarbeit betrifft.
100 Prozent Fertigungstiefe werden favorisiert: mental, konzeptionell und
ökonomisch. Dieses Verhalten blockiert die Distribution von Spezial-

leistungen und ist überdies interventionsstrategisch fragwürdig. Wer den
Prozess berät, sollte nicht als Coach die Betroffenen bei der Verarbeitung
der persönlichen Auswirkungen gerade dieses Prozesses unterstützen.
Wer das Topmanagement in der Prozessarchitektur berät, sollte kein
Schattentheater anleiten. Rollenkonfusionen wären die Folge. Omni-
potenzphantasien und Auslastungssorgen dürften die Gründe für diese
unreflektierte Einstellung zur eigenen Fertigungstiefe sein.

Das Ertragskonzept des Geschäftsmodells unterscheidet sich nur gering-
fügig von der klassischen Prozessberatung. Grundlage der Faktura sind
nicht unbedingt die erbrachten Beratertage. Es werden genauso oft Kom-
plettpakete zu einem Fixpreis verhandelt. Die Preisverhandlungen haben
uns gezeigt, dass die Vorbereitung und Konzeptarbeit (das Maßschnei-
dern) von Kunden häufig unterschätzt werden.

Welche wirtschaftliche Bedeutung hat das Beratungskonzept heute?

Im Vergleich zum Volumen des Gesamtgeschäfts ist der Bereich künstlerischer Interventionen ein Randbereich. Beziehen wir kreative Event-
gestaltung und Großgruppen in die Überlegung mit ein, dann wird es
schon eine stattliche Nische. Dennoch ist die Bedeutung in Relation zum
Gesamtgeschäft eher gering. Realistisch betrachtet konnten wir unsere
Erfahrungen nur sammeln, weil einer von uns über einen guten Marktzugang als Prozessberater und Systemanbieter verfügt und künstlerische
Interventionen auch in kritische Strategie- und Veränderungsprozesse integrieren konnte.

Die Bedeutung könnte jedoch zunehmen, wenn die Einsicht wächst, dass
klassisch-analytische Methoden für die Bearbeitung komplexer Fragestellungen nur begrenzt tauglich sind. Voraussetzung ist eine stärkere
Vernetzung und Abstimmung mit den Prozessberatern und mit den
Kollegen, die interne Kommunikationsprozesse kreativ gestalten. Allerdings ist die Unterstützung schwieriger Veränderungsprozesse durch
nachhaltige Kommunikationskampagnen immer noch eine Achillesferse
im Changegeschäft.

Die Sahnehäubchenproblematik

Für viele Kunden ist eine künstlerische (generell kreative) Intervention, eine Art von „Sahnehäubchen" auf einem laufenden Beratungs- und Entwicklungsprozess. Werden die Ressourcen knapp, dann fällt der Blick sofort auf dieses Extra. Wird der Gesamtprozess wirklich gefährdet, wenn man darauf verzichtet? Das wirft die Frage nach dem spezifischen, auch quantifizierbaren Nutzen dieser Spielart von Beratungsarbeit auf. Aus vielen Gesprächen wissen wir, dass unsere Kunden den Nutzen spüren, aber quantifizieren können wir ihn gemeinsam nicht. Wir werden also weiter anfällig bleiben für diese Sahnehäubchenproblematik.

Die Perspektiven für das Beratungskonzept

Künstlerische Interventionen noch stärker in die Prozessberatung integrieren – dies ist die Hauptaufgabe für die Zukunft. Es gilt, noch stärker den Nutzen künstlerischer Interventionen bei den Beraterkollegen zu verankern, die diagnostischen Qualitäten und Wahrnehmungschancen zu verdeutlichen und die Kraft starker Bilder zu beweisen. Dazu müssen jedoch die Blockaden im Distributionsprozess gelöst werden. Folgende Ansätze sind denkbar: Die Attraktivität des Leistungsangebots für die Beraterkollegen erhöhen, Bündnisse und Allianzen mit Beratergruppen eingehen und einen unabhängigen Marktzugang aufbauen, indem die Leistungen für die Unternehmen unverzichtbar werden.

Eine zusätzliche Chance besteht darin, künstlerische Interventionen im Coaching stärker zu verankern. Die ersten Versuche hierzu ermuntern, diesen Ansatz verstärkt auszubauen. Ansonsten vertrauen wir auf die Suggestivkraft unserer Experimente. Beispiele können den Charakter und den Charme künstlerischer Interventionen stärker verdeutlichen als alles andere. Und deshalb endet dieser Beitrag nicht an dieser Stelle, sondern mit einem weiteren Beispiel.

4   Orchesterworkshop für Nichtmusiker

Ein ungewöhnlicher Auftrag

Etwas müde noch von dem langen Abend unter Kollegen blinzeln die
Teilnehmer eines Workshops die beiden Gäste an. Künstler? Hört sich
zunächst einmal interessant an. Vielleicht gibt es eine kleine Aufführung,
mit anschließender Diskussion. Eine schöne Möglichkeit, etwas Schlaf
nachzuholen – wenn nur nicht dieses lausige Wort „künstlerisches
Experiment" wäre, das bereits seit gestern drohend auf der Agenda steht.

Es ist der zweite Workshoptag. Eine künstlerische Werkstatt mit Expe-
rimentcharakter wird angekündigt. Ganz im Zeichen einer praktischen
Erfahrung jenseits des Arbeitsalltags. Ein kleines Abenteuer, in dem die
Wahrscheinlichkeit sehr groß ist, dass jeder Einzelne sich in der Ge-
meinschaftsarbeit neu ausrichten muss. Überaus geeignet dafür ist die
Musik, denn in dieser künstlerischen Disziplin verfügen die wenigsten
Menschen über praktische Erfahrungen. So ist prompt für Irritation
gesorgt, als der Projektauftrag erteilt wird. „Sie sollen komponieren,
orchestrieren und konzertieren! Denn Sie werden heute Abend um 19.30
Uhr eine selbst komponierte musikalische Darbietung/Performance vor
geladenem Publikum aufführen. Empfohlene Dauer: 30 Minuten."

Der Auftrag sorgt für ein aufgeregtes, buntes Mienenspiel der Teilnehmer. Ein Bild zwischen Verwunderung, Begeisterung und Ablehnung.
Doch allen gemein scheint das Gefühl, bei diesem Experiment könnten
die Karten völlig neu gemischt sein: Alle müssen sich in eine grundlegend
gewandelte, abseits der Tagesroutine liegende Situation hineinfinden.
Rollen werden ihre Träger wechseln, Standards werden versagen, andere Fähigkeiten sind gefordert. Bisherige Gewohnheiten oder Reaktions-
muster, festgefahrene Sicht- oder Herangehensweisen werden nicht greifen können.

Möglichst schnell in das Handeln kommen

Dies ist immer die kritische Phase, jetzt am Start des Experiments. Me-
thodendiskussionen sind ein besonders beliebtes Hilfsmittel, um neue
Erfahrungen zu vermeiden. Warum das Ganze? Warum gerade jetzt?
Warum gerade wir? Es mag interessant sein, die Strategien zu beobach-

ten, mit denen sich einzelne Teilnehmer oder auch ganze Gruppen die erforderliche Sicherheit organisieren. Gerade diese klassische „gruppendynamische Einstiegserfahrung" kann die neuen Erfahrungsmöglichkeiten eines künstlerischen Experiments verstellen. Um diese zu nutzen, ist es hilfreich, möglichst schnell in die Phase des Handelns zu kommen.

Die beiden Künstler und die anwesenden Prozessmoderatoren fordern die Teilnehmer auf, die Musikinstrumente aus dem Transporter zu holen. Alle packen tatkräftig an. Das geht nicht ganz geräuschlos ab, denn allzu schnell ist der Wunsch geweckt, die Trommeln anzuschlagen, die Pfeifen auszuprobieren oder die merkwürdig anmutenden Schlauchtrompeten zu testen. Amüsantes Treiben und Gelächter der Teilnehmer verkünden schon, das wird ein besonderer Tag, jenseits der klassischen Workshoperfahrungen.

Im Raum sammelt sich eine Unzahl verschiedener Instrumente an: von der Trompete über die Marimba zur Trommel oder großen Pauke. Instrumente wie Kazoos, Schellen oder Agogo Bells finden sich gleich zu Dutzenden in den Musikkisten. Die Auswahl erscheint den Teilnehmern im ersten Moment riesig und das Chaos vorprogrammiert. Das Experiment wird noch einmal ausführlich erklärt.

Die Art dieser Aufgabenstellung, die angekündigte Aufführung vor geladenen Gästen, das in großen Teilen völlig Unbekannte wecken Energie, Neugier und Faszination an diesem Thema. Alle sind im Boot. Die Begleiter sind Künstler und gleichzeitig Prozessberater. Sie stehen der Trainingsgruppe für Fragen künstlerischer wie organisatorischer Art jederzeit zur Verfügung. Zudem werden Auszeiten vereinbart, um den aktuellen Stand des Experiments zu vergemeinschaften und den Entwicklungsprozess der Gruppe zu reflektieren.

Ganz nah an der Alltagsrealität und doch so ungewohnt

Das Ziel einer attraktiven und unterhaltsamen Aufführung erscheint den Teilnehmern zunächst noch unklar und kompliziert. Parallelen zu einer Bergbesteigung werden deutlich. Der Berg liegt im Nebel. Er gibt den Weg noch nicht preis. Eine Metapher für den Alltag des Managements. Die Entwicklung des Marktgeschehens ist unklar. Chancen, Risiken und das Verhalten der Wettbewerber liegen im Nebel. Und dennoch muss

man einen ersten Schritt tun. Denn am Ende muss es eine erfolgreiche
Aufführung vor den Share- und Stakeholdern geben. Sonst wird man aus-
gepfiffen und die Aufmerksamkeit des geschätzten Publikums wendet
sich interessanteren Künstlern zu.

Die Begleiter erarbeiten deswegen zusammen mit den Teilnehmern einen
Katalog entscheidender Überlegungen, die zum Schlüsselbund eines erfolgreichen Projektabschlusses werden können:

Sammeln und Wahrnehmen

Welche Instrumente stehen zur Verfügung, was kann ich handhaben, was
gefällt mir? Zu welchen Instrumenten habe ich eine besondere Beziehung? Vertraut machen, mit dem, was da ist. Gemeinsam ausprobieren,
was man alles selbst entdecken, herausfinden, erarbeiten und mitbestimmen kann.

Rollen finden und verteilen

Wie bringen sich die einzelnen Teilnehmer ein, sind Vorlieben zu erkennen? Wie viel Lenkung ist wirklich nötig? Die Rolle des Dirigenten – ist
er Coach, Steuermann, Organisator, Zusammenhalter?

Kompositionsprinzipien erklären

Es ist möglich, Nichtmusikern viele Hilfsmittel an die Hand zu geben, die
interessant klingende und spannende Ergebnisse garantieren, z. B. pen-
tatonisches Musizieren, Improvisieren nach Metaphern, Notation in der
Mehrspurtechnik. Die Begleiter geben einen Überblick über dieses Handwerkszeug.

Verknüpfungen

Hier sind wahre künstlerische Eigenschaften gefordert: Wie kombiniere
ich aus dem Gefundenen interessante neue „Welten"? Wie erstelle ich aus
dem, was da ist – Instrumentarium und deren Handhabbarkeit durch die
vorhandenen Personen – packende, hörenswerte Situationen?

Die Balance von Planen und Geschehen-Lassen

Inwieweit muss alles minutiös geplant werden? Spielen wir nach Partitur oder lassen wir der Improvisation freien Lauf? Das Beispiel einer Jazzcombo verdeutlicht, worauf es beim Musizieren auf jeden Fall ankommt: Jeder Moment der Aufführung ist Präsenz, die Pausen bekommen eine Bedeutung, die Solopassagen erfordern Mut und Sicherheit zugleich, gemeinsames Spielen braucht Verbindendes, das Wechselspiel nutzt Zeichen der Absprache.

Ein gemeinsames Bild entwickeln als Voraussetzung für den Spannungsbogen

Die gemeinsame Gestaltung eines Bildes oder einer Metapher ist eine bedeutende Grundlage für ein konstruktives Ineinandergreifen bei der Erarbeitung der Komposition und der Inszenierung der Aufführung.

Diese Aspekte begleiten die Teilnehmer den ganzen Tag über. Der Wert von Versuch, Irrtum, Reflexion und Lernen durch Erfahrung wird deutlich. Und das Ergebnis?

Das Konzert

Ein wunderbarer lauer Sommerabend lockt eine Schar erwartungsvoller Gäste auf die große Gartenterrasse des Seminarhotels. Teils sind es Gäste des Hotels, teils Seminarteilnehmer aus weiteren Tagungsgruppen. In ihren Händen verkünden kleine, selbst gestaltete bunte Einladungskarten (auch das gehört zu den Teamaufgaben) von dem bevorstehenden musikalischen Event. Der Blick fällt auf den Terrassenrand, wo mit wenigen farbigen Tüchern eine Konzertbühne installiert wurde. Ein rotes Akkordeon und eine Ansammlung großer afrikanischer Holz- und Metalltrommeln bilden dekorative Blickpunkte.

Viel Applaus gibt es schon beim Aufmarsch der Musikantentruppe. Wie echte Profis nehmen die Musiker diesen jedoch nur beiläufig zur Kenntnis. Auf sich und die Aufgabe konzentriert, räumen sie einige Instrumente um, holen neue hinter den Tüchern hervor, rücken ihre Stühle zurecht.

Es wird ruhig. Stille. Einer der Musiker erhebt sich und stellt sich und seine Truppe vor. Schnell wird allen klar, dass es sich hier um ein besonderes Konzert handeln wird. Der Titel verrät es: „Vom Presswerk zum Kundencenter – Variationen über den Kernprozess."

Was wir dann hören, entzieht sich weit gehend dem normalen Konzertrepertoire. Eine Kiste mit einem Haufen kleiner Röhrenglocken bildet vordergründig das Presswerk akustisch ab, indem sie aus einer Distanz von 20 Zentimetern rhythmisch auf den Boden fallen gelassen wird: schepperndes Blech in Begleitung von Akkordeon-Harmonien und Trommeln. Das Trocknen diverser Produktionselemente wird durch gleichmäßiges Ziehen von sieben großen Summscheiben versinnbildlicht, die windähnliche Geräusche von sich geben. Sehr hilfreich für die Zuschauer ist die Anmoderation der Abfolgen, so dass sich das Auditorium auch ein Bild für die anschließende Improvisation nach Art einer Freejazzkapelle entwickeln kann. Und selbst die eigene Stimme wird eingesetzt: Sprechsilben bilden den Rhythmusteppich für ein famoses Fanfarensolo (zufällig ist ein passionierter Jagdhornbläser im Team – übrigens: auf diese Art von Zufall können wir uns in der Regel verlassen – auch wenn es nicht immer das Jagdhorn ist). Spontaner Szenenapplaus.

Immer wieder zeugen zustimmend nickende Köpfe und schmunzelnde Gesichter von einem gelungenen, allerdings ungewöhnlichen Konzert. Eine Reise durch den Produktionsablauf in musikalischen Bildern hat den Managementalltag näher gebracht. Spielerisch wurden Störungen, Übergabepunkte (Schnittstellen) und Herausforderungen illustriert. Überraschend ist das klare, selbstbewusste Auftreten der Truppe. Unsicherheiten oder musikalische „Wackler" gibt es nicht. Man hat sich für das entschieden, was man kann. Die Stärken werden gezeigt. Was tagsüber nicht klappen wollte, wurde abgesetzt – eine Strategie, die auf Kernkompetenzen aufbaut, so würde man es wohl im Strategiejargon nennen ...

Literatur

Antonovsky, A. (1997): Salutogenese. Zur Entmystifizierung der Gesundheit, DGVT-Verlag, Tübingen

Blanke, T. (2002): Unternehmen nutzen Kunst. Neue Potentiale für die Unternehmens- und Personalentwicklung. Klett-Cotta, Stuttgart.

Franck, F. (1998): Zen in der Kunst des Sehens. Ariston, München.

Heinecke, H. J. (2002): Methodische Differenzierung als Geschäftsstrategie – Prozessberatung in der Praxis. In: Mohe, M.; Heinecke H. J.; Pfriem, R. (Hrsg.): Consulting als Geschäftsmodell. Klett-Cotta, Stuttgart.

Hofmann, W. (1998): Die Moderne im Rückspiegel. Hauptwege der Kunstgeschichte. C. H. Beck, München.

Kirchhoff, B. (2004): Wo das Meer beginnt. Frankfurter Verlagsanstalt, Frankfurt a. M.

Kjaerstad, J. (1999): Der Verführer. Kiepenheuer & Witsch, Köln.

Kjaerstad, J. (2002): Der Eroberer. Kiepenheuer & Witsch, Köln.

Kjaerstad, J. (2004): Der Entdecker. Kiepenheuer & Witsch, Köln.

Luhmann, N. (1995): Sich im Undurchschaubaren bewegen. Zur Veränderungsdynamik hochentwickelter Gesellschaften. In: Grossmann, R.; Krainz, E.; Oswald, M. (Hrsg.): Veränderung in Organisationen. Management und Beratung. Gabler, Wiesbaden.

Morgan, G. (1997): Bilder der Organisation. Klett-Cotta, Stuttgart.

Morgan, G. (1998): Löwe, Qualle, Pinguin – Imaginieren als Kunst der Veränderung. Klett-Cotta, Stuttgart.

Wimmer, R. (2004): Organisation und Beratung, Systemtheoretische Perspektiven für die Praxis. Carl-Auer-Systeme Verlag, Heidelberg.

MARKUS BERG

Unternehmenstheater

1 Unternehmenstheater – ein weites Feld

Wenn man 2001 den Begriff „Unternehmenstheater" bei Google ein-
tippte, erhielt man 5 000 Treffer. Heute erhält man 23 600 Suchtreffer,
die Anbieter und Beiträge in Foren und Zeitschriften zu diesem Thema
umfassen. Unternehmenstheater hat sich seinen festen Platz unter den
großen Schlüsselwörtern gesichert. Wie sich in Abb. 1 erkennen lässt, hat
dieses Wort auch Synonyme: Business Theater, Management Theater
oder Organisationstheater. Dazu kommen weitere Begriffe, die spezielle
Typen des Unternehmenstheaters bezeichnen (z. B. bedarfsorientiertes
Theater oder Forumtheater). „Organisationstheater" wäre eigentlich der
passendere Begriff, denn Unternehmenstheater wird auch in Non-profit-
Organisationen wie Vereinen, Kommunen, Behörden oder kirchlichen
Organisationen eingesetzt. Haupteinsatzgebiet bleiben aber gewinnori-
entierte Organisationen, so dass die Begriffe „Unternehmenstheater"
und „Business Theater" noch am weitesten verbreitet sind.

Suchbegriff	Ergebnisse
Coaching	19.200.000
Supervision	5.460.000
Mediation	3.110.000
Unternehmensberatung	2.600.000
Personalentwicklung	726.000
Organisationsentwicklung	324.000
Forumtheater (Typ)	30.800
Unternehmenstheater	*23.600*
Business Theater (Synonym)	21.400
Organisationsaufstellung	18.500
Management Theater (Synonym)	2.190
Organisationstheater (Synonym)	134
Bedarfsorientiertes Theater (Typ)	74

Abb 1: Verbreitungsgrad des Unternehmenstheaters im Kontext verwandter Begriffe

Neben Deutschland, Frankreich (théâtre d'entreprise) oder Kanada hat
sich Unternehmenstheater auch in Großbritannien (tailorcut theatre,
business theatre), Dänemark, Schweden, Österreich, Schweiz (Unter-
nehmungstheater), Niederlanden (Bedrijfstheater Op Maat), Belgien,
Luxemburg, Spanien (teatro-de-empresa) und den USA (business theater) seit den neunziger Jahren verbreitet.

Vor 1997 war Unternehmenstheater als Begriff in Deutschland kaum bekannt. Erst durch das Forum „Business goes Theater®", das 1997 von
Jürgen Bergmann initiiert wurden, etablierte sich Unternehmenstheater
in Deutschland. Seine Wurzeln reichen jedoch bis in die achtziger Jahre
nach Kanada und Frankreich zurück.

In Frankreich schrieb Michel Fustier Anfang der achtziger Jahre regelmäßig Hörspiele aus dem Berufsalltag für das französische Radio
(Aragou-Dournon 1999, S. 154ff.). Eines Tages wandte sich René Dorin
an ihn, das von Fustier geschriebene Hörspiel „Pertes et profits où le
Mystère des couts cachés" auf einem Kongress der AFCIQ inszenieren
zu dürfen. Das Hörspiel, das von einem kleinen Angestellten handelt, der
seinem Chef klarmacht, wie teuer diesem seine Unmotiviertheit zu
stehen kommt, passte zum Problem der AFCIQ. Dorins Idee wurde
verwirklicht und durch Mund-zu-Mund-Propaganda bekannt. Die ent-
fachte Wirkung veranlasste Fustier zu weiteren Stücken mit allgemeinen
Themen aus dem Unternehmensalltag sowie zur Gründung des Théâtre
et Congrès. Wenige Jahre später lernten Fustier und Christian Poisso-
neau, der in Kanada das Théâtre à la carte gegründet hatte, Beatrice
Aragou-Dournon kennen. Sie war von der Idee begeistert und organi-
sierte 1991 das erste FITE (Festival international de Théâtre d'entreprise), auf dem Stücke präsentiert und prämiert wurden.

2   Hauptziele und Kernnutzen des Unternehmenstheaters

Es scheint also, als hätten Personal- und Organisationsentwickler,
Marketing- und Eventexperten Europas und Nordamerikas eines der
ältesten Kulturgüter wiederentdeckt: das Theater. Doch was versprechen
sie sich vom Theater? Die allgemeinste Antwort darauf könnte sein: den
Menschen nachhaltig und schnell erreichen und zu einer selbstbestimm-
ten Verhaltensänderung bewegen, die den Interessen der Organisation

entspricht. Daraus lassen sich vier Hauptziele des Unternehmenstheaters ableiten:

- Organisationsentwicklung: Veränderungsprozesse mitgestalten, z. B. neue Aufbau- und Ablauforganisation einführen, Kundenorientierung oder Kostenbewusstsein stärken.
- Personalentwicklung: Mitarbeiterkompetenzen nachhaltig entwickeln, z. B. im Bereich Führung, Kreativität, Persönlichkeit, Körpersprache, Stimme, Verkauf oder Team.
- Marketing: Kunden von den Vorteilen neuer Produkte und Services überzeugen und zum Erwerb bewegen, z. B. auf Messen und Präsentationen.
- Event: Mitarbeiter, Kunden, Lieferanten bei Firmenfeiern unterhalten und das Unternehmensimage verankern.

Bei dem dritten und vierten Hauptziel steht immer wieder zur Diskussion, ob diese Formen zum Unternehmenstheater gezählt werden können. Um theoretische Diskussionen zu vermeiden und die Praxis entscheiden zu lassen, soll als kleinster gemeinsamer Nenner gelten: Unternehmenstheater = Theater im Unternehmen. Beschäftigt man sich aber mit innovativen Ansätzen im Beratungsmarkt, so scheiden diese beiden Ziele aus und werden nicht weiter verfolgt. Welche Qualitäten machen das Theater aber so interessant, dass es sich zu einer Interventionstechnik im Beratungsmarkt entwickelt hat? Was ist sein Kernnutzen als Interventionsdesign?

2.1 Starke Reflexionsimpulse erteilen

Angenommen, eine Führungskraft nimmt im Unternehmenstheater als Zuschauer Platz. Auf der Bühne beobachtet sie Szenen aus ihrem Alltag. Mit einer der Figuren kann sie sich identifizieren. Sie erlebt einen Protagonisten, der stellvertretend ihren Alltag durchlebt. Die Führungskraft im Publikum ist damit Beobachter zweiter Ordnung und erlebt sich selbst von außen mit Distanz. Dies ist eine wesentliche Voraussetzung, um selbst blinde Flecken zu erkennen und im Sinne des Johari-Fensters (Luft 1993, siehe Abb. 2) seine eigenen Bewusstseinsgrenzen zu erweitern (z. B.: „Welchen Führungsstil wende ich als Führungskraft unbewusst bei meinen Mitarbeitern an?").

Einstellungen und Verhaltensweisen meiner eigenen Person ...

	... mir bekannt	... mir unbekannt
... anderen bekannt	Bereich des freien Handelns	Bereich des blinden Flecks
... anderen unbekannt	Bereich des Verbergens	Bereich des Unbewussten

Abb. 2: Johari-Fenster

Damit dieser Wirkungsmechanismus auch funktioniert, muss sich die Führungskraft aber auch tatsächlich mit einer Rolle identifizieren können. Deshalb sind eine gute Informationsrecherche im Vorfeld und die Professionalität der Schauspieler zwei wesentliche Erfolgsfaktoren. Eine interaktive Beteiligung der Zuschauer an den Szenen kann die Identifikation ebenfalls positiv unterstützen, da die Inhalte somit nicht von einem externen Regisseur, sondern direkt von den Betroffenen stammen.

2.2 Autonome Selbstveränderung ermöglichen

„Eine dosierte Diskrepanz zwischen Fremd- und Selbstbild setzen [...] einen Kontext des Nichtbedrohtseins schaffen [...] nicht nur in Richtung Veränderung intervenieren, sondern auch auf Bewahrtes achten" (KÖNIGSWIESER et al. 1998, S. 42). Das Unternehmenstheater berücksichtigt diese systemischen Interventionsempfehlungen und respektiert die Autonomie des intervenierten Systems. Deshalb holt es seine Zuschauer dort ab, wo sie sich befinden. Erst visualisiert es die Ist-Situation, bevor es dann an die Soll-Situation geht. Es unterstützt damit die Selbstveränderungskompetenz jedes Einzelnen (SCHMIDT 1999). Hat also eine Führungskraft ihren blinden Flecken entdeckt, kann sie ihr Führungsverhalten autonom verändern.

2.3 Empathie entwickeln für Emotionen und Gedanken anderer

„Welche Bedürfnisse und wahren Gedanken haben eigentlich unsere Kunden, Lieferanten? Und meine Kollegen, meine Mitarbeiter, Vorgesetzten? Und andere Abteilungen? Und wie arbeiten unsere Konkurrenten?" Über diese Fragen kann man diskutieren. Wesentlich einprägsamer ist es, diese Personengruppe direkt zu erleben – und das Theater bietet diese Chance auf zwei Ebenen:

1. *Beobachtbare Verhaltensweisen:* Zum einen erleben die Zuschauer Figuren, denen sie in der Realität oft nicht begegnen: „Es war toll, endlich mal einen echten Kunden zu erleben. Hier im Facility Management begegnet man ja nie einem." Dieses Zitat eines Teilnehmers zeigt, dass Theater den Blick über den Tellerrand ermöglicht. Hier kann man sich Schillers Meinung anschließen, dass „sichtbare Darstellung mächtiger wirkt als toter Buchstab und kalte Erzählung" (PASSOW 1999, S. 280).
2. *Introspektion:* Fast noch wichtiger ist das Tor zu den Emotionen und wahren Gedanken dieser Figuren. Anders als im Alltag offenbaren die Figuren dem Publikum in eingeschobenen Sequenzen, was sie gerade wirklich fühlen und denken. Zusätzlich bietet das Theater hervorragende Stilmittel, um Abstraktes wie Wut, Angst, Veränderungssehnsucht, Bewahrendes personifiziert darzustellen. Schauspieler schlüpfen in die Rolle dieser abstrakten Größen und machen Gefühle und Gedanken begreifbar.

2.4 Zeitliche und örtliche Zusammenhänge verdeutlichen

„Warum steigt die Zufriedenheit eines Kunden in Hamburg, wenn ein Entwickler in der Stuttgarter Zentrale eine Supportanfrage aus der Kundenbetreuung schneller bearbeitet?" Von außen betrachtet liegen die Antworten oft banal nahe. Sitzt man jedoch als Entwickler an seinem überfüllten Schreibtisch und arbeitet an einem Roll-out, dessen Going-live schon für gestern angekündigt war, so liegt diese Wirkungskette außerhalb des eigenen Aufmerksamkeitsfokus. Das Theater fungiert hier als Zeitraffer und visualisiert zeitlich und örtlich verteilte Ereignisse innerhalb weniger Minuten.

2.5 Neue Verhaltensweisen gefahrlos ausprobieren und deren Konsequenzen testen

In bestimmten Unternehmenstheaterformen gestalten die Zuschauer die Szenen verbal oder persönlich mit. Dies eröffnet den Teilnehmern einen Raum, in dem Laborverhältnisse existieren: Sie können neue Verhaltensweisen ausprobieren und deren Konsequenzen testen. Dieser angstfreie Raum fördert die Lust am Experimentieren, die so manchem im Alltag vergangen ist. Somit wird auch eine Reise in die Zukunft möglich und kaum zu bewältigende Veränderungen lassen sich plötzlich meistern (BERG et al. 2002, S. 32).

2.6 Veränderung im geschützten Raum – mit einer angemessenen Portion Humor

Reflexion der eigenen Einstellungen und Verhaltensweisen ist harte Arbeit. „Wesentliche Voraussetzung ist, dass der Zuschauer das richtige Maß an gefühlsmäßiger Distanz zum Bühnengeschehen empfindet, also weder über-, noch unterdistanziert ist" (TEICHMANN 2001, S. 67). Das Theater bietet dazu Verfremdungsmöglichkeiten, indem der Unternehmensalltag in Analogien und Metaphern verpackt wird. So könnte der Führungsalltag in Szenen auf einem Schiff verpackt werden, in denen nicht Vorstand Dr. Hellmich als Rollenfigur exponiert dasteht, sondern „Kapitän Kordes". Und auch wenn der Fokus auf Veränderung liegt: Es darf gelacht werden. Theater ist humorvoll. Und in dieser Atmosphäre nimmt man kritische Botschaften leichter auf.

3   Aktuelle Typen des Unternehmenstheaters

Wenn Kunden oder Anbieter „Unternehmenstheater" sagen, können sie vielfältigste Erscheinungsformen meinen. Die zentrale Frage bleibt: Welches Interventionsziel kann mit welchem Typus am besten erreicht werden? Um eine Unterscheidung der verschiedenen Typen zu erleichtern, hat SCHREYÖGG (1999, S. 15ff.) die drei Dimensionen „Professionalisierungsgrad", „Grad der betrieblichen Spezifität" und „improvisiert – inszeniert" vorgeschlagen, die ich mit Abb. 3 noch erweitern möchte.

Zielsetzung und Zielgruppe	Unterhaltung von Mitarbeitern, Kunden u. a. Systemmitgliedern	Imagepflege und Kaufimpulse bei Kunden	Einstellungs- und Verhaltensänderung bei Mitarbeitern initiieren	Kompetenzen bei Mitarbeitern trainieren
Grad der betrieblichen Spezifität	von der Stange (unternehmensübergreifend)		Maßschneiderung (unternehmensspezifisch)	
Informationsrecherche	Adaptionsrecherche	Vorfeldrecherche		Just-in-time-Recherche
Wirkungsschwerpunkt	Probenfokus		Auftrittsfokus	
Gruppengröße	Seminargruppe (5-30 TN)	Großgruppe (30-300 TN)		Maxi-Größe (ab 300 TN)
Darstellung der Ist-Situation	Inszenierte Darstellung		Analyselabor (interaktiv, improvisiert)	
Partizipationsgrad der Teilnehmer bei Ist-Situation	Beobachtung	Verbalaktion		Bühnenaktion
Professionalisierungsgrad der Darsteller bei Ist-Situation	Mitarbeiterdarsteller	Externe Laiendarsteller		Externe Profischauspieler
Darstellung einer Soll-Situation	informelle Reflexionsgespräche	Inszenierte Darstellung		Theaterlabor (interaktiv, improvisiert)
Partizipationsgrad der Teilnehmer bei Soll-Situation	Beobachtung	Verbalaktion		Bühnenaktion
Professionalisierungsgrad der Darsteller bei Soll-Situation	Mitarbeiterdarsteller	Externe Laiendarsteller		Externe Profischauspieler

Abb. 3: Erweitertes Dimensionsschema des Unternehmenstheaters

Auf den folgenden Seiten werden die für Klienten interessanten Charakteristika, Stärken, Schwächen und Anwendungsgebiete der sieben wichtigsten Unternehmenstheatertypen dargestellt. In der Praxis gibt es noch weitere Typen, die sich jedoch meist aus diesen Typen ableiten (FUNCKE et al. 2004, S. 92ff.).

3.1 Maßgeschneidertes inszeniertes Theater

Charakteristika

- Maßschneiderung: Bei diesem wohl am häufigsten anzutreffenden Typus wird ein Theaterstück für die spezifische Situation einer Organisation inszeniert.
- Vorfeldrecherche: Der Autor führt circa acht Wochen vorher Informationssammlungen durch, z. B.:
  - persönliche/telefonische Interviews mit Repräsentanten unterschiedlicher Subgruppen,
  - Besichtigungen von Geschäftsräumen und Produktionsstätten oder
  - Recherchen in schriftlichen Dokumenten wie Firmenbroschüren, Internet, Mitarbeiter- und Kundenzufriedenheitsumfragen.
- Inszeniert: Aus diesen Informationen entwickelt er ein Storyboard mit den zentralen Botschaften zur Ist- und Soll-Situation, das er mit dem Auftraggeber abstimmt. Danach erstellt er ein Textbuch, das vom Auftraggeber freigegeben wird.
- Externe Profischauspieler: Anschließend werden die Rollen besetzt. Ein Regisseur inszeniert das Stück samt Bühnenbild, Kostümen und gegebenenfalls Musik. Zur Generalprobe wird der Auftraggeber eingeladen, um das Stück abzunehmen.
- Auftrittsfokus: Der Wirkungsschwerpunkt liegt auf dem Auftritt, der erfahrungsgemäß zehn bis 30 Minuten dauert.
- Beobachtung: Die Partizipation der Teilnehmer beschränkt sich bei der Darstellung der Ist- und Soll-Situation auf Beobachtung.
- Maxi-Gruppe: Da dieser Typus keine Interaktion vorsieht, können Gruppen mit über 1 000 Mitgliedern wertvolle Reflexionsimpulse erhalten.

Stärken

- Botschaft: Durch die Inszenierung wird gewährleistet, dass vordefinierte Informationen gegeben werden.
- Ästhetik: Professionelle Schauspieler, Bühnenbild und Requisiten gewährleisten ein hohen ästhetischen Anspruch.
- Wiederholbarkeit: In großen Konzernen können identische Inhalte beliebig oft in unterschiedlichen Gruppen gezeigt werden.

Schwächen

- Abstimmungsaufwand: In großen Unternehmen mit vielen Ansprechpartnern bekommt man selten alle an einen Tisch. In zeitkritischen Veränderungsprozessen wird dies zur zentralen Herausforderung.
- Finanzieller Aufwand: Storyboards, Textbuch, Inzenierung und Proben stellen hohe Investitionen dar, die erst verkauft werden müssen.
- Zensur: Einzelne Ansprechpartner können ihr Veto einlegen, wenn sie gewisse Formulierungen lesen - Kompromissformulierungen sind die Folge.
- Identifikation: Da die Teilnehmer nicht interaktiv die Szeneninhalte mitbestimmen, ist die Gefahr der Distanzierung gegeben.

Anwendungsgebiete

- Botschaften (mehrmals) vermitteln: Da Texte und Szenen festgelegt sind, können wichtige Inhalte zielgerichtet vermittelt werden – auch mehrmals in unterschiedlichen Bereichen.
- Rahmenbedingungen: Bestimmte Zielgruppen sind nur über bestehende Kommunikationsplattformen zu erreichen (z. B. auf Kongressen). Hier kann der Anbieter auf die räumliche und zeitliche Gestaltung nur begrenzten Einfluss nehmen, so dass eine interaktive Theaterform mit 200 Teilnehmern in parlamentarischer Bestuhlung weniger wirkt.
- Risikoaversion: In Unternehmenskulturen mit hohem Absicherungsbedarf vermittelt dieser Theatertyp Sicherheit gegenüber einer neuartigen Interventionstechnik – und die Voraussetzung für andere Formen im weiteren Prozess.

3.2 Schlüsselfertiges inszeniertes Theater

Charakteristika

- Von der Stange: Wie im maßgeschneiderten Theater wird auch hier ein inszeniertes Stück aufgeführt. Allerdings wird es nicht maßgeschneidert auf die spezifische Situation der Organisation, da die Inhalte bereits existieren.
- Adaptionsrecherche: Im Vorfeld sind nur kleine Recherchen notwendig, um z. B. Personennamen, Abteilungsbezeichnungen oder Fachwörter in die fertigen Szeneninhalte einzufügen.

Stärken

- Geringer finanzieller Aufwand: Da die Inhalte im Vorfeld feststehen, entfallen weitgehend die Vorbereitungskosten für Informationssammlung, Storyboard, Textbuch, Inszenierung und Probe.

Schwächen

- Keine Identifikation: „Bei uns ist alles anders!" Die Gefahr der Distanzierung von den Inhalten steigt und die Wirkung sinkt.
- Implementierung: Wollen ist nicht gleich können. Ein wichtiger Fokus des Unternehmenstheaters sollte nicht nur Sensibilisierung, sondern auch Integration der Erkenntnisse in den individuellen Alltag sein. Auf Fragen wie: „Wie kann ich Kundenorientierung in meinem Bereich leben?", kann das schlüsselfertige Theater keine Antwort geben, die zur unternehmensspezifischen Situation passt.

Anwendungsgebiete

- Grundsensibilisierung: Die Aufmerksamkeit der Teilnehmer kann auf wichtige allgemeine, globale Themen gelenkt werden (z. B. Mobbing, Demotivation, Sicherheit am Arbeitsplatz, Alkoholismus, Umweltschutz, Kundenorientierung, Veränderungsfähigkeit).
- Zweitverwertung: Maßgeschneiderte Theaterstücke können im Konzern zu späteren Zeitpunkten (teilweise) für ähnliche Kontexte wiederverwendet werden.

3.3 Mitarbeitertheater

Charakteristika

- Mitarbeiterdarsteller: Mitarbeiter aus der Organisation proben unter Leitung eines professionellen Regisseurs oder Schauspielers ein Stück ein.
- Adaptions- oder Vorfeldrecherche: Die Szeneninhalte stammen entweder aus einem bekannten Stück (z. B. Hamlet, Faust, König Lear) und werden an die bestehende Situation angepasst – oder die Mitarbeiter haben Situationen aus ihrer Organisation recherchiert und in Szenen gegossen.
- Probenfokus: Der Wirkungsschwerpunkt liegt bei diesem Theatertypen auf den Vorbereitungen und der Probe. Die eigentliche Intervention findet also *vor* dem Auftritt statt.

- Seminargruppe bei Probe: Da die Teilnehmer selbst agieren, ist eine vertrauensvolle Atmosphäre notwendig, die vor allem in Seminargruppen zwischen fünf und 30 Teilnehmern erreicht wird.
- Großgruppe bei Auftritt: Der Auftritt der Teilnehmer kann vor entsprechend größerem Publikum erfolgen, allerdings erfordern große Gruppen fundiertere Schauspielkenntnisse – und Mut.
- Beobachtung oder Interaktion bei Auftritt: Ebenso dürfte ein interaktiver Auftritt die meisten Mitarbeiter überfordern. Mit entsprechender Vorbereitung können aber auch Laien interaktive Elemente einbauen.

Stärken
- Selbstreflexion: Wer übernimmt welche Rolle und warum? Wie authentisch kann jeder seine Rolle ausfüllen? Welche Charaktereigenschaften der Rolle fallen ihm leicht darzustellen? Wo stößt er an Grenzen und wie kann er sie überwinden? Dieser Theatertyp bietet ein hervorragendes Selbstreflexionspotenzial.
- Gruppenreflexion: Das gemeinsame Ziel des Auftritts – verbunden mit Erfolgsdruck – schafft Rahmenbedingungen wie im Alltag, so dass typische Verhaltensweisen auftauchen und reflektiert werden können.

Schwächen
- Keine Auftrittswirkung: Es passiert, dass Auftraggeber zur Kosteneinsparung ihre eigenen Mitarbeiter statt professionelle Schauspieler für maßgeschneiderte Inszenierungen einsetzen möchten. Doch Laien haben ihre Darstellungsgrenzen. Der Fokus dieses Theatertyps liegt nicht auf dem Auftritt.
- Distanzierung: Wenn Mitarbeiter im Publikum ihre Kollegen auf der Bühne sehen, können sie häufig nicht abstrahieren: Sie sehen dann nicht die Rollenfigur, sondern ihren spielenden Kollegen.
- Übertragungsrisiko: Wenn Kollegen tabubehaftete Rollen übernehmen, z. B. die eines mobbenden Chefs, und diese Rolle authentisch verkörpern, liegt der voreilige Schluss nahe, dass dieser Kollege „wirklich" so sei. Die Rolle bleibt am Mitarbeiter im Alltag haften – mit allen Konsequenzen.

Anwendungsgebiete
- Persönlichkeitsentwicklung: Führungskräfte können in bekannte Führungspersönlichkeiten schlüpfen und in dieser Rolle neue Erfahrungen machen.

• Teamentwicklung: Welche Inhalte inszenieren wir? Wer übernimmt die
Hauptrolle? Wer übernimmt die Nebenrollen? Wie erfolgt unser Auftritt? Es gibt viele Entscheidungsprozesse zu treffen – und das unter
Zeit- und Erfolgsdruck.

3.4 Interaktives Theater

Charakteristika

• Maßschneiderung: Auch dieser Theatertyp ist unternehmensspezifisch.
Dazu werden im Vorfeld Informationssammlungen durchgeführt, z. B.
Interviews mit Repräsentanten verschiedener Subgruppen, Besichtigungen vor Ort oder Recherchen in schriftlichen Dokumenten.
• Verbal- und Bühnenaktion: Der zweite Teil der Maßschneiderung entsteht während des Auftritts: Hier sind die Zuschauer die Regisseure
ihrer eigenen Szenen – entweder durch mündliche Vorgaben oder
durch Mitagieren auf der Bühne. Aus den vorliegenden Informationen
werden jedoch keine fertige Szenen mit festgelegten Dialogen entwickelt. Stattdessen dienen sie den Schauspielern dazu, verschiedenste
Rollen mit typische Einstellungs- und Verhaltensweisen authentisch zu
verkörpern sowie Abkürzungen und Redewendungen sicher in ihre
Sprache einzubauen.
• Analyselabor: Im Sinne des Konstruktivismus erhält jeder Teilnehmer
die Gelegenheit, seine persönliche Wirklichkeitskonstruktion der Ist-
Situation aktiv einzubringen.
• Theaterlabor: Im Sinne einer potenzialorientierten Beratungssicht können die Teilnehmer interaktiv an einer optimalen Soll-Situation mitarbeiten, indem die Rollenfiguren stellvertretend für sie neue Einstellungs- und Verhaltensweisen auf der Bühne ausprobieren – oder die
Teilnehmer agieren gleich selbst auf der Bühne.
• Externe Profischauspieler: Die permanente Interaktion benötigt eine
hohe Wahrnehmungsfähigkeit und schauspielerische Umsetzung. Ein
Spieler fungiert als Moderator, der Interaktion und Szenenablauf lenkt.
• Großgruppe: Damit einerseits genügend unterschiedliche Perspektiven
existieren, und andererseits noch Interaktion möglich ist, liegt die
typische Gruppengröße bei 100 Teilnehmern. Die Untergrenze bei 30,
die Obergrenze bei 300.

Stärken

- Allparteilichkeit: Welche unterschiedlichen Meinungen gibt es? Im Sinne der Mediation (DULABAUM 2000, S. 18) ergreift dieser Theatertyp Partei für alle Parteien und visualisiert sie.
- Identifikation: Die Teilnehmer werden nicht mit einer fertigen Perspektive in Form eines inszenierten Stückes konfrontiert. Vom Vorstand bis zum Mitarbeiter können alle ihre Sichtweisen einbringen. Dadurch steigt die Bereitschaft zur Öffnung und zur aktiven Mitarbeit.
- Interaktionswahlfreiheit: Jeder Teilnehmer kann selbst bestimmen, ob er beobachtet, sich verbal beteiligt oder auf der Bühne mitagiert.
- Lösungsfokussierung: Interaktiv können die Teilnehmer an Optimierungsideen der Ist-Situation arbeiten, die im Hier und Jetzt ausprobiert werden.
- Keine Zensur: Bereits die Commedia dell'arte verzichtete im 16. Jahrhundert auf schriftliche Texte, um der politischen Zensur im Vorfeld zu entgehen.

Schwächen

- Keine Wiederholbarkeit: Jeder Auftritt ist ein Unikat, den die Teilnehmer selbst mitgestalten. Durch einen Moderator wird sichergestellt, dass wesentliche Themen bearbeitet werden. Die exakte Wiedergabe vordefinierter Inhalte steht nicht im Fokus.
- Wenig Ästhetik: Welche Rollenfiguren werden erscheinen? An welchen Orten werden Szenen spielen? Über diese Punkte gibt es im Vorfeld nur Vermutungen. Deshalb steht die Arbeit mit Kostümen und Bühnenbildern im Hintergrund, um flexibel auf die Vorgaben der Teilnehmer zu reagieren.

Anwendungsgebiete

- Emotionaler Wandel: Sind durch einen Veränderungsprozess starke Ängste, Widerstände oder Frustrationen zu erwarten? Dann könnten die Betroffenen ein inszeniertes Theaterstück als einseitige Botschaft der Machtpromotoren ablehnen. Sie müssen emotional erst „abgeholt" werden.
- Konfliktlösung: Konträre Meinungen können wie in der Mediation wertfrei gesammelt werden.

- Zeitknappe Prozesse: Der zeitliche und finanzielle Aufwand für Storyboard, Textbuch, Inszenierung, Proben und Abstimmungsprozesse reduziert sich. Dadurch können auch Interventionen innerhalb von drei bis vier Wochen qualitativ hochwertig durchgeführt werden.
- Komplexe Fragestellungen: „Wie können wir zwei Kulturen nach einer Fusion vereinigen? Welchen Einstellungswandel braucht es bei Key-Usern und Mitarbeitern, um SAP R/3 erfolgreich zu implementieren?" Eine Analyse verschiedener Perspektiven ist hier der Anfang.

3.5 Forumtheater

Charakteristika
- Inszenierte Darstellung der Ist-Situation: Wie im interaktiven Theater sind die Teilnehmer auch bei diesem Typus interaktiv beteiligt – allerdings erst bei der Soll-Situation. Zu Beginn wird lediglich eine inszenierte Impulsszene mit professionellen Schauspielern dargestellt.
- Beobachtung in der Ist-Situation: Die Teilnehmer sind in dieser Phase stille Beobachter, die für eine gewisse Problematik sensibilisiert werden.
- Theaterlabor: Im Sinne einer potenzialorientierten Beratungssicht (SCHMIDT 1999) arbeiten die Teilnehmer anschließend aktiv an einer optimalen Soll-Situation, indem unterschiedliche Lösungsszenarien im Theaterlabor ausprobiert werden.
- Verbal- oder Bühnenaktion in Soll-Situation: Dazu probieren die Rollenfiguren stellvertretend für das Publikum neue Einstellungs- und Verhaltensweisen auf der Bühne aus – oder die Teilnehmer agieren gleich selbst auf der Bühne mit den Rollenfiguren.
- Externe Laiendarsteller: Gelegentlich wird die Impulsszene auch von externen Beratern dargestellt, die die Teilnehmer betreuen. Hier bleibt abzuwägen, ob deren schauspielerischen Qualitäten für eine authentische Darstellung der Rollenfiguren ausreichen – insbesondere während der interaktiven Phase im Theaterlabor.

Stärken
- Schneller Fokus: Durch die Impulsszene sind die Teilnehmer schnell im Thema.
- Wiederholbarkeit: Die Impulsszene ist beliebig oft reproduzierbar.
- Interaktionswahlfreiheit: Jeder Teilnehmer kann frei zwischen Beobachtung, Verbal- oder Bühnenaktion entscheiden.
- Lösungsfokussierung: Trotz inszenierter Impulsszene können die Teilnehmer gemeinsam an einer Optimierung der Ist-Situation arbeiten. Diese Ideen können im Hier und Jetzt ausprobiert werden.
- Aufwand: Der zeitliche und finanzielle Aufwand für Storyboard, Textbuch, Inszenierung und Proben reduziert sich auf die Impulsszene.

Schwächen
- Keine Identifikation: Da die Teilnehmer nicht interaktiv die Ist-Situation mitgestalten, ist die Gefahr der Distanzierung gegeben. Die Motivation zur Mitarbeit im Theaterlabor ist dann schwierig.
- Zensur: Einzelne Ansprechpartner können ihr Veto einlegen, wenn sie gewisse Formulierungen lesen. Kompromissformulierungen mit kleinstem gemeinsamen Nenner sind die Folge.

Anwendungsgebiete
- Eng umgrenzte Themen: „Wie können wir Kundenorientierung an der Hotline leben? Wie kann ich ein Zielvereinbarungsgespräch vertrauensvoller führen? Was braucht es, um Initiative zu ergreifen?" Szenen zu diesem Thema führen schnell zu einem zentralen Konflikt oder Problem, für das die Teilnehmer Lösungsszenarien suchen können. Bei komplexeren Fragestellungen eignet sich das interaktive Theater besser, um erst einmal die Kernkonflikte zu analysieren.
- Flächendeckende potenzialorientierte Lösungsarbeit: „Wie können wir Kundenorientierung an unserem jeweiligen Standort am jeweiligen Arbeitsplatz leben?" Eine konzernweite Impulsszene kann hier für das nötige Problembewusstsein sorgen. Doch die Suche nach der richtigen Umsetzungsstrategie verbleibt bei den Mitarbeitern, die sie im Theaterlabor suchen.

3.6 Spiegeltheater

Charakteristika

- Just-in-time-Recherche: Professionelle Schauspieler nehmen am Unternehmensalltag teil (z. B. Veranstaltungen, Meetings). Sie beobachten Interaktionen zwischen Kollegen, Teilnehmern, Kunden, hören bei Pausengesprächen und Seitenkommentaren zu und interviewen Personen. Anschließend haben sie maximal eine Stunde Zeit, um ihre Beobachtungen in aussagekräftige Szenen zu verpacken.
- Maßschneiderung: Storyboard, Textbuch, Inszenierung und Probe erfolgen in konzentrierter Form, denn diese Schritte geschehen unmittelbar vor dem Auftritt. Durch ihre professionelle Theatererfahrung können die Schauspielprofis ihre Beobachtungen mit theatralen Mitteln verfremden, überspitzen und unterhaltsam gestalten.
- Informelle Reflexionsgespräche: Der Auftritt ist in eine Veranstaltung oder den Unternehmensalltag eingebunden. Deshalb ist die moderierte Reflexion des Auftritts im Anschluss kaum möglich.
- Maxi-Gruppe: Da dieser Typus keine Interaktion mit den Teilnehmern vorsieht, können auch Gruppen mit über 1 000 Mitgliedern einen wertvollen Reflexionsimpuls erhalten.

Stärken

- Unmittelbarkeit: Die Teilnehmer werden fast direkt mit ihren eigenen Einstellungen und Verhaltensweisen konfrontiert. Das schafft in der Regel tiefe Betroffenheit.
- Externe Perspektive: Da die Spieler nicht aus dem System stammen, nehmen sie blinde Flecken leichter war.

Schwächen

- Nacharbeit: Die Rahmenbedingungen lassen oftmals keine direkte Reflexion nach dem Aufritt zu.

Anwendungsgebiete

- Aufmerksamkeits-Impuls: Oftmals wird die Notwendigkeit für einen Veränderungsprozess von Entscheidungträgern nicht gesehen. Das Spiegeltheater kann hier einen ersten Selbstreflexionsimpuls leisten – der Hofnarr läßt grüßen!
- Aufmerksamkeits-Refresher: „Inwieweit haben wir unsere Vorhaben aus früheren Veranstaltungen umgesetzt? Wo stehen wir im Prozess?"

Das Spiegeltheater macht eine aktuelle Bestandsaufnahme und spiegelt diese zurück. Damit werden Vorhaben wieder in den Aufmerksamkeitsfokus der Systemmitglieder gerückt.

3.7 Seminartheater

Charakteristika

- Bühnenaktion: Bei diesem Typus ist das Mitagieren der Teilnehmer auf der Bühne fest eingeplant. Ziel ist es, möglichst realitätsnah typische Alltagssituationen zu simulieren und zu optimieren.
- Mitarbeiterdarsteller: Die Teilnehmer übernehmen dabei die Rolle, die sie auch im Alltag innehaben: Führungskraft, Verkäufer, Berater etc.
- Externe Profischauspieler: Den Gegenpart übernimmt ein Schauspielprofi, der zum Beispiel in die Mitarbeiter- oder Kundenrolle schlüpft. Der Charakter dieser Rollenfigur kann sich an verschiedenen Persönlichkeitsprofilen orientieren, wie DISG®, MBTI®, HDI®, Enneagramm. Ein interner oder externer Trainer vermittelt situativ Know-how, das sofort in den Simulationen angewendet wird.
- Kleingruppe: Da die Teilnehmer selbst agieren, ist eine vertrauensvolle Atmosphäre notwendig, die vor allem in Seminargruppen zwischen fünf und 30 Teilnehmern erreicht wird.

Stärken

- Realitätsnähe: Der professionelle Schauspieler kann als Simulationspartner Rollen realistischer verkörpern, als dies Teilnehmer oder Trainer vermögen.
- Rollenvielfalt: Er verfügt über eine größere Rollenvielfalt und kann beispielsweise die 16 Verhaltensgrundmuster des Myers-Briggs Typenindikators® differenziert darstellen.
- Herausforderung: Damit kann er die Teilnehmer stärker fordern – und bei Bedarf auch an deren Grenzen führen.
- Motivation: Gleichzeitig überbrückt er die Spielunlust der Teilnehmer, die oftmals bei Rollenspielen existiert.
- Ehrliches Feedback: Außerdem gibt er dem spielenden Teilnehmer aus der Rolle heraus Feedback, das nicht aus der Metaebene von einem Trainer stammt, sondern authentisch aus der Rollenfigur.
- Theaterlabor: Die Teilnehmer können neue Verhaltensweisen wie in einem Labor testen. Dieses Umfeld fördert die Lust zum Experimentieren, da die Angst vor realen Konsequenzen fehlt.

- Trainerentlastung: Der Trainer kann sich während des gesamten Trainings auf die Teilnehmer konzentrieren. Agiert er auch als Rollenspieler, sinkt seine Wahrnehmungskapazität.

Schwächen

- Finanzieller Aufwand: Da immer ein Gespann aus Trainer und Simulationsspieler notwendig ist, steigen die Investitionen pro Teilnehmer.

Anwendungsgebiete

- Führungskompetenz: Konfliktgespräche, Zielvereinbarungen, Entscheider überzeugen etc.
- Vertriebskompetenz: Kundenbindung durch Empathie, Bedarfsanalyse, Verhandlungsgespräche, Einwandbehandlung etc.
- Teamkompetenz: Konfliktfähigkeit, neue Mitglieder integrieren, Gemeinsamkeiten stärken etc.
- Refresher: Erfahrene Mitarbeiter können besonders anspruchsvolle Situationen trainieren.

4 Anforderungen an die Anbieter: Theater und Beratungs-Know-how

„Letztes Jahr waren wir Kart-Fahren. Dieses Jahr wollten wir mal Unternehmenstheater machen." Auch solche Aussagen erhält man als Anbieter auf die Frage, welche Ziele die Organisation mit einem Theatereinsatz verfolgt. Das Unternehmenstheaterhaus hat sich in den letzten Jahren in der Nachbarschaft der großen Häuser Supervision, Coaching, Meta-Beratung, Mediation oder Organisationsaufstellung etabliert. Doch damit es weiterhin in dieser Nachbarschaft wohnen bleibt, darf die Aufmerksamkeit nicht nur auf „Theater", sondern auch auf „Beratung" liegen.

Diese Aufmerksamkeitsverschiebung ist für Kunden sinnvoll. Denn es schützt sie, ein Werkzeug einzukaufen, das nicht zu ihrem Problem passt. Gleichzeitig fordert sie die Anbieter heraus: Denn sie benötigen Kompetenzen aus beiden Bereichen, die selten in einer Person vereint sind. Multikompetente Anbieterteams sind gefragt. Wenn man jedoch die aktuellen Profile der Unternehmenstheater-Anbieter studiert, findet man häufig Einzelpersonen, gelegentlich Zweierteams und selten mehrköpfige Teams. Meist haben diese Personen dann folgenden Hintergrund: Theaterregie, Inszeniertes Schauspiel, Improvisationstheater, Unternehmensberatung, Organisationsentwicklung, Training, Theaterpädagogik, Sozialpädagogik, Schulpädagogik oder Erwachsenenbildung, Psychologie, Kunst- und Gestaltungstherapie, Marketing, Eventmanagement. Daneben findet man auch Geschäftsführer mit Ingenieurs- oder Betriebswirtschaftshintergrund, die an einem bestimmten Lebenspunkt das Potenzial des Theaters entdeckt und sich durch Weiterbildung in den obigen Bereichen qualifiziert haben. Die meisten Anbieter agieren als Einpersonengesellschaft, GbR oder GmbH. Sehr wenige sind Teil eines größeren Unternehmens (z. B. einer Kommunikationsagentur).

Die Schauspieler, mit denen die Anbieter arbeiten, kommen meist aus dem inszenierten Schauspiel und seltener aus dem Improvisationstheater. Einige Anbieter arbeiten mit festem Schauspielerstamm, andere casten Schauspieler nach Bedarf. Ein fester Stamm von zehn Mitgliedern sollte vorhanden sein, um Erfahrungen aufzubauen. Für spezielle Rollen, z. B. die eines asiatischen Mitarbeiters, kann dann ergänzend ein Casting erfolgen.

Die folgende Kriterienliste kann den Vergleich verschiedener Anbieter unterstützen. Gleichzeitig kann sie auch Anbietern zur Selbstevaluation ihres Profils dienen.

4.1 Theater-Kompetenz

- Teamzusammensetzung: Verfügt der Anbieter über einen festen Stamm an professionellen Schauspielern?
- Schauspielkompetenz: Über welche Ausbildungen verfügen die Schauspieler? Waren sie auf Schauspielschulen? Welche Weiterbildungen haben sie absolviert?
- Regiekompetenz: Verfügt der Anbieter über erfahrene Regisseure aus Theater und/oder Fernsehen?
- Methodenvielfalt: Verfügt der Anbieter über verschiedene Theatertypen, um auf unterschiedliche Situationen mit unterschiedlichen Interventionsdesigns reagieren zu können?
- Erfahrung: Wie lange ist jeder Schauspieler bereits im Einsatz? Wie häufig kommt er zum Einsatz?
- Sprachen: In welchen Sprachen arbeiten die Schauspieler?

4.2 Interventions-Kompetenz

- Teamzusammensetzung: Verfügt der Anbieter über Interventionsberater im Team? Oder kooperiert er mit solchen?
- Selbstbild: Sieht sich der Anbieter als Theateranbieter oder als Interventionsberater?
- Interventionsverständnis: Sieht der Anbieter das Problem des Kunden isoliert oder interessiert ihn auch der Gesamtkontext des Unternehmens als System?
- Auftragsklärung: Hat der Anbieter einen definierten Prozess, um Ausgangssituation, Ziel und Rahmenbedingungen detailliert zu analysieren?
- Schnittstellen: Wie arbeitet der Anbieter mit anderen Anbietern zusammen, die das Kundensystem ebenfalls betreuen?
- Evaluation: Wie möchte der Anbieter den Erfolg der Intervention kurz-, mittel- und langfristig messen?
- Veröffentlichungen: Welche Beiträge in Zeitschriften und Büchern hat der Anbieter zu seinen Methoden veröffentlicht?
- Auszeichnungen: Liegen Auszeichnungen von Verbänden vor?
- Wissenschaft: Kooperiert der Anbieter mit Universitäten und Forschungseinrichtungen?

4.3 Business-Kompetenz

- Teamzusammensetzung: Welche praktische Unternehmenserfahrung haben die Teammitglieder?
- Referenzen: Welche Organisationen hat der Anbieter bereits unterstützt?
- Folgeaufträge: In welchen Organisationen hat der Anbieter mehrmals gearbeitet?
- Themen: Welche Ziele standen hinter den Aufträgen? Veränderungsprozesse, Kompetenzentwicklung, Produktpräsentationen oder Unterhaltung?
- Branchen: In welchen Branchen hat der Anbieter mehrmals gearbeitet? Kooperiert er mit anderen Beratern mit spezifischem Branchen-Knowhow?
- Hierarchie: Für welche Hierarchiestufen hat der Anbieter bereits gearbeitet?

- Existenz: Seit wann besteht der Anbieter?
- Business-Sprache: Wie selbstverständlich geht der Anbieter mit Fachausdrücken, Abkürzungen und Redewendungen aus der Business-Welt um?

4.4 Kundenorientierungs-Kompetenz

- Dienstleistungspräsentation: Wie verständlich stellt der Anbieter seine Leistungen in Printmedien und Internet dar?
- Kontaktaufnahme: Wie schnell erreicht man einen kompetenten Ansprechpartner? Gibt es eine Hotline? Wie schnell wird zurückgerufen?
- Live-Erleben: Ermöglicht der Anbieter einem Interessenten, als stiller Beobachter bei einer Intervention in einer anderen Organisation teilzunehmen? Oder führt er zumindest eine Live-Demo in der Organisation durch?
- Referenzkontakte: Stellt der Anbieter zum Erfahrungsaustausch Kontakte zu bestehenden Kunden her?
- Vertragliches: Gibt es sauber geregelte Angebote und Verträge?

5   Entwicklung eines passgenauen Interventionsdesigns – ein Beispiel

Im Kapitel zu den verschiedenen Typen von Unternehmenstheatern lag der Fokus auf dem Theater als Interventionstool. Doch der bloße Besitz eines Hammers reicht nicht aus, um einen Nagel in die Wand zu schlagen – man muss auch gerade hämmern können. Deshalb nutzt der beste Unternehmenstheatertyp wenig, wenn er nicht in einen Gesamtprozess eingebunden ist. Es ist also eine ganzheitliche Interventionsarchitektur notwendig, in der Unternehmenstheatertypen mit anderen Interventionstechniken zu passgenauen Interventionsdesigns kombiniert werden. Wie könnte Entstehung und Durchführung eines Interventionsdesigns aussehen? Das folgende Beispiel, das auf einem realen Auftrag basiert, soll hierfür einen Eindruck vermitteln (siehe auch Abb. 4).

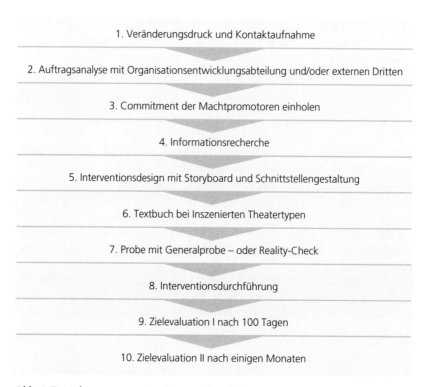

1. Veränderungsdruck und Kontaktaufnahme

2. Auftragsanalyse mit Organisationsentwicklungsabteilung und/oder externen Dritten

3. Commitment der Machtpromotoren einholen

4. Informationsrecherche

5. Interventionsdesign mit Storyboard und Schnittstellengestaltung

6. Textbuch bei Inszenierten Theatertypen

7. Probe mit Generalprobe – oder Reality-Check

8. Interventionsdurchführung

9. Zielevaluation I nach 100 Tagen

10. Zielevaluation II nach einigen Monaten

Abb. 4: Entstehungsprozess eines Interventionsdesigns

5.1 Veränderungsdruck und Kontaktaufnahme

Der Vorstand eines Finanzdienstleistungsunternehmens möchte mit einer neuen Aufbau- und Ablauforganisation die interne Effizienz und externe Kundenorientierung steigern. Für die 500 Mitarbeiter bedeutet dies größere Veränderungen ihrer bisherigen Rollen und Kompetenzen. Der Vorstand beauftragt deshalb die Organisationsentwicklungsabteilung, eine entsprechende Interventionsarchitektur zu entwickeln. Dieses präventive Handeln stellt erfahrungsgemäß die Auftragsminderheit dar. Häufiger werden Veränderungen ohne begleitende Maßnahmen eingeführt. Ängste, Widerstände und Resignation unter den Betroffenen sind das Resultat. Sie bauen Gegenenergien auf, die Veränderungsprozesse verlangsamen und versanden lassen. Durch steigenden Leidensdruck entschließt sich das Management dann für eine Krisenintervention.

Nach ersten Interviews mit Führungskräften erwartet die OE-Abteilung starke Ängste, Widerstände und Resignation unter den Betroffenen. In einer ersten Interventionsmaßnahme möchte sie deshalb diesen Personenkreis für eine Unterstützung der neuen Strukturen gewinnen und deren Emotionen ernst nehmen. Neben anderen Techniken zieht sie dazu auch Unternehmenstheater in Betracht.

Nach ersten Telefonaten, Zusendungen von Unterlagen und Ideenskizzen lädt sie einen Unternehmenstheateranbieter ein. Da nach diesem Erstgespräch das Interesse weiterhin vorhanden ist, nehmen zwei Vertreter der OE-Abteilung als stille Beobachter an einer Intervention in einem anderen Unternehmen teil. Zwei weitere Telefonate mit aktuellen Kunden folgen. Am Ende fällt die Wahl auf das Unternehmenstheater als Interventionsdesign.

5.2 Auftragsanalyse mit der OE-Abteilung und/oder externen Dritten

Es folgt die Auftragsanalyse durch den Projektleiter des Unternehmenstheateranbieters. Je nach Anzahl der beteiligten Personen und unterschiedlichen Meinungen auf Auftraggeberseite kann bereits dieser Schritt eine Intervention für sich darstellen. Hilfreich ist hier, wenn sich der Projektleiter nicht nur als Theaterregisseur, sondern auch als systemischer Berater versteht, der folgende Punkte klärt:

- Hierarchie: Wer ist Machtpromotor? Wer ist die oberste sinnstiftende Instanz? Oftmals wird das Topmanagement wochenlang nicht in den Prozess der Zusammenarbeit integriert. Hier steigt die Gefahr der Ablehnung, so dass zeit- und kostenaufwendige Konzeptmodifikationen kurzfristig notwendig werden.
- Restriktionen: Welche Inhalte des Veränderungsprozesses stehen fest, welche sind noch durch die Beteiligten gestaltbar? Nichts ist schlimmer, als wenn die Betroffenen zuerst das Gefühl erhalten, sie könnten die Veränderungen mitgestalten und dann erfahren, dass vieles schon vorher entschieden ist.
- Ziele: Wie sieht die zukünftige Situation aus, wenn die Intervention durchgeführt wurde? Diese Frage kann bei vielen Beteiligten mit unterschiedlichen Meinungen sicherlich zeitaufwendig sein; sie ist aber absolut notwendig, damit alle die Intervention mittragen.

- Zielevaluation I: Woran erkennen die Auftraggeber, dass diese Situation erreicht wurde? Nach Durchführung der Intervention sollte für keinen Anbieter der Auftrag zu Ende sein. Denn die Intervention ist erst erfolgreich, wenn die Ziele tatsächlich erreicht wurden. Und dazu müssen im Vorfeld geeignete Messkriterien definiert werden (z. B. Rückgang der Fluktuation oder des Krankenstandes, Erhöhung der eingereichten Ideen, mehr Kommunikation zwischen einzelnen Abteilungen).
- Zielevaluation II: Woran erkennen andere, dass diese Situation erreicht wurde? Empfinden beispielsweise die Kunden die Mitarbeiter kundenorientierter, so dass der Zufriedenheitsindex bei der nächsten Kundenumfrage steigt? Auch mittelfristige Ziele sollten ergänzend zur Messung dienen.
- Dringlichkeit: Was würde passieren, wenn keine Intervention stattfindet? Durch diese Frage wird die Notwendigkeit einer Intervention hinterfragt. Wenn sich die Auftraggeber über die Konsequenzen eines Nicht-Handelns im Klaren sind, laufen manche Entscheidungsprozesse schneller.
- Lösungsversuche: Welche Interventionen hat die Organisation bisher schon durchgeführt? Oftmals wurden in der Vergangenheit ähnliche Interventionen durchgeführt, auf die aufgesetzt werden kann.
- Informationsquellen: Welche Informationsquellen stehen zur Verfügung, um das Interventionsdesign detaillierter zu planen?
- Plattformen: Welche institutionalisierten Kommunikationsplattformen existieren, in denen eine Intervention integriert werden könnte? Gibt es jährliche Tagungen, Führungskräfte- oder Vertriebstagungen, Ziel- und Strategiemeetings, Kick-off-Veranstaltungen, Review- und Abschlussmeetings, Kongresse und Symposien? Oder soll eine außerordentliche Plattform gewählt werden, zu der die Teilnehmer explizit eingeladen werden? Ist es sinnvoller, inhouse zu arbeiten oder an einem externen Ort?

Die Antworten auf diese „Checkliste" sollte der Projektleiter nicht als „absolute Wahrheit" betrachten, sondern als Perspektive derer, mit denen er gesprochen hat. Aus diesen Inhalten kann er erste Hypothesen bilden, die es in den nachfolgenden Phasen zu verifizieren gilt.

5.3 Commitment der Machtpromotoren

Machtpromotoren müssen eingebunden werden, damit für alle folgenden Schritte schnelle und häufige Absprachemöglichkeiten mit Ansprechpartnern und Ressourcepersonen existieren. Es gab auch schon Fälle, in denen diese erst kurz vorher über die Form der geplanten Intervention informiert wurden – und sie dann stoppten aus folgende Bedenken:

- „Theater haben wir hier schon genug – da brauchen wir nicht noch ein externes."
- „Theater ist etwas Verspieltes. Wir sind ein gewinnorientiertes Unternehmen."
- „Können sich Theaterleute überhaupt in Unternehmenssituationen versetzen?"
- „Welche Garantien kann der Anbieter geben, dass seine Theaterintervention funktioniert?"
- „Die Inhalte des interaktiven Theaters sind zu wenig vorhersehbar und kontrollierbar. Wie stark wird unser Führungsverhalten kritisiert?"
- „Bei interaktiven Sequenzen machen unsere Teilnehmer doch nicht mit. Das sind alles Ingenieure."

Viele dieser Bedenken können durch frühzeitigen Vertrauensaufbau abgefangen werden. Bei unserem Fallbeispiel des Finanzdienstleisters werden deshalb vier einstündige Einzelinterviews mit jedem Vorstandsmitglied vereinbart.

5.4 Informationsrecherche

Die Auftragsanalyse reicht für eine maßgeschneiderte Intervention nicht aus. Der Projektleiter nutzt deshalb außerdem die folgenden Informationsquellen:

- Befragung: halbstündige persönliche oder telefonische Interviews mit zwölf Repräsentanten unterschiedlicher Subgruppen: vier Bereichsleiter, vier Abteilungsleiter und vier Mitarbeiter aus den vier Vorstandsressorts.

- Beobachtung: Besichtigungen der Büroräume sowie Interaktionen der Mitarbeiter in Kantine und Gängen.
- Dokumentenanalyse: Firmenbroschüren, Webseite des Unternehmens und seiner Mitbewerber, Mitarbeiter- und Kundenzufriedenheitsumfragen.

Der Auftraggeber kann hier zur Qualität und zur Reduzierung des zeitlichen Aufwands beitragen: Die Interviewpartner sollen im Vorfeld über die Hintergründe des Interviews informiert werden, damit beispielsweise kein verstecktes Assessment vermutet wird.

5.5 Interventionsdesign mit Storyboard und Schnittstellengestaltung

Aus den Informationen entwickelt der Projektleiter den roten Faden für ein Interventionsdesign. Wichtig ist, dass nicht nur der Auftritt, sondern die gesamte Interventionsarchitektur im Fokus der Aufmerksamkeit steht:

- Welche Unternehmenstheatertypen sollen zum Einsatz kommen?
- Welche Plattform soll für die Veranstaltung genutzt werden?
- Wie werden die Theatertypen in die gesamte Veranstaltung eingebettet?
- Wie wird die gesamte Veranstaltung in die Interventionsarchitektur eingebettet?
- Wie werden die Schnittstellen zu anderen Techniken und anderen Interventionspartner gestaltet?

Bei inszenierten Theatertypen ist ergänzend die Kompetenz eines Autors notwendig, der den roten Faden konzipiert, in einem Storyboard niederlegt und mit dem Auftraggeber abstimmt. Im Falle des Finanzdienstleisters wird das jährliche Führungskräftemeeting als Plattform ausgewählt. Um die unterschiedlichen Meinungen gegenüber der Veränderung von Vorständen und Führungskräften zu visualisieren und im Sinne einer potenzialorientierten Beratungssicht die Chance zu geben, gemeinsam nach einer optimalen Umsetzung zu suchen, fällt die Wahl auf das interaktive Unternehmenstheater, so dass hier kein Storyboard notwendig ist.

5.6 Textbuch bei inszenierten Theatertypen

Dementsprechend entfällt in diesem Fallbespiel auch das Erstellen eines Textbuches auf Basis des Storyboards. Ansonsten würden hier die genauen Rollen und deren Dialoge untereinander festgeschrieben und abgestimmt.

5.7 Probe mit Generalprobe oder Reality-Check

Ob inszeniert oder interaktiv: Es gibt immer eine Probe. Ein Regisseur inszeniert mit den Schauspielern das Stück samt Bühnenbild, Kostümen und Musik. Je nach Umfang der Intervention können vier Tage bis vier Wochen dafür notwendig sein. Am Ende der Proben ist es sinnvoll, dass die Auftraggeber – am besten die Machtpromotoren – der Generalprobe beiwohnen.

In unserem interaktiven Fallbeispiel vermittelt der Projektleiter die gesammelten Informationen in komprimierter Form an das Spielerteam. Danach wird ein „Reality-Check" durchgeführt: Die Spieler schlüpfen in verschiedene Rollen und trainieren, diese authentisch zu verkörpern. Typische Einstellungs- und Verhaltensweisen, Abkürzungen und Redewendungen sind die Basis dafür. Ein bis drei Tage Aufwand sind dafür in der Regel ausreichend.

5.8 Interventionsdurchführung

Der erste Tag: Im Zeichen der Sensibilisierung und der Aktion

09.00: Die vier Vorstände begrüßen jeden der fünfzig Führungskräfte. Jeder punktet auf einem zweidimensionalen Stimmungsbarometer („Ich schätze, dass meine Kollegen überwiegend mit folgender Stimmung hier ankommen", „Ich bin mit folgender Stimmung hier angekommen.")

09.30: Das Moderatorengespann, das aus Unternehmenstheater-Moderator und internem Organisationsentwickler besteht, eröffnet die Veranstaltung.

09.40: Die vier Vorstände vermitteln den Kontext.

11.00: Soziometrische Aufstellung: Alle Stühle werden beiseite geräumt. Die Moderatoren stellen Fragen (z. B. „Welche Person hier im Raum kennen Sie am längsten? Bitte stellen Sie sich möglichst nah zu ihr!")

11.45: Interaktives Theater: Ist-Situation

- Heikel an der Zusammensetzung der Anwesenden ist, dass alle drei Führungsebenen vertreten sind. Damit die Teilnehmer eine Atmosphäre vorfinden, in der sie ihre wahren Meinungen äußern, wird mit einer Analogie gearbeitet, die der Unternehmenstheatermoderator vorstellt: „Vielleicht haben Sie schon von der FDL Finanzdienstleistungs GmbH gehört. Sie befindet sich in einer ähnlichen Situation wie Ihr Unternehmen. Denn auch die FDL hat zum 01.01.05 eine neue Organisationsstruktur erhalten, die der ihren ähnlich ist. Wir halten es für sinnvoll, in deren Alltag hineinzuschauen, wie die FDL-Führungskräfte diese Neustrukturierung angehen."
- Zwei Spieler bewegen sich über die Bühne, das Publikum ruft „Stopp!"
- „Sie sehen hier jetzt zwei Führungskräfte der FDL in ihrem Arbeitsalltag. Wer sind die beiden? Wo befinden sie sich? Was sagen sie zueinander? Und was denkt jeder gerade?"
- Nachdem die Teilnehmer die Ausgangssituation definiert haben, führt sie der Moderator zu verschiedensten Kommunikationssituationen, die die Teilnehmer immer wieder mit Inhalten füllen (z. B. in der Kaffeeküche, auf dem Flur, beim Mittagessen, Abteilungsbesprechung, Kundenanruf, Gespräch mit Vertriebspartnern).
- Am Ende dieser Einheit haben sich vier Protagonisten herauskristallisiert: Ein bestehender Bereichsleiter (rot), ein neuer Bereichsleiter (gelb), ein bestehender Abteilungsleiter (blau) und ein neuer Abteilungsleiter (grün).

12.30: Coachingleitfäden in Max-Mix-Gruppen: Die Teilnehmer gehen nun nach Farbzuordnung in eine der vier Gruppen. Jetzt sind sie die Coaches der vier Protagonisten und entwickeln ein Coachingkonzept anhand folgender Leitfragen:

- Was kann der Protagonist beitragen, um die neue Organisationsstruktur umzusetzen?
- Was muss er dazu anders machen?
- Was brauchen seine Mitarbeiter von ihm, damit sie ebenfalls die neue Organisationsstruktur umsetzen können?
- Mit wem soll er verstärkt zusammen arbeiten, um die Organisationsstruktur umzusetzen?

14.30: Interaktives Theater: Soll-Situation – Theaterlabor im Plenum nach dem Mittagessen:
- Die beiden Sprecher der roten Gruppe kommen an den Bühnenrand und coachen ihren Protagonisten.
- Anschließend wird die Zeit zurückgedreht. Der Protagonist versucht, das Coaching umzusetzen.
- Anschließend gibt er Feedback, wie leicht oder schwer ihm die Umsetzung gefallen ist.
- Nach diesem Prinzip probieren auch die nächsten drei Gruppen ihre Ideen live aus.

16.15: Aktionspläne: Alle Teilnehmer teilen sich in vier Vorstandsressorts auf und erstellen Aktionspläne:
- Was kann ich als Führungskraft beitragen, um die neue Organisationsstruktur umzusetzen?
- Was muss ich dazu in Zukunft anders machen?
- Was brauchen meine Mitarbeiter von mir, damit sie ebenfalls die neue Organisationsstruktur umsetzen können?
- Mit wem muss ich verstärkt zusammen arbeiten, um die Strategie und Organisationsstruktur umzusetzen?

17.00: Zukunftsmesse: Jede Gruppe gestaltet einen Messestand mit ihren Aktionsplänen.

17.45: Stimmungsbarometer Teil 2: Abschließend punkten alle auf dem Stimmungsbarometer ihre Stimmung.

18.00: Abendessen und Kamingespräch: Nun ist Zeit für „handlungsentlastete Interaktionszusammenhänge" (KIRSCH 1992), um Fragen zu stellen, für die sonst nie Zeit ist.

Der zweite Tag: Im Zeichen des Transfers

09.00: Der Transfer im Interaktiven Theater
  • Zwei Spieler bewegen sich über die Bühne, die Teilnehmer rufen „Stopp!" – „Wenn Sie dieses Standbild anschauen und sich vorstellen, dass diese beiden Rollenfiguren der FDL vier Wochen später in einem Meeting den Fortschritt der Aktionspläne betrachten: Was sagen die beiden dann zueinander? Und was denken beide?"
  • Interaktiv entwickeln sich wieder Kommunikationssituationen, in denen sich verschiedene Stolpersteine auf dem Weg zur Umsetzung der Aktionspläne herauskristalisieren.

09.50: Coachingleitfäden in Max-Mix-Gruppen: Anschließend werden die Teilnehmer wieder zu Coaches der erlebten Protagonisten, denen sie mit folgender Leitfrage weiterhelfen: „Was kann der Protagonist unternehmen, um die Hindernisse bei der Aktionsplanumsetzung zu minimieren oder zu beseitigen?"

10.50: Interaktionstheater – Theaterlabor im Plenum: Die beiden Coaches der ersten Gruppe coachen ihren Protagonisten erneut. Anschließend probiert dieser die Ideen aus.

11.35: Aktionspläne: Viel beschlossen – wenig umgesetzt. Das ist die Herausforderung bei dieser Intervention. Deshalb gilt es jetzt, in den vier Vorstandsgruppen konkrete Commitments und Verantwortliche zu definieren:
  • Was kann ich unternehmen, um die Hindernisse bei der Aktionsplanumsetzung zu minimieren?
  • Woran erkenne ich, dass ich Ziele erreicht habe?
  • Woran erkennen andere, dass ich Ziele erreicht habe?
  • Wie, wann, wo und mit wem überprüfen wir unsere Ziele?

12.20: Jeder Teilnehmer verfasst einen Brief an sich selbst: „Wenn ich in vier Wochen diesen Brief öffne, möchte ich an folgende Erkenntnisse erinnert werden: ..." Der Brief wird ihm dann vier Wochen später automatisch zugestellt.

12.40: Die vier Vorstände schließen die Klausur.

13.10: Stimmungsbarometer Teil 3: Alle Teilnehmer punkten zum letzten Mal verdeckt auf dem zweiten Stimmungsbarometer ihre aktuelle Stimmung. Anschließend werden die drei Abfragen nebeneinander gestellt.

5.9 Zielevaluation I nach 100 Tagen

Drei Monate nach der Intervention besprechen der Projektleiter und die
OE-Abteilung die jüngsten Entwicklungen: „Wie würde sie auf einer
Skala von 1-10 den Erreichungsgrad der Soll-Situation bewerten?" Zusätzlich werden einigen Interviewpartnern aus der Informationssamm-
lungs-Phase die gleichen Fragen gestellt.

5.10 Zielevaluation II nach einigen Monaten

„Wie haben sich die Werte in der nächsten Kundenzufriedenheits- oder
Mitarbeiterumfrage geändert? Wie haben sich Krankenstand oder Fluktuation geändert? Wie hat sich die Kosten- und Umsatzsituation einer
Abteilung verändert?" Auch diese Messgrößen sollten einen Unternehmenstheater-Anbieter interessieren – selbst wenn die Intervention einige
Monate zurückliegt. Hierbei müssen auch externe Störfaktoren berücksichtigt werden.

6   Die aktuelle Wettervorhersage
für das Unternehmenstheater

Nach dem ersten Forum „Business goes Theater®" im Jahr 1997 hat sich
das Unternehmenstheater in der Personal- und Organisationsentwick-
lungsszene sowie in der Marketing- und Eventbranche etabliert. Viele
Unternehmen haben Erfahrungen damit gesammelt – aber es gibt immer
noch genug ohne. Die zukünftige Großwetterlage ist nicht eindeutig vorhersehbar, aber folgende Faktoren beeinflussen sie:

PE- & OE-Orientierung vs. Marketing- & Eventorientierung
„Bei uns bekommen Sie alles. Wir gestalten Veränderungsprozesse, entwickeln Mitarbeiterkompetenzen, setzen Ihr Produkt in Szene und unterhalten Ihre Mitarbeiter." Für den Kunden ist es von Vorteil, alles aus
einer Anbieterhand zu erhalten – aber die notwendigen Kompetenzen
und das Selbstverständnis sind unterschiedlich. Um glaubwürdig zu bleiben, sollten Anbieter mit zwei Business Units arbeiten: „PE & OE" und
„Marketing & Event".

Methoden- vs. Lösungsfokussierung
Bernard Faivre d'Arcier erklärte 1995 als Intendant des Festivals
d'Avignon: „[D]ie Theaterproduktion [ist] eine Passion und wird als solche erlebt. [...] Das französische Theater möchte mehr gefallen als formen" (PASSOW 1999, S. 271). Unternehmenstheater darf jedoch nicht
zum Selbstzweck durchgeführt werden, sondern muss immer das Ziel des
Auftrages im Fokus haben. Voraussetzung dafür ist das Selbstbild des
Anbieters: Er ist Theaterschaffender *und* Interventionsberater, der Spe-
zialist für eine spezielle Interventionstechnik ist: Unternehmenstheater.

Single-kompetente vs. multikompetente Anbieterteams
Theater- und Beratungskompetenz vereint in einer Person ist anspruchs-
voll. Die Sonne wird vermehrt für die Anbieter scheinen, die mit gemischten Geschäftsführungs- und Projektleiterteams arbeiten.

Geschlossene vs. offene Interventionsarchitekturen
Das Unternehmenstheater muss nicht die einzige Technik in einer Interventionsarchitektur sein. Die Integration in andere Großgruppenfor-
mate wie Open Space, Zukunftskonferenz, Appreciative Inquiry oder
Whole-Scale-Change bietet sich geradezu an (BERG et al. 2004, S. 20f.).

Lokale vs. globale Anbieter
Globalisierung ist in der Wirtschaft selbstverständlich. Veränderungsprozesse werden zwar im Headquarter beschlossen, müssen aber euro-
pa- oder weltweit implementiert werden. Diesem Trend müssen auch die
Unternehmenstheateranbieter folgen, um gesamtheitliche Lösungen zu
bieten. Ein lokales Spielerteam reicht dafür nicht mehr aus, da es auf
sprachliche und kulturelle Barrieren stößt, und somit die Identifikation
des Publikums mit den Rollenfiguren gefährdet ist. Eine verstärkte Kooperation der lokalen Anbieter wird deshalb entscheidend für gutes Wet-
ter sorgen.

Als Anbieter von Unternehmenstheaterleistungen wünsche ich mir, dass
die gesamte Branche diese nächsten Entwicklungsschritte vollzieht. Denn
das Unternehmenstheater benötigt weiterhin ein „Grundrauschen" in der
Wahrnehmung der Unternehmenswelt. Es wäre schade, wenn Theater
wieder zurück auf öffentliche Bühnen gedrängt würde, denn dafür bietet es Organisationen zu viel wertvolles Potenzial – Potenzial, das erst teilweise ausgeschöpft wird, denn auch auf der Kundenseite braucht es eine
Weiterentwicklung zu noch mehr Mut.

Literatur

ARAGOU-DOURNON, B. (1999): Unternehmenstheater in Frankreich: Ein Überblick über eine junge Erfolgsgeschichte. In: Schreyögg, G./Dabitz, R. (Hrsg.): Unternehmenstheater: Formen – Erfahrungen – erfolgreicher Einsatz. Gabler, Wiesbaden, S. 154-172.

BERG, M./ORTHEY, F./RITSCHER, J. (2002): Unternehmenstheater interaktiv: Die Themenorientierte Improvisation (TOI) in Personal- und Organisationsentwicklung. Beltz, Weinheim und Basel.

BERG, M./PAPKE, D. (2004): Mit ChangeTheater Veränderungsprozesse gestalten. In: Lernende Organisation – Zeitschrift für systemisches Management und Organisation, Nr. 18, März/April 2004, S. 6-23.

DULABAUM, N. (2000): Mediation: Das ABC, 2., vollst. überarb. Aufl. Beltz, Weinheim und Basel.

FUNCKE, A./HAVERMANN-FEYE, M. (2004): Training im Theater. ManagerSeminare Verlags GmbH, Bonn.

KIRSCH, W. (1992): Kommunikatives Handeln, Autopoiese, Rationalität. Barbara Kirsch Verlag, Herrsching.

KÖNIGSWIESER, R./EXNER, A. (2002): Systemische Intervention, 7. Aufl., Klett-Cotta, Stuttgart.

LUFT, J. (1993): Einführung in die Gruppendynamik (Geist und Psyche). Fischer, Frankfurt a. M.

PASSOW, W. (1999): „Das ist aber eben das Wesen der Dilettanten, daß sie die Schwierigkeiten nicht kennen, die in einer Sache liegen" (Goethe). Anmerkungen zur Position des Unternehmenstheaters. In: Schreyögg, G./Dabitz, R. (Hrsg.): Unternehmenstheater: Formen – Erfahrungen – erfolgreicher Einsatz. Gabler, Wiesbaden, S. 269-285.

SCHMIDT, G. (1999): Hypno-systemische Kompetenzentfaltung. Nutzungsmöglichkeiten der Problemkonstruktion. In: Döring-Meijer, H. (Hrsg.): Ressourcenorientierung – Lösungsorientierung: Etwas mehr Spaß und Leichtigkeit in der systemischen Therapie und Beratung. Vandenhoeck & Ruprecht, Göttingen.

SCHREYÖGG, G. (1999): Definition und Typen des bedarfsorientierten Theatereinsatzes in Unternehmen, in: Schreyögg, G./Dabitz, R. (Hrsg.): Unternehmenstheater: Formen – Erfahrungen – erfolgreicher Einsatz, Gabler, Wiesbaden, S. 3-22.

TEICHMANN, S. (2001): Unternehmenstheater zur Unterstützung von Veränderungsprozessen: Wirkungen, Einflussfaktoren, Vorgehen. Deutscher Universitätsverlag, Wiesbaden.

Michael Mohe

Meta-Beratung

1 Einleitung

In dem vorliegendem Beitrag geht es um ein noch weitgehend unbekanntes und unerschlossenes Thema, genauer: um die Idee der Meta-Beratung, die nichts Geringeres anzubieten hat als „Beratung über Beratung". Wie wenig verbreitet diese Idee ist, lässt sich exemplarisch durch Internet- und Datenbankrecherchen demonstrieren. Bei Google finden sich für den Begriff der Meta-Beratung ganze 65 Einträge (zum Vergleich: Der Suchbegriff „Unternehmensberatung" bringt es auf stolze 2,7 Millionen Einträge). Wer hofft, in der betriebswirtschaftlichen Datenbank BLISS einen Treffer für den Begriff der Meta-Beratung zu finden, wird ebenso schnell enttäuscht. Auch Suchanfragen in der englischsprachigen Volltextdatenbank Business Source Premier über die Begriffe „meta consulting" und „meta consultancy" führen nicht zu einem einzigen Treffer (Stand: jeweils 28.02.2005).

Zu Recht darf damit gefragt werden, was es angesichts dieser offensichtlich so geringen Relevanz überhaupt rechtfertigt, einen Artikel zum Thema Meta-Beratung zu schreiben. Wie bei jeder wissenschaftlichen Arbeit, sollte der Verfasser hierfür gute Gründe finden. Wohl am einfachsten ist es für ihn, auf die erste der vier Faustformeln hinzuweisen, die Umberto Eco (1992, S. 14) für die Themenauswahl formuliert: „Das Thema soll den Interessen des Kandidaten entsprechen." Diese Bedingung lässt sich wie für jeden Fall auch für den vorliegenden Beitrag schnell einlösen, etwa durch die konkreten Meta-Beratungsprojekte, die wir mit der Oldenburger Forschergruppe CORE (Consulting Research) mit diversen Unternehmen durchgeführt haben. Der Verfasser könnte aber auch die obigen ernüchternden Zahlen positiv wenden und sie hypothetisch darauf zurückführen, dass es sich bei der Meta-Beratung schließlich um ein noch recht junges Geschäftsmodell handelt und dies mit dem Versprechen verbinden, dem Leser erste theoretische wie empirische Einblicke zu vermitteln.

Mit diesem Versprechen tritt der vorliegende Beitrag an. Sein Ziel ist es, durch konzeptionelle und empirische Bezüge explorative Einsichten für das Phänomen der Meta-Beratung zu liefern und erste Systematisierungsvorschläge zu unterbreiten. Zur Einlösung dieser Zielsetzungen lässt sich der Aufsatz von vier Fragen leiten:

- Was machen Meta-Berater?
- Welche Rollen übernimmt die Meta-Beratung?
- Welche Einsatzmöglichkeiten gibt es für die Meta-Beratung?
- Wie steht es um die Zukunftsfähigkeit der Meta-Beratung?

2   Was machen Meta-Berater?

Es gibt Berater, und es gibt Meta-Berater. Doch was unterscheidet den einen vom anderen? Über Berater macht sich jeder so seine Bilder: egal ob gute oder weniger gute, aber man hat eine ungefähre Vorstellung davon, was Berater machen, wenn sie beraten (siehe dazu auch den Vorschlag von NEUBERGER 2002, S. 136, verschiedene Beraterrollen als Klingelanlage im Berater-Hochhaus abzubilden). Doch welches Bild soll man sich von einem Meta-Berater machen? Was machen Meta-Berater, wenn sie meta-beraten? Und wer wird eigentlich meta-beraten?

Meta-Berater sind Berater zweiter Ordnung. Der Ordnungsbegriff beschreibt zunächst das Gegenteil von Unordnung oder Störung. Diese Auslegung ist hier allerdings irreführend, denn Berater zweiter Ordnung sind nicht etwa (un-)ordentlicher (schlechter oder besser) als Berater erster Ordnung. Der Ordnungsbegriff, wie er hier verwendet wird, kennzeichnet vielmehr eine spezifische Ebenendifferenz, die durch das Präfix „Meta" zum Ausdruck gebracht wird. So wie etwa der Begriff der Meta-Kommunikation eine Kommunikation über Kommunikation meint (LUHMANN 1994, S. 210), definiert sich Meta-Beratung als Beratung über Beratung: „Metaconsultants sind auf die Beratung von Beratungsprozessen spezialisiert, sind kritische Gesprächspartner bei der Entwicklung von Konzeptionen oder für das Hinterfragen von Plänen und Strategien, bevor sie umgesetzt werden, oder bei Problemen der Implementierung" (PETZOLD 1998, S. 237).

Doch an wen adressiert die Meta-Beratung diese Angebote? Billmann-Mahecha optiert hier für die Beraterseite. Die Autorin beschreibt Meta-Beratung als einen Ansatz, der sich als „Methode der Supervision laufender Beratungen zur Betreuung der Berater" (Billmann-Mahecha 1981, S. 156) der Beraterseite zuwendet. Dieser Vorschlag entfaltet angesichts der momentanen Krisenstimmung in der Beraterbranche einen besonderen Reiz. Die weit reichenden Konsolidierungs- und Neuerfindungsprozesse in der Branche führen dazu, dass bisherige Geschäftsmodelle und Beratungsangebote zunehmend auf den Prüfstand gestellt und modifiziert werden. Insofern liegt die Option, sich hierbei beraten zu lassen, nur nahe. Ein Blick in die Praxis zeigt jedoch, dass die Berater selbst sich häufig als beratungsresistent erweisen und man nur selten von solchen Arrangements erfährt.

Üblicherweise wendet sich die Meta-Beratung an die Klienten. Sie ist damit eine Form der Beratungs-Beratung, die Klienten in Fragen zur Beratung an sich berät (Mohe/Pfriem 2002, S. 38f.; Mohe 2003, S. 377). Das Besondere an diesem Modell ist, dass es keine unmittelbar direkte Unternehmens-Beratung anbietet, sondern mit seinen Dienstleistungen auf eine Optimierung der Beratung an sich abzielt. Das grundsätzliche Ziel der Meta-Beratung besteht darin, Klienten Unterstützung für einen professionellen Umgang mit Unternehmensberatung anzubieten. Hierfür kann sie verschiedene Rollen einnehmen.

3 Welche Rollen übernimmt die Meta-Beratung?

Zwei Kompetenzfelder lassen sich für die Meta-Beratung definieren: Sie stellt Klienten einerseits eine spezifische Expertise zur Verfügung, anderseits bietet sie sich als „Sparringspartner" des Managements an. Mit der Experten- und mit der Reflexionsrolle lassen sich als zwei generische Rollen unterscheiden. In ihrer Expertenrolle folgt die Meta-Beratung dem Ansatz der Fachberatung, die Fachwissen, Methodenwissen und Erfahrungswissen für den Umgang mit Beratung bereitstellt. Dahingegen korrespondiert die Reflexionsrolle eher mit dem Ansatz der Prozessberatung und der systemischen Beratung, die ihr Ziel vor allem darin sieht, dem Klienten eine eigenständige Problemlösung zu ermöglichen.

Dazu schlüpft die Meta-Beratung in die passivere, aber nicht weniger bedeutsame Rolle des fragenden Beobachters, der seine Beobachtungen in
das Klientensystem zurückspiegelt. Indem die Meta-Beratung ihre Beobachtungen mit spezifischen Fragen anreichern und damit Reflexionsprozesse auf der Klientenseite in Gang setzt, kann sie dazu beitragen, verfes-
tigte Gewohnheiten des bisherigen Umgangs mit Beratung zu hinterfragen und internalisierte Routinen aufzubrechen.

In beiden Rollen bietet die Meta-Beratung Klienten Unterstützung für einen professionellen Umgang mit Beratung. Die folgenden Ausführungen
sollen zeigen, wie ihr Operationsmodus dabei mit der jeweiligen Rolle variieren kann.

4   Welche Einsatzmöglichkeiten gibt es für die Meta-Beratung?

Das Leistungsspektrum der Meta-Beratung bezieht sich einerseits auf die
Unterstützung bestimmter Phasen im Beratungsprozess, anderseits auf eine phasenübergreifende Unterstützung. Für beides kann die Meta-Beratung eine Expertenrolle oder eine Reflexionsrolle übernehmen. Mit den
folgenden Ausführungen sollen mögliche Einsatzfelder der Meta-Beratung an einigen Beispielen verdeutlicht werden.

4.1 Phasenspezifische Einsatzmöglichkeiten

4.1.1 Vor der Beratung

Die Phase vor der Beratung dient der Vorbereitung des Projektes und des
Beratereinsatzes. Sie umfasst die Prozessschritte Problemdefinition, Pla-
nung des Beratereinsatzes, Beraterauswahl und gegebenenfalls noch die
Vertragsverhandlung.

Expertenrolle

Die Meta-Beratung kann aktiv an der konkreten Problemdefinition beteiligt sein, indem sie beispielsweise Problemdefinitions-Workshops mit

Klientenmitarbeitern moderiert. Im nächsten Schritt kann sie den administrativen Prozess bei der Planung des Beratereinsatzes unterstützen oder eine Risikoanalyse für das anstehende Projekt anfertigen.

Die Beraterauswahl kann von ihr durch gezielte Informationen untermauert werden. Auf Anfrage liefert die Meta-Beratung Klientenunternehmen relevante Informationen oder Studien zum Beratungsmarkt, zu bestimmten Beratungsanbietern, Beratungsmethoden oder Beratungstrends. Darüber hinaus kann sie die Phase der Beraterauswahl durch Konzeptionsvorschläge für das Auswahlverfahren bis hin zur Abwicklung des finalen Matching-Prozesses zwischen dem Klientenunternehmen und dem Beratungsunternehmen betreuen.

Wird die Meta-Beratung vom Klientenunternehmen für die Beraterauswahl angefragt, wird das Vorgehen gemeinsam mit dem Klientenunternehmen abgestimmt. Die Meta-Beratung kann ein passendes Beratungsunternehmen aus ihrem eigenen Pool auswählen oder eine neue Marktrecherche für das Auffinden eines geeigneten Beratungsanbieters durchführen. In Abhängigkeit vom Projekttypus wird sie dafür etwa folgende Fragen vorab mit dem Klienten klären:

- Wie umfassend sollen/müssen spezifische Branchenkenntnisse der Beratungsfirma sein?
- Wie umfassend sollen/müssen Kenntnisse in bestimmten Funktionsbereichen bei der Beratungsfirma vorhanden sein?
- Wie groß soll/muss die Beratungsfirma sein?
- Wie wichtig ist die Reputation der Beratungsfirma für das Projekt?
- Wie umfangreich soll/muss das Sortiment der Beratungsfirma sein?
- Soll es sich um eine klassische Beratungsfirma oder um einen Newcomer handeln?

Auf diese Weise ergibt sich ein „Fahndungsraster", das die Meta-Beratung bei ihrer Recherche anlegt. Das weitere Vorgehen ist abhängig von der vorab vereinbarten Prozesstiefe. So kann sich der Auftrag an die Meta-Beratung darauf beschränken, ein zum Projekttyp passendes Design für das Auswahlverfahren zu konzipieren (z. B. Beauty Contest, Workshop, Vorstudie). Der Auftrag kann aber auch darin bestehen, die Phase der Vorauswahl durchzuführen. In diesem Fall stellt die Meta-Beratung in einer Longlist ein Sample geeigneter Beratungsfirmen zusammen (in der Regel fünf bis zwölf Beratungsunternehmen, wobei die Anzahl mit dem Projekttyp und der strategischen Bedeutung des Projektes für das Unternehmen variiert). Noch eine Prozessstufe tiefer agiert die Meta-Beratung, wenn sie darüber hinaus die Longlist nochmals „filtert" und für das Klientenunternehmen eine Shortlist mit zwei bis drei Beratungsunternehmen erstellt. Schließlich kann die Meta-Beratung sogar für die finale Beraterauswahl eingesetzt werden. Nicht selten werden Meta-Beratungen dann auch in die Preis- und Vertragsverhandlungen mit dem ausgewählten Beratungsunternehmen einbezogen. Hierfür kann sie das Klientenunternehmen mit fachlichen Informationen versorgen (z. B. zur Gestaltung von Rahmenverträgen, zu Haftungsfragen) oder sogar aktiv bei der Vertragsgestaltung mitwirken.

Reflexionsrolle

Soll die Meta-Beratung dahingegen eher eine Reflexionsrolle übernehmen, kann sie ihre Potenziale am besten in den Prozessschritten der Problemdefinition und der Beraterauswahl entfalten. Bei der Problemdefinition versucht sie, weitere und vor allem andere Perspektiven auf die Problemdefinition zu öffnen. Insbesondere bei komplexen Problemen ist diese Perspektiverweiterung hilfreich, um Symptome und Ursachen des Problems deutlicher zu trennen und vermeintliche Probleme nicht vorschnell festzuzurren. Wenn man außerdem einräumt, dass gerade Prozesse der Problemdefinition zahlreichen (mikropolitischen) Manipulationsversuchen ausgesetzt sind (z. B. aufgrund individueller Karrieremotive), kann das Hinzuziehen eines neutralen Beobachters ein zu starkes Verschränken individueller Interessenlagen mit der Problemdefinition verhindern.

Im Rahmen der Beraterauswahl unterstützt die Meta-Beratung vor allem den Reflexionsprozess beim Klienten. So lässt sich beispielsweise der Aspekt, dass Klienten vor allem die Form der Expertenberatung ins Visier nehmen, wenn sie den Beratungsmarkt beobachten, auf ihre kognitiven Skripte zurückführen. Die durch die Meta-Beratung angestoßene Reflexion des eigenen kognitiven Skripts kann nun dazu führen, dass neben der Expertenberatung alternative Beratungsformen ins Blickfeld geraten. Ebenso kann es sein, dass Klienten immer wieder eine bestimmte

Beratungsfirma beobachten. Diese wurde bereits während des Studiums beobachtet, später dann vielleicht für Zwecke der Bewerbung etc. Die Meta-Beratung kann Klienten helfen, ihre Annahmen zu reflektieren, wieso sich ihr Blick auf diese Beratungsfirma verengt hat. Gleichzeitig öffnet sich damit ihr Blickfeld für alternative Beratungsanbieter.

Abbildung 1 liefert einen Überblick über die jeweiligen Beiträge der Meta-Beratung entlang der skizzierten Prozessschritte.

Phase	Vor der Beratung			
Rolle/ Prozess- schritt	Problem- definition	Planung des Beratereinsatzes	Beraterauswahl	Vertrags- verhandlungen
Experten- rolle	Moderation von Problemdefinitions- Workshops	Optimierung des administrativen Prozesses Unterstützung bei der Risikoanalyse	Bereitstellung von Informationen zu Beratungs- markt, -anbietern und -trends Design von Aus- wahlverfahren Moderation der Auswahl Abwicklung des Matching- Prozesses	Bereitstellung von Informationen zum Vertragsrecht, Haftungsfragen Entwicklung von Rahmenverträgen Optimierung von Beraterverträgen Klärung von Haftungsfragen Regelung für Vertragsauflösung
Reflexions- rolle	Wie wird das Problem von wem definiert? Kann sich das Problem auch anders darstellen? Wem nutzt das Problem?		Welcher Berater wird warum und von wem ausge- wählt? Wird mehr auf soziale oder auf fachliche Kompe- tenzen geachtet?	

Abb. 1: Einsatzfelder der Meta-Beratung vor der Beratung

Das folgende Fallbeispiel illustriert, wie die Meta-Beratung ihre Expertenrolle bei der Beraterauswahl definieren kann.

Fallbeispiel zur Beraterauswahl

Seit ihrer Gründung im Jahre 1999 unterstützt die in Zürich ansässige
Firma Cardea Klientenunternehmen beim Einsatz und bei der Auswahl
von Unternehmensberatungen. Cardea verfügt dafür über Erfahrungen
und Wissen in zwei wesentlichen Bereichen: Zum einen im Know-how
über Prozesse der Planung, Anbahnung, Durchführung und Evaluation
von Beratungsprojekten; zum anderen im Know-how über den Beratungsmarkt, die verfügbaren Leistungsangebote und Kernkompetenzen
der Beratungsunternehmen. Vor diesem Hintergrund hat Cardea konkrete Dienstleistungsangebote für die Phase der Planung und Vorbereitung sowie für die konkrete Beraterauswahl konzipiert. Das Vorgehen
von Cardea in diesen beiden Modulen lässt sich wie folgt skizzieren:

1. *Vorgehen bei der Planungs- und Vorbereitungsphase*
   In der Planungs- und Vorbereitungsphase besteht die Unterstützung
   in der Projektvereinbarung mit den Klienten (z. B. Definition der Problemstellung, der Projektziele und erwarteten Ergebnisse, der Projekt-
   und Ressourcenplanung) und der Vorbereitung der Ausschreibung der
   Beratungsmandate im Rahmen der Erarbeitung und Bewertung der er-
   forderlichen Skills und Erfahrungen zur Bewältigung der Problemstellung.

2. *Vorgehen bei der Beraterauswahl*
   In der Auswahlphase geht es um die Identifikation, Vergleichsevalua-
   tion und Selektion derjenigen Beratungsunternehmen und individuellen Beratungsteams, welche die Projektanforderungen am besten erfüllen. Der Prozess zur Auswahl externer Berater besteht aus verschiedenen Elementen. Er beginnt mit der Projekt-(portfolio)planung
   und der systematischen Bedarfsermittlung beim Klienten (Definition
   erforderlicher externer Projektrollen, Fachkompetenzen und Lösungsmodelle) als Basis für ein zielgerichtetes Markt- und Datenbank-
   screening. Hierfür wird auf eine interne Beraterdatenbank zurückgegriffen, in der Wissen über mehr als 500 Beratungsunternehmen
   systematisiert ist (Angebote, Kernkompetenzen, Projekte) und in die
   Beratungsunternehmen und Berater aufgenommen sind, die ihre Qua-

lifikationen in einem Validierungsprozess mit Cardea bereits nachweisen konnten.

Auf diese Weise wird eine Longlist potenziell geeigneter Beratungsunternehmen erstellt, die im weiteren Prozess auf eine Shortlist reduziert
wird. Hierfür werden persönliche Interviews, Referenzprüfungen und
spezifische Matching-Methoden (z. B. Bewertung der Erfüllung pro-
jektspezifisch definierter Anforderungskriterien) eingesetzt, um eine reduzierte Anzahl geeigneter Beratungsunternehmen zu identifizieren. Die
in dieser Weise präqualifizierten Beratungsanbieter und geprüften Beratungsangebote (z. B. Verfügbarkeit und Zusammensetzung der Berater-
teams, methodisches Projektvorgehen, Honorarangebote) werden in ver-
gleichbarer Form den Klientenunternehmen präsentiert. Dazu verwendet
Cardea standardisierte Methoden für die Bewertung von Beratungsangeboten sowie Benchmarks zur Einschätzung der Preis-/Leistungs-
verhältnisse.

Am Ende des Prozesses steht die finale Auswahl des Beratungsunternehmens. Durch von Cardea vorbereitete und moderierte Beratungspräsen-
tationen beim Kunden wird eine definitive Entscheidung über die einzu-
setzende Beratung getroffen.

Die Honorierung von Cardea erfolgt durch das ausgewählte Beratungsunternehmen. Alle Beratungsunternehmen, die an einer Vor-Evaluation
von Cardea teilnehmen, verpflichten sich, einen bestimmten (dem Klienten bekannten) Prozentsatz des generierten Projekthonorarvolumens als
Ausgleich für die Projektakquisition an Cardea zu zahlen.

4.1.2 Während der Beratung

Zwei aufeinander folgende Prozessschritte kennzeichnen diese Phase: erstens die Zusammenstellung, Führung und Entwicklung des Projektteams und zweitens die operative Durchführung des Projektes. Abbildung 2 fasst die folgenden Überlegungen zusammen.

Phase	Während der Beratung	
Rolle/ Prozess-schritt	Projektstaffing, -Lead und Teamentwicklung	Projektdurchführung
Experten-rolle	Unterstützung der Teamauswahl Durchführung von Team-entwicklungsmaßnahmen	Bereitstellung von Projekt-management-Tools Erstellung von Projektplänen Projekt-Coaching
Reflexions-rolle	Wer wählt welche Team-mitglieder aus welchen Motiven aus? Was sind die individuellen Ziele der Teammitglieder?	Wie wird von wem und warum interveniert? Auf welchen Annahmen basieren die Interventionen? Was wird durch sie ausgelöst?

Abb. 2: Einsatzfelder der Meta-Beratung während der Beratung

Expertenrolle

Wird die Meta-Beratung in die Phase während der Beratung integriert, kann sie in Abstimmung mit dem Klientenunternehmen das Projektteam zusammenstellen. Hierzu durchlaufen die potenziellen (internen wie externen) Teammitglieder einen eigenen Recruitingprozess, um die „richtige" Zusammenstellung des Projektteams zu gewährleisten. Mögliche Kriterien hierfür können sein: vorhandene Kapazitäten, erforderliche Kompetenzen und auszufüllende Projektrollen. Im weiteren Verlauf kann die Meta-Beratung das Projektteam durch Teamentwicklungsmaßnahmen, die Bereitstellung von Projektmanagement-Tools, die Erstellung von Projektplänen oder durch ein Projekt-Coaching unterstützen.

Reflexionsrolle

Indem Meta-Beratung ihre Beobachtung daran orientiert, wie die Berater beobachten, lassen sich Muster beim Projekt-Staffing offen legen. So achten Berater darauf, bevorzugt Mitarbeiter des Klientenunternehmens für Beratungsprojekte zu rekrutieren, die – etwa aus eigenen Karriere-motiven – die Ziele des Beratungsprojektes kaum in Frage stellen (ERNST 2002, S. 133). Auf diese Weise soll sichergestellt werden, dass Problembeschreibungen nicht im Laufe des Projektes modifiziert werden, so dass eine schnelle Projektbearbeitung möglich wird. Dem Klienten wird damit eine Beobachtungsfläche angeboten, die ihm einen breiten Konsens und einen schnellen Projektfortschritt suggeriert. Daraus kann die Gefahr resultieren, dass Widersprüche in der Beratung nicht mehr wahrgenommen und produktiv bearbeitet werden. Durch die Meta-Beratung kann die Anzahl der Beobachtungsflächen erweitert werden. Im Extremfall kann sie beispielsweise anregen, auch „unbequeme" Mitarbeiter („Querdenker") in das Projektteam aufzunehmen. Weiterhin kann sie beobachten, wie mit dem Problem umgegangen wird, wie Problemlösungen zustande kommen (oder auch nicht) und wer wie und warum interveniert.

4.1.3 Nach der Beratung

Der Phase nach der Beratung setzt sich aus den Prozessschritten der Projektevaluation und des Projektabschlusses zusammen. Häufig werden gerade diese Schritte zu wenig beachtet, weil insbesondere bei Projekten mit mehrmonatiger Dauer alle Beteiligten „heilfroh" über die Beendigung des Projektes sind. Projektarbeit ist schließlich Schwerstarbeit: Die Projektteams mussten verschiedene Höhen und Tiefen durchleben, aufreibende Abstimmungsprozesse verarbeiten, unter hohem Zeitdruck exzellente Analysen und Ergebnisse anfertigen usw. Allerdings werden wertvolle Potenziale verschenkt, wenn die Phase nach der Beratung „gekappt" wird und eine Auf- und Nacharbeitung des Projektes unterbleibt.

Expertenrolle

In ihrer Expertenrolle wird die Meta-Beratung zunächst sicherstellen, dass die Beratung überhaupt evaluiert wird. Dafür kann sie dem Klientenunternehmen bestimmte Tools an die Hand geben (z. B. einen Bewertungsbogen) oder sogar selbst die Evaluation durchführen. Das gleiche gilt für den Projektabschluss, der von der Meta-Beratung mit der Durchführung von Feedback-Runden und der Erhebung von Lessons learned begleitet werden kann.

Reflexionsrolle

Diverse Studien zeigen, dass Klienten oftmals gar nicht das Beratungsergebnis als solches, sondern die Qualität der Berater-Klient-Beziehung

evaluieren. So stellt McGivern (1983, S. 318f.) in seiner Untersuchung
fest: „One somewhat surprising feature of the accounts from both
consultants and clients was the lack of emphasis on outcomes [...].
Success in the sense was, for the client, a result of the relationship being
characterized by certain qualities [...] rather than his technical expertise
or problem-solving skills." Angesichts dessen lässt sich mit Ernst (2002,
S. 92) für einen anderen Umgang mit Beratungsevaluationen plädieren:
„Statt der Entwicklung und Verfeinerung von Bewertungsinstrumenten
muss nach den Faktoren, die die Entstehung der Urteile beeinflussen,
gefragt werden." Um diese Hintergrundfolien der Erfolgsbeurteilungen
zu ergründen, führt die Meta-Beratung Interviews mit den Projektverantwortlichen. Schon durch einfaches Fragen kann sie auf Zusammenhänge von Sach- und Beziehungsevaluationen hinweisen und auf diese
Weise einen Reflexionsprozess über die Beratung und ihre Akteure einleiten.

In Abbildung 3 sind die soeben skizzierten Einsatzfelder der Meta-Beratung nochmals dargestellt.

Phase	Nach der Beratung	
Rolle/ Prozess- schritt	Projektevaluation	Projektabschluss
Experten- rolle	Entwicklung eines Bewertungsbogens Evaluation der Beratungsprojekte Durchführung eines Beratungscontrollings	Design und Durchführung von Feedbackrunden und Abschlussgesprächen Erhebung der Lessons learned
Reflexions- rolle	Wer evaluiert und nach welchen Kriterien? Wird das Beratungsergebnis oder die Beziehungsebene evaluiert?	Was hat der Klient über sich als Akteur in der Beratung gelernt? Welche Lernchancen hat ihm die Beratung geboten?

Abb. 3: Einsatzfelder der Meta-Beratung nach der Beratung

4.2 Phasenübergreifende Einsatzmöglichkeiten

Während sich die oben vorgestellten Einsatzmöglichkeiten auf bestimmte Phasen eines Beratungsprozesses beziehen, sollen mit den folgenden Ausführungen Anhaltspunkte dafür gegeben werden, wie Klienten die Meta-Beratung unabhängig von konkreten Beratungsprojekten einsetzen können. Der Einsatz einer Meta-Beratung zielt dann nicht auf die Optimierung von einzelnen Beratungsprozessen ab, sondern darauf, die Beratungssituation im Klientenunternehmen insgesamt zu verbessern. Auch hierfür kann die Meta-Beratung eine Experten- und eine Reflexionsfunktion einnehmen.

Expertenrolle

Insbesondere in Großkonzernen stellt sich die interne Beratungslandschaft häufig sehr unübersichtlich dar: Beratungsanlässe sind nicht konkret formuliert, Berater werden auf Zuruf engagiert, Themen wurden doppelt bearbeitet und Synergieeffekte verschenkt. In einigen Unternehmen ist so ein regelrechter „Beraterwildwuchs" entstanden. Insgesamt besteht noch große Unsicherheit darüber, wie Klienten die Beratung professionell organisieren können. Noch, schreibt Romhardt (1998, S. 160), „gehen viele Unternehmen sehr ineffizient oder gar hilflos mit Beratern um. [...] Unternehmen müssen daher Expertise im Umgang mit Beratern erwerben."

Diesen Prozess kann die Meta-Beratung unterstützen. Wird die Meta-Beratung in ihrer Expertenrolle angesprochen, geht es in einem ersten Schritt häufig darum, die interne Beratungslandschaft im Klientenunternehmen zu analysieren, und erste Programme und Methoden für einen professionellen Umgang mit Beratung zu implementieren. Hierfür konzipiert die Meta-Beratung bestimmte Tools, die den Professionalisierungsprozess der Klienten unterstützen wie beispielsweise Organisationsregeln für das Beratungsmanagement, eine Consulting-Infobase, die als Datenbank unter anderem Informationen über bereits abgeschlossene Beratungsprojekte zur Verfügung stellt, ein Beratungshandbuch, das Klientenmitarbeitern als Leitfaden durch den Beratungsprozess dient, oder eine Consulting Scorecard (Phillips 2000; Horváth/Kralj 2003), die ein systematisches Monitoring von Beratungsprojekten ermöglicht. Da sie über Erfahrungen mit anderen Klientenunternehmen verfügt,

kann sie außerdem die vorgefundene Situation einem Benchmarking-
prozess unterziehen und dem Unternehmen so eine Standortermittlung
ermöglichen.

Reflexionsrolle

Neben einer Expertenrolle kann die Meta-Beratung eine phasenübergreifende Reflexionsrolle einnehmen. In dieser Rolle wird es für sie
darum gehen, herauszufinden, wie das Klientenunternehmen in Sachen
Beratung „tickt". Auch hierfür wird sie sich als fragender Beobachter
positionieren und ihre Beobachtungen in das Klientenunternehmen
zurückspiegeln. Einige Fragen, die solche Reflexionsprozesse im Klientenunternehmen einleiten könne, sind in Abbildung 4 aufgeführt.

Rolle/Phase	Phasenübergreifend
Expertenrolle	Laufende Bestandsaufnahme der internen Beratungslandschaft
	Entwicklung von Organisationsregeln für das Beratungsmanagement
	Entwicklung einer Consulting Infobase
	Entwicklung eines Beratungshandbuchs
	Entwicklung einer Consulting Scorecard
Reflexionsrolle	Wie wird überhaupt mit Beratung im Unternehmen umgegangen?
	Ist das Unternehmen eher beratungsfreundlich oder eher beratungsfeindlich eingestellt?
	Wie charakterisiert sich der „optimale Berater" aus der Sicht des Klienten?
	Wieso funktioniert Beratung, wenn sie funktioniert?
	Was funktioniert nicht in Beratungsprojekten und was könnte besser laufen?
	Was sind die Lessons learned aus bereits durchgeführten Beratungsprojekten?

Abb. 4: Phasenübergreifende Einsatzmöglichkeiten der Meta-Beratung

Das folgende Fallbeispiel beschreibt die soeben beschriebenen Einsatzfelder einer phasenübergreifenden Meta-Beratung.

Fallbeispiel für eine phasenübergreifende Meta-Beratung

1. Die Ausgangssituation

Bei dem Klientenunternehmen handelte es sich um eine ausgegliederte Sparte eines Großkonzerns. Als „Abschiedsgeschenk" hatte man ihm unter anderem die Ergebnisse einer internen Revision des ehemaligen Mutterkonzerns mit gegeben. In diesem Bericht wurde unter anderem der bisherige Umgang der Konzernsparte mit Unternehmensberatung schonungslos aufgedeckt. Einige der bemängelten Punkte waren:

- keine systematische Planung und Genehmigung von Beratungsprojekten
- keine effizient nutzbare Berater-/Knowledge-Datenbank
- kein konsistentes Strukturieren von Beratungsprojekten
- kaum systematischer Vergleich von Beratungsangeboten
- wenig zielgerichtete Verhandlung von Tagessätzen und Konditionen
- geringe Bereitschaft zum Einsatz einer erfolgsorientierten Bezahlung
- unbefriedigender Know-how-Transfer bei gleichartigen Beratungsprojekten
- keine konsistente Durchführung von regelmäßigen Project Reviews

Tatsächlich stellte sich die interne Beratungslandschaft der ehemaligen Konzernsparte sehr unsystematisiert und äußerst fragmentiert dar. Es war kaum bekannt oder dokumentiert,

- mit welchen Beratungsfirmen bereits zusammengearbeitet wurde,
- aus welchen Gründen Beratung in Anspruch genommen wurde,
- welche Projektthemen von welchen Beratungsfirmen bearbeitet wurden,
- welche Kosten durch die Inanspruchnahme von Beratung entstanden sind,
- wie der Nutzen der abgeschlossenen Beratungsprojekte eingeschätzt wird.

Die Forschergruppe Consulting Research (CORE) der Universität Oldenburg hat dieses Projekt sechs Monate lang begleitet. CORE kam vor allem aus drei Gründen ins Spiel: Aufgrund bestehender Kapazitätsengpässe war für die Durchführung des Projektes der Rückgriff auf externe

Unterstützung erforderlich. Allerdings kam für die Unterstützung kaum
eine externe Beratung in Frage. Die Neutralität, die man externen Beratern gerne per se zuschreibt, wäre für dieses Projekt nicht gegeben gewesen („Mit Beratern über Beratung reden …?"). Durch den universitären
Background konnte CORE diese geforderte Neutralität sicherstellen.
Ausschlaggebend war ferner die Feldkompetenz von CORE, sich als
universitäre Einrichtung mit Fragen der Unternehmensberatung und
Beratungsforschung zu beschäftigen.

2. Das Vorgehen

Der gemeinsam abgestimmte Projektauftrag bestand aus drei Zielen: Die
interne Beratungssituation sollte erfasst und analysiert werden, die bisher durchgeführten Beratungsprojekte sollten bewertet werden, und es
sollten Profile von Beratungsunternehmen erhoben werden. Für die Realisierung der Projektziele wurden vier Module konzipiert, die überwiegend empirisch mit Interviewreihen und schriftlichen Befragungen angelegt waren. Abbildung 5 liefert einen Überblick über das Projektdesign.

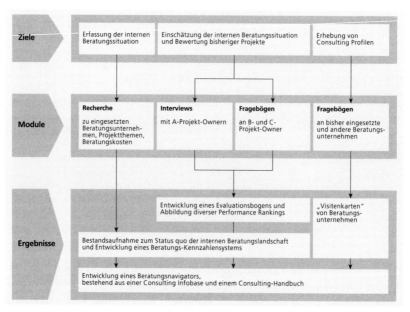

Abb. 5: Projektdesign einer phasenübergreifenden Meta-Beratung

In dem ersten Modul wurden bereits abgewickelte Beratungsprojekte recherchiert. Hierzu wurden die bislang eingesetzten Beratungsunternehmen mittels einer SAP-Lieferantenrecherche identifiziert. Die ermittelten Beratungsprojekte wurden anschließend nach ihrem thematischen Schwerpunkt und ihrem Honorarvolumen in A-, B- und C-Projekte geclustert. Mit den jeweiligen Projektverantwortlichen der A-Projekte (hohes Projektvolumen, hohe strategische Bedeutung) wurden halbstandardisierte Einzelinterviews durchgeführt. Ziel dieser Interviews war es, eine offene und ehrliche Einschätzung der bisherigen Beratungssituation des Unternehmens zu gewinnen und Ansatzpunkte für Verbesserungsmaßnahmen zu identifizieren. Folgende Fragen standen hierbei im Vordergrund:

- Wie wird die interne Beratungssituation im Unternehmen charakterisiert?
- Wie wird der Umgang des Unternehmens mit Beratung eingeschätzt?
- Was läuft im Unternehmen hinsichtlich Beratung besonders gut/ schlecht?
- Wo und wie kann man in Beratungsprojekten Kosten einsparen?
- Wie können Beratungsprojekte effizienter durchgeführt werden?
- Was sind die Lessons learned aus den bisherigen Projekten?
- Was sollte in zukünftigen Projekten besser gemacht werden?
- Was kennzeichnet einen guten Berater/eine gute Beratung?
- Worauf sollte bei der Auswahl von Beratern besonders geachtet werden?
- Wie wird mit fehlgeschlagenen Projekten umgegangen?

Neben dieser qualitativen Bestandsaufnahme wurden in einem dritten Modul Fragebögen an die B- und C-Projektverantwortlichen (geringeres Projektvolumen, geringere strategische Bedeutung) versendet. Ziel der Fragebogenaktion war es, die recherchierten formalen Projektdaten inhaltlich zu füllen und eine Evaluation der jeweiligen Projekte durchzuführen. In diesem standardisierten Fragebogen wurden unter anderem folgende Kriterien abgefragt:

- Was war das Projektziel?
- Aus welchen Gründen wurde Beratung in Anspruch genommen?
- Nach welchen Kriterien wurden die Beratungsunternehmen ausgewählt?
- Wer war an der Beraterauswahl beteiligt?
- Wie hoch war der Anteil interner Mitarbeiter im Projektteam?

- Wie wird die Projektperformance bewertet?
- Wie wird die Beratungskompetenz bewertet?
- Wie wird die Qualität der Zusammenarbeit bewertet?
- Wie wird die Umsetzung bewertet?
- Was sollte in zukünftigen Beratungsprojekten anders gemacht werden?
- Würden Sie die Beratung für ähnliche Projekte weiterempfehlen?

Schließlich wurde in einem vierten Modul ein Fragebogen für Beratungsunternehmen entwickelt. In einer Selbsteinschätzung gaben die Beratungsunternehmen unter anderem Auskunft zu folgenden Fragen:

- Wie haben sich die Umsatz- und Mitarbeiterzahlen absolut und prozentual entwickelt?
- Wie wird der Kompetenzgrade für bestimmte Beratungsthemen beurteilt? (von A = Kernkompetenz bis D = nicht im Portfolio)
- Gibt es einen Key Account Manager für das Unternehmen? Wer?
- Welche Referenzen gibt es für Unternehmen aus derselben Branche? Welches Unternehmen, welcher Ansprechpartner, welche Kontaktdaten?
- Welche Tages- und Spesensätze gelten für das Unternehmen, gestaffelt nach Projektleiter, Senior-Berater, Junior-Berater?
- Welche Bedeutung hat das Unternehmen für das Beratungsunternehmen? (A-Klient = sehr hohe Bedeutung bis D-Klient = geringe Bedeutung)
- Gibt es Anmerkungen zur bisherigen Zusammenarbeit mit dem Unternehmen?

Die auf diese Weise ermittelten Profile der Beratungsunternehmen wurden später in die Consulting Infobase eingespeist, um interne Projektleitern zukünftig bei der Auswahl eines geeigneten Beratungsunternehmens zu unterstützen.

3. Einige Ergebnisse

Das Projekt stieß bei den Interviewpartnern und Fragebogenteilnehmern auf eine äußerst positive Resonanz („Endlich kümmert sich auch mal jemand darum …“). Nicht wenige nutzen die Befragung auch als Ventil, um aufgestauten Aggressionen über bestimmtes Verhalten der Berater Luft zu machen. Insofern hatte die Befragungsaktion einen zwar unintendierten, aber im Nachhinein sehr wertvollen „psychologischen" Effekt. Abbildung 6 liefert einen exemplarischen Auszug einiger Interviewsequenzen, die anschließend anonymisiert wieder an die Interviewpartner zurückgespiegelt wurden.

Abb. 6: Ausgewählte Sequenzen aus den Interviews mit den A-Projektverantwortlichen

Für die Befragung wurde außerdem ein unternehmensspezifischer Evaluationsbogen entwickelt. Hiermit hatten die Befragten die Möglichkeit, die Performance der Beratungen insgesamt sowie nach verschiedenen Kriterien zu beurteilen (z. B. methodische, fachliche, soziale Beratungskompetenzen). Die so zusammengetragenen Daten flossen in interne Rankings der Consulting Infobase ein. Interne Projektleiter erhielten dadurch beispielsweise im Rahmen der Beraterauswahl die Möglichkeit, sich die bisherigen Performance-Daten der in Frage kommenden Beratungsunternehmen anzeigen zu lassen.

Die Befragungsergebnisse flossen ferner in die Entwicklung eines Consulting-Handbuchs ein. Ziel des Handbuchs war es, den professionellen Umgang der Mitarbeiter mit Beratung zu unterstützen und dabei unternehmensindividuelle Besonderheiten einzubeziehen. Dazu wurde das Consulting-Handbuch als eine Art Leitfaden durch den Beratungsprozess konzipiert – angefangen von der Problemdefinition bis hin zur Projekt-evaluation. Wichtig bei der Konzeption eines solchen Unterstützungs-angebots war es, die spezifische (Medien-)Kultur des Unternehmens zu berücksichtigen. Während einige Unternehmen hier eher die klassische Handbuch-Variante bevorzugen (z. B. ein schriftlich ausformuliertes Nachschlagewerk mit verbindlichen Verhaltensanweisungen für den Umgang mit Beratung), wollen andere Unternehmen eher Anregungen und Vorschläge liefern. Bei einigen Unternehmen wie z. B. DaimlerChrysler ist ein solches Handbuch deshalb eher „spielerisch" angelegt. Hier gibt es einen online-gestützten Leitfaden mit dem Titel „Der Berater ruft an – was tun Sie?" Die Mitarbeiter werden mit typischen Beratungssitua-tionen konfrontiert, können per Multiple Choice ihr jeweiliges Verhal-ten definieren und bekommen am Ende ihre individuelle Auswertung mit Verbesserungsvorschlägen. In dem hier betrachteten Fallbeispiel wurde das Handbuch als webbasierte, interaktive Powerpoint-Präsentation konzipiert. Mit verschiedenen Symbolen wird außerdem auf weiter-führende Informationen verwiesen (z. B. Fallbeispiele, Informationen zum Vertragsrecht, Checklisten). In Abbildung 7 sind der Aufbau und die Struktur des Consulting-Handbuchs dargestellt.

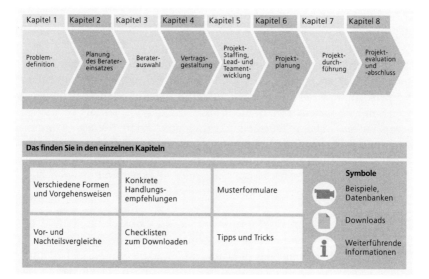

Abb. 7: Aufbau und Struktur des Consulting-Handbuchs

Einen „Überraschungseffekt" erzielte die in der Bestandsaufnahme ermittelte Höhe der Beratungskosten. Die Schätzungen der Interviewpartner lagen weit unter den tatsächlich ermittelten Beratungskosten. Im Rahmen der Bestandsaufnahme wurden außerdem spezifische Kennzahlen für einen mehrjährigen Betrachtungszeitraum entwickelt (z. B. die prozentuale Entwicklung der gesamten Beratungskosten, die Verteilung der Beratungskosten auf Managementberatung, IT-Beratung, HR-Beratung etc., der Anteil der Beratungskosten an den Gesamtkosten und am Umsatz oder die Beratungskosten je Mitarbeiter). Mit den ermittelten Kennzahlen wurde unter anderem ein Benchmarking mit dem ehemaligen Mutterkonzern durchgeführt, das seine Beratungskennziffern zur Verfügung gestellt hatte. Auf diese Weise konnten spezifische Entwicklungen beim Umgang des Unternehmens mit Beratung sichtbar gemacht und konkrete Verbesserungsoptionen abgeleitet werden.

Aus den durch die Befragung der Beratungsfirmen gewonnenen Daten wurden „Visitenkarten" für einzelne Beratungsunternehmen entwickelt, auf die zukünftig im Rahmen der Beraterauswahl zurückgegriffen werden konnte. Auch diese Erhebung löste einige Effekte aus – diesmal allerdings auf der Beraterseite. Schon das formelle Anschreiben, mit dem die Beratungsfirmen um ihre Selbsteinschätzung „gebeten" wurden (es wurde darauf hingewiesen, zukünftig nur noch mit denjenigen Beratungsfirmen zusammenarbeiten zu wollen, die an der Befragung teilnahmen) und entsprechende Informationen anforderte, löste einige Irritationen bei Beratern aus. CORE übernahm in diesem Projektmodul unter anderem eine wichtige „Pufferfunktion". Die Fragebögen wurden zwar mit einer nicht personifizierten E-Mail (consulting@unternehmen.de) vom Unternehmen aus an die Beratungsunternehmen versendet, der gesamte Prozess aber wurde von CORE gesteuert. Dieses Vorgehen erwies sich deshalb als vorteilhaft, weil nicht wenige der angeschriebenen Consultingunternehmen die Befragung zum Anlass für neue Akquise nahmen, die so abgeblockt werden konnte.

5   Wie steht es um die Zukunftsfähigkeit der Meta-Beratung?

Die obigen Ausführungen zeigen, dass eine Meta-Beratung in spezifischen Phasen wie auch phasenübergreifend einerseits als Expertenberatung fungieren und andererseits Reflexionsprozesse auf der Klientenseite in Gang bringen kann. Auf diese Weise generiert die Meta-Beratung verschiedene Wertbeiträge zur Optimierung des Beratereinsatzes in Klientenunternehmen.

Trotz des noch geringen Verbreitungs- und Bekanntheitsgrads der Meta-Beratung sollen zum Schluss dieses Beitrags noch einige weiterführende Überlegungen angestellt werden. Wie steht es um die Zukunftsfähigkeit der Meta-Beratung? Handelt es sich hierbei tatsächlich um ein „Geschäftsmodell der Zukunft" (GROSS 2000) oder ist sie nur eine Mode- und damit Übergangserscheinung, die mittelfristig von einer anderen Mode abgelöst wird und als Geschäftsmodell erodiert?

Die Zukunftsfähigkeit der Meta-Beratung hängt unmittelbar von der Bereitschaft der Klienten ab, diese Dienstleistung in Anspruch zu nehmen (und zu honorieren). Hierfür können mehrere Gründe sprechen: Dies ist zum einen der Trend zur Klientenprofessionalisierung (MOHE 2003). Jahrelang wurde in Unternehmen eher fahrlässig mit Beratung umgegangen. Nicht wenige verzeichneten einen regelrechten „Beraterwildwuchs": „Dezentralität, fehlende Standards und kaum existierende gesamtunternehmerische Koordination und Kontrollen waren in vielen Unternehmen die Regel" (TREICHLER/WIEMANN 2004, S. 265). Zu einer ähnlichen Einschätzung gelangt die Schweizer Handelszeitung: „Die Vergabe von Projekten wird von Kundenseite noch nicht überall professionell gehandhabt; allzu oft fehlen dafür Zeit, Ressourcen, Know-how – oder alles zusammen" (PIAZZA 2004, S. 20). Die Anforderung, bei defizitären Kapazitäten und/oder Kompetenzen professioneller mit Beratung umzugehen, eröffnet der Meta-Beratung wichtige Marktchancen.

Die Meta-Beratung profitiert außerdem von der Heterogenität und Intransparenz des Beratungsmarktes und sich verändernden Bedeutungszuweisungen der Dienstleistung „Unternehmensberatung". Es ist noch nicht allzu lange her, dass die Berater als „die großen Zampanos" (HIRN/KROGH 1994), „die neue Elite" (SIEGER 1992) oder „die Propheten der

Effizienz" (KURBJUWEIT 1996) beschrieben wurden. Nun aber sind sie in die Kritik geraten: Es hagelt regelrecht „Ohrfeigen für die Besserwisser" (ZDRAL 2002). Zunehmend geraten gescheiterte Beratungsprojekte an die Öffentlichkeit. Kaum einem renommierten Beratungsunternehmen bleiben negative Schlagzeilen erspart. Die Stimmung scheint umgeschlagen zu sein, und die einst glamouröse und mystische Beratungsbranche wird schrittweise entzaubert (BUCHHORN 2002, S. 34). Zugleich wird die Unternehmensberatung damit wird mehr und mehr zu einer Commodity, einer normalen Dienstleistung (KIPPING 2002, S. 275), die „wie Bleistifte oder Schrauben" eingekauft wird (ENGESER/DELHAES 2004, S. 160). In dem Ausmaß, in dem Unternehmensberatungen ihren Exklusivitätscharakter einbüßen und stattdessen mehr und mehr als anonyme Anbieter auf einem Spot-Market betrachtet werden, wird der Idee der Meta-Beratung Auftrieb verliehen. Da sie über umfassende Kenntnisse des Beratungsmarktes verfügt, kann sie im konkreten Bedarfsfall Informationen über Beratungsanbieter, -produkte und -trends verfügbar machen und Klienten damit eine Orientierung über die Beratungslandschaft liefern. Das permanente Nach- und Mitverfolgen dieser Entwicklungen würde für Klienten prohibitiv hohe Kosten verursachen – schließlich kann nicht im Vorfeld gewusst werden, wann und zu welcher Problemstellung die nächste Beratung in Anspruch genommen werden wird.

Auch der Rückgriff auf andere Expertisefelder der Meta-Beratung kann sich für Klienten „rechnen". Klienten können mit der Meta-Beratung kostenwirksame Effekte realisieren, da sie entsprechende Expertisen und Kapazitäten hierfür nicht permanent im eigenen Unternehmen aufbauen oder vorhalten müssen. Dies gilt insbesondere für den Einkauf spezifischer Tools wie Beraterdatenbanken, Beratungshandbücher, Consulting Scorecards. Da die Meta-Beratung in diesen Feldern über erprobte Vorgehensweisen und Erfahrungsvorsprünge verfügt, fällt die Make-or-buy-Entscheidung hier zu ihren Gunsten aus.

Allerdings lassen sich auch einige Argumente finden, die ein weniger optimistisches Zukunftsbild für die Meta-Beratung zeichnen. Spiegelbildlich zu den obigen Pro-Argumenten kann der Trend zur Klientenprofessionalisierung auch bedeuten, dass Klientenunternehmen eigene Professionalisierungsansätze entwickeln und die dafür benötigten Kapazitäten und Kompetenzen „inhouse" aufbauen. Die Meta-Beratung kann dann zwar noch den Prozess zum Aufbau einer zentralen Koordinationsstelle in den Klientenunternehmen begleiten (siehe für einen Vorschlag dazu MOHE/KOLBECK 2003, S. 38); danach macht sie sich jedoch getreu des Mottos „Hilfe zur Selbsthilfe" weitgehend überflüssig. Für einige Unternehmen, die wie die Deutsche Bahn, die Deutsche Lufthansa oder die Deutsche Telekom mittlerweile interne Koordinationsstellen für den Einkauf und die Steuerung von Beratungsprojekten installiert haben, dürfte die Meta-Beratung dann kein allzu attraktiver Partner mehr sein.

Dasselbe gilt für den Fall „geschützter Beratungsbeziehungen". Insbesondere im Topmanagement lässt sich eine bemerkenswerte Loyalität zu bestimmten Unternehmensberatungen beobachten. Dies kann mehrere Gründe haben:

- *Repeat Business:* Das Beratungsgeschäft besteht nach einigen empirischen Untersuchungen zu 70 bis 80 Prozent aus Repeat Business (GLÜCKLER/ARMBRÜSTER 2003, S. 285; BRACHEWITZ/ARMBRÜSTER 2004, S. 116f.). Insbesondere zwei Gründe werden hierfür mobilisiert: Erstens die hohe Unsicherheit auf der Klientenseite, bei einem Wechsel des Beratungsanbieters an den „Falschen" zu geraten, und zweitens das Argument besonders zufriedener Klienten, das zu Folgeberatungen führt. Allerdings muss keineswegs immer ein valider Zusammenhang zwischen Kundenzufriedenheit und Folgeberatungen bestehen (siehe ausführlicher hierzu MOHE 2003, S. 111ff. und S. 140ff.). Verdeutlichen lässt sich dies mit den verschiedenen Zufriedenheitstypen von BRUGGEMANN et al. (1975): So entwickelt der Typ des „resigniert zufriedenen Klienten" ein Gefühl der Gleichgültigkeit, seine Erwartungshaltung ist gering („man kann nicht mehr erwarten"), und dennoch würde er den Berater erneut wählen („denn andere sind auch nicht besser"). Für die Meta-Beratung bedeutet dies, dass sie beim Vorliegen solcher Mechanismen chancenlos bleibt.
- *Nepotismus:* Bei dem Auftraggeber handelt es sich nicht selten um einen ehemalige Berater, der durch „up-or-out"-Mechanismen in eine Top-Position bei einem Klientenunternehmen gehievt wurde – und aus Dankbarkeit nun zu den besten Kunden seines ehemaligen Arbeitgebers zählt (SCHERER 1992, S. 85). Insbesondere McKinsey verfügt über ein solches, nahezu einzigartiges weltweites Beziehungs- und Akquisitionsnetzwerk (BALZER/WILHELM 1995; BYRNE/MCWILLIAMS 1993).

Beratungsfirmen wie McKinsey „verlieren zwar permanent wertvolle Mitarbeiter an die Industrie, können aber damit rechnen, dass diese Mitarbeiter ihre in der Beratungsfirma gewonnenen Situationsdeutungen mitnehmen und im Bedarfsfall auf die Dienste ihrer früheren Firma zurückgreifen" (KRAFFT/ULRICH 2002, S. 68). Für die Meta-Beratung ist es auch hier nahezu unmöglich, in solche geschützten Beziehungskonstellationen einzubrechen.

- *Verdunklung latenter Beratungsmotive:* KOLBECK (2001, S. 26) zufolge erfolgt die Inanspruchnahme von Beratung häufiger als vermutet aufgrund latenter Funktionen. Zu diesen Funktionen zählen beispielsweise die Legitimierungs- und die Politikfunktion. Die Legitimierungsfunktion wird im Außenverhältnis wirksam. Hier werden bereits vom Management getroffene Entscheidungen durch eine möglichst renommierte Unternehmensberatung zusätzlich verstärkt. Dahingegen wird die Politikfunktion im Innenverhältnis der Organisation wirksam. Bei ihr geht es darum, Partei für den Auftraggeber der Beratung zu ergreifen und auf diese Weise individuelle Interessenlagen zu fördern. Beide latente Beratungsfunktionen sind, wollen sie ihre Wirksamkeit entfalten, auf Intransparenz angewiesen. Deshalb ist es fraglich, ob auf Seiten der Klienten überhaupt mehr Transparenz erwünscht ist. Insofern kann das Versprechen der Meta-Beratung, etwa Transparenz über die interne Beratungslandschaft herzustellen, schnell mit den „eigentlichen" Zielen der Klienten konterkarieren. Ein weiteres Argument kommt hinzu: Die Durchsetzung latenter Funktionen setzt eine auf Vertrauen und Verschwiegenheit basierende Allianz zwischen dem Beratenen und dem Berater voraus. Die Meta-Beratung wird es schwer haben, solche faktischen Allianzen zu durchbrechen.

Schließlich weist die Meta-Beratung selbst noch einige inhärente Probleme auf. Verdeutlichen lässt sich dies an den Beispielen der Beraterauswahl und der Evaluation von Beratung. So bräuchten Klienten für die Auswahl einer Meta-Beratung genau genommen eine Meta-Meta-Beratung, für die Auswahl einer Meta-Meta-Beratung eine Meta-Meta-Meta-Beratung usw. Damit gerät die Meta-Beratung unweigerlich in einen infiniten Regress. Das gleiche Problem stellt sich, wenn die Meta-Beratung für die Evaluation von Beratungsprojekten herangezogen wird. „Even if another expert were employed to evaluate the consultant, who is to say that his evaluation is correct?" (MITCHELL 1994, S. 335).

Die oben skizzierten Pro- und Contra-Argumente erschweren es, verlässliche Prognosen über die Zukunftsfähigkeit der Meta-Beratung anzufertigen – zumal der Wert einer Prognose aufgrund ihrer geringen Haltbarkeitsdauer ohnehin fraglich ist. So gaben auch vor nicht allzu langer Zeit Prognosen über die Zukunft der Beratung allen Grund zum Optimismus, wenn nicht gar zur Euphorie. Die Gegenwart zeigt indes, dass solche Voraussagen schnell von der Empirie eingeholt werden können. Deshalb wäre wohl mehr als mit jeder Prognose gewonnen, wenn es durch den vorliegenden Beitrag gelingen kann, zukünftige Forschungsvorhaben auf diesem noch weitgehend unerschlossenen Feld anzuregen und weitere Handlungs- und Denkoptionen für die (Meta-)Beratungspraxis zu stimulieren.

Literatur

BALZER, A./WILHELM, W. (1995): Die Firma. In: Manager Magazin, 4, 1995, S. 43-57.

BILLMANN-MAHECHA, E. (1981): Metaberatung. In: Kaiser, H. J. / Seel H.-J. (Hrsg.): Sozialwissenschaft als Dialog: Die methodischen Prinzipien der Beratungsforschung. Beltz, Weinheim, S. 156-161.

BRACHEWITZ, CHR./ARMBRÜSTER, TH. (2004): Unternehmensberatung: Marktmechanismen, Marketing, Auftragsakquisition. Gabler, Wiesbaden.

BRUGGEMANN, A./GROSKURTH, P./ULICH, E. (1975): Arbeitszufriedenheit. Huber, Bern.

BUCHHORN, E. (2002): Guter Rat ist billig. In: Manager Magazin, 12, 2002, S. 32-34.

BYRNE, J. A./MC WILLIAMS, G. (1993): The McKinsey Mystic. In: Business Week, 20.9.1993, S. 36-41.

ECO, U. (1992): Wie man eine wissenschaftliche Abschlussarbeit schreibt. 5. Aufl., UTB, Heidelberg.

ENGESER, M./DELHAES, D. (2004): Genaues Bild. In: Wirtschaftswoche, Nr. 14/2004, S. 160-162.

ERNST, B. (2002): Die Evaluation von Beratungsleistungen – Prozesse der Wahrnehmung und Bewertung. Diss., Universität Mannheim.

GLÜCKNER, J./ARMBRÜSTER, TH. (2003): Bridging Uncertainty in Management Consulting: The Mechanism of Trust and Network Reputation. In: Organization Studies, 24 Jg., H. 2, S. 269-297.

GROSS, P. (2000): Das Ende der Gewissheiten – in Wirtschaft und Gesellschaft. Vortrag beim Kanti-Forum 2000 zum Thema „Der Zeitgeist heißt Tempo – Vom Leben in beschleunigter Gesellschaft". Universität St. Gallen 2000. In: http://www.ksluzern.ch/ diversicum/archiv/kantiforum2000/Vortrag_Gross.htm (letzter Zugriff am 28.02.2005).

HIRN, W./KROGH, H. (1994): Die großen Zampanos. In: Manager Magazin, H. 11, S. 201-213.

HORVÁTH, P./KRALJ, D. (2003): Die Vergütung von Beratungsleistungen – Eine Koordinationsaufgabe für Personal- und Preismanagement. In: Speck, D./Wagner, D (Hrsg.): Personalmanagement im Wandel: Vom Dienstleister zum Businesspartner, Gabler, Wiesbaden, S. 75-104.

KIPPING, M. (2002): Jenseits von Krise und Wachstum: der Wandel im Markt für Unternehmensberatung. In: Zeitschrift für Führung + Organisation, 71. Jg., H. 5, S. 269-275.

KOLBECK, CHR. (2001): Zukunftsperspektiven des Beratungsmarktes: Eine Studie zur klassischen und systemischen Beratungsphilosophie. Gabler, Wiesbaden.

KRAFFT, A./ULRICH, G. (2002): Wie kommt das Neue in die Organisation? In: Mohe, M./Heinecke, H. J./Pfriem, R. (Hrsg.): Consulting – Problemlösung als Geschäftsmodell. Theorie, Praxis, Markt. Klett-Cotta, Stuttgart 2002, S. 58-74.

KURBJUWEIT, D. (1996): Die Propheten der Effizienz. In: Die Zeit, Nr. 3, 12.01.1996, S. 9-13.

LUHMANN, N. (1994): Soziale Systeme: Grundriß einer allgemeinen Theorie. 5. Aufl., Suhrkamp, Frankfurt a. M.

McGIVERN, C. (1983): Some Facts of the Relationship Between Consultants and Clients in Organizations. In: Journal of Management Consulting, Vol. 20, No. 3, 1983, S. 367-386.

MITCHELL, V.-W. (1994): Problems and Risks in the Purchasing of Consultancy Services. In: The Service Industries Journal, Vol. 14, No. 3, S. 315-339.

MOHE, M. (2003): Klientenprofessionalisierung: Strategien und Perspektiven eines professionellen Umgangs mit Unternehmensberatung. Metropolis, Marburg.

MOHE, M./KOLBECK, CHR. (2003): Klientenprofessionalisierung in Deutschland. Stand des professionellen Umgangs mit Beratung bei deutschen Dax- und MDax-Unternehmen. Empirische Ergebnisse, Best Practices und strategische Implikationen. Oldenburg.

MOHE, M./PFRIEM, R. (2002): Where are the Professional Clients? Möglichkeiten zur konzeptionellen Weiterentwicklung von Meta-Beratung. In: Mohe, M./Heinecke, H. J./Pfriem, R. (Hrsg.): Consulting – Problemlösung als Geschäftsmodell. Theorie, Praxis, Markt. Klett-Cotta, Stuttgart, S. 25-40.

NEUBERGER, O. (2002): Rate mal! Phantome, Philosophien und Phasen der Beratung. In: Mohe, M./Heinecke, H. J./Pfriem, R. (Hrsg.): Consulting – Problemlösung als Geschäftsmodell. Theorie, Praxis, Markt. Klett-Cotta, Stuttgart, S. 135-161.

PETZOLD, H. G. (1998): Integrative Supervision, Meta-Consulting und Organisationsentwicklung: Modelle und Methoden reflexiver Praxis. Ein Handbuch. Junfermann, Paderborn.

PHILLIPS, J. J. (2000): The Consultant's Scorecard: Tracking Results and Bottom-Line Impact of Consulting Projects. New York et al.

PIAZZA, K. (2004): Meta-Berater. Beratung in Sachen Beratung. In: Handelszeitung, 25.05.2004, S. 20.

ROMHARDT, K. (1998): Die Organisation aus der Wissensperspektive: Möglichkeiten und Grenzen der Intervention. Gabler, Wiesbaden.

SCHERER, H.-P. (1992): Spur der Verwüstung. In: Wirtschaftswoche, Nr. 45, S. 82-91.

SIEGER, H. (1992): Die neue Elite. In: Capital, Nr. 5, S. 164-178.

TREICHLER, CHR./WIEMANN, E. (2004): Stand und Entwicklung der Beratergovernance in der unternehmerischen Praxis. In: Treichler, Chr./Wiemann, E./Morawetz, M. (Hrsg.): Corporate Governance und Managementberatung, Gabler, Wiesbaden, S. 263-278.

ZRDAL, W. (2002): Ohrfeigen für die Besserwisser. In: Financial Times Deutschland, 02.10.02, S. 33.

Anhang

Zu den Autoren

Dipl.-Kfm. Markus Berg

Jg. 1974, schloss 1998 sein BWL-Studium an der Ludwig-Maximilians-Universität in München ab. Parallel absolvierte er Ausbildungen zum Improvisationsschauspieler. 1997 gründete er mit drei anderen Gesellschaftern das Unternehmenstheater VitaminT, mit dem er 2002 Gesamtsieger des Internationalen Deutschen Trainingspreises 2002 (BDVT) wurde. 2004 beendete er seine Weiterbildung zum Systemischen Organisationsentwickler bei Dr. Gunther Schmidt (Milton-Erickson-Institut in Heidelberg). E-Mail: Markus.Berg@VitaminT4change.de.

Prof. Dr. Kurt Buchinger

Jg. 1943, ist Univ.-Prof. für Organisationsberatung an der Universität Kassel, Studiengangsleiter des Masterstudiums Supervision, Coaching, Organisationsberatung, international tätiger systemischer Organisationsberater und Managementtrainer, langjähriger Fellow des EIT (European Institute for Transnational Studies in Group and Organisational Development), Fellow der GAS (Group Analytic Society, London), Lehrberater und Lehrtrainer der ÖGGO (Österr. Gesellschaft für Gruppendynamik und Organisationsberatung), Psychoanalytiker, Mitglied der IPV (Internat. Psychoanalytische Vereinigung) sowie Mitglied der DGSv (Deutsche Gesellschaft für Supervision) und Autor zahlreicher wissenschaftlicher Publikationen. E-Mail: kurtbuch@uni-kassel.de.

Johannes Cernota

Jg. 1955, ist nach dem Studium der Musik und Malerei selbständig künstlerisch tätig als Komponist, Konzertpianist sowie als Maler und Grafiker mit zahlreichen Ausstellungen, Konzerten und CD-Veröffentlichungen. Lehraufträge an den Universitäten Bremen und Oldenburg. Internationale Auszeichnungen. Seit 1998 arbeitet Cernota als Berater und Trainer in den Themenbereichen Personal- und Teamentwicklung, Kreative Produkt- und Konzeptentwicklung, Kreative Problemlösungs-

und Entscheidungsfindungsprozesse in Gruppen, 1999 Gründung des
EOS Ensembles gemeinsam mit Hans Jürgen Heinecke.
E-Mail: cernotajohannes@t-online.de.

Jürgen Gebhardt

Jg. 1944, Gesellschafter von Königswieser & Network (Wien, München,
Bremen). Studien der Elektrotechnik und des Wirtschaftsingenieurs-
wesens. Langjährige Erfahrung in der Automobilindustrie und Vorstandsmitglied bei Audi. Arbeitsschwerpunkte: systemische Beratung in
komplexen Veränderungsprozessen in internationalen Unternehmen,
Personal- und technische Fachberatung, Industrial Engineering. Seine
ganz spezielle Kompetenz liegt in der Integration von Fach- und Prozessberatung. E-Mail: juergen.gebhardt@koenigswieser.net

Torsten Groth

Jg. 1969, hat Sozialwissenschaften in Oldenburg studiert und beschäftigt sich zum einen mit Fragen der Lern- und Innovationsfähigkeit von
Unternehmen, speziell Familienunternehmen und zum anderen mit Formen der Organisationsberatung. Langjährige Erfahrung in der Begleitung von Veränderungsprozessen. Er ist zurzeit wissenschaftlicher Mitarbeiter am Lehrstuhl Führung und Organisation der Universität Witten/
Herdecke und zudem Berater, Trainer und Projektleiter am Management
Zentrum Witten (MZW). E-Mail: tgroth@uni-wh.de.

Hans Jürgen Heinecke

Jg. 1952, langjährige Tätigkeit als Manager in einem Großunternehmen;
seit 1980 verschiedene Beratungstätigkeiten als interner und externer
Consultant; Geschäftsführer und Gesellschafter von Beratungsgesell-
schaften im In- und Ausland; 1989 Gründung von TPOConsulting mit
den Arbeitsschwerpunkten Strategieberatung, Change Management und
Top Management Coaching; 1999 Gründung des EOS Ensembles
gemeinsam mit Johannes Cernota, mit dem Ziel künstlerische Interventionen in die Prozessberatung zu integrieren; seit 2001 Aufbau des 390-
Grad-Beraternetzwerkes. E-Mail: tpoheinecke@onlinehome.de.

Dr. Roswita Königswieser

Jg. 1943, Geschäftsführende Gesellschafterin von Königswieser & Network (Wien, München, Bremen). Studien der Pädagogik, Tiefenpsychologie, Soziologie und Philosophie, Lehrtrainerin für Gruppendynamik; Kernkompetenz: systemische Beratung in komplexen Veränderungsprozessen in internationalen Unternehmen, Integration von Prozess- und Fachberatung, wissenschaftliches Arbeiten und Publikationen, Coaching von Topmanagern, Weiterbildung für Veränderungsmanager und Berater. E-Mail: roswita.koenigswieser@koenigswieser.net

Dr. Susanne Mingers

Jg. 1966, hat Soziologie studiert und war zunächst an der Universität Bielefeld im Bereich Lehre und Forschung zuletzt zum Thema „Wissensmanagement" tätig. Sie ist seit 1997 geschäftsführende Gesellschafterin der C/O/N/E/C/T/A, Wiener Schule systemischer Organisationsberatung, und als Beraterin, Trainerin und Coach tätig. Zu ihren Schwerpunkten zählt die Beratung von Organisations- und Teamentwicklungsprozessen in Unternehmen (Transformationsmanagement, Wissensmanagement, Emotionales Management) sowie die Ausbildung von Führungskräften und internen Beratern und Beraterinnen. E-Mail: sm@conecta.com

Jun.-Prof. Dr. Michael Mohe

Jg. 1971, hat nach kaufmännischer Ausbildung Wirtschaftswissenschaften studiert. Er verfügt über praktische Erfahrungen in der internen und externen Unternehmensberatung (z. B. Volkswagen Consulting, KPMG Consulting) sowie in der Meta-Beratung (z. B. bei Infineon Technologies AG, DaimlerChrysler AG). Er ist Juniorprofessor für Business Consulting und Leiter der Forschergruppe Consulting Research (CORE) an der Universität Oldenburg. E-Mail: michael.mohe@consulting-research.de.

Prof. Dr. Dr. Manfred Moldaschl

lehrt Betriebswirtschaft an der TU-Chemnitz. Er ist Inhaber des Lehrstuhls für Innovationsforschung und nachhaltiges Ressourcenmanagement sowie Direktor des Instituts für Innovationsmanagement und Personalentwicklung (IfIP), Chemnitz. Forschungsinteressen in den Bereichen Organisation und Innovation, Intervention und Beratung, Arbeitsgestaltung und Subjektivität, Expertise und Reflexivität verfolgt er u. a. im Rahmen von Begleit- und Aktionsforschung. In diesen Projekten wie auch außerhalb ist er beratend tätig. E-Mail: moldaschl@wirtschaft. tu-chemnitz.de.

Prof. Dr. Reinhard Pfriem

Jg. 1949, ist seit 1994 ordentlicher Universitätsprofessor für Allgemeine Betriebswirtschaftslehre, Unternehmensführung und Betriebliche Umweltpolitik an der Carl von Ossietzky Universität Oldenburg. Seit 1993 Gründungsgesellschafter der ecco ecology and communication Unternehmensberatung GmbH. Seit 2003 Direktoriumsmitglied des Konstanzer Zentrums für Wirtschaftsethik (ZfW). Vorsitzender des nachhaltigkeitsorientierten Unternehmensnetzwerks ONNO e. V. in Ostfriesland. E-Mail: reinhard.pfriem@uni-oldenburg.de.

Dr. Harald Pühl

Jg. 1947, hat nach einer Banklehre Sozialarbeit, Soziologie und Psychologie studiert. Er verfügt über langjährige Erfahrungen in der Konfliktbearbeitung, besonders von Arbeitsteams und Organisationen. Mediationsausbilder beim Institut-Triangel (Berlin) und am Institut für Kommunikation der Universität Innsbruck. E-Mail: h.puehl@gmx.de.

Mag. Sonja Radatz

Jg. 1969, leitet nach Wirtschaftsstudium und Teilstudium Psychologie sowie sechsjähriger Führungs- und Beratungstätigkeit das Institut für systemisches Coaching in Wien. Sie ist international erfolgreiche Beraterin, Coach und Vortragende. Herausgeberin und Chefredakteurin der Zeitschrift LO Lernende Organisation. Autorin von drei Büchern, darunter „Beratung ohne Ratschlag" und „Evolutionäres Management". 2003 wurde ihr in Berlin der Deutsche Preis für Gesellschafts- und Organisationskybernetik verliehen. E-Mail: s.radatz@isct.net.

Dr. phil. Astrid Schreyögg

Jg. 1946; Diplompsychologin; nach dem Studium der Psychologie, Pädagogik, Philosophie mehr als 10 Jahre in Führungspositionen in unterschiedlichen Organisationen. Seit 1985 freiberuflich tätig als psychologische Psychotherapeutin mit Approbation, als Supervisorin (DGSv, BDP) und als Coach (DBVC); Lehr- und Beratungsaufträge im In- und Ausland; Autorin vielfältiger Publikationen. Herausgeberin der Zeitschrift „Organisationsberatung, Supervision, Coaching" (OSC) im VS Verlag f. Sozialwissenschaften. E-Mail: info@schreyoegg.de.

Ebrû Sonuç

Jg. 1961, Gesellschafterin von Königswieser & Network (Wien, München, Bremen). Studium der Medizin und Kunstgeschichte. Kernkompetenzen: systemische Beratung in komplexen Veränderungsprozessen in internationalen Unternehmen, Integration von Prozess- und Fachberatung, Systemdiagnosen und Evaluierungen, „cultural due diligence", Team- und Gruppenentwicklung; Coaching; Weiterbildung von Veränderungsmanagern und Beratern. E-Mail: ebru.sonuc@koenigswieser.net.

Mag. Philipp Wildburg

Jg. 1968, hat Betriebs- und Volkswirtschaftslehre studiert und war in verschiedenen Unternehmen im Bereich Marketing tätig. Seit 2002 arbeitet er als selbständiger Coach und Trainer in Wirtschaftsunternehmen. Seine Schwerpunkte liegen im Bereich der Persönlichkeitsentwicklung: Kommunikation, Konfliktmanagement und Emotionales Management. E-Mail: philipp.wildburg@gmx.net

Neues bei Rosenberger

👁 **Claus von Kutzschenbach**
Frauen – Männer – Management
Führung und Team neu denken
2. Aufl. 2005, 235 Seiten, gebunden
ISBN 3-931085-48-1

„Chapeau. [...] Das Buch ist aber noch mehr: ein einsichtsvolles Werk über Führung und Personalentwicklung generell." (Harvard Businessmanager)
„Eines der wenigen moderaten Bücher zum Thema ‚Frauen und Karriere' hat ein Mann geschrieben." (Handelsblatt)

👁 **Juliane Meyerhoff/Christoph Brühl**
Fachwissen lebendig vermitteln
Das Methodenhandbuch für Trainer und Dozenten
2004, 207 Seiten, gebunden
ISBN 3-931085-46-5

„Die Zeit langweiliger und meist wirkungsloser Beamer-Präsentationen und Folienschlachten ist endgültig vorbei." (Dr. Angelika Hamann, dta-Akademie)
„Das erste Seminar, bei dem ich nicht auf die Uhr geschaut habe."
(Ein Seminarteilnehmer)

Friedemann Stracke
Menschen verstehen – Potenziale erkennen
Die Systematik professioneller Bewerberauswahl
und Mitarbeiterbeurteilung
2005, 259 Seiten, gebunden
ISBN 3-931085-52-X

„Die Lektüre bereitet Freude, weil es dem Autor gelingt, bedeutsame wissenschaftliche Befunde und seine langjährigen praktischen Erfahrungen in reflektierte Handlungsempfehlungen zu übersetzen." (Prof. Dr. Werner Sarges)

**Rosenberger-Bücher
gibt es direkt beim
Verlag und überall
im Buchhandel**

👁 **Sie finden Leseproben
auf unserer Internetseite**

Rosenberger
Fachverlag

**Bücher für Berater
und Führungskräfte**
Postfach 1616 · D 71206 Leonberg
Telefon 07152.22627 · Fax 24321
**info@rosenberger-fachverlag.de
www.rosenberger-fachverlag.de**

Bücher für Berater

👁 Elaine Biech
Unternehmensberater werden und bleiben
Das Handbuch für beruflichen Erfolg
2. Aufl. 2003, mit interaktiver CD-ROM, gebunden
ISBN 3-931085-32-5

„ein spannend zu lesendes Buch" (Newsletter Personal)
„Selbst alte Hasen werden von der Praxistauglichkeit der Empfehlungen profitieren"
(Training aktuell)

👁 Steffen W. Hillebrecht
Grundkurs Personalberatung
Alles, was Sie wissen müssen
2005, 202 Seiten, gebunden
ISBN 3-931085-50-3

„Dieses Buch ist schon lange überfällig" (Gunther Schnatmann, Swissconsult)

Gordon Lippitt/Ronald Lippitt
Beratung als Prozess
Was Berater und ihre Kunden wissen sollten
3., neubearb. u. erw. Aufl. 1999, 291 Seiten, gebunden
ISBN 3-931085-50-3

„... einfach Grundlagenwissen" (Windmühle)
„... für alle Schattierungen von Beratern interessant, zumal es gut geschrieben ist
und prägnant veranschaulicht." (Unternehmensberater)

**Rosenberger-Bücher
gibt es direkt beim
Verlag und überall
im Buchhandel**

👁 **Sie finden Leseproben
auf unserer Internetseite**

Rosenberger
Fachverlag

**Bücher für Berater
und Führungskräfte**
Postfach 1616 · D 71206 Leonberg
Telefon 07152.22627 · Fax 24321
**info@rosenberger-fachverlag.de
www.rosenberger-fachverlag.de**